글로벌 공동체, 영성 회복이 답이다

Spirituality and Global Community

글로벌 공동체, 영성 회복이 답이다

제1판 제1쇄 • 2025년 7월 31일

지은이 • 최영종
펴낸이 • 최준규
펴낸곳 • 가톨릭대학교출판부
등　록 • 제300-1989-1호(1989년 1월 13일)
주　소 • 03083 서울시 종로구 창경궁로 296-12
전　화 • 02-740-9718
전　송 • 02-745-9793
전자우편 • cukpress@catholic.ac.kr
홈페이지 • http://press.catholic.ac.kr
인쇄제작 • 재영아트

ISBN 978-89-7108-399-4 03340

값 24,000원

최영종
지음

글로벌 공동체, 영성 회복이 답이다

Spirituality and Global Community

가톨릭대학교출판부

차 례

책 머 리 에

지난 5년은 학자로서 후회가 남지 않도록 열심히 노력한 시간이었다. 동아시아의 지역주의와 지역통합에 관한 연구를 20년 정도하면서 유럽연합은 그저 열등감과 부러움의 대상이었다. 지역통합을 한국과 같은 중견 국가의 틈새시장이라고 주장하면서, 적극적인 중견국 외교의 필요성을 강조했지만, 현실은 그저 허탈하기만 하였다. 그러던 2021년 조여름 천주교 서울대교구 평화나눔연구소에서 발간하는 학술지 『인간과 평화』에 '인간과 세계평화'에 대한 주제로 논문을 써 달라고 청탁을 받았다. 이것이 필자의 공동체에 대한 연구의 시작이었다. 무슨 영문인지 공동체주의에 강하게 이끌렸다. 냉혹한 국력 대결이 펼쳐지는 국제정치 연구에서 공동체란 개념은 아예 관심 사항조차 되지 못하던 현실이었다. 왠지 인류의 미래를 열 수 있는 관건이 될 것이란 느낌이 강하게 왔다.

멀리 보고 차분히 나아가야지 하는 생각으로 공부하였다. 공동체 개념이 갖는 매력과 잠재력에 흠뻑 빠졌다. 그리고 2022년에 『혼돈의 글로벌 시대, 공동체주의를 말하다』를 출간할 수 있었다. 공동체와 공동체주의에 관한 전반적인 개론서 비슷한 것이었다. 이어서 공동체의 형성과 변화를 가능하게 만드는 원동력에 대한 탐구에 들어갔다. 인류가 경험한 주요 혁명에 관한 사례 연구로 귀결된 『신을 만난 이후에: 누미노제 정치과 공동체 변혁』을 2024년 세상에 내놓았다. 그리고 이번이 세 번째이다. 처음 공동체 연구를 시작하면서 세 권을 시리즈로 내면 좋겠다고 생각하였다. 그러나 은퇴 시까지 시간이 얼마 남지 않아서 제대로 끝내리라는 확신은 없었다.

『신을 만난 이후에: 누미노제 정치과 공동체 변혁』 출간을 마치자마자 '유토피아와 글로벌 공동체'란 제목을 염두에 두고 마지막 책 프로젝트를 시작했다. 그러나 앞선 책을 쓰느라고 진을 너무 뺐는지 진도가 지지부진하였다. 연구는 계속 진행했지만, 전체적인 그림이 도저히 잡히지 않았다. 유토피아란 미궁에 빠지고 만 것이었다. 말년에 자신을 너무 학대하는 것이 보기가 좋지 않은 듯해서 여러 번 포기할까 망설였다. 그러다가 여름 무렵에 논문 「공동체 접근법과 글로벌 공동체」를 학술지 〔『국제학논총』 제40집(2024), 계명대학교 국제학연구소, 5~33쪽〕에 게재함으로써 새로운 전기를 마련하였다. 뭔가 전체적인 그림이 그려지면서 다시 의욕이 생겨나기 시작하였다.

결정적인 계기는 가을에 들어서면서부터 나라 분위기가 심상치 않아진 것이었다. 미래 비전을 갖고 시민들이 감동할 수 있는 변혁 프로젝트가 가동되었더라면 좋았을 텐데, 감정과 분노가 앞서는 분위기가 우려스러웠다. 그래서 세상과 거리를 두고 내면으로 깊이 침잠해 들어갔다. 체제 변혁보다는 인격 변형을, 급격한 혁명보다는 점진적 개혁을, 세속적 권력 추구보다는 평화와 사랑이 충만한 세상 만들기를 선호하는 필자로서 동의하기 어려운 상황이 전개되었다. 그저 세상에 대한 번뇌를 잊기 위해서 집중해서 책을 썼다.

지금까지 공동체 변혁을 위한 정치적 시도들은 대개 처음 의도했던 멋진 예술 작품이 아니라, 단지 관객을 끌어모으기 위해 선정적으로 그린, 젊은 시절 길거리서 흔히 볼 수 있던 극장 간판 그림 정도로 끝나고 말았다. 필자는 정치학을 오랫동안 공부하면서 주도 세력의 사심과 권력욕이 혁명의 순수성을 타락시킨 사례를 수없이 보아 왔다. 그러다가 공동체주의 연구를 하면서 인격 변화에 바탕을 둔 근본적인 세상 변혁을 꿈꾸게 되었다. 인류가 서로 사랑하며 하나의 공동체를 이루고 사는 꿈이다. 유토피아에 대한 필자의 관심은 미래 세상에 대해 꿈을 가지고 있기 때문에 생겨난 것이다. 유토피아의 묘미는 아직 오지 않았기 때문에 살아 있다는 것이다. 꿈을 꾸는 필자의 인생은 영원한 진행형이다.

은퇴 준비를 하면서 동시에 책 원고를 써야 했던 2024년에는 일이 참 많았다. 대개는 무척이나 감사할 일들이다. 그때까지 학교에서 무리 속의 삶을 철저하게 거부하며 살았다. '자의 반 타의 반'으로 고립된 삶을 살다가 처음으로 공동체 생활을 경험하였다. 공동체 연구를 시작하면서 무리에서 이탈된 삶을 사는 것에 대해서 나름 자괴감 비슷한 것을 느끼고 있었다. 그러다가 우연한 기회에 자기 삶에 대해 깊은 참회와 반성을 하고, 필자를 감쌌던 두꺼운 외투를 벗어 던지고 시원하게 무리 속으로 들어갔다. 학교 부임 첫해인 2003년 이후 20년 넘게 발길을 끊었던 교수협의회 모임에 참석하였다. 교내에서 열리는 교수 테니스 대회에도 10년 남짓 만에 참가하였다. 가장 획기적인 사건은 교수 노동조합에 가입한 일이었다. 지도부의 적극적인 권유가 마침 있었기도 했지만, 새롭게 친구를 사귀고 싶다는 욕구도 무시할 수 없었다.

신분이 자영업자에서 노동자로 강등되었지만(!), 평생 없던 명예운과 관운이 따랐다. 재직 중 처음으로 국제학부장직에 취임하는 영예(?)를 누렸다. 전국 교수 테니스 대회에 출전해서 처음으로 3위에 입상해서 평생 숙원을 이루기도 하였다. 또한 다섯 번째 저서를 세상에 내놓을 수 있었기에 영광스러웠다. 그중에서 가장 큰 대박은 2025년 상반기 마지막 학기를 앞두고 B급 교수로 승급한 것이다. 그때까지는 공식적으로 C급 교수였다. 임용 이전의 경력을 전혀 인정해 주지 않는 총장 신부님들 치하에서 22년 전 전임강사로 교수 생활을 시작하였다. 뛰어난 업적이나 성과는 없었어도, 꾸준하게 누락이 되지 않고 승급·승진 가도를 달렸다. 여차하면 잘린다는 공포 속에서 처절하게 버틴 결과였다. 그러다가 드디어 B급 교수가 된 것이다. 당연히 실익은 별로 없다. 그냥 느낌이 C급보다 B급이 좀 낫다는 것뿐이다. 사실, 필자의 B급 인생에는 B급 교수란 타이틀이 훨씬 잘 어울린다.

대부분을 학생이나 교수로서 학교에서 보낸 인생이었다. 성향은 담임을 중심으로 여야를 나누면 항상 야당이었다. 성적으로 따지면 특급 우등생은 아니었지만, 누구나 함부로 할 수 없는 재야 실세였다. 생활은 개근상과 거리가 멀었으며, 학칙도 모범적으로 준수하는 편은 아니었다. 성적은 평생토록 전반적인 상향곡선이었다. 따라서 박사과정이 가장 우수했다. 선생들로부터 총애를 받은 것은 그때가 처음이었다. 그런 기분을 좀 더 일찍 알았었더라면 아마도 인생이 크게 바뀌었을 수 있다. 어릴 적부터 학교나 선생님들에 대한 존경심은 별로 없었다. 아마 존경할 만한 스승을 일찍 만났더라면 A급 인생이 가능할 수도 있었을 것이다. 그나마 유학 시절에 훌륭한 스승을 만났기 때문에 다행스럽게 대학교에서 학생들을 가르쳐서 생계를 유지할 수 있었다.

교수가 되어서도 마찬가지였다. 대단한 업적을 남기거나 사회에 기여한 바가 별로 없다. 교수로서 그 흔한 박사 한 명 배출하지 못했다. 취업이 어려운 현실을 고려해서 동료 교수들이 대학원을 두지 않기로 용기 있는 결정을 내린 덕분이었다. 그렇지만 열심히 농사짓다가 추수를 끝내지 못한 농군처럼 마음 한 곳이 텅 빈 듯하고 모양새도 약간 빠진다. 스승으로 부족함이 많았기 때문에 그런 기회가 오지 않았을 것이려니 체념하며 살았다. 어느 정권과도 친하게 지내지 못했으며, 당연히 조그만 감투 하나 써 본 적이 없다. 명망 있는 학회의 회장을 지냈지만, 회원들의 추대를 받을 만한 업적이나 인품 때문은 아니었다. 선거에서 이기기 위해 전국을 돌며 발품을 팔아서 힘들게 당선된 것이었다. 전반적으로 수준 이하는 아니지만, 그렇다고 A급이 되기에는 부족한 교수로서의 인생이었다.

그래도 B급이어서 다행인 것은 오만해질 기회를 누리지 못했다는 점이다. 어디를 가도 항상 필자보다 나은 A급들이 존재하니 불가피하게 겸손해질 수밖에 없었다. 학교에서도 직원들에게 인사를 잘해서 사랑을 좀 받은 편이었다. 학교에서 동료 교수들과는 교분이 별로 없었기 때문에 학교 밖에서 주변 자영업자들이랑 친하게 지냈다. 겸손하고 소탈하다는 호평을 받았긴 하지만, 실은 교내에 친구가 별로 없었기 때문에 그랬을 수도 있다. 테니스 실력 또한 B급이었다. 남에게 오만해질 수 없는 정도의 실력이었기에 할 수 없이 겸손해질 수밖에 없었다. 그래도 겸허하게 연마를 거듭해서 입문 후 35년이 지난 지금도 실력이 늘고 있을 정도이다. B급이란 사실을 잘 알고 있었기에, 끊임없이 노력하는 것이 습관이 되었다.

책과 논문은 남에게 뒤지지 않을 정도로 썼다. 쉬지 않고 연구해서 지역 협력, 중견국 외교, 현실주의 국제제도론, 공동체주의 등에서 학문적으로 이바지한 바가 없지는 않다. 그러나 사회나 인류에 실제로 공헌한 바는 거의 없다. 얼마 전 교육부에서 은퇴 관련 표창을 내릴 것이니, 공적조서를 작성해서 올려 보내라고 연락이 왔다. 그러나 표창받을 일을 한 적이 없기 때문에 거절하였다. 자기 좋아서 월급까지 받아 가면서 연구하고 가르쳤을 뿐이다. 이런 것도 표창 대상이라면 대한민국 국민 모두가 표창을 받아야 마땅하다는 생각이다.

오만해지지 않고 끊임없이 정진한 인생의 최고 선물은 자기 내면에 있는 신을 만난 것이었다. 대개는 신이 있다고 믿지를 않는다. 교회를 다니고 절을 다녀도 그저 습관적으로 다니는 경우가 많다. 그렇지만 신을 만나서, 자신을 돌이켜 보고, 새롭게 태어나서, 다시 성실하게 삶을 이어가게 된 것은 형언할 수 없는 축복이다. 이번 책에도 지난번 책과 비슷하게 신이 중요한 행위자로 등장한다. 신과 인간, 종교와 정치, 신계와 인간계의 관계에 대한 개인적인 깨달음과 학문적 고찰을 담고 있다. 신을 발견하고 나서 겸손하게 정진하지 않았더라면, 학문적인 성과물로 이어지지 못했을 것이다.

신을 만나면 대개는 오만하게 선택받았다는 생각을 하고, 유별나게 행동한다. 자기가 선택받았다고 폼 잡고 다녔으면 신을 설사 만났더라도 알아채지 못했을 것이다. 신이 어쩌고저쩌고 떠들고 다녔으면 영적인 깨달음으로 이어지지 못했을 것이다. 야단법석 떨지 않고 만나지 않은 것처럼 평소대로 삶을 살았기에, 신과 더불어 사는 평범한 인생이 가능했을 것이다. 이제는 아무 일도 없었다는 듯 조용히 사라져 갈 것이다. 책을 여러 권 냈지만, 내가 쓴 책은 한 권도 없다고 생각하면서 떠날 것이다. B급으로 저물어 가는 필자의 교수 인생에 스스로 경의와 감사를 표하고자 한다.

이 책은 필자가 가톨릭대학교출판부에서 출간하는 공동체주의 관련 세 번째 책이다. 주제는 글로벌 공동체이고, 영성의 중요성을 강조한다. 지금까지 글로벌 공동체 관련해서 필자가 연구한 것을 종합해서 학술 에세이 형식으로 작성하였다. 글로벌 공동체는 미래에 대한 것으로서 학술적 엄밀성을 갖추기 어렵기 때문에 어떻게 쓸 것인지 고민을 제법 했다. 독자의 가독성을 높이기 위해서 주를 달지 않고, 필요한 경우는 본문 내용에 담기로 하였다.

필자가 학문적 여정의 끝을 글로벌 공동체로 삼게 된 개인적인 배경을 소개하였다. 진리를 향한 필자의 구도 역정에 대해서도 지면을 상당히 할애하였다. 필자가 경험한 신비 체험과 이후 보이지 않는 세계를 이해하려고 노력한 과정도 포함시켰다. 그 이유는 생각보다 깨달음을 구하거나 학문적 깊이를 더하려고 연마 중인 후학들이 많은 것을 알았기 때문이다. 그들과 경험을 공유하는 것이 유용할 수 있다는 판단이 들었다.

이 책은 또한 자전적 에세이의 성격도 띠고 있다. 필자가 자신의 삶에 주인공이 되고자 분투노력하면서, 영적인 깨달음과 학문적 구도를 추구한 과정에 관한 이야기를 담고 있다. 젊은 시절 부조리한 세상이 손쉽게 바뀔 것이라고 생각해서 함부로 덤볐다가 결국 자신만 심하게 변하고 만, 약간 어처구니없는 인생에 대한 기록이기도 하다. 폭풍의 세월을 보내고, 이제는 돌아와 차분하게 거울 앞에 앉은 모습이다. 자아를 찾기 위해서 치열하게 수행했고, 자아를 극복하기 위해서 힘겨운 사투도 벌였다. 이제 이 책을 통해서 세계가 하나라고 자신 있게 외칠 수 있는 단계에 이르렀다. 우리는 인생이나 운동에서나 힘 빼는 것이 중요하다고 수도 없이 들었다. 이제 힘을 다 쓴 후에 모든 것을 순리에 맡기고자 한다.

이것이 바로 '진인사대천명'(盡人事待天命)이다. 이것이 가능해야 우리가 인생의 염원을 성취하고, 영혼의 성숙도 달성하며, 인류에도 기여할 수 있게 된다. 자아를 극복하고 민족과 국가의 경계를 뛰어넘어야 인생을 알고 넓은 세상이 눈에 들어오게 된다. 자아는 영적인 성장에 가장 큰 걸림돌이다. 자아를 뛰어넘어야 단계적으로 자아를 품는 커다란 단위들이 눈에 들어온다. '나'란 존재가 없으면, 즉시 '자아=인류=우주'라는 등식이 성립할 수 있다. 자아를 너무 내세워 모두와 대립적이고 갈등적인 삶을 자초할 이유는 없다.

이 책은 '깨달음'에 대한 입문서를 아울러 지향하고 있다. 세상 변화의 시작은 삶, 세상, 우주에 대한 근본 원리를 깨치는 것에서 비롯된다. 필자 또한 몇 차례의 근본적인 깨달음을 통해서 인생에 단계적인 도약이 있었다. 일련의 신비적인 체험은 충격이 컸지만, 필자에게 자신을 되돌아보고 학문적 깊이를 더할 수 있는 좋은 기회를 제공하였다. 이 책은 진리를 향한 필자의 구도 역정을 소개하고 정리하는 의미를 갖는다.

필자는 이 책을 끝으로 공동체에 관한 학술적 연구를 마무리 짓고, 앞으로는 실천하는 삶을 살려고 한다. 새로운 삶에 대한 기대가 조금씩 부풀어 오르고 있다. 책을 쓴다는 것은 어떤 형태이건 자아를 높이려는 욕망의 소산이다. 이제 그런 마음을 내려놓고, 가진 지식과 경험을 두루 공유하면서 살려고 한다. 궁극적인 목표는 사람들의 마음속에서 영성이란 보물을 캐내어, 인류가 하나가 되는 세상을 만드는 데 미력이나마 보태는 일이다.

가톨릭교회와 가톨릭대학교가 없었더라면 필자가 학자로서 여한 없이 공부하고 연구하는 것이 불가능했을 것이다. 은총과 은혜가 하해와 같다. 가톨릭대학교출판부는 필자의 연구 성과를 세 차례나 멋진 작품으로 세상에 선보였다. 노고에 감사드린다. 제자들은 인내와 사랑으로 필자가 학문적으로 성숙해 나가는 과정을 지켜보고 응원해 줬다. 힘닿는 데까지 애프터서비스 할 것을 약속한다. 국제학부 동료 교수들은 학문적 구도 역정의 고마운 동반자였다. 소중한 기억 오래도록 간직할 것이다. 한국국제정치학회에서 활동하면서 만났던 많은 선후배 동료 교수들로부터도 가르침을 크게 받았다. 감사와 존경의 마음을 표하고 싶다.

이 책의 출간에 도움을 준 친구들도 많다. 필자의 정상적인 직장생활 복귀를 응원하고 도와준 박소령 교수와 신희주 교수가 그중 으뜸이다. 평생교육원 이서영 선생과 윤하진 선생 덕분에 학교 가는 길이 항상 즐거웠다. 당구 라이벌전을 정기적으로 벌이는 친구 전영하·전경영·정재훈은 항상 물심양면으로 든든한 후원자였다. 숙대 삼총사, 김영현·서주연·오창희는 강사로 시작한 필자의 교수 인생 첫해에 만나서 지금까지 열렬하게 응원해 줬다. 덕분에 나름 괜찮은 교수가 될 수 있었다. 책을 쓸 때마다 대량 구매로 성원해 준 고려대 법대 78학번 동기회의 우정에도 가슴이 뭉클하다. 필자의 머리를 잘 깎고 다듬어 맑은 정신상태를 유지하게끔 도와준 학교 앞 '뉴포커스 안경점' 김일환 사장도 고마운 이웃이다. 작년에 신입을 받은 가족의 구성원들, 이영란·최경철·최희나·전제웅은 필자를 움직이는 닳지 않는 배터리이다. 앞으로 모두에게 더 좋은 친구가 될 것을 다짐한다.

2025년 5월 화창한 봄날
가톨릭대 K214호 연구실에서
永宗 書

I

이 책을 쓰는 이유

오랫동안 인류는 본질적인 의문들을 품어 왔다. "나는 누구인가?" "신은 존재하는가?" "만약 존재한다면 왜 이렇게 많은 고통이 존재하는가?" "사후 세계는 존재하는가?" "우리는 어디에서 와서 어디로 가는 걸까?" 등등에 대한 해답들을 찾으려고 수많은 토론과 논쟁을 벌였다. 그렇지만 여전히 상당 부분은 베일에 가려져 있다. 필자도 이런 재빈 문제들에 관해 궁금증을 가졌지만, 바쁜 생활에 치이다 보니 오랫동안 잊고 살았다. 그런 와중에 우연히 보이지 않는 세계와 조우하게 되었다. 돌아가신 아버지가 다시 찾아와 수차례에 걸쳐서 공부하라고 요구하셨다. 사회과학인 정치학을 40여 년 공부한 필자로서는 도저히 이해하기 어려운 현상이었다. 그래서 합리적인 해답 찾기에 나선 지 어언 15년이란 세월이 흘렀다. 그동안 많은 깨달음이 있었고, 학문적으로도 크게 성숙하였다. 2025년 상반기 교수 생활 은퇴를 앞두고 어느 정도 때가 되었다는 판단이 들었다. 이제 그간의 과정과 결과를 세상과 공유하고자 한다.

보이지 않는 세계에 관한 연구는 기본적으로 주관적이다. 따라서 입증 가능성이라는 근본적인 문제에 봉착할 수밖에 없다. 그렇다고 탐구를 포기할 이유는 없다. 필자는 선친과의 만남을 계기로 인간, 영혼, 운명, 마음, 의식, 삶과 죽음, 우주 등 다양한 주제에 관해서 공부를 하게 되었다. 그 결과 영혼의 존재에 대해서 나름대로 확신을 갖게 되었다. 그리고 영혼이 존재한다는 것을 명제로 삼아서 논리에 근거해서 연역적으로 많은 가정적 사실을 도출해 낼 수 있었다. 지금까지 확실하게 사실 여부를 검증한 것은 없다. 그렇지만 그동안의 진지한 고민 과정에서 깨달은 바를 공유하는 것은 의미가 있을 것으로 생각한다.

정치학을 포함한 사회과학은 보이지 않는 세계와 절연한 상태에서 발전하였다. 인간 자체에 대한 탐구 없이, 사실·숫자·방정식이 모든 것을 대체해 나가고 있다. 인간은 합리적으로 계산을 하는 기계 정도로 취급된다. 가끔씩 인간이 기계가 아니라는 사실을 발견하면, 화들짝 놀라서 허둥지둥 임시변통으로만 대응한 모양새이다. 현생 인류인 '호모사피엔스'가 놀라운 지적 능력과 협동 능력을 통해서 치열한 경쟁을 이겨 내고 높은 수준의 문명을 창조한 사실을 너무도 당연시하고 있다. 아울러 인간이 이기심으로 인해 현대 문명을 위기에 빠뜨리고, 삶의 터전인 지구의 존립마저 위협하고 있는 현실을 무기력하게 받아들이고 있다. 그러나 인류에게 좌절과 포기가 아니라 꿈과 희망이 필요한 상황이 전개되고 있다. 보이지 않는 세계 속에는 인간의 무한한 잠재력이 내재되어 있다. 자기 파멸적 위기에 처한 인류는 중세 바위덩어리 속에서 황금을 녹여 내려던 '연금술사'와 같이 인간의 내면에서 무한한 잠재력을 캐내는 '영혼의 연금술사'를 필요로 하고 있다.

기성종교와 과학이 외면하고 있던 동안에 보이지 않는 세계는 주술과 미신 그리고 거짓과 사기가 횡행하고 이성이 실종된 곳으로 변해 버렸다. 우리나라만 해도 무속인의 숫자가 공식적으로 100만 명을 상회하고 있다. 여기에 자칭 도사나 각종 종교 수행자를 포함할 경우, 보이지 않는 세계를 생활 터전으로 삼고 있는 사람들의 숫자는 훨씬 늘어난다. 그들의 영향력은 정계·재계·관계는 물론이고 일반 사람들의 일상생활에 이르기까지 막강하다. 대통령과 국회의원을 뽑는 선거를 앞두고 무속인의 문턱이 닳아 없어질 정도인 것을 감안하면, 우리나라의 정치는 거의 '신정 정치'라고 불러도 과언이 아닐 정도이다. 심지어는 무속인의 네트워크나 커뮤니티가 하나의 '인식공동체'로서 대통령 선출과 중요 정치 현안에 대해 해법을 제시하고 있다고 혹자는 주장하기도 한다. 이들이 초래한 작금의 국내정치적 혼란과 위기를 생각하면, 이런 어두운 세상에 대해서 이성의 빛을 비출 때가 된 듯하다.

필자의 경험이 특수한 것은 경험 자체가 아니라, 필자가 받은 과학적·이성적·경험적 접근법에 대한 체계적인 훈련 때문이다. 이런 지식과 경험을 바탕으로 필자는 신의 섭리를 인간이 알 수 없다고 믿는 '불가지론'의 뚜껑을 열고자 한다. 목적은 국제정치를 전공하는 학자로서 현재 인류가 직면하고 있는 글로벌 위기로부터 탈출할 수 있는 열쇠를 찾는 것이다. 불가지론에 따르면 인간은 이성이란 촛불로 소박하게 자연의 진리를 밝혀서 세상을 편리하고 풍요롭게 만드는 데 만족해야 한다. 주제넘게 태양의 빛과 같은 신을 알려고 다가가면 눈이 멀게 될 것이라고 경고한다. 필자는 지난 15년 동안 '판도라의 상자' 속에서 빛을 찾아서 헤매고 다녔다. 대오각성을 한 스님 중 화두를 하나 들고 최대 15년까지 수행한 기록을, 책을 통해서 본 적이 있다. 이 정도면 때가 무르익었다고 생각해서, 이제 용기를 내어 그 뚜껑을 열고 나오려고 한다. 가능하면 개인적 경험의 특수성에 빠지지 않고, 객관적이고 중립적으로 영적 세계에 대해서 분석하고자 한다.

이 대목에서 필자는 미국 심리학의 선구자이자 저명한 실용주의 철학자인 윌리엄 제임스(William James, 1842~1910)에 주목하고자 한다. 그는 인간에 대한 실증적이고 과학적인 연구를 선도하면서도 영혼 연구에 있어서 커다란 족적을 남겼다. 그는 에머슨(Emerson, 1803~1882)이나 스베덴보리(Swedenborg, 1688~1772)와 같은 신비주의자들의 영향을 크게 받았지만, 과학적 전통에서 벗어나지 않았다. 이 때문에 '과학적 신비주의자'로 분류된다. 그는 주관을 아예 배제하는 일반적 경험주의와 대조적으로 '극단적 경험주의'(extreme empiricism)를 채택하였다. 미국적 실용주의를 종교나 신비 체험 연구에 적용해서, 경험에서 주관이 차지하는 중요성을 인정하였다. 특히 과학적 연구자의 주관적 경험은 객관적 타당성을 더 가질 수 있기 때문에 더 심각하게 받아들여져야 마땅하다고 생각하였다.

제임스에게 두드러진 것은 '열린 태도'이다. 그는 사실과 객관에 갇힌 학문 세계가 갖는 문제점을 절감하면서, 보이지 않는 세계에 대해서 열린 태도로 접근할 것을 강조하였다. 따라서 신비적 경험을 포함한 모든 종교에 대해서도 열린 태도를 가졌다. 학문적으로 새로운 시도를 하는 것에 대해서도 개방적이었다. 소위 득도란 것은 뭔가 신비한 능력이나 지식을 얻는 게 아니라, 모든 것에 대해서 열려 있는 태도나 마음 상태에 도달하는 것으로 볼 수 있다. 그렇다면 윌리엄 제임스는 분명히 득도한 사람이었다. 그는 학자였지만 사랑을 알고 실천하며 사회 개선을 위해서 적극적으로 행동한 사람이었다. 양심을 소중히 여기면서 동시에 이성적이었다. 신에 대해서도 이성적으로 접근하였으며, 신과 더불어 사는 지혜를 가졌다. 신을 경배하고 따랐지만, 특정 교회나 교단에 속하지 않았다. 그러면서도 신비주의로 경사되지도 않았다.

필자 또한 제임스와 같이 합리적이고 과학적이면서 영성이 충만한 학자가 되기 위해서 노력하였다. 신비주의자나 영성 전문가가 아니라, 영성을 현실 세계와 국제관계 연구에 적용해서 활용할 줄 아는 실용적인 국제정치학자가 되려고 시도하였다. 영성을 공동체 의식과 연결 짓고, 인류가 하나의 공동체를 이룰 수 있는 잠재력과 가능성을 영성 속에서 찾고자 노력하였다. 인간의 이성과 영성은 공히 신으로부터 오는 것이다. 인간 모두에게 내재된 것으로서 지속 가능한 공동체 형성의 노대이다. 인간이 구성하는 공동체는 이익 공유만으로는 내구성이 떨어진다. 구성원들이 마음, 의식, 영성을 공유해야 지속 가능성이 생겨난다. 이것이 바로 현학적으로 표현하면 공동체 의식이다. 영혼 공동체 혹은 사후 세계는 이익을 따지지 않고 의식을 공유한다. 의식 공유에 바탕을 두고 자율적으로 질서 유지를 한다. 현실에서 자율적인 공동체가 작동하기 어려운 것은 육신의 존재 때문이다. '나' '내 것' '나의 이익'이란 생각이 너무 강하면 공동체를 이루어 살기가 어렵다. 영혼이란 공통분모를 통해서 인류는 하나라는 의식을 가질 수 있다. 이런 이유로 필자는 국제관계에서 공동체주의 연구에 천착하게 되었다.

영성을 알기 위해서는 직접 느끼고 경험하는 것이 가장 확실한 방법이다. 그러나 그런 경험이 항상 있는 것이 아니고, 간접적인 경험은 입증이나 전달의 어려움 때문에 여의찮다. 종교는 대중 교육과 구원에 초점을 맞추기 때문에 교리가 단순하고 깊이가 떨어진다. 신비주의는 반대로 깊이는 있지만 일반화나 대중화에 어려움이 있다. 역사적으로 양자 관계는 대립과 갈등으로 점철되었다. 종교는 채택된 교리 이외에 대해서는 대체로 적대적이다. 신과 관련된 신비 체험은 주관적이기는 하지만 다양하게 편재하기 때문에 허구라고 무시할 수만 없다. 옥석을 가려서 제도권 종교 내에 포용하려는 노력이 필요하다. 그리스도교의 강점은 교육과 구원의 대중화에 있다. 그러나 이 과정에서 교리에 대한 맹종을 요구하였다. 이로 인해 개인들의 영성은 억압하고 교회와 성직자의 권위를 과도하게 높인 측면이 있다. 신도들의 관심이 큰 구원이나 영생에 대해서도 사후에 하늘에서 하느님과 함께 산다는 정도 이상의 지식은 제공하지 않았다. 신비주의에서와 같이 인간이 궁극적으로 신이 된다는 것과 같은 극적인 드라마가 없었다.

최근 보이지 않는 미지의 세계에 대한 대중들의 지적 욕구가 강해졌고, 그들의 일반적인 의식 수준 또한 높아졌다. 이런 현실을 반영해서 영혼이나 사후 세계에 대한 구체적인 논의를 덮어놓지만 말고 새롭게 활성화할 필요가 있다. 신비주의와 정통 그리스도교 사이에는 영성이라는 공통분모가 있다. 상호 교류를 통해서 영성의 잠재력에 대한 공감대를 확산시켜 나갈 경우, 모순에 차고 위기에 처한 인간 세상에 획기적인 변화가 생겨날 수 있다. 과거처럼 불필요한 종교적 논쟁을 지속하기보다는 영성 회복 운동이나 인류 공동체를 함께 만들어 나가는 실천적인 운동이 세상을 변화시키는 데 유용할 것이다. 영혼이나 사후 세계의 존재 여부는 입증하기도 정확하게 파악하기도 어렵다. 따라서 사실 여부가 논의의 핵심이 될 수는 없다. 그렇지만 죽음이 끝이 아니라는 사실을 인지하는 것만으로도 사람들의 행동에 커다란 변화가 생겨날 수 있다.

이 책은 엄밀한 사실과 논리에 근거한 학술서를 지향하고 있지 않다. 글로벌 공동체에 대한 탐구인 동시에 개인적 차원의 영성적 깨달음을 추구하면서, 이 과정에서 필자의 학문 세계에 일어난 변화를 담고 있는 자전적 에세이이다. 필자가 경험한 신비체험은 필자를 인문학과 사회과학, 세속과 천국, 그리고 미신과 과학 사이의 경계인으로 만들었다. 다양한 종교에 대해서 개방적이고 중립적인 입장을 견지하고 있다. 기성종교를 존중하며, 종교가 수행하는 사회적 역할에 대해서 높게 평가한다. 다양한 학문 분야를 두루 섭렵하였으며, 종교와 영혼에 대해서도 과학적이고 상식적인 이해가 가능할 정도의 소양을 갖추었다. 경계인의 가장 큰 장점은 모든 분야나 다양한 주장에 대해서 열린 자세를 가질 수 있다는 점이다. 필자는 이 책을 통해서 보이지 않는 세계에 대한 열린 마음을 확산시키고, 종교 간 대화와 교류를 촉진시키며, 영성의 부흥과 확산에도 기여하고자 한다.

이 책은 필자의 개인적인 인생 스토리이기도 하다. 필자는 의도치 않게 학자로서 인생을 살게 되었다. 그렇지만 학자로서 학자다운 인생을 살기 위해서 부단하게 노력하였다. 보이지 않는 세계를 경험한 이후에는 보이지 않는 세계에 대한 이해를 넓히고 심화시키기 위해서 진정성 있게 노력하였다. 필자의 구도 역정은 인생의 의미를 찾고 진리를 추구하는 후학들과 일반 독자들에게 의미 있는 교훈을 제공할 수 있을 것으로 기대한다. 인생의 근본적인 진리를 찾아가는 구도 과정은 힘들었지만, 필자에게 의미 있는 인격 변화를 가져다주었다. 사랑, 배려, 포용 등과 같은 단어들은 원래 필자의 개인 사전에 등재되어 있지 않은 단어들이었다. 그러나 필자의 향후 인생에서는 '키워드'가 될 전망이다.

누군가 필자에게 삶의 목적에 관해서 묻는다면, 주저하지 않고 '배우기'라고 답할 것이다. 배우려고 사는 인생은 실패를 모른다. 성공에서는 겸손함을 배우고, 실패로부터는 좌절하지 않는 용기를 배운다. 부조리한 현실과 치열하게 맞닥뜨리며 살아야 삶의 의미를 깨우칠 수 있다. 회피하면 일시적 안락은 얻을 수 있으나, 배우는 것이 없다. 고난과 시련을 과감하게 극복해 나가면서 우리의 인격이 완성되고 영혼이 성숙한다. 그렇다고 분투노력만 하고 사는 것이 능사는 아니다. 때로는 인내하고 순응하면서 인생의 의미를 깨우친다. 나이가 들면서 '진인사대천명'이란 말이 크게 가슴을 울린다.

배움은 반드시 실천으로 이어져야 한다. 실천을 통해서 우리의 배움은 견고해진다. 인류애는 지식 문제가 아니라 실천 문제이다. 인류애를 실천함으로써 우리의 배움은 극대화된다. 남에 대한 배려와 조력은 삶의 기본이다. 나와 남을 나누지 않는 태도가 성숙한 영혼을 갖는 인간의 모습이다. 죽음은 두렵고 음습한 것이 아니다. 육신으로부터의 해방이며 새로운 탄생의 시작이다. 의식 수준이 높은 영혼은 육체의 보유 여부를 떠나서 인류와 우주 그리고 거대한 의식 세계에 기여하는 바가 크다. 따라서 우리는 끊임없이 마음을 닦고, 정신을 수양해야 한다. 구원을 수동적으로 기다리지 말고, 적극적으로 스스로를 구원해야 한다. 힐링(healing)을 받는 사람보다는 힐링을 주는 사람이 되어야 한다. 더욱 바람직한 것은 힐링 자체에 의존적이지 않는 반석과 같은 마음을 갖는 것이다.

이 책은 삶의 의미를 찾아 나선 필자의 구도 역정에 대한 기록이기도 하다. 사회 운동가나 정치 혁명가로서 부조리한 현실에 몸을 던져서 용기 있게 맞서지는 않았지만, 마음과 머리로서는 '천상천하 유아독존'을 몸소 실천하였다. 자아가 영적인 성장에 걸림돌이란 점을 인식하고, 자아를 극복하고 민족과 국가의 경계를 뛰어넘기 위해서 부단히 노력하였다. 그 결과 지역 공동체와 글로벌 공동체에 천착해서 연구에 매진할 수 있었다. 자아를 너무 내세울 경우 적대적이고 배타적인 삶이 우리를 기다린다. 소위 말하는 에고(ego)는 고약 존재이다. 자기중심적이고 스스로를 지나치게 높이려 하면서 온갖 문제를 일으킨다.

국가도 인류 공동체라는 관점에서 보면 잠재적 범죄자이거나 현행범이다. 사람들의 생명을 죽이고 재산을 빼앗는 범행을 합법적으로 저지른다. 국익이란 이름으로 사람들의 신체는 물론이고 생각과 영혼마저도 지배하고 통제하려 든다. 국가 지도자들은 절대자 행세를 하면서 국민은 물론이고 세계에 대해서도 서슴지 않고 악행을 저지른다. 참회와 반성이 필요한 시점이다. 인류 공동체를 향해서 마음과 정신을 가다듬어야 할 때이다. 국가가 인류 공동체의 일원으로서 중추적인 역할을 수행하기 위해서는 영적인 각성이 필요하다. 자기 국익만 내세우며 상호 적대적인 행위를 일삼아서는 안 된다.

필자는 지금까지 몇 차례의 근본적인 깨달음을 통해서 인생의 커다란 변화를 경험하였다. 이 책은 이런 깨달음과 변화에 대한 기록이기도 하다. 필자가 구도 역정에 들어선 것을 시작으로 해서, 깨달음의 의미, 깨달음에 이르는 길, 깨달은 이후의 삶, 그리고 깨달음이 필자의 학문 세계에 미친 영향 등에 대해서 순차적으로 서술할 것이다. 결론 부분은 글로벌 공동체에 대한 것이다. 글로벌 공동체가 인류의 미래란 주장을 펼치면서, 영성 회복이 인류가 하나가 되기 위한 관건이란 점을 보여 줄 것이다.

필자의 인생은 깨달음의 내용을 중심으로 다음과 같이 구분해 볼 수 있다:

인생 1막은 이념에 경도된 사회주의자에서 사회과학을 체계적으로 공부해서 이념에서 자유로운 정치학자가 되기까지의 과정이다. 사회 변혁에 대한 열정과 의욕이 넘치던 대학생에서 사실과 이론과 인과관계를 중시하는 학자로 변신하는 과정은 용이하지 않았다. 투쟁하듯이 석사과정을 마치고, 거울 앞에 차분하게 앉은 자세로 박사과정을 보냈다. 그리고 지난한 강사 생활 끝에 교수가 되었다. 이 과정에서 미국식 과학적 접근법을 지나치게 숭상한 부작용도 없지 않았다. 어디서나 근본주의자들은 문제를 야기한다. 시장을 너무 중시하면서 사회를 경시하는 경향이 은연중에 생겨나기도 하였다. 좌파 이론과의 대립과 충돌로 인해 불필요한 오해를 받기도 하였다. 사회과학을 하면서도 사회와 과학의 한계가 너무나도 분명하게 다가왔던 시기였다.

제2막은 교수가 된 이후의 시기로서, 학문적 탐구를 계속하면서도 끊임없이 근본적인 삶과 우주의 원리에 대한 호기심과 정열을 불태우던 시절이었다. 어머님의 죽음 이후 곧바로 교수 생활을 시작하였기에, 왕성한 학술 활동을 하면서도 죽음, 영혼, 환생에 관한 생각이 뇌리를 떠나지 않았다. 학문적으로는 지역 협력과 통합이란 주제에 천착하였다. 분리의 시대에 통합을, 갈등의 시대에 조화와 협력을 강조했다. 교수와 학자로서 자리를 잡으면서 매너리즘에 빠질 찰나에 아버지의 갑작스런 죽음을 계기로 보이지 않는 세계로 인도되었다. 수행과 학문을 병행하면서, 학문적 성숙과 영적인 성숙을 이룩한 시기였다.

제3막은 인생 마무리로서 은퇴를 준비하고 이 책을 준비하는 것으로부터 시작된 시기이다. 필자의 인생 제3막은 과거에 대한 참회로부터 시작되었다. 세상과의 대화와 실천을 주제로 하는 제3막이 과거 청산과 인격 개조 없이는 열릴 수 없다는 판단하에 세상과의 조화와 합일을 위한 발걸음을 내디뎠다. 그리고 글로벌 공동체와 영성 회복의 중요성을 강조하는 이 책의 집필에 나섰다. 앞으로 전개될 인생에서는 영혼의 연금술사가 되어 사람들의 마음속에서 영성이란 보물을 캐내는 일을 하고 싶다. 이를 바탕으로 인류가 하나가 되는 세상을 위해 자그마한 실천이라도 하려고 한다. 후진 양성을 위한 조그만 서당을 운명해 보려고 한다. 이 책은 앞으로 펼쳐질 인생을 위한 청사진이란 의미가 있다.

II

나의 구도 역정

1. 별안간 다가온 미지의 세계

1) 부모님의 죽음

객관 세계가 전부이고, 이를 과학적으로 설명하는 것을 책무로 느끼며 살아온 인생이었다. 정치 현상과 국제관계를 과학적으로 설명하는 것이 천직이었다. 그러다가 갑자기 죽음과 영혼에 대한 고민을 시작하였다. 사실 아름다움이 시인과 예술가만을 위해서 존재하는 것이 아니듯이, 삶과 죽음의 의미에 대한 고민 또한 철학자들의 전유물은 아니다. 신, 실재, 본질, 하나, 참나 등도 특수한 부류의 소수를 위해서 존재하는 것이 아니다. 도란 것도 도인만을 위해서 존재하는 것은 아니다. 누구든지 깨달음을 추구할 수 있다. 이런 의미에서 필자는 구도자이다.

우연한 계기로 인해 미지의 세계가 필자에게 다가왔다. 돌아가신 아버지와 만났다. 불가사의한 일이 현실이 된 것이었다. 사회과학을 전공한 정치학자로서 이해와 설명이 필요한 현상이었다. 회피하지 않고 열린 마음으로 경험을 수용하고 객관적으로 이해하려고 노력하였다. 사회과학자의 눈으로 일반 사람에게 보이지 않는 세상의 이치를 파악하고 싶었다. 그때까지 죽음이나 죽음 이후에 관한 연구는 거의 접해 보지 못했다. 사실 과학적 연구의 대상이나 관심 사항이 아니었다. 설명 가능한 현상만 연구 대상으로 하였다. 물론 예외가 많을 수밖에 없었다. 특히 죽은 자(이하 '영가'라고 표현)의 등장은 무속이 거의 독점적으로 장악하고 있는 어두운 세상이었다. 선친과의 만남을 계기로 이런 음습한 세상에 과학과 이성의 빛을 비추고 싶어졌다.

필자에게 아버지는 먼 존재였다. 거의 평생을 중고교 교사로 재직하셨다. 강원도 각지를 전근 다니면서 혼자서 자취를 하며 사셨다. 따라서 대화는 간헐적이었으며, 생전에는 필자의 인생에 별다른 영향을 미치지 못했다. 그러다가 돌아가신 후 여러 차례 걸쳐서 등장해서 많은 가르침을 주셨다. 강원도 고성 유지 외아들로서 중학교 때부터 일본 유학을 하러 가서 센슈대학(專修大學)을 졸업하고 귀국하셨다. 그리고 6·25 참전 및 대위 제대, 휘문중학교 교사, 정치 입문과 국회의원 선거 두 차례 낙선이란 인생 경로를 겪으셨다. 이로 인해 시골 유지였던 집안의 가세가 기울어지고, 본인은 세상을 등지고 강원도 김화에 있는 중학교 선생으로 새로운 인생을 시작하셨다. 이사 가던 날 버스에서 계속 잠을 자다가 어머니가 깨워서 버스에서 내렸다. 바깥은 어둑어둑했다. 길에는 요란한 소리를 내면서 끝도 없이 탱크가 지나갔다, 그때 느꼈던 공포는 지금도 뇌리에 생생하다.

이렇게 필자가 기억하는 어린 시절이 시작되었다. 아버지와 함께 생활한 기간은 강원도 김화와 지포리(신철원)에서 함께 지낸 5~6년 정도였다. 이후 아버지는 춘천으로 나머지는 서울로 이사하면서 가끔씩 주말에나 만났다. 중학교 국어 선생이었지만 춘천에서는 "최 도사" 하면 대충 알 정도로 신통력이 있는 분이셨다. 그래서 선친을 찾는 사람들의 발길이 끊이지 않았다. 당시 유명한 일화는 춘천중학교 정문을 반대편으로 옮긴 사건이었다. 1970년대 초 학교에서 학생들의 인명 사고가 빈발하자 교장이 선친에게 조언을 요청한바, 선친은 지금 후문 자리에 있던 정문을 반대편으로 옮기도록 조언하였고, 실제로 교문을 옮겼던 일이 있었다.

신통력에 대한 소문이 퍼져 나가자, 당시 지역 언론에서 미신 타파에 앞장서야 할 교사가 거꾸로 미신을 유포시킨다고 문제 삼고 나섰다. 1970년 무렵 강원일보의 심재욱이란 기자가 함정 취재를 위해서 사연이 많은 자기 고모를 대동하고 선친을 방문하였다. 문 열고 들어오는 여인을 향해서 핸드백에 들어 있는 약봉지를 내놓으라고 선친이 호통을 쳤단다. 몇 차례 부인 끝에 여인은 통곡을 하면서 꺼내 놓았고, 이후 운명을 정확하게 맞추는 부친을 보고 기자는 놀라지 않을 수 없었다. 그래서 '미신을 신봉하는 교사'를 손보러 왔다가 반대로 '교사 관상가'란 제목으로 커다란 인터뷰 기사를 쓸 수밖에 없었다. 이 신문 기사는 요즘도 가보처럼 필자의 거실 벽에 걸려 있다. 이로 인해 춘천에서 선친의 명성이 더욱 자자해진 것은 두말할 나위도 없다. 당시 남규욱 교육감(5~6대, 1975~80)과는 각별한 사이였으며, 일개 평교사가 교육계 인사를 좌우한다는 풍문이 돌 정도로 영향력이 컸다. 강원도 교육계의 소위 말하는 보이지 않는 실세였다. 이후 역풍을 맞아서 좌천과 시련을 겪기도 하였다.

몇 해 전 필자가 통일부 고위공직자 연수 과정에 강의를 나간 적이 있었다. 지겨워하는 연수생들을 대상으로 여담을 하는 중 우연히 선친 이야기를 하게 되었다. 필자가 지금 집사람을 데리고 난데없이 결혼하겠다고 등장하자, 어머니가 놀라서 머리를 싸매고 누웠다. 그런데 아버지는 집사람 얼굴을 한 번 보더니 "얘들 당장 결혼시켜라" 하셨다. 필자를 포함해서 온 식구가 깜짝 놀랐다. 성격이 까칠한 필자가 2025년 40주년이 되도록 나름 잘 살고 있으니, 통찰력이 대단한 것은 분명하다. 필자가 선친의 도력에 대해서 언급하니, 당시 수업을 듣던 강원 도청 모 국장이 손을 들었다. 당시 춘천중학교를 다닌 친구가 있으니, 정문 이전 사실과 선친의 명성을 확인해 봐도 되겠냐고 물었다. 그래서 마음대로 해보라고 했다. 강의실에서 즉각적으로 전화가 이루어졌다. 모든 학생이 귀를 기울였다. 전화의 상대방은 아버지의 도력과 무용담을 그대로 확인시켜 주었다. 그의 말에 따르면, 1970년대 초 소양중학교 '최 도사' 선생은 춘천에서 전설이었다.

아직도 어릴 적 신철원에서의 추억이 생생하다. 신통력에 대한 소문을 듣고 아버지를 만나기 위해서 집을 찾는 사람들이 끊이질 않았다. 당시 방 하나에 5남매 포함 일곱 식구가 함께 살던 시절이었다. 커튼 비슷한 것으로 반을 막아서 윗목에는 누나 셋이 살았다. 막내였기에 아랫목 차지였다. 늦게까지 어머니 무릎을 베고 누워서 아버지가 학부모들 손금과 운명을 봐주는 것을 보았다. 옆에서 신기한 대화 모습을 많이 지켜볼 수 있었다. "문지방 넘어올 때 과거부터 현재 고민 그리고 미래가 보이지 않으면 운명을 볼 수가 없어" 하는 말씀을 여러 번 들었다. "책만 보고 공부해서는 안 되지. 경험이 받쳐 줘야 해." 당신은 한국전쟁 당시 소대장으로 양구 지역에서 10일간 중공군에게 포위당했을 당시, 식량을 찾아 헤매다 허름한 농가 쌀독에서 일본인 이토(伊藤)가 쓴 관상, 수상, 골상, 지질학, 점성학, 작명 등 6권의 책을 발견하였다. 그 후부터 언제 죽을지 모르는 진중에서 틈나는 대로 읽었다. 그리고 부하들은 물론이고 수백 명의 전사자들을 상대로 운명을 보았다. 생사가 갈리는 현장에서 실습치고는 가장 확실한 실습을 한 셈이었다. 2년 정도 연구하니 사람의 운명을 맞출 수 있는 자신감이 생겼다고 했다.

그러나 입신양명을 위해서 신통한 능력을 감춰 놓고 있었다. 정치적 좌절을 겪고 강원도 산골에 유배가 아닌 유배를 왔으니 가정불화가 끊이지 않았다. 답답한 나머지 어머니가 신철원 집 앞에 조그마하게 신당을 꾸며 놓고 있던 '꼬마 만신'이란 무녀에게 가서 상의를 했다. 그녀의 답은 "남편에게 하늘이 내린 신통한 재주가 있는데, 그걸 쓰지 않아서 문제가 생겼다"는 것이었다. 어머니가 이런 '공수'를 아버지에게 전했고, 아버지는 취미 삼아 친한 지인이나 학부모들의 운명을 봐주기 시작하였다. 이를 계기로 차츰 명성이 나고 사람들이 몰려들기 시작하였다. 그렇게 친절한 분은 아니었지만, 필자의 호기심 어린 질문을 무시하지만은 않았다. 어떻게 운명을 맞히느냐는 질문에 나름 정성껏 대답해 줬다. 막내라고 각별한 애정을 받았던 셈이다. 사람 목숨을 살리고 어려운 처지를 모면하게 해 준 수많은 일들을 무용담처럼 필자에게 이야기해 주곤 하였다. 필자가 장성해서도 집안에서 아버지의 주된 대화상대는 막내인 필자였다.

침과 한방에도 능통하셨다. 손바닥보다 긴 대침을 즐겨 쓰셨고, 내가 체했거나 아프다면 그걸 내 몸에 쑥쑥 찔러 대고는 하였다. 한방에도 능하시어, 똑같은 처방도 선친이 내면 신통하게 병이 나았다고 한다. 원주 터미널 근처에 있던 대화약방을 애용했던 것으로 기억한다. 동양철학은 물론이고 붓글씨에도 일가견이 있으셨다. 은퇴 후 본격적으로 시작한 붓글씨는 국전과 서울대전에 10번 넘게 입선할 정도의 실력이셨다. 필자가 유학 중이던 미국 시애틀을 방문했을 때, 공부하면서 어려움을 겪던 많은 친구에게 인생 해답을 줬던 적도 있다. 마지막 기억은 필자가 재직 중이던 학교를 떠나야 할 위기에 처했던 동료 교수를 살려 준 일이었다. 말년에는 에너지가 많이 소모되는 운명 읽기를 끊고 붓글씨에만 전념하셨다. 세상에는 움직이는 영혼(동령)과 고정된 영혼(정령)의 숫자가 균형을 이룬다는 독창적인 이론을 여러 경로를 통해서 설파하기도 하셨다.

2) 선친과의 조우

이런 분이 하늘로 돌아간 후에 아무 일이 없었으면 아마 그게 더 이상했을 것이다. 생전에 필자에게 이래라저래라 한 적이 없다. 물론 필자가 알아서 잘했기 때문일 수도 있지만, 당신께서도 그렇게 가르칠 게 있을 정도로 모범적인 가장은 아니었다. 생계와 교육은 거의 어머니 몫이었다. 그래도 자식 중에서 막내를 가장 아껴 준 것은 분명하다. 그렇지만 가장 큰 사랑은 돌아가신 후에 받았다. 필자에게만 나타나서 어디서도 얻을 수 없는 소중한 가르침을 줬기 때문이다. 좋은 마음을 내라는 가르침을 주고, 마음공부에 전념하도록 인도까지 했다. 이제는 아버지이기 전에 좋은 스승이다.

돌아가서도 자식이 놀랄까 봐 적절한 메신저를 손수 골라서, 이해하기 쉬운 방식으로 소통했다. 직접 올 때는 혹시 놀라지 말라고 불편함을 무릅쓰고 가급적 낮에 나타났다. 직접 가르치면 부작용이 있을까 봐 꿈을 통해 상황극 형태로 가르침을 줬다. 만남의 전 과정을 통해서 깊은 배려와 사랑을 흠뻑 느꼈다. 필자는 돈으로 환산할 수 없을 만큼 엄청나게 가치 있는 유산을 부모로부터 물려받은 셈이다. 부모 입장에서도 자식이 자신을 스승으로 받아들이는 것이 아마도 가장 영광스러울 것이다. 아버지는 필자의 마음속에 그런 스승으로서 자리를 잡았다.

필자는 부모님의 죽음을 통해서 영혼과 영계에 대해 많은 생각을 하게 되었다. 이 과정에서 영매와 꿈을 통해 눈에 보이지 않는 존재와 세계를 경험하게 되었다. 가까운 사람의 죽음을 목격하는 것은 고통인 동시에 인생을 한층 성숙하게 하는 계기도 된다. 여타 사람들과 마찬가지로 필자는 나이가 제법 들 때까지 시신을 한 번도 본 적이 없다. 그저 두려움의 대상이었기에 가능하면 피하려고 했다. 죽음의 순간을 목격한 것은 어머님이 처음이다. 너무도 소중한 어머니였다. 막내인 필자를 끔찍이도 아끼고, 온갖 고생 마다하지 않으면서, 잘 되기만을 기원하셨던 어머니였다. 무슨 운명의 장난인지 돌아가시자마자 어머니 애를 그토록 태우던 교수 자리에 임용이 되었다. 치매로 고생하며 인간의 존엄성에 대한 확신마저 흔들리게 만드셨던 야속한 분이었다, 필자 생일날 운명하려는 것을 엉엉 울면서 말렸다, "제발 내 생일날 돌아가시지 말라고." 그리고 막내아들의 간청을 받아들여 다음 날 오전에 돌아가셨다.

일제 강점기에 함경남도 원산으로 유학을 가서 미국 선교사들이 설립한 '루씨고등여학교'를 졸업했을 정도의 재원이었다. 당시 여성들의 지위를 감안하면, 지금 기준으로 거의 박사학위를 받은 정도로 드문 일이었다. 강원도 고성군 죽왕면 삼포리 윗동네 어씨 마을의 최고 엘리트로서 오호국민학교 교사를 하다가, 일본 유학에서 돌아온 아랫동네 최씨 집안의 대표 주자와 결혼을 했다. 꽃길이 열릴 것이란 기대와 달리 평생 가정을 손수 꾸려야 하는 운명이었다. 별의별 일을 안 해본 것이 없을 정도의 삶이었다. 닭 수의사, 돼지 사육사, 방구들 놓기 전문가라고 해도 손색이 없을 정도로 모든 일을 능숙하게 해냈다. 미용실도 해봤고, 오랫동안 군청 직원과 대학생을 상대로 하숙을 치기도 하였다.

어머니는 막내아들 잘되는 날만 기다리다가 운명하셨다. 필자는 그때부터 환생하는 영혼의 존재를 믿고 싶었다. 멋진 인생을 다시 살 기회가 어머니에게 주어지기를 간절하게 빌었다. 새롭게 교수 생활을 시작하면서 한동안 어머니의 존재를 까맣게 잊고 지냈다. 어느 날 같은 학부 동료 모친상에서 갔다가 시간이 늦어서 사무실로 다시 돌아와 잠을 자게 되었다. 꿈속에 어머니 모습이 등장하였다. 불현듯 깨어 너무도 완벽하게 어머니를 잊고 살았던 자신을 자책하면서 오랫동안 대성통곡을 했다. 그리고 하늘에서 공부 많이 하시고 꼭 환생하라고 간절하게 기도를 올렸다. 어떤 형태이든 필자 곁으로 꼭 다시 오라고. "지난 생에는 아들인 제가 꿈을 이루도록 평생 애썼으니, 이번에는 제가 어머니의 꿈을 이루게 도와드리겠다"고 약속했다.

아버지의 죽음은 더 강력한 지진이었다. 여진도 훨씬 더 컸고, 또 오래 지속되었다. 이를 계기로 영혼의 존재에 대한 확신도 생겨났고, 관련된 공부도 본격적으로 하게 되었다. 전혀 준비가 되지 않았던 필자에게 여러 번 출현해서 많은 놀람과 감동 그리고 큰 가르침과 사랑을 주고 떠났다. 아버지와 아들로 만날 수 있었던 것을 그저 감사할 따름이다. 처음에는 불의(不意)에 돌아가시느라 마무리하지 못한 일을 당부하러 왔다. 두 번째는 아들 인생 공부시키려고 왔다. 세 번째는 변화하는 모습이 기특했는지 칭찬해 주러 왔다. 네 번째는 어떻게 앞으로 살아야 할 것인지 당부하러 왔다. 이 과정을 통해 필자는 마음에 눈이 열리고, 새로운 인생을 살게 되었다. 이후에도 가끔씩 등장하는데, 주로 격려차 방문이다. 항상 가슴이 뜨거워지고 눈물이 쏟아져 내린다. 감동 그 자체이며 느낌으로 교감한다. 주로 격려와 칭찬을 많이 하신다. 어찌 보면 같이 공부하는 도반이다. 필자가 도를 배우고 실천하는 삶을 사는 것이 기특한가 보다. 책을 탈고할 때마다 어김없이 등장해서 그간의 노력에 대해서 칭찬과 격려를 보내 준다.

첫 번째 조우는 놀람 자체였다. 준비되지 않았던 갑작스런 아버지의 죽음으로 인해 허탈감과 원망하는 마음까지 생길 정도였다. 장례를 치르고 집에 돌아와 앉았는데, 밀려오는 허전함과 측은함을 억누를 수 없었다. 편하지 않은 모습으로 꿈에도 자주 등장했다. 큰 슬픔 속에 며칠을 보내는 중, 우연한 기회에 전혀 예상치도 않던 영매를 통해 아버지와 조우하게 되었다. 어느 늦은 일요일 오후 테니스를 치고 집에 가다 허전한 마음에 맥주 한잔하러 동네 단골 호프집에 들렀다. 사장님 옆에 친분이 있는 것 같은 중년 여인 한 분이 혼자 소주를 마시고 있었다. 안 된 마음에 소주를 한잔 따라 줬다. 필자를 넌지시 바라보면서 "마음이 따뜻한 사람이라 복을 좀 받겠다"는 말을 했다. 별로 신경 안 쓰고 있는데, 주절주절 자신의 속 이야기를 털어 놓기 시작했다. 자신이 신내림을 받은 무당이며, 운명을 피하려 자살을 몇 번 시도했다며 상처가 남은 손목도 보여 줬다. 그러던 와중에 그분이 몸을 심하게 떨면서 너무 강력한 기운이 느껴진다는 말을 하는 순간, 돌아가신 아버지가 나타났다.

처음에는 아버지임을 확인시켜 주는 탐문 절차가 있었다. 생전에도 '폼생폼사'(폼에 살고 폼에 죽는) 경향이 있었는데, 그날도 평소처럼 붓글씨가 어떻고 '삐루'(맥주)가 어떻고 엄청 폼을 잡으시면서 이야기를 했다. 영락없는 아버지였다. 인사말 교환 이후에 몇 가지 미해결된 문제에 대해서 선친의 의견을 물었다. 아버지의 개인사 관련 공개하기 민감한 이슈들이 있었다. 필자가 물으면 '예스 노'로 답하는 형식으로 일 처리가 이루어졌다. 무녀의 입을 빌려서 하는 대화지만, 실제 대화와 거의 차이가 없었다. 마지막 단계에 이르러 필자가 "아버님, 이제 어떻게 해드릴까요? 큰 제사라도 올릴까요?" 하고 물었다. 그러자 무녀의 입을 통해서 생생한 목소리로 "돈이 얼마나 소중한데 쓸데없는 데 쓰려고 하느냐?"라고 반문하였다. 그리고 "앞으로 나를 만나기 위해서 다른 신을 절대로 찾지 말라"고 당부하면서 떠났다.

사고로 인해 황망하게 돌아갔기 때문에 필자와 소통하고 싶어 기회를 노렸던 모양이었다. 그러나 뾰족한 수가 없어 애가 타다가 하늘과 소통이 가능한 무녀를 이용해서 필자에게 접촉한 것이었다. 아버지가 떠난 후 비로소 정신이 돌아온 무녀는 본연의 직업으로 돌아갔다. 제(齋)를 올려야 하니 지금 당장 돈을 가져오라고 거의 명령조로 지시를 내렸다. 필자도 처음으로 하는 경험이라 크게 당황했다. 정신도 혼미할 정도라서 일순간 무녀의 말에 크게 흔들렸다. 700만 원이 필요하니 당장 돈을 구해 오라는 요구였지만, 애당초 그런 돈이 필자에게 없었다. 그래서 집사람에게 이런저런 이유로 돈이 필요하니 구해 오라고 전화를 걸었다. 그랬더니 사고 치지 말라고 펄쩍 뛰면서 총알같이 호프집으로 뛰어왔다. 평소에도 기운이 매우 강한 집사람이 기세등등하게 등장하자, 무녀는 다음날 자기를 찾아오라는 말을 남기고 꽁무니가 빠지라 도망을 갔다.

밤새 잠을 이룰 수가 없었다. "분명 아버지였는데. 내일 당장 어쩐다…" 그런데 새벽녘이 되어 문득 무녀의 입을 통해 아버지가 한 말이 생각났다. 소중한 돈 헛되이 쓰지 말며, 당신을 만나기 위해 다른 신 찾지 말라는 그 말이 떠올랐다. 퍼뜩 정신이 들었다. 그제야 그 말이 무슨 의미인지 정확하게 알게 되었다. 그래서 제를 올리는 것을 포기하였다. 하마터면 큰돈을 날리고, 실없는 사람이 될 뻔하였다. 무녀는 자기 입으로 아버지 당부를 있는 그대로 필자에게 전함으로써 스스로 영업을 망친 셈이었다. 동시에 아비지는 자신의 높은 도력을 다시 한번 명백하세 보여 주었다. 이래서 서로 신뢰할 수 있는 관계가 형성되었다.

이후에 이 사건에 관해 조계종 신도회장을 지내신 가까운 지인과 상의를 하니, 허름한 법당에서 수양하는 스님 한 분을 소개시켜 줬다. 두 번의 암 수술 끝에 본인도 사경을 헤매고 있었지만, 정성껏 49재를 모셔 주었다. 본인은 한 주일 전에 대구 동화사에 스승을 만나러 갔는데, 머지않아 누군가 나타나 재를 부탁하면 성의껏 모시라는 이야기를 들었다고 했다. 잘 모시면 덤으로 자신도 건강을 되찾을 것이라는 말과 함께. 모든 것이 순조롭게 진행되었고, 그 스님은 요즘 건강해져서 산을 날아다닐 정도라고 한다. 필자는 49재를 준비하면서 『금강경』 필사를 요청받았고, 이를 통해 불교와 처음 만나게 되었다. 그 후 『금강경』은 필자의 인생을 밝혀 주는 등불이 되었다.

두 번째 조우는 좀 더 당황스러웠다. 두 달 정도 지난 어느 아침 옆방 동료 교수의 차를 타고 학교로 출근하는 중이었다. 내부간선도로 홍제동 근처를 지나는데 갑자기 몸에서 뭔가 빠져나가는 동시에 하늘로 솟구치는 느낌이 들었다. 하늘 끝까지 올랐다가 하늘을 빙빙 돌고 다시 내려왔다. 당시 느꼈던 희열은 그때까지 경험한 어떤 것과도 비교할 수 없을 정도였다. 곧 아버지의 영혼이 들어온 것임을 직감할 수 있었다. 이번에는 너무도 분명하게 이미지(텔레파시)로 대화를 할 수 있었다. 아버지의 영혼이 이미지를 보내면, 필자가 받아서 말로 풀어 확인해서 답하는 형식이었다. 겉보기에는 필자가 자문자답하는 형식이었지만, 내용은 구체적인 가르침을 주는 것이었다. 운전을 하면서 이 광경을 지켜보던 동료는 그저 망연자실할 뿐이었다. 상황이 심상치 않은 것을 직감하고 학교 정문을 그대로 통과해서 뒷산 한적한 곳으로 차를 몰았다.

여러 가지 언급이 있었지만 핵심 메시지는 바로 '법등명 자등명'이었다. 당시 메시지의 내용은 당시에 잘 몰랐으나, 나중에 불경을 공부하면서 깨닫게 되었다. 2500년 전 붓다는 돌아가면서 "자등명(自燈明) 자귀의(自歸依), 법등명(法燈明) 법귀의(法歸依)"라는 마지막 가르침을 남겼다. “스스로를 등불로 삼고 스스로를 귀의처로 삼아라, 법을 등불로 삼고 법을 귀의처로 삼아라”라는 의미이다. 쉽게 말하면 지금 엄청 무식하니 이제 제대로 된 공부를 좀 하라는 메시지였다. 그리고 난데없이 필자에게 “네놈이 아버지를 뭐로 보느냐”고 호통을 쳤다. 이유인즉, 당시 필자는 선친을 만난 이후로 혹시 무슨 복이나 주실까 해서, 아버지 생신과 기일을 조합해서 복권 번호를 5개 정도 만들어 지갑에 넣고 다니고 있었다. 이를 용케도 알고 질책한 것이었다. 필자는 “아이쿠, 제가 잘못 했습니다” 하고 용서를 빌면서, 지갑에서 번호가 적힌 종이를 꺼내 찢어 버렸다.

떠나면서 남긴 당부의 말은, “이제부터 원하는 바대로 모든 것이 이루어질 터이니, 항상 좋은 마음을 내도록 하라”였다. 좋기보다는 걱정이 앞섰다. 프랑스 동화작가 샤를 페로(Charles Perrault, 1628~1703)가 쓴 동화가 떠올랐다. 옛날 어떤 마을에 가난한 나무꾼이 살았다. 자신의 삶에 대해 불평을 달고 살았는데, 어느 날 번개가 치며 제우스가 나타나서 “이제 네 입에서 나오는 소원 세 가지를 들어주마!”라고 약속하고 사라졌다. 집에 돌아와 아내에게 그날 겪은 일을 설명해 주고, 서로 신중하게 소원을 빌기로 약속했다. 온갖 상상을 하다가 저녁이 되어 배가 고파졌다. 무심결에 “소시지나 먹었으면 좋겠군” 하자 첫 번째 소원이 이루어져 버렸다. 어처구니없는 사태 전개에 아내가 버럭 화를 내자 나무꾼은 “이런 젠장, 저놈의 소시지가 못된 저 마누라 코에나 붙어 버렸으면 좋겠네”라고 저주를 내렸다. 그러자 두 번째 소원이 이루어졌다. 나무꾼과 아내는 망연자실해졌고, 결국 세 번째 소원은 아내의 코에서 소시지를 떼어 내는 데 쓸 수밖에 없었다.

내 마음을 내가 잘 아는데, 좋은 마음을 그것도 항상 내기란 정말로 어려운 일이었다. 고민이 엄청 커졌다. 필자가 찾은 해법은 원하는 바가 아예 없는 상태를 유지하자는 것이었다. 원래 욕심이 별로 없었으니 큰 어려움은 없었다. 세상과 어느 정도 단절하고 연구실에만 있으니, 원하는 바 없이 사는 것이 불가능하지는 않았다. 그리고 『금강경』 독송에 매진하였다. 항상 좋은 마음을 내도록 하고, 가능하면 마음을 아예 내지 말라고 요구하는 『금강경』의 메시지는 욕심 버리고 좋은 마음 갖는 데 적격이었다. 그래서 매일 아침저녁으로 3년 정도 『금강경』 원문을 소리 내어 독송하였다. 한 번에 1시간씩 걸리는 작업이었지만 목이 쉬어라 읽어 댔다. 모두가 이어폰을 끼고 핸드폰을 하는 출퇴근 전철 안은 남의 눈치 안 보고 독송을 하는 아주 좋은 장소였다.

세 번째 조우는 2~3년 정도 지난 후였다. 국제교류처장 일을 하고 있는데, 하루는 교무위원 회식이 있었다. 술자리가 무르익고 있는데 옆에 앉아 있던 교목실장 신부가 교내에 비신자들의 비중이 너무 높아져서 걱정이라고 토로하면서, 비신자를 전도하는 데 예상치 못한 비용이 제법 든다는 이야기를 했다. 술김에 필자가 덜컥 "제가 50만 원을 헌금하지요"라고 약속을 했다. 그날 늦게까지 회식 자리가 이어져 도봉구 집으로 귀가하지 못한 채 사무실에서 잠을 잤다. 아침 일찍 잠이 깨어 어젯밤에 일어난 일을 기억해 냈다. 혹시 후회하는 마음이 생길까 봐 그 자리에서 일어나 현금인출기에서 돈을 찾았다. 그리고 이른 시간에 교목실로 달려가 헌금을 했다. 당시 집안 살림이 어렵다는 핑계로 알게 모르게 구두쇠 노릇 좀 하던 시절이었다. 따라서 필자에게는 제법 큰 돈이었다. 이런 정도의 마음을 내는 것만도 제법 수행이 되었음을 보여 주는 하나의 증거였다.

그 무렵 아는 여권 관계자가 연락을 해서 새롭게 출범하는 박근혜 정부가 북한에 특사를 보내고 싶어 한다며 필자의 의견을 물었다. 그래서 북한을 여러 번 방문했고 인적 네트워크도 제법 탄탄한 교수 한 분을 그날 저녁에 만났다. 종교학 전공이며 영적 능력이 뛰어난 것은 이전부터 알고 있던 터였다. 저녁 식사를 하면서 대화를 나누고 여담으로 돌아가신 아버지와의 재회에 대한 이야기를 하였다. 죽음과 영혼에 대해서 여러 가지 궁금했던 일에 대해서 제법 명쾌한 답변을 들을 수 있었다. 그리고 차를 마시려고 커피숍에 들어서는 순간, 그분이 너무 강렬한 기운이 느껴진다는 말을 여러 번 했다. 직감으로 선친임을 알 수 있었다. 며칠 동안 등장할 것 같은 예감을 강하게 느끼고 있던 참이었다.

그 순간 "교수님의 아버지께서 등장하셨네요"라는 말이 들렸다. 전하는 말은 요즘 공부를 열심히 하고 있어서 대견하다는 칭찬 일색이었다. 오늘 아침 교목실에 가서 헌금한 필자의 모습을 보고, 사람이 좀 됐다고 생각한 모양이었다. 아주 흡족한 기분이셨다. 그리고 필자에게 소원이 혹시 있는지 물었다. 공부를 좀 했기 때문에 정답을 알고 있었다. 그래서 "가르침대로 살 뿐이며, 바라는 바는 없다"고 단호하게 대답했다. 그러자 재차 반복해서 소원을 물어 왔다. 그래서 약간 창피했지만 당신 손자와 손녀가 사실 걱정은 좀 된다고 답했다. 그러자 구체적으로 필자의 아들과 딸의 장래에 대해서 공수를 내려 줬다. 당신 며느리를 포함해서 모두에게 좋은 덕담을 하고 떠나면서, "너만 잘하면 돼"라는 말을 남겼다. 즐거운 만남이었음에도 불구하고 왜 그리 바보처럼 눈물이 폭포수처럼 쏟아지던지. 이러면 어디 다시 오겠나 싶은 생각이 들 정도로 민망하였다.

네 번째 조우는 1년쯤 지나 한국국제정치학회장 선거에 나서 열심히 전국을 돌면서 운동하던 때였다. 하루는 일전의 종교학 교수한테서 연락이 왔다. 혹시 아버지가 쓰시던 붓과 벼루가 있는지 물었다. 필자는 전혀 금시초문이었다. 아내에게 물었더니 한참 전에 형님 집에 있던 선친의 유품을 정리한다고 해서 우리 집에 가져다가 놓았다고 했다. 그래서 소재를 물으니, 딸아이 방에 보관하고 있던 것을 전날 너무 방이 너저분해서 유품 모두를 광에다 치워 버렸다고 했다. 이렇게 상황을 보고하자, 지인은 선친께서 본인 기도 중에 나타나서 붓과 벼루에 대해서 언급했다고 했다. 그리고 필자에게 "그런 물건은 아무렇게 놔둬서는 안 되고, 정성스럽게 싸서 소중하게 보관해야 하는 물건이다"라고 조언을 해 줬다.

그런데 집이 좁아서 예의를 갖춰 모실 곳이 마땅치 않았다. 그래서 학교 사무실에 모시기로 하고, 조계사 앞에 가서 유품을 담을 수 있는 함, 포장지, 붓걸이 그리고 여타 제례 용품을 사서 학교 사무실에 단을 차리고 안치해 두었다. 나중에 알게 되었지만 부모의 위패를 집에 모시는 것은 일본이나 동남아 여러 국가에서 행하는 관습이었다. 그러자 지인은 유품을 제대로 모셨는지 한번 확인하고 싶다고, 필자의 사무실을 방문하였다. 위치를 정정해 주고, 사무실 정화를 위한 의례를 거치고 나서, 마지막으로 아버지가 남긴 커다란 붓을 만졌다. 그 순간 몸을 강하게 떨면서 "교수님의 아버님이 오셨다"라고 이야기를 했다. 그리고 10분여에 걸쳐서 선친과의 대화를 진행하였다. 필자는 정신을 바짝 차리고 지인의 입에서 나오는 말을 노트에 받아 적었다.

휘갈겨 써서 무려 열여섯 페이지에 달하는 내용이었다. 앞으로 무슨 일을 어떤 자세로 어떻게 해야 하는지 구체적으로 조언해 주기 위해 온 것이었다. "쓸데없는 욕심 내지 말고, 성실하게 본연의 업무를 충실히 하라"는 것이 요지였다. 당시 정치권 인사들과 제법 교류가 있었으며, 뭔가 하고 싶은 욕심이 없지 않았던 때였다. 마음에 품고 있는 자리가 있었지만, "절대로 너 자리가 아니니 탐내지 말라"고 구체적인 언급마저 해 주었다. 그리고 신필을 내려 줬다. 신필이란 것은 무속 신앙의 관행으로서, 하늘에서 신들이 인간에게 그림이나 글로써 자신의 뜻을 전달해 주는 것이다. 아버지는 필자에게 '业'(직업 업業 자의 간자체)과 '木'(나무 목, 뿌리를 의미)을 상하로 합친 자전에 없는 글자를 신필로 전해 줬다. 자기가 하는 일에 천착해서 뿌리를 공고하게 내리라는 의미였다.

그리고 지인은 본인이 궁금했는지 선친에게 필자를 제자로 쓸 의향이 있는지 물었다. 당시 지인은 필자가 신내림을 받아야 할 운명이라고 강하게 권유하던 중이었다. 그러자 선친은 그럴 의도가 전혀 없으며 나중에 정 궁금한 사항이 있을 경우 직접 물어보면 가르쳐 주겠노라고 답하였다. 마지막으로 당신도 계시는 곳에서 열심히 공부하는 중이니 걱정하지 말라는 말을 남기고 떠났나. 그 후 필자는 신필을 써서 사무실 앞뒷문에 붙여 놓고 공부에만 열중하였다.

3) 만남 이후

선친은 살아 계실 때 필자에게는 야단을 치거나 문제를 지적

하는 일을 전혀 하지 않았던 분이었다. 필자가 알아서 하는 것도 있지만, 원체 자존심이 강해서 어려서도 야단을 치면 분해서 앓아누웠다고 어머니가 그랬다. 아버지에게 맞은 기억은 단 한 번이다. 초등학교 2학년 때쯤이었다. 신철원에서 강포저수지에 스케이트 타러 가기로 약속해 놓고는 왠지 계속 누워만 있었다. 몇 번 보챘더니 필자를 집어 들어서는 방바닥에 냅다 던져 버렸다. 너무 억울해서 통곡했다. 그것이 처음이자 마지막이었다. 그날 강포저수지 갔다 오며 평생 최고의 대접을 받았다. 이후 필자에 대한 정보는 모두 어머니를 통해서 간접적으로 수집하였다. 지금도 공부 잘한다는 칭찬과 격려 일색이지 야단은 거의 안 친다. 간혹 필요한 경우에는 직접 지시하기보다는 필자가 말을 들을 만한 사람들을 통해서 간접적으로 개입하신다.

아버지는 이후에도 가끔씩 들린다. 알고 지내는 영매들이 무심코 선친 이야기를 전해 주기도 한다. 주변에 영적으로 민감한 사람들이 가끔씩 필자에게 정색을 하고 충고를 할 때가 있다. 대개의 경우는 선친의 개입이 의심되었다. 알고 지내는 영매가 있었다. 한번은 당신 아버지가 기도 중에 나타나서 "술 먹고 택시 타서 제발 정신 좀 잃지 말라"고 했다는 말을 전해 주기도 했다. 당시 한 달에 핸드폰을 세 번 잃어 먹고 다니던 때였다. 최근에는 영성 연구에 일가견이 있는 학자이자 친한 선배와 속초 설악항에서 술 한 잔을 하고 있는데, "제발 무리해서 공부하지 말라"고 여러 번 필자에게 반복해서 말을 건넸다. 탐문해 보니 선친의 보이지 않는 손이 작동하고 있는 느낌이 들었다. 책을 쓴다고 무리하는 모습이 걱정스러웠는가 보다.

선친으로부터 많은 가르침을 받고 있기에 제사를 엄청 챙길 것 같지만 실제로 필자는 그렇지 않다. 마음으로 주로 교감하기 때문에 의식이나 절차는 중시하지 않는다. 그래도 생일날에는 좀 특별한 안줏거리 몇 가지를 만들어서 밥과 술을 올린다. 보통은 돌아가신 날을 기리지만 예수나 부처 같은 성인들은 가신 날이 아니라 오신 날을 기념한다. 이에 착안해서 깊은 존경의 표시로서 필자는 선친의 생일을 기념한다. 그냥 조촐하게 아무한테도 안 알리고 우리 식구끼리만 생일파티를 올린다. 2023년 탄신 100주년 생일날에는 가까운 지인 중 간절한 소원이 있는 두 가정을 초대했었다. 우연의 일치였겠지만 모두 머지않아서 간절한 소원을 성취하였다. 사실 감사할 일은 엄청나게 많다. 그러나 너무 신격화하는 것은 절대로 회피하려고 한다. 일단 인과관계를 입증하기 어렵기도 하고, 대부분의 경우 기적이 아니라 당사자들의 진정 어린 노력의 결과이기 때문이다.

제사는 죽어서 황망하고 위로받고 싶어 하는 영가(靈駕) 들을 위한 것이다. 죽음 이후 영가들에게 주어진 일은 공부이다. 학습 내용은 과거를 정화시켜서 털어 버리고, 앞으로 새롭게 나아갈 미지의 세계에 적응하는 데 필요한 지식을 습득하는 것이다. 대체로 자발적이고 특별히 정해진 기간도 없으며, 테스트나 성과에 대한 가시적인 보상이 없기 때문에 동기부여가 어렵다. 좌절하거나 포기하기 쉽다. 따라서 자손들이나 자신의 고충을 알아줄 것 같은 지인들에게 등장한다. 학창 시절 저학년 교실에서 큰소리치는 선배들이 대개는 동년배 사이에서 한참 못난 축에 드는 것과 유사하다. 이들은 자손에게 복을 줄 능력이 없다. 실제로 그들이 필요로 하는 것은 후손들로부터의 인정과 격려 그리고 진심 어린 응원이다. 살아서 조상으로부터 복을 다 받아 놓고, 돌아간 후 알량한 음식 몇 가지 차려 놓고 복을 비는 것은 염치가 없다. 필자는 진심으로 감사와 응원의 메시지를 전하려고 노력한다. 하늘에서 지상의 자식을 교육하는 분이 원하는 것은 음식이 아니라 필자의 공부라고 확신하고 있다.

그럼에도 자손 사랑하는 마음은 땅에서나 하늘에서나 마찬가지인 듯하다. 2019년 아버지 생신날이었다. 1923년생 돼지띠로서 필자와 띠동갑이다. 기해년에 맞이하는 생신이라 의미가 특별할 수 있는 날이었다. 특별한 만남의 시작은 훌륭한 막내며느리인 집사람으로부터였다. 하루 전 새벽이었다. 내일이 아버님 생신이니 일찍 경춘 공원묘지에나 다녀오잔다. 그래야 마음이 편할 것 같다나. 채비를 후닥닥하고 춘천으로 향했다. 조촐하게 북어 한 마리와 사과 두 개를 제단 위에 놓고 소주잔을 올렸다. 마음 한구석에는 "생전에 참 맥주를 좋아하셨는데… 여기에 전이라도 몇 조각 있었더라면 더 좋았을 텐데…" 하는 생각이 없지 않았다. 그래도 "모든 게 다 마음이니까" 하고 곧 정당화시켰다.

흥미 있게도 돗자리를 펴자마자 고양이 한 마리가 등장했다. 야옹 하는 소리가 "너희들 뭐 하러 왔는지 다 안다"는 투였다. 예사 고양이가 아니었다. 무덤지기 하면서 삶과 죽음의 이치를 다 파악한, 말하자면 '득도'를 한 놈이었다. 우리가 하는 짓을 유심히 지켜보다가 다 끝나자 당당하게 다가왔다. "내가 다 아니 내놓으라"는 태도였다. 북어 몸통은 나중에 국 끓여 먹을 심산이었기에, 대가리와 살점 조금을 줬다. 빤히 바라보는 게 "애개, 겨우 요만큼" 하는 표정이었다. "아님 말아라!" 버텼더니, "너희들 그러고도 괜찮겠냐?"는 듯 묘한 눈길을 주면서 자리를 떴다. 이상하게 여운이 길게 남았다.

집에 돌아오는 길에 집사람은 마음이 아주 개운한 표정이었다. 사실 돌아가신 시아버지 생신 챙겨 주는 며느리가 어디 있겠는가? 필자도 거들었다. "부처나 예수도 다 생일을 기념하잖아! 위대한 사람들은 다 그래. 우리가 오늘 아버님 제대로 봉양한 거야!" 그렇지만 마음 한편에서는 계속 "의도는 참 좋았는데, 내용이 좀 부실했어!" 하는 느낌이 들었다. "맥주에다가 안주라도 제대로 갖춰 드렸으면 금상첨화였을 텐데…"

그날 밤 일찍 잠을 청했다. 신기하게도 수년 동안 안 보이시던 어머님이 꿈에 등장하였다. 잠자는 필자를 뒤에서 꼭 안아 주시며 좀처럼 떠날 줄 몰랐다. 상당히 기분이 좋았던 모양이었다. 어머니를 보내고 다시 잠을 청하니, 이번에는 아버지께서 오셨다. 오랜만의 발걸음이었다. 옛날에는 가끔 오더니. 그런데 필자를 보고 자꾸 당신이 한턱내겠다고 가자 하신다. 예전에 살았던 강원도 김화 와수리에 있는 한 식당이었다. 대학 시절 재차 김화중학교로 부임한 선친을 만나러 가서 들렀던 곳이었다. 고기를 시켰는데 나오는 냉동 고기가 다 말라비틀어져 있었다. 뭔가 뇌리에 번뜩 떠오르는 순간 잠이 깼다. 그러고 나서 "아이쿠! 아버지 제가 잘못 했습니다" "제가 많이 부족했습니다" 하면서 눈물을 비 오듯 쏟았다.

당연히 생일을 잊지 않고 찾아온 자손에게 화가 난 것은 아니었을 것이다. 아들과 그냥 한잔하고 싶으셨을 확률이 크다. 그러나 "얘가 요즘 살림이 어렵나?" 하는 생각을 했을 가능성도 약간은 있었다. 순간 곤히 자는 집사람을 깨웠다. 그리고 "이따 저녁에 간단하게 전이랑 맥주 그리고 흰쌀밥 두 그릇 좀 준비해 놓으시게. 어제 아버님께 좀 부족했던 것 같아서"라고 부탁을 했다.

저녁 늦게 귀가해 보니 제대로 된 생일상이 차려져 있었다. 이런 상황에 무슨 격식이 필요하겠나. 그냥 좋아하시던 맥주를 따라 드리고, 식구들과 같이 저녁 식사를 하면서, 아버님 생전의 기억을 서로 회고하고 덕담을 주고받았다. 아주 특별한 생일잔치였다.

그런데 반전이 시작됐다. 갑자기 딸 희나가 "아빠 알지? 우리, 아빠 빼고 3일 동안 강릉에 여행 가는 거?" "오빠와 난 근로자이니 휴일이야. 아빤 근로자가 아니니 얘기도 하지 않았어." "원래 아무것도 안 해 놓고 떠날 예정이었는데. 어유! 할머니 할아버지 돌아가셔도 그저 막내아들 걱정! 당신 아들 굶을까 봐 이런 궁리 다 하셨네!" 하는 것이었다. 희나는 현재 신분이 딸이지만, 전생에 필자의 몇 대 윗분 할머니이다. 어릴 때부터 항상 딸을 어른 대하듯 했다. 필자가 사람 되라고 감시하러 하늘에서 보내 준 분으로 생각했다. 그런데 정말이었다. 모든 상황을 아주 정확하게 파악하고 있었던 것이다. 결과적으로 필자는 돌아가신 부모님 덕분에 사흘 동안 굶을 운명을 피할 수 있었다. 생일상에 올랐던 나물과 전 그리고 고깃국을 먹으면서 부모님의 사랑을 다시금 확인할 수 있었다. 이승 저승을 뛰어넘는 부모님의 자식 사랑은 정말로 대단하다.

2020년 아버지 생일날에는 이런 일도 있었다. 아침부터 "오늘은 좋은 생각 많이 해서 하늘에 쏘아 드려야겠다"라고 다짐을 하고 하루를 시작하였다. 사무실에 출근해서 먼저 감사와 사랑의 뜻을 잘 담아서 기도를 올리고 나서, 동영상 수업 촬영을 준비하는데 강렬한 느낌이 왔다. 아버지가 등장할 때 울려오는 아주 익숙한 떨림이었다. 생일이라고 흥분되셨는지 예정보다 좀 일찍 출발하신 모양이었다. 하늘에서 세상 모두가 잘 아는 아주 유명한

두 분 빼놓고는 생일잔치 상을 받는, 거의 유일한 분일 터이니 흥분이 될 만도 할 것이었다. 볼 수는 없어도 하늘에서 은근히 으스대면서 폼도 잡고 주변에서 큰 부러움을 사는 그런 날일 것이다. 저녁에 친구들과 같이 와도 되는데, 필자로서는 행차가 좀 빨라서 당황할 수밖에 없었다.

갑자기 뜨거운 눈물이 비가 오듯이 쏟아지기 시작했다. 반가움과 회한이 교차하고 있었다. 탄핵과 새로운 대통령의 등장이 혹여 필자가 공부와 수행을 하는데 지장을 초래할까 걱정이 됐던 모양이었다. "흔들리지 말고 공부에 정진하라"는 메시지를 계속 전하고 있었다. 마음으로 소통하기에 의미 전달에는 문제가 전혀 없었다. 필자는 생각을 계속 말로 전하고, 선친이 전하는 의미가 느낌으로 계속 내게 전달되어 왔다. 전에는 일방적인 지도로 끝났지만, 이번에는 나도 찍소리를 좀 냈다. "하늘에서 공부하기 힘드시죠?" 묻기도 했고, "세상에서처럼 너무 성질대로 하지 마시고, 좀 참고 인내도 하면서 열심히 공부하시라"고 주제넘게 당부하기도 했다. 하늘나라에 대한 필자의 공부가 제법 된 것에 놀라는 눈치였고, 또 이에 대해 엄청나게 대견해하셨다.

순식간에 한 시간이 지나갔다. 눈이 시뻘게지고 목이 깊게 가라앉아 도저히 수업을 촬영할 상태가 아니었다. 그래도 이 순간이 나의 헛된 망상일 수 있기에 카톡으로 신계(神界)와 소통이 가능한 도반과 계속 연락을 주고받고 있었다. 꿈과는 달리 현실세계에서 충분한 능력을 갖추지 않은 상태에서 다른 차원과 대화를 하는 것은 크게 위험할 수 있는 일이었다. 혹시 무슨 일이 생길지 몰라서 나의 상태, 느낌, 대화 내용 등을 전하고 있었다. 하늘과 자유자재로 소통하는 도반이 자기가 직접 아버님을 만나서 오신 목적과 못다 전한 메시지가 있는지 물어봐 주겠다고 나섰다. 잠시 후에 직접 대화를 해보니 "소통이 흡족했으며, 후손이 제법 공부가 돼서 매우 기뻤다"는 전언이 왔다.

한참 시간이 지난 후 수업 촬영을 마치고 테니스까지 세 시간 정도 치고 귀가를 하니, 제법 근사한 생일잔치 상이 차려져 있었다. 약속드린 대로 시원한 맥주를 준비해서 같이 오신 친구분들께도 올렸다. 정신으로 소통하는 단계에 있기에 좋은 생각을 많이 전달했다. 집안 식구들에게도 좋은 생각을 많이 만들어서 할아버지께 전달하라고 요청했다. 육신을 벗어던지면 우리는 모두가 다 똑같은 영혼이라는 공통 분모만 남는다. 부자간의 인연은 한쪽이 죽음으로써 대등한 영혼 간의 관계로 변한다. 공히 끊임없이 학습을 해야 하는 같은 처지에 있는 대등한 영혼이다. 그해 생신은 서로가 같은 목적으로 공부를 하는 도반 내지는 사제지간임을 확인하는 소중한 기회였다.

조상이 하늘에서 땅 위의 자손에게 공부하라고 충고하는 경우는 매우 이례적이다. 깨우친 영가만이 할 수 있다. 살아서 도력이 높았던 영가는 죽어서도 가르치는 일을 일반적으로 한다. 죽어서 영문도 모르고 황망한 영가들이 지천으로 깔려 있다. 도움이 필요한 신참 영가들에게 도움을 주는 것은 매우 의미가 크다. 따라서 죽는 공부는 일찍 할수록 좋다. 공부는 자신을 내세우거나 기적을 보이기 위해서 하는 것이 아니다. 영매들이 불러서 오는 영가들은 대개 한풀이가 목적이거나 신변잡사 정도를 언급하는 데 그친다. 간혹 책임도 못 지면서 복을 주겠다고 뻥을 치기도 한다. 그러나 실제로 그들은 그런 위치에 있지 않다. 죽은 영가들은 현실 세계를 움직일 능력이 없다. 높은 수준의 신적인 존재들도 현실 세계에 대한 직접적인 개입을 자제하고 있다. 다른 영가들과 달리 공부의 중요성을 지속적으로 강조하는 선친은 하늘에서 대단한 신은 아닐지 몰라도 훌륭한 선지식임에는 분명하다. 그래서 인생의 안내자로서 가르침을 존중하며 따랐다.

2. 구도자로 사는 삶

1) 우연한 구도자

신비 체험이란 것이 있다. 사고로 죽음과 사후 세계를 경험하는 임사 체험이나 갑자기 신을 만나서 환희와 전율을 느끼는 '누미노제'가 여기에 포함된다. 선친과의 만남 또한 신비 체험의 일종이라고 볼 수 있다. 신비 체험을 하면 긍정적으로 인격이 변하기도 하지만, 대개의 경우는 특별한 경험의 특수성에 사로잡혀, 우쭐해지거나 하던 일을 멈추고 신비 세계에 빠져들기도 한다. 그래서 신비 체험 이후에 의미를 알려고 노력하고 실천하지 않으면 대개는 삶이 불행해진다. 신비 세계를 경험하거나 신적인 존재를 만나는 것은 신기할 게 없다. 당연히 존재하니 만나게 되는 것이다. 그러나 만남 자체보다는 만남 이후가 더 중요하다. 경험을 체화하고 숙성시키는 노력이 필요하다. 신적 존재를 맹목적으로 추종해도 안 되고, 자신이 신이라고 참칭해도 안 된다. 이해할 수 없다고 부정하거나 가치나 의미를 의도적으로 비하할 필요 또한 없다. 이를 통해 좋은 마음을 내고, 배움의 계기로 삼아서, 사랑을 실천하기 위한 밑거름으로 활용하는 것이 중요하다. 가르침이나 교리의 옳고 그름을 다투기보다는 열린 마음을 내고, 그릇된 생각을 교정하고 정화시키는 데 잘 활용하는 것이 바람직하다.

신비 체험을 한 사람들이 이후 보인 행태를 대별한다면, 대체로 네 가지 유형이 있다. 첫 번째는 깨우친 경험을 기록하고 후계자임을 자처하는 것이다. 그리스도교는 부활한 예수의 영혼을 경험한 제자들의 기록이 바탕이 되고 있다. 유교나 불교가 세상에 그토록 오랫동안 영향을 미칠 수 있었던 것은 제자들의 공로가 컸다. 자신에게 커다란 깨우침을 선사한 스승의 언행에 대해 충실하게 기록한 결과였다. 스승의 위상이 높아질수록 제자들의 세속적 권위도 올라가는 관계였다. 권위의 원천을 신비화하고 우상화를 시도하는 경향은 종교는 물론이고 현실 정치에서도 자주 발생한다.

두 번째는 스스로 종교를 창시하는 것이다. 우리 역사상 자칭 구세주 혹은 메시아가 유독 많았다. 문화적 요인이 영향을 미쳤다면, 자영업자의 비중이 세계에서 가장 높은 수준인 것과 관련이 있을지도 모른다. 한 가지 음식 맛을 제대로 내려면 10년 정도는 걸리겠지만, 그냥 음식점부터 내고 보는 경향은 우리나라만의 독특한 현상이다. 주방 청소부터 시작해 이곳저곳 고수 찾아다니며 맛 지도를 받는 수련 과정이 필요하건만, 창업이나 정치 모두, 생각이 들면 그 즉시 행동에 옮긴다. 이런 성향은 엄연히 존재하는 하늘나라를 조금만 경험하고 와도 그냥 새로운 종교를 만드는 경향으로 이어졌다. 그 결과 그리스도교, 유교, 불교, 도교에 뿌리를 두는 신흥 종교가 역사상 많이 명멸하였다.

세 번째는 간판을 걸고 직접 돈벌이에 나서는 일이다. 현재 우리나라에는 무속인과 역술인 숫자가 도합 100만 명에 육박한다는 신문 보도가 있다. 영적인 능력과 상관없이 사람들의 인생에 대해 상담해 주는 것으로 역할을 한정하게 되면, 그 숫자가 많다고 할 수는 없다. 미국만 해도 심리적 질병을 앓는 인구 비중이 상당히 높고, 이를 치유하는 심리 상담사가 상당히 많기 때문이다. 유학 중 학부에서 심리학과가 영문과와 쌍벽을 이루고 있는 것을 보고 놀랐던 적이 있다. 여하튼 우리나라에서는 불안과 혼란이 고조되면서 영적 조언에 대한 수요가 커지고, 그에 따라 공급도 늘어나는 경향이 나타나고 있다. 심지어는 공급 과잉으로 말미암아, 사기 행각도 더불어 늘어나는 추세이다.

네 번째는 깨우친 듯 마는 듯 그냥 살다가 조용히 죽는 것이다. 사실 죽으면 알게 되는 영적 세계를 좀 일찍 봤다고 특별할 것은 없다. 그렇다고 기적을 행하거나 세속적으로 커다란 이득을 볼 정도로 신통력이 생겨나는 것도 아니다. 그저 좋은 마음을 내고, 이웃들과 조그만 사랑을 나누는 데 필요한 정도이다. 드러내놓고 나대지 않고, 조용히 수행하고 공부하면서 생을 마치는 사람들이 적지 않다. 사실 이렇게 사는 것이 진짜 도를 깨친 사람들이 살아가는 방식일 것이다. 많은 선각자가 이런 길을 후학들에게 권유하였다.

필자는 운명적으로 네 번째가 불가피한 선택이었다. 신비 체험의 산증인이었던 옆방 교수는 거의 광적인 그리스도교 신자였다. 신비 체험을 목격한 순간 이후 필자에게 절대로 밖으로 언급은 물론이고 내색도 하지 못하게 강박하였다. 모든 것이 다 거짓이고 사탄이 하는 장난이라고 간주하면서, 절대로 인정하려 들지 않았다. 집사람도 아버지를 만난 이야기를 집안사람은 물론이고 어느 누구에게도 절대로 말하지 말 것을 요구하였다. 명색이 가톨릭대학교 교수인데 영혼이나 귀신 이야기를 해서 좋을 것이 하나도 없다는 생각이었다. 그래서 아버지 말씀대로 학문과 죽음에 대해 그냥 묵묵히 공부만 하였다. 필자는 키에르케고르가 말한 '신 앞에 선 단독자'였다. 교회나 절과 같은 기성종교에서 답을 찾으려 하지 않았다. 혼자서 책을 읽고, 묵상을 하고, 기도를 하고, 명상에 잠겼다. 홀로 묻고, 홀로 답하는 과정을 오랜 시간 반복하였다. 예수와 부처를 스승으로 삼아 경계 없이 그리스도교와 불교를 넘나들었다.

본격적으로 공부를 시작하자 점차 새로운 세계가 열렸다. 조그만 진리의 조각도 전체 그림을 그리는 데 있어서 소중한 재료가 되었다. 꼬리에 꼬리를 물듯이 공부하였다. 독학이지만 많은 것을 깨달을 수 있었다. 이 책은 그런 노력의 결과물이다. 어차피 인생이나 구도 그리고 구원 모두가 혼자서 가는 길이다. 보이는 현상에 대한 공부와 보이지 않는 세상에 대한 공부를 병행하였다. 그러자 양자가 점차 통합되어 갔다. 글로벌 공동체 연구가 그것으로, 비록 분명하게 입증하기는 어렵지만 인류는 그쪽 방향으로 향하고 있다는 생각이 들었다. 인간의 영성이 개인적인 삶은 물론이고 국가 공동체 및 국제적 차원의 공동체 형성 및 발전에 크게 기여할 것이란 확신이 생겨났다.

뭔가를 선도적으로 주장하는 사람들 '주창자'라 부른다. 이들은 전형적인 구도자들이다. 깨달은 것을 품지 않고 전하는 자들이다. 필자는 기질적으로 주창자이다. MBTI 검사에 따르면 'INFJ-A'에 속한다. 모든 인격 유형 중 가장 희귀한 것으로서 전 세계 인구의 1.5% 미만이 속한다. 소수이나 인류에 의미 있는 족적을 남긴다는 설명이 뒤따른다. 이상적이고 원칙이 있다. 삶을 편하게 살지 않고 시류에 저항하면서 남과 다른 인생을 산다. 성공은 부나 명예가 아닌 자아실현, 타인에 대한 부조, 선함의 실천 등에서 찾는다. 단순히 고귀한 이상만을 추구하는 몽상가가 아니라, 진정성 있는 노력을 하며 옳다고 생각하는 일을 끝까지 완수하려는 실천가이다. 내면의 가치를 소중하게 여기며 스스로 지혜나 직관을 통해 중요하다고 생각하는 것을 외면하지 않는다. 확고한 신념과 열정으로 자신의 영감을 구현시켜 나가는 정신적 지도자들이 많다. 이들은 풍부하고 감성적인 내적인 성격을 갖고 있다. 필자의 성격을 이토록 잘 묘사한 것을 다른 어디에도 찾기 힘들다. 이래서 “MBTI! MBTI!” 난리법석을 떠는가 보다.

신필(神筆)이 전하는 바와 같이 ‘열심히 공부해서 자신의 일에 뿌리를 내려라’는 선친의 요청을 받아들여서 학문과 수행을 병행하면서, 새로운 경험을 내면으로부터 숙성시켜 나갔다. 열심히 책도 쓰고 연구도 열심히 하면서 수행에도 진심이었다. 집이 멀어서 학교 사무실에 ‘라꾸라꾸’ 침대를 펴고 잠을 자면서 공부를 했다. 필자의 보이지 않는 세계에 대한 경험이 특수한 것은 이후의 삶에 있어서 이상한 변화가 없었다는 점이다. 선친을 뛰어넘는 보편적인 신을 알아 가고 만나고, 좋은 스승으로 모시고 배우녀, 정상적인 사회생활을 하면서, 아울러 사회와 인류에 공헌할 마음을 다지는 계기로 활용하였다. 이를 통해서 학문도 인격도 점차 무르익어 갔다. 새로운 능력이나 신통력이 생겨난 것은 아니었다. 유일하게 두드러진 변화는 글쓰기 능력이 제법 향상된 것이다. 그러나 이것도 필자의 개인적 노력의 결과물일 가능성이 크다.

주변의 비우호적인 환경은 오히려 관련 공부를 더욱 충실히 하고, 경험을 숙성시키면서, 사회과학과 어떻게 접목시킬 것인지 생각할 시간을 필자에게 충분히 제공하였다. 죽음과 죽음 이후에 벌어지는 일들에 대해서 알기 위해서 신비 체험가의 경험은 물론이고 종교학, 철학, 심리학 등 학문 분야에서 괜찮다고 알려진 책들을 닥치는 대로 읽었다. 미국식 사회과학에 경도되어 30년 정도 공부를 하고 가르치고 있었으며, 젊은 시절에는 유물론적인 사상에 오랫동안 빠져 있었던 터이라, 처음에는 이해가 잘 가지 않았다. 한 십 년 정도 지나니 뭔가 체계적인 이해가 가능해졌고, 책을 쓰는 데도 활용하는 정도가 되었다. 여기에 더해서 『금강경』을 비롯한 불교에 대해서도 집중적으로 파고들었다. 이 과정에서 좋은 공부를 많이 했고, 좋은 스승이나 도반들과도 조우하였다. 보편적인 종교와 철학은 물론이고 선불교, 샤머니즘, 신지학에도 매료되었다. 그리고 이것을 국제정치 연구에 접목시켰다. 지역통합이나 글로벌 공동체 개념은 사회과학의 연구 대상이면서도 종교와 철학의 중요한 주제이기도 했다.

대학에 다니던 때 민주화 및 좌파 운동에 빠졌던 적이 있었다. 그 당시 걷던 길은 머리와 감정에 주로 의존했다면, 이번에는 머리와 마음과 영혼이 다 함께 움직이고 있다. 과거에는 과시욕과 명예욕이 크게 작용했다면, 이번에는 보여 주려는 마음이 없다. 과거와 달리 자기만 옳다는 아집을 부리거나 교조적일 이유도 없다. 과거에는 자기 생각이 절대 진리란 믿음과 확신을 가졌다면, 이번에는 열린 마음이다. 절대 진리란 없다. 십자가를 밟으라면 밟으면 된다. 아무런 흔적도 남지 않고 절대적인 평가 기준도 없다. 가다가 실패하면 멈췄다가 다시 가면 된다. 성역이나 금기 또한 없다. 어떤 진리라도 틀릴 수가 있다. 중요한 것은 수행자의 마음이다. 어떤 가르침이나 경험도 좋은 마음을 내는 데 잘 활용하면 된다. 배움은 성공보다는 실패로부터 더 크게 나온다. 절대자나 절대 진리는 끊임없이 노력하기 위해서 상정한다. 실제로 존재하는지 여부에 대해서는 다투지 않는다. 더구나 하늘에 오르는 왕도는 없다. 따라서 생각과 방법이 다른 사람들과 다툴 이유가 없다. 결국 진리는 서로 통하게 되어 있다. 진리에 이르기 위해서 스스로를 학대하거나 불의를 제거하기 위해 성전을 치를 이유가 없다.

2) 이념으로부터의 자유

필자가 돌아간 아버지와의 만남 이후에 주저하지 않고 구도 역정에 나선 이유는 이미 진리 추구를 위한 준비가 어느 정도 되어 있었기 때문이었다. 필자가 대학 생활을 회고하는 내용을 담은 책을 쓰리라고는 전혀 생각해 본 적이 없다. 평생 훈장처럼 달고 다니는 사람들도 있지만, 필자는 그저 어렸고, 어리석었고, 어두웠던 시절이었다. 뭐 대단한 일 하는 것처럼 폼 잡고 다니기도 했고, 남들을 용기 없다고 엄청 깔보고 다니기도 했다. 그러나 나중에 살다 보니 정도 차이는 있었지만 다 비슷한 고민을 하고 살았던 것을 알게 되었다. 그저 시대가 그랬던 것이다. 당시 우리나라 경제가 이렇게 발전할 줄 꿈에도 몰랐다. 박정희 대통령 말기 중화학 공업화가 위기에 빠져들던 시기에 대학 시절을 보냈으니, 우리 경제가 파탄으로 끝날 줄 알았던 것은 무리가 아니다. 대통령 욕만 해도 감방에 갈 정도였으니, 우리가 지금처럼 대통령 욕을 맘대로 하는 세상에 살게 될 줄은 꿈에도 몰랐다. 그저 어처구니없는 시절이었다. 시대가 바뀌고 세상이 바뀌면 생각도 사람도 변해야 하건만, 자신을 부정하기란 보통 어려운 것이 아니다.

초등학교 시절을 보낸 고려대 앞은 툭하면 최루탄이었다. 학교가 문 닫는 것은 다반사였다. 어머님이 20년 정도 고려대 앞에서 하숙을 치셨는데, 휴교는 우리 생계와 관련된 문제였다. 데모하는 대학생들이 멋있었지만, 어머니의 수심 어린 얼굴 때문에 원망스러운 마음이 더 컸다. 대학 입시 준비하면서 고려대 앞의 독서실에서 잠을 자는 날이 제법 있었는데, 거기서 기숙하는 돈 없는 고려대생들과 섞일 수밖에 없었다. 의식화 교육을 미리 받았던 셈이다. 이런 씨앗은 대학교 들어가서 손쉽게 꽃을 피웠다. 1학년부터 고시 준비를 한다고 도서관에 죽치고 있던 필자에게 한 선배가 던진, "너 혼자만 잘 먹고 잘살려고 하느냐?"는 한마디가 불을 붙이고 말았다. 그래서 "도대체 내게 뭘 원하느냐?" 하고 물었더니, 따라오라고 했다. 속속들이 사람이 모여들고 있다고 해서 가 보니 둘밖에 없는 조촐한 모임이었다. 그때부터 인생이 꼬이기 시작했다. 그래도 운은 좋아서 용케 잡히지 않고 버텼는데, 결국 끝은 좋지 않았다.

당시 민주화가 운동권의 대세였는데, 극단적인 입장이 묘한 매력이 있었다. 종속이론이란 것이 유행하기 훨씬 전이었지만, 우연히 봐서는 안 될 것을 보게 된 셈이었다. 당시 대학 도서관에는 많은 책들이 불온서적으로 별도 관리되었던 시절이었다. 그러나 허점은 있었다. 영어나 일어로 된 책들은 너무나 불온적인 것들도 그대로 방치되어 있었다. 고시 공부를 하는 친구들만큼은 공부하고 살아야지 자신에게 약속하고 살았던 필자는 원서로 된

불온서적을 파고드는 데 재미를 붙였다. 그리고 그 속으로 깊숙이 빠져들었다.

선진국과는 관계를 맺을수록 못살게 되며, 착취의 고리를 끊기 위해서 사회주의 혁명이 필요하다는 프랭크(Frank)의 주장은 1978년 당시 매우 파격적인 것이었다. 민주주의는 관심에서 시들해졌고, 민족해방에 대해 골몰하기 시작했다. 점차 더 빠져들게 되었다. 당시 책을 빌리면 책 뒤에 빌린 학생의 이름을 적어 놓던 시절이었다. 1년 선배였던 전남대 모 교수와 서로 일 번으로 책 빌리기 경쟁을 하던 기억이 생생하다. 그리고 곧 일본어 불온서적을 읽는 제1세대가 되었다. 2017년 중국 외교학원에서 마오쩌둥 사상에 대한 수업을 들었는데, 대학 시절에 일본어판으로 도서관에서 빌려 읽었던 『모순론』이 등장해서 감회가 새로웠던 적이 있다.

그런데 김일성은 별로였다. 중학교 때 간호사로 독일에 파견됐던 누나가 라디오를 선물로 가져다준 적이 있었다. 그런데 그것에 단파 방송까지 잡히는 줄은 커서야 알았다. 따라서 북한방송은 자유롭게 들을 수 있었다. 대학교 시절 친구들과 방에서 거리낌 없이 북한방송을 같이 듣고는 했다. 물론 걸리면 큰일 날 일이었다. 몇 년 지나지 않아서 가장 급진적인 종속이론(프랭크류)과 북한방송으로 무장한 주사파가 우리 사회를 뒤흔들고, 그 후 수십 년 동안 우리나라 정치에 막강한 영향력을 행사하게 될 줄 몰랐다. 그 당시 필자는 대단한 금맥을 발견하고서 그냥 덮고 지나간 느낌이다. 계속 버텼으면 고생은 좀 했겠지만, 지금 우리 사회에서 크게 한자리했을 터이니. 새로운 도전 때문에 뚝심을 부리지 않는 것은 예나 지금이나 비슷하다. 요즘도 새로운 분야를 개척해서 시작은 잘해 놓고, 다른 분야로 관심이 넘어가는 행태를 반복하고 있다. 동아시아 연구가 그렇고, 중견국가 외교 연구도 그렇다. 후발 주자들이 아주 잘 먹고 잘살았다.

급진 서적을 많이 접하다 보니 생각도 행동도 급진적이 되지 않을 수 없었다. 민주주의는 수단이고 궁극적으로 사회주의 혁명을 해야 한다는 주장을 펼치기 시작하였다. 1981년 무렵 우연한 일로 경찰조사를 받게 되었는데, 가택수색에서 어마어마한 것들이 제법 나왔다. 그래도 당시에는 반성문이 통하던 시절이었다. 사상적 자유가 없는 한국이 딱 싫어질 정도로 고생을 한 후, 바르게 살겠으며 붉은색 근처에는 다시 절대로 가지 않겠다는 맹세를 담당 검사에게 하고서 기소유예 처분을 받을 수 있었다. 그리고 미국 사는 누나에게 가라는 어머님의 권유를 못 이기는 척 받아들였다. 그냥 자유를 찾아 이 나라를 떠나겠다는 생각뿐이었다. 그러나 용공 혐의자로서 주소가 바뀔 때마다 보고를 하고 감시를 받아야 하는 입장에서 여권을 받는 것이 쉽지 않았다. 1985년 어렵게 탄 미국행 비행기 속에서 지옥 같은 이 나라에는 절대로 다시 돌아오지 않겠다고 다짐다짐 하였다.

그 당시 운동권에서는 위장취업이 유행이었다. 위장취업이란 대학생 신분을 속이고 노동 현장에 들어가는 것을 지칭했다. 운동권 행세라도 하려면 노동 현장에 한번은 갔다 와야 할 정도였다. 그런데 미국에 도착해 보니 위장할 것도 없이 바로 막노동이 내가 갈 자리였다. 약 2년 정도는 여한 없을 정도로 노동을 해봤다. 옷가게 창고 정리, 기념품 판매, 호텔 청소, 식품점 점원, 그리고 접시닦이 등 닥치는 대로 돈벌이를 했다. 그런데 뿌리는 못 속인다고, 미국 오자마자 처음 샀던 책이 『자본론』이었다. 너무나 갖고 싶은 책이었다. 버클리 대학 근처의 헌책방에 우연히 들를 기회가 있었는데, 한국에서 소위 말하는 불온서적이 널려 있었다. 그런 책들 사는 재미가 쏠쏠했다.

그리고 자유의 땅에 와서 자유롭게 사상 활동을 하고 싶어, 미국 좌파들을 찾아다녀 봤다. 샌프란시스코나 버클리의 선술집에 낮에 들어가면, 자칭 사회주의자들을 제법 만날 수 있었다. 그런데 말을 걸어 보면 한국 기준으로는 거의 무식한 수준이었다. 몰골도 실망스러울 정도로 형편이 없었다. 사회주의 단체도 있고, 전국적인 신문도 발행하는 듯했지만, 그저 여유롭게 즐기는 수준으로 보였다. 고도로 발전한 자본주의 미국에 그토록 걸인이 많았던 것은 그나마 위안이었다. 필자가 갖고 있던 자본주의의 모순에 대한 생각이 아직 유효하다는 증거였기 때문이었다.

고된 노동자 생활 중 그래도 가슴이 뜨끈했던 적은 전두환 반대 데모에 참가해서 구호를 외칠 때였다. 무슨 일인가 미국 전역에서 전두환 대통령 반대 시위가 번져 나가던 시기였다. 이것이 계기가 돼서 한인들로 구성된 반정부 집회에 몇 번 참석한 적이 있다. 그런데 주제가 민주화가 아니라 북한 방문을 하고 온 사람들의 북한 찬양 이야기가 많았다. 김일성 육성 녹음테이프도 파는 모습이 보였다. 문득 대학 은사였던 이문영 교수가 당부한 말이 생각났다. 당신 자신도 민주화와 관련해서 여러 번 해직된 바 있었는데, 한국을 떠나는 제자가 안타까웠는지 격려의 말씀과 함께 북한 사람 만나지 말라고 신신당부하셨다. 결혼식 주례도 섰고, 평소 소행을 봐서 걱정이 되셨을 것이다. 미국 가서 운동을 하든 뭐를 하든 자유롭게 살더라도 넘지 말아야 할 경계가 있는데, 그게 바로 북한과 연결되는 것이라는 말씀이었다. 생각이 일단 여기에 미치자, 이들과 거리를 두게 되었다.

돈 벌겠다고 시작한 막노동이지만, 돈벌이가 될 리가 만무했다. 어느 정도 시간이 지나자 불현듯 평생 이런 생활을 하게 될지도 모른다는 걱정이 들었다. 그래서 고민 끝에 공부를 더 하기로 하고, 전공은 내가 원하는 나라를 세우고 싶어서 정치학으로 정했다. 학부 학점이 별로 좋지 못해서 만족할 수준은 아니었지만 UC Davis로 진학했다. 지금은 정치학을 포함 문과도 엄청 좋은 대학교가 되었지만, 당시는 농대가 제일 좋았다. 필자가 이 대학에 관심을 갖게 된 가장 큰 이유는 사회학과 경제학 분야에 미국에서 제법 알려진 좌파 교수들이 있었기 때문이었다.

입학하자마자 곧 미국 내에서 마르크스 경제학의 최고 대가로 불리던 뢰머(Roemer) 교수를 찾아갔다. 다짜고짜 지도받고 싶다고 말을 건넸다. 어쩌면 이것이 인생에서 하나의 분수령이었으리라. 만일 그 교수가 나를 제자로 받아 줬으면, 인생 자체가 많이 변했을 터였다. 그러나 그는 한국에서 온 자생적 사회주의자에게 너무도 냉정했다. 서툰 영어로 미 제국주의가 어쩌니 제3세계 민족해방이 어쩌니 떠들었으니 오죽 한심했으랴. 그는 아주 귀찮다는 듯, 경제학 공부를 얼마나 했냐고 물었다. 자본주의는 타도 대상인데, 무슨 경제학 공부를 했겠는가. 필자가 경제학 수업을 들은 바도 없는 엄청 무식한 학생이란 점을 간파한 교수는, 매정하게 나가라고 등을 떠밀었다. 필자도 동지 개념도 모르는 좌파 교수는 다시 안 보겠다고 생각하면서 연구실을 나왔다. 마르크스주의를 깊게 공부해 보고 싶었지만 시작부터 순탄치 않았다.

대학원에서 첫 학기가 시작되었다. 동아시아 정치론인가 하는 수업을 듣게 되었다. 중국 정치 전공하는 조이스 켈거린(Kellgeren)이란 교수가 담당이었다. 대단한 여장부였는데, 후에 필자의 인생 경로를 바꿔 준 중요한 스승과의 만남이었다. 한국을 떠나면서 미국에 가서 꼭 밝혀 보고 싶은 것이 바로 당시 쉬쉬하던 '북침설'의 진위였다. 그래서 기말 페이퍼로서 한국전쟁의 기원에 대한 논문을 썼다. 도서관에 있는 자료는 거의 다 섭렵한 후에, 엄청난 노력을 기울여서 제출했다. 켈거린 교수가 얼마 안 있어 필자를 불렀다. 이야기인즉 첫 번째 쓴 영어 논문치고는 엄청 잘 썼는데, 객관성이 결여됐다는 것이었다. 당시에는 객관성이란 말을 이해하기가 정말로 어려웠다. 편파적인 사고로 일관된 삶을 살았으니, 객관성이 뭔지 알 리가 없었다. 자신이 옳다고 주장하면 그저 옳을 뿐인 단계였으니. 필자가 인용한 한국에도 잘 알려진 좌파 교수들은 학계에서 주류가 아니며, 다양한 자료를 균형적으로 분석해서 반영하라고 요구하였다. 당연한 주문이었지만, 당시에는 엄청난 충격이었다.

데이비스(Davis) 대학 생활 중 가장 흥분됐던 순간은 중국 사회주의자와의 조우였다. 중국은 당시 한국 대학생들에게 신화와 같은 땅이었다. 이영희 교수의 『전환시대의 논리』와 『8억인과의 대화』가 이런 선풍을 몰고 왔었다. 그런데 같은 해에 입학한 학생 중에 베이징대 정치학과를 졸업한 부부가 있었다. 거의 숭배의 대상이었던 중국에서, 그것도 가장 엘리트라는 베이징대 출신이 동급생 친구가 되었으니, 흥분이 되는 것이 당연했다. 많은 대화를 나눴는데, 신기하게도 마르크스, 레닌, 마오쩌둥 등에 대해서 별로 아는 바가 없었다. 필자가 오히려 더 가르쳐 줘야 할 정도였다. 말인즉슨 들은 바도 없고, 관심도 없다는 것이었다. 정말로 충격이었다.

한번은 초대받아 집에 놀러 갔더니, 컨트리 뮤직을 틀어 놓고, 가관이었다. 인민복만 안 입었지 거의 모택동주의자 같은 사고를 하던 필자와 중국에서 온 자본주의에 물든 친구들이 기묘한 대비를 이뤘다. 심지어는 천안문 사태가 났을 때, 오히려 필자가 중국 정부를 더 두둔해 줘야 하는 상황이었다. 이런 웃지 못할 상황은 몇 년 전 운동을 같이 하던 대학 동기 하나가 러시아에 가서 북한 출신 벌목공들과 술을 마시면서 했던 이야기와 맥락이 비슷했다. 당시 북한 사람들이 김정일 비판을 하도 하기에, 막 야단치면서 북한 체제를 두둔해 줬다고 했다. 씁쓸하게 웃을 수밖에 없었다. 여하튼 그들로 인해 중국에 대한 신화가 많이 깨지고 있었다.

세상은 사회주의의 종말을 보여 주고 있고, 머리도 점차 회의적으로 변해 갔다. 그러나 마음은 여전히 받아들일 준비가 되어 있지 않았다. 시간은 벌써 졸업을 목전에 두게 되었다. 박사과정을 진학할지 여부로 고민이 많았다. 여전히 미련이 남아서 마르크스주의 연구가 강한 학교를 몇 군데 선택해서 원서를 썼다. 입학허가서를 보내 준 대학 중에는 하와이대가 가장 매력적으로 느껴졌다. 당시 하와이대는 공산권 연구로 유명했으며, 저명한 좌파 학자들도 많은 학교였다. 가기로 거의 다 결정을 한 상태에서 하루는 조이스 켈거린 교수가 필자를 불렀다. 절대로 가지 말리는 것이었다. 남의 인생에 개입하지 않는 것이 미국 사람들인데 캘거린 교수는 이례적일 정도로 강력하게 만류하였다. 심지어는 하와이 가면 다시는 본토에 학자로 돌아오지는 못할 것이란 말도 했다. 이념 추종자가 아니라 진짜 학자가 돼 보라고 주문하면서, 예정된 졸업시험을 보지 말고 석사 논문을 예비 학자답게 제대로 써보라고 하셨다. 그러면 내년에 좋은 학교에 입학할 수 있도록 최선을 다해 도와주겠다는 약속도 했다.

고민 끝에 학문적인 글을 객관적으로 써 보자고 결심했다. 많은 준비를 해서 약 300페이지에 이르는 방대한 석사 논문을 썼다. 아직 한국을 벗어날 수는 없는 단계라서 최소한도 한국을 객관적으로 분석해 보자고 생각했다. 그리고 지금까지의 생각과는 다르게 세계 체제가 한국을 약탈한 것이 아니라, 오히려 그로 인해 발전했다는 내용이었다. 의외로 반향이 대단했다. 일단 지도교수들이 엄청난 칭찬을 해 줬다. 박사과정에 원서를 낸 결과, 일년 전과는 달리 지원한 곳에서 거의 다 합격 통지를 받았다. 장학금 오퍼도 받을 수 있었다. 그중 시애틀에 있는 워싱턴 대학에서는 카포라소(James A. Caporaso) 교수가 직접 필자에게 전화까지 걸어서 제자로 받고 싶다고 했다. 매우 이례적이라고 할 수밖에 없는 일이었다. 5년간 학비와 생활비도 해결해 주겠다는 약속을 받고, 박사과정에 들어갈 수 있었다. 이와 동시에 이념 추종자에서 학자로의 변신이 본격적으로 시작됐다. 특히 미시경제, 거시경제, 국제무역, 국제금융에 대한 수업은 시장이라는 오른쪽 눈을 확실하게 뜨게 만들어 주었다.

그러나 세상을 세세하게 잘 들여다본다고 곧 행복한 것은 아니었다. 필자는 성인이 되어서 25년 정도 콘택트렌즈를 썼다. 지독한 고도 근시이다. 학창 생활을 할 당시는 렌즈를 압축하는 기술이 떨어져서 잘 보일 정도의 렌즈를 끼면 목이 아플 정도로 무거웠고, 렌즈도 팽팽 도는 것이 모양도 안 좋았다. 그래서 겨우 책이나 볼 정도로 도수를 맞춰 생활했다. 대학 졸업 후 콘택트렌즈란 것을 착용하게 되었다. 그리고 그때 필자의 얼굴을 아주 오랜만에 자세히 볼 수 있었다. 무슨 고생을 겪었다고 젊은 나이에 검버섯이 그렇게 많이 폈는지. 필자의 모습은 충격 자체였다. 요즘은 안경이 좋아져서, 그럭저럭 대충 보면서 지내고 있다. 그런데 최근 노안에 대해서도 시력 교정 수술이 유행이다. 주변에 시력 교정 수술하고 행복해하는 사람들이 제법 많다. 필자에게도 권하는 사람이 있지만, 답은 항상 '노'이다. 환하게 잘 보인다고 좋기만 한 것은 아닌 것을 알기에. 나이 먹어 여기저기 더럽다고 지적질까지 하게 되면 누가 좋아하겠는가?

두 눈으로 바라보는 환한 세상에서 가장 큰 문제는 일단 주변이 너무 더럽게 느껴졌다는 것이다. 그리고 세상이 온통 문제투성이로 보이기 시작했다. 주변에 더럽다고 손가락질도 해보고, 문제투성이라고 외쳐 보기도 했지만, 마음만 상할 뿐이었다. 귀국 후 가까운 데가 잘 보이는 법이라서 좌파 비판을 좀 호되게 했더니, 하루는 친한 후배 박사가 "선배님은 아무 가진 것도 없고 지킬 것도 없는 사람이 뭘 지키겠다고 보수를 하세요?" 하며 심각하게 따지는 것이었다. 당시 연줄도 없고, 가진 재산도 없으며, 정식 일자리조차도 없는 사람이 좌파 비판을 해 대니 이상해 보였나 보다. 그러나 필자는 시장은 실패한다고 전제하고 전개하는 논리를 수용하지 않았을 뿐이었다. 그 후 시장과 사회의 공존 가능성에 대해서 많은 관심을 갖고 연구를 진행하였다.

필자를 구태여 정의한다면, 공적인 삶과 세상을 보는 시각은 시장주의자고, 개인적인 삶은 사회주의자로 살아가는 사람이다. 시장과 더불어 사회적 인간으로서 살려고 하였다. 이런 삶을 통해서 시장을 인간화하고, 나아가 시장을 통해 인간의 나태함을 극복해 나가는 것을 목표로 삼았다. 운전도 하지 않았고, 버스,

지하철 그리고 걷기를 지칭하는 'BMW'가 주요 교통수단이었다. 교수보다는 직원들과 사이가 더 좋고, 학교 내보다는 학교 밖 상인들과 더 가깝게 지냈다. 상하관계보다는 수평관계를 맺는 데 능했다. 항상 소박한 음식과 술을 즐겼다. 학생들과도 권위를 내세우지 않고 친구처럼 지냈다. 이상적인 사회주의형 인간의 전형이었다.

그러나 공적으로는 특정 계급 입장이 아닌 거시적인 입장에서 발전과 균형을 탐구하고, 미시적으로 시장을 통해서 합리성을 제고하는 것을 선호하였다. 자유무역협정과 세계화에 대해서 적극적으로 찬성 논리를 펼치기도 하였다. 역사 인식에서도 민족주의를 벗어나 객관적이고 보편적인 시작을 채택할 것을 주장하였다. 학문에서 편향성을 제거하려는 노력을 많이 기울였다. 역사는 있는 그대로 보고 사회도 객관적으로 봐야지, 민족의 입장이나 가난한 사람의 입장에서 봐서는 안 된다는 주장을 하였다.

이런 관점의 변화는 개인적으로는 혁명 자체였으며, 자기 해체에 다름 아니었다. 이런 극적인 변화 과정을 겪었기에 좌에서 우로의 수평 이동뿐만 아니라, 땅에서 하늘로의 수직 이동도 어렵지 않게 진행시킬 수 있었다. 20년 넘게 가르친 '한국의 정치경제'란 수업 중에 학생들로부터 "교수님은 좌파입니까, 아니면 우파입니까?"라는 질문을 수도 없이 받았다. 학생들 사이에서는 좌파에 대한 비판 때문에 강경 보수로 분류되는 눈치였다. 새로운 세계와 접한 이후에 필자의 답변은 항상 "좌파도 우파도 아닌 공중파"였다. 하늘 무서운 줄 아는 공중파 말이다.

3) 미지의 세계 알아가기

필자가 미국 유학을 하고 교수가 되어 과학적으로 정치학을 연구하는 과정이 점진적인 깨달음이었다면, 미지의 세계와의 조우를 통해서 마음에 눈을 뜨는 것은 섬광과도 같았다. 영성으로 배우는 것은 순간적이고 강력한 각성이었다. 영혼의 존재를 확신하게 되었기에, 영혼을 다루던 학문이나 저술들을 많이 접하게 되었다. 신비주의에 대한 공부를 많이 할 수 있었다. 헛된 주장 정도로 치부했던 관념론의 의미가 새롭게 다가왔다. 플라톤이 무슨 이유로 이데아를 이야기했고 영혼을 이야기했는지 차츰 이해가 되기 시작했다. 헤르메스주의와 그노시즘, 신비주의, 신지학 등에 대해서 관심을 갖고 공부하였다. 자연, 신, 인간이 총체적으로 연계되어 있음을 알 수 있었다. 이를 바탕으로 국제정치 연구에 공동체주의 혹은 공동체 접근법이라는 새로운 시각을 도입할 수 있었다.

우리 모두는 한 번쯤은 다 죽음 이후에 대해서 생각해 봤을 것이다. "죽으면 끝인가 아닌가?" 하는 문제는 난제 중의 난제이다. 죽으면 몸은 썩어서 공기 중에 흩어질 텐데 과연 우리들의 영혼은 어디로 갈까? 영혼은 정말로 존재하는 것일까? 거의 모든 언어에 영혼이란 단어가 존재하는 것을 보면, 인류는 공통적으로 영혼의 존재를 인정하고 있다. 영혼과 인간을 연결시켜 주는 영매의 존재도 모든 나라에서 발견되고 있다. 영혼의 실체에 대해서는 문화마다 정의가 다르겠지만, 육체와 구분되는 영혼의 존재는 일반적으로 인정되고 있다. 그렇지만 실체에 대해서는 정확하게 제시된 바가 없다.

과학적인 입증은 어렵지만 필자는 개인적 경험을 통해서 영혼이 존재한다는 확신을 갖게 되었다. 그리고 영혼이 존재한다는 것을 명제로 삼아서, 연역적인 접근법을 통해서 죽음, 영혼, 사후세계에 대해서 추론해 나갔다. 이 과정에서 최대한 논리적이고 합리적이도록 노력하였다. 평생 공부한 사회과학이 유용하였다. 합리적 의심에 바탕을 두고 인간, 운명, 영혼, 죽음, 우주 등과 관련해서 평소에 갖고 있던 수많은 궁금증에 대해서 하나하나씩 답을 찾는 탐험에 나섰다.

일반적으로 영혼의 세계에 대한 정보는 신비한 능력을 갖추고 영계를 다녀온 사람들의 경험담을 통해서 얻는 것이 일반적이다. 필자가 다닌 신일고등학교에는 괴짜 선생님들이 많았다. 그 중에서도 홍길동과 같은 역사 선생님(성함이 '김길동'이었음)은 약간은 냉소적이면서도 파격적인 발언으로 학생들에게 인기가 많았다. 자신이 연세대 김동길 교수의 제자라는 사실을 자랑스럽게 여기시던 분이셨다. 도봉산 봉우리에서 누워 있는 링컨 대통령의 얼굴을 찾아낼 정도로 통찰력도 갖추고 있었다. 하루는 수업 중 엉뚱하게 스베덴보리가 쓴 『나는 영계를 보고 왔다』란 책을 읽어 보라고 추천해 주셨다. 대학교 가는 게 가장 중요한 목표인 고등학생들에게 무슨 이유로 읽어 보라고 했는지 지금도 궁금하다. 별생각 없이 책을 사서 읽기 시작했는데, 손을 놓을 수가 없었다.

영계에 대한 묘사가 너무도 사실적이고 충격적이었다. 천당과 지옥은 심판이 아니라 스스로의 선택에 의해서 간다는 내용은 미션스쿨에 다니면서 신과 종교 문제로 고민하던 필자에게 커다란 영향을 주었다. 영계는 빛의 강도에 의해 상·중·하계로 구분되며, 강한 빛을 견뎌 낼 수 있는 영혼만이 상계로 갈 수 있다는 주장도 흥미 있었다. 가장 교훈적인 것은 영적 능력이 뛰어나야 상계에서 버텨 낼 수 있으며, 이런 영적 능력은 이 세상에서 물질과 권력의 노예가 되지 말고 진솔하게 살아야만 얻을 수 있다는 주장이었다. 필자는 지난 15년 동안 영계에 대한 연구를 통섭한 바 있다. 대개는 여전히 스베덴보리의 기본 틀을 거의 벗어나지 않았다. 그가 알려준 자발적 선택의 원리와 영적 수양의 중시는 필자의 영혼 이해에 있어서 이론적 기초가 되었다.

필자에게 영계에 대한 과학적 지식의 획기적인 고양을 가져다준 또 다른 계기는 임사 체험에 대한 연구들이었다. 최근의 심폐소생술 같은 의학 기술의 진보는 죽었던 사람도 살리는 기적을 연출하고 있다. 옛날에는 사례가 적었지만, 최근 임사 체험을 경험한 사례가 급증하고 있다. 이에 따라 사후 세계에 대한 의미 있는 지식이 축적되기 시작했다. 경험자들이 전하는 사후 세계는 놀라울 정도로 공통점이 많다. 가장 처음 일어나는 일이 육체와 영혼의 분리이다. 육신에서 이탈된 영혼의 눈에는 죽어 누워 있는 자신과 의료진이나 슬퍼하는 가족의 모습이 들어온다. 우리 몸과 별개인 영혼의 존재를 보여 주는 강력한 증언이다. 그리고 친근하게 느껴지는 누군가, 대개는 이전에 죽은 가족이, 영계로 안내하기 위해 마중을 나온다. 가족이 핏줄을 공유하는 이상으로 같은 영혼 공동체의 구성원임을 시사한다. 그다음에는 긴 터널을 빠져나간다. 그렇지만 멀지 않은 새로운 세계에 곧 도달한다. 이것은 영계라는 것이 거리 개념이 아닌 차원을 달리하는 공간으로 추정되는 부분이다. 마지막으로 영계에 대한 묘사가 다양한 형태로 제시된다. 이 부분에 대해서는 논란의 여지가 많다. 신빙성 여부에 대해 다툼의 여지가 있다. 두뇌 속에 산소가 줄어들면서 생기는 현상이란 반론도 만만치 않다. 여하튼 임사 체험 연구는 인간이 죽음으로써 끝나는 한시적인 존재가 아니라, 죽은 이후에도 차원을 달리해서 존재를 이어간다는 주장을 지지하는 논거가 된다.

임사 체험에 대한 공부를 하면서 알게 된 것은 임사 체험 이후에 인격에 근본적인 변화가 생겨나는 경우가 많다는 사실이었다. 사람은 절대로 변하지 않는다는 이야기가 정설로서 잘 알려져 있다. 그러나 임사 체험자는 타인에게 친절해지고, 삶에 대한 동기부여가 이루어지고, 미래에 대해서도 낙관적으로 변하며, 죽음에 대한 두려움도 감소하게 된다. 이런 변화는 영계의 존재 여부 문제를 떠나서 우리 모두가 갖춰야 할 바람직한 소양이다. 따라서 영혼과 사후 세계의 존재를 믿어서 손해를 볼 이유는 없다. 혹시 죽음과 사후 지옥행을 빌미로 사람을 협박하던 교회 관계자들에게는 손해가 갈지 모르지만.

사회과학자의 입장에서 볼 때, 인간의 변화와 사회의 변화 사이에는 상관성이 크다. 사람들이 세상을 바꾸려 하지만, 대개는 좌절한다. 바뀐 세상에서도 특단의 노력이 없는 한 인간은 여전할 것이기 때문이다. 그러나 사후 세계가 있다는 것을 인정하게 되면, 재선에 도전할 가능성이 있는 대통령 모양으로, 좀 더 잘하려는 동기가 부여될 수 있다. 이와 같은 인간의 변화는 현실 정치와 국제관계에도 의미 있는 변화를 가져올 수 있다. 사람들이 영혼의 존재를 믿고, 각자 영혼을 성숙시키기 위해 노력한다면, 이 세상에는 의미 있는 변화가 생겨날 것이다. 진정한 평화와 공동체적인 삶이 가능해질 것이다.

영혼의 존재를 확실하게 보여 주는 또 다른 증거는 '최면 요법'이다. TV에도 많이 방송되어 독자들에게도 친숙하다. 최면 퇴행(hypnotic regression)을 통해 전생과 깊은 무의식에 존재하는 기억들을 추출하는 것이다. 이런 기억들을 종합해서 영적 세계에 대해 구체적인 묘사를 한다. 이 분야에서 대표적인 사람은 에드가 케이시(Edgar Cayce, 1877~1945)와 마이클 뉴턴(Michael Newton, 1933~2016)이다. 케이시는 자신이 최면의 대상이 되어 과거와 미래를 넘나드는 초월적인 능력을 보여 준 미국의 예언가였다. 뉴턴은 심리학자이자 최면 퇴행의 대가이다. 수많은 사람들에 대한 최면 치료를 하였고, 그중 대표적인 사례를 모아 사후 영혼들의 삶에 대해 네 권의 책을 펴냈다. 지금까지 영계에 대한 묘사로는 최고 단계라는 평가이다. 필자도 뉴턴의 책, 그중에서도 『영혼들의 여행』(*Journey of Soul*)을 읽고 많은 영감을 받았다. 죽음 이후 영혼이 사는 영계에 대한 생생한 묘사가 특히 인상적이었다. 그가 상세하게 그려 낸 영혼들에 대한 교육 과정은 필자가 이 책을 쓰려는 동기와 영감을 부여했다.

미지의 세계에 대한 탐방에서 꿈은 빼놓을 수 없는 수단이다. 꿈이야 개들도 꿀 수 있는 것이고, 내용이나 신빙성 면에서 각양각색이다. 그렇지만 마음의 눈이 열릴수록 꿈에서 유통되는 정보의 질도 높아진다. 꿈의 심리적·상징적 의미를 체계적으로 탐구하기 시작한 것은 프로이트(Freud, 1856~1939)이다. 꿈은 인간의 무의식에 도달하는 최선의 지름길이며, 우리의 충족되지 못한 잠재적 무의식이 상징적 형태로 발현되는 것이다. 따라서 그는 꿈의 해석에 매달렸다. 융(Karl Jung, 1875~1961)은 꿈에 관해 신이나 영계로부터 내려오는 계시적인 측면을 강조했다. 그러나 필자에게 꿈은 복이나 하늘의 계시가 내려오는 통로나 어두운 욕망의 표현이 이루어지는 곳이 아니라 빡센 교육훈련장이었다. 같은 맥락에서 에리히 프롬(Erich Fromm, 1900~1980)은 『잊어버린 언어』(*Forgotten Language*)란 책에서 꿈을 엄청난 인류 지혜의 보고이며, 자아 성숙의 장이라고 불렀다.

필자도 유사하게 꿈을 통해서 수양할 수 있는 많은 기회를 얻었다. 시간마다 퀴즈 시험을 봤다. 형식은 상황극이었다. 주제는 탐(貪, 탐함)·진(瞋, 진노함)·치(痴, 어리석음) 세 과목으로 대별할 수 있었다. 예를 들어 어떤 인물이 나타나 나를 엄청나게 화나게 하는 상황을 만들고, 필자가 어떻게 반응하나 실험하는 내용이다. 신기하게 꿈은 자기 본성이나 본심을 그대로 드러낸다. 따라서 거짓말하기가 어렵다. 상황극이긴 하지만, 화를 내면 그것이 자신의 현재 수준을 보여 주는 것이다. 자신이 실천까지는 아니라도 최소한 마음이라도 좋게 변해야 화를 안 내게 되는 것이다. 처음에는 무수히 틀렸으며, 꿈에서 깨면 참담함을 느끼게 되는 상황이 많았다. 그러면 반성하고, 좋은 마음을 내기 위해 훈련하는 것이다. 며칠 지나면 필자를 실험하는 듯 화가 날 상황이 꿈에서 다시 전개된다. 정답이 나와야 다음 단계로 넘어가는 방식이다. 답을 찾기가 쉽지 않은 경우도 있다. 그런 것은 화두로 오랫동안 붙잡고 있게 된다. 풀리면 다음 과정으로 넘어간다. 이런 과정은 영혼들의 교육 과정과 매우 유사하다는 것을 나중에 공부하면서 알았다.

이와 같이 다양한 통로를 통해 필자는 영혼과 영혼 세계가 존재함을 확신하게 됐다. 그렇다고 영적으로 특출한 재능이 있는 것은 아니다. 눈에 보이지 않는 것과 눈에 보이지 않는 세계가 존재한다는 것을 믿는 열린 마음을 갖게 되었을 뿐이다. 이런 의미에서 마음의 눈을 뜬 것이다. 사후 세계는 하늘에 있는 것이 아니라 우리 의식 속에 존재하고, 영혼이라는 안테나가 우리를 보이지 않는 의식 세계와 연결시켜 준다는 것을 알게 됐다. 필자가 발견한 하늘의 이치는 도도한 양심과 이성의 원리였고, 조화와 원칙의 세계였다. 깨우침과 성숙을 향해 함께 배우고 끊임없이 정진하는 영혼들의 세계였다. 이와 동시에 마음의 문이 열리고, 사람들의 마음을 이해하고, 사람들과 소통하는 능력이 좋아진 것은 물론이다.

3. 운명의 매듭 풀기

1) 운명이란

저명한 신학자 틸리히(Tillich, 1886~1965)는 "운명 없는 자유는 단순한 우연성이며, 자유 없는 운명은 단순한 필연성이다"라고 말한 바 있다. 사실 인생에서 자유 의지로 결정되는 것은 매우 제한적이다. 대체로 운명은 정해져 있다. 사람들이 서울역에 가는 것이 자유 의지이고, 서울역에서 어디로 갈 것인가 결정하는 것도 자유 의지이다. 그러나 일단 열차를 타면 자유 의지와 상관없이 목적지에 가게 되어 있다. 부산행 열차를 타면 부산으로 가는 것이다. 몸부림치지 않아도 간다. 기차 안에서 뛴다고 빨리 가는 것도 아니다. 중간에 내리기도 힘들고, 내린다고 뾰족한 수가 있는 것도 아니다. 신이나 선생의 역할은 열차 안내원 비슷하다. 어느 열차 타면 어디 가는지 정도 보여 주는 것이다. 여객 하나하나가 목적지에 제대로 가는지 살피는 역할이 아니다. 각자 알아서 가야 한다. 이것이 인생이다. 따라서 진인사대천명(盡人事待天命)이다. '진인사'는 분투노력하는 인간들의 삶이다. 그러나 노력만으로 인생이 결정되지 않는다. 그리고 '대천명'은 운명이다.

신이나 운명을 모르는 사람은 자기 존재의 의미를 잘 모르는 사람이다. 그냥 사는 것이다. 목숨이 붙어 있기 때문에 산다. 따라서 의지나 용기가 보이지 않는다. 그냥 덤덤하게 산다. 자기가 무슨 종목에서 무슨 역할을 해야 하는지 전혀 모른다. 신을 만나면 확실해진다. 거시적이고 전체적으로 조망하면서 의미가 해석된다. 타고난 소질, 직업, 역할, 기여할 바 등이 실타래 풀리듯이 풀려난다. 신을 알면 자유재량의 여지가 훨씬 커지고, 창의성을 발휘할 공간이 많아진다. 신을 모르는 자는 불안에 떨면서 아무것도 자신 있게 하지 못한다.

영혼은 육체적인 삶이나 죽음과 관계없이 늘 존재한다. 영혼이 육체의 옷을 입고 이 땅에서의 삶을 계속하기 위하여 태어나는 것을 환생한다고 하며, 생을 반복하면서 다양한 육체의 모습으로 영혼이 재생되는 것을 윤회라고 한다. 사람들이 영혼의 존재를 인정하게 되면 우선 궁금해지는 것이 자신의 이전 생이다. 전생을 기억하는 사람들이 없지 않지만, 숫자는 아주 적다. 최면퇴행 과정에서 우연히 아는 수가 있다. 최면 퇴행은 과거의 기억을 더듬어 현재의 심리적 병을 치유하는 것이 목적인데, 진도가 더 가나면 과거 생까지 도달하는 경우가 발생한다. 이런 방법은 최근 널리 활용되고 있으며, TV에서도 유행이다. 기본적으로 현재 겪는 정신적인 어려움이 의식의 기저에 깊이 가라앉아 있는 과거의 어떤 체험에서 비롯된 것으로 보고, 최면을 유도하여 전생의 기억으로까지 거슬러 올라가서 치료를 하는 방법이다. 과학적인 입증 가능성이 문제가 되지만, 전생이란 것이 존재하고 이를 정확히 파악할 수 있다면, 치유 효과가 없지는 않을 것이다.

그렇지만 전생이 질병의 원인이 될 정도로 직접적인 영향을 미치는 경우는 아주 예외적이다. 보통의 경우는 다양한 방식으로 간접적인 영향을 미치는 정도일 것이다. 사람에게는 기질이나 성격이란 것이 있다. 여기에는 다양한 환경적이거나 유전적 요인이 영향을 미칠 수 있다. 심지어는 혈액형도 유력한 인자로 사람들의 관심을 받고 있다. 마찬가지로 전생의 중요한 경험이 현생의 성격에 일정 정도 영향을 미칠 수 있을 것이다. 사람의 성격이나 기질은 일정 범위 내에서는 개성으로서 간주되어 장점이 된다. 그러나 너무 강할 경우 문제를 야기할 수 있다. 만일 사람들이 성격이나 기질상의 특성으로 인해 사회적 문제를 경험할 경우, 전생에 대한 지식이 문제 해결에 유용한 방법이 될 수도 있다. 역사에 대한 이해를 통해 현실에서 교훈을 얻는 것과 마찬가지로, 전생에 대한 지식이 사람들의 현생에 긍정적인 기여를 할 수 있다.

2) 나의 전생 이야기

수양이 제법 된 영혼(Ego, 참나, 진아)는 대략 천년 정도 지나면 환생한다고들 한다. 전생을 아는 것은 인생이 카르마가 이끄는 대로 끌려다니지 않기 위해서 유용하다. 아무래도 과거를 알면 똑같은 실수를 범하지 않을 가능성이 커질 것이다. 필자는 주체하기 어려울 정도로 강력한 카르마를 느끼면서 정해진 인생 경로를 꾸역꾸역 밟아 가고 있었다. 어린 시절부터 공부는 꽤 했지만 선생님들과는 예외 없이 사이가 안 좋았고, 어디를 가든 주류와는 거리가 먼 '반골' 생활을 즐겼으며, 올바른 친구들보다는 사연 있게 사는 친구들에게 유별나게 끌렸다. 이런 패턴은 나이가 들어서도 변하지 않았다.

그러다가 우연한 기회에 전생에 중이었다는 이야기를 듣고 깜짝 놀랐다. 묘사가 너무도 구체적이었다. "당신은 고려시대 국사(國師)의 제자였어. 스스로가 최고라고 생각했지만, 스승은 다른 사람을 후계자로 간택했어. 그날로 당신은 왕궁에서 사라졌어. 그리고 그 후 당신의 행적은 잘 알려져 있지 않아. 내가 볼 때 당신은 탁발승으로 전국을 돌아다녔어. 마음속에는 스승에 대한 배신감과 상처받은 자존심을 안고서. 매우 힘들고 고통스러운 여생을 산 것으로 보여."

그러고 보니 전생에 중이었을 것 같다고 느꼈던 적이 한두 번이 아니었다. 일단 대학교에 들어갈 때까지 육류는 입에 대지도 못했다. 어릴 때부터 초저녁이면 일찍 잠에 들고 새벽 일찍이 일어나서 공부를 했다. 평생 새벽 3~4시경 일어나는 바른생활을 했다. 나이가 든 요즘에는 8~9시에 자서 새벽 1~2시 정도 깨어나서 명상을 하고 글을 쓰기도 한다. 여름에는 방바닥에 얇은 담요 한 장 깔고 자는 것이 아주 편하게 느껴질 정도이다. 교수 생활 중에도 거의 반 정도는 학교 연구실 간이침대에서 잠을 잤다. 아버지가 돌아가신 후 난생처음 『금강경』을 접했는데, 신기할 정도로 이해가 빨라서 스스로 크게 놀랐던 경험이 있다. 필사를 권했던 스님마저도 필자를 보고 전생에 중이었던 것 같다고 말했다. 그 어려운 『금강경』을 읽으면서도 마음이 움직여서 뜨거운 눈물을 비 오듯이 쏟았던 경험을 자주 했다. 뭔가 있는 것이 분명하다고 느꼈었다. 그래서 수행 과정에서 영혼의 윤회 과정에 대해 많은 연구를 한 후, 천년을 거슬러 전생을 파헤치는 여정에 나섰다.

시작은 고려 문종 때이다. 중요한 등장인물은 대각국사 의천(義天), 그는 문종의 넷째 아들로서 11세였던 1065년 어린 나이에 출가를 했다. 당시는 불교가 국교였던지라 왕의 아들 중 하나가 중이 되는 것은 관행이었다. 그리하여 불교계의 금수저가 또 하나 등장하게 된 것이었다. 출가 상대는 당시 불교계 최고 실력자이자 외삼촌이던 '경덕국사'였다. 출가한 지 5개월 만에 구족계를 받고, 겨우 13세의 나이에 교종의 최고 승계인 승통에 올랐다. 물론 날 때부터 총명한 것으로 소문났었지만, 왕자라는 신분이 크게 작용했을 것이 불문가지이다.

당시 의천에 대한 기록이다. "밤낮으로 불법을 익히고 공부하는 데 온 정신을 쏟은 의천은 단시일 내에 화엄경을 통달하는 등 실로 그 정진 속도가 남달랐다. 의천은 스승인 경덕국사가 입적한 후에는 당대의 내로라하는 고승들과 계율종(戒律宗)을 비롯한 법상종(法相宗), 선적종(禪寂宗)의 법을 논하니 아무도 그를 따를 자가 없었다. 의천은 스승의 뒤를 이어 불법을 강론하고 설파했는데 의천의 법문을 들으러 오는 사람들로 인해 언제나 사찰 주위가 문전성시를 이루었다." 그렇지만 의천이 아무리 똑똑해도, 지적 수준은 부처님 손바닥 안이었을 것이다. 왕자에다가 후일 '국통'(종정) 자리까지 움켜쥔 의천이었으니, 아무도 도전하거나 이의를 제기할 수 없었을 것이다.

필자와 관련해서 문제가 되는 것은 1066년 경덕국사 사후에 금수저였던 의천이 후계 자리를 차지했다는 사실이었다. 당시 경덕국사에게는 훌륭한 제자가 많이 있었다. 그렇지만 후계 구도에 결정적 변수는 결국 권력과 핏줄이었으니, 열심히 정진하던 제자들의 실망이 보통 크지 않았을 것이다. 제법 잘 나가던 제자 중 하나로 추정되는 필자는 난데없이 낙하산 타고 떨어지는 금수저의 등장에 크게 좌절할 만한 상황이었다. 믿고 존경했던 스승에 대해서도 크게 실망감을 느끼지 않을 수 없었다. 의천과는 짧지만 동문수학한 사이로서 필자가 나이가 많았을 것이니 사형(師兄) 비슷한 위치였을 것이다. 의천과 필자 사이의 관계는 전반적으로 괜찮았을 것이다. 어린 나이에 중책을 맡은 의천으로서는 믿고 의지할 사람이 필요했을 터였다.

의천은 일찍부터 송나라에 유학하러 가서 새로운 지식을 습득하려 했지만 아버지 문종의 반대가 심해서 뜻을 이루지 못했다. 이후에도 여러 번 시도했지만 번번이 좌절했다. 대신에 사형인 필자를 보내서 선진 학문을 배워오도록 배려해 준 것으로 보인다. 필자가 현생에도 미국, 일본, 중국에 깊은 관심을 갖고 유학을 한 것과 일맥상통한다. 필자로서도 국통(國統)이 되는 길이 좌절된 마당에 공부나 해야겠다는 생각이 절실했을 수 있다. 상당 기간 유학을 마치고 불경도 제법 가지고 귀국했는데 국내 상황이 많이 변해 있었다.

의천이 일단 국통이 돼서 불교계 일인자가 되다 보니 제자도 엄청 늘었고, 주변에는 십상시(十常侍)라고 부를 수 있는 측근들이 생겨서 벽을 치기 시작한 것이었다. 의천의 위상과 권위를 보호하기 위한 명분이었지만, 실상은 자신들의 영향력을 유지하기 위한 것이었다. 따라서 필자는 의천과도 의도치 않게 거리가 점차 생겨 갔다. 필자는 선진 나라에서 선진 학문을 배웠으니 새로운 조류가 어떠니 교단 개혁을 해야 하느니 떠들고 다니면서 주류 세력과도 서서히 골이 파였던 것으로 보인다. 필자는 송나라 유학 중 알게 된 왕안석의 국가개혁안을 국내에 소개하면서 국자감 출신 유생들과 긴밀한 관계를 유지했기 때문에 껄끄러운 존재였을 것이다.

사달은 의천의 형인 고려 선종이 자기 동생들을 놔두고(고려 시대에는 동생에게 양위하는 것이 보편적이었다), 열한 살 난 자기 아들에게 권좌를 물려주면서 생겨났다. 고려 헌종이 된 그는 나이가 어린 데다가 당뇨가 심해서 국사를 돌볼 수 없는 상황이었다. 따라서 어머니인 사숙 태후가 수렴청정을 하였다. 사숙 태후는 인조 이씨가 본관으로서, 이자의(李資義)가 실세로서 상당한 권력을 휘두르고 있었다. 선종의 동생 중에서 조카가 왕이 되고 형수가 수렴청정하는 상황에 대해서 가장 큰 불만을 갖고 있던 자가 후에 숙종이 되는 의천의 셋째 형 왕희(王熙)였다. 당연히 형수인 사숙 태후와의 관계가 껄끄러웠을 것이다. 헌종의 삼촌이었던 의천의 위치도 따라서 애매했을 것이다. 따라서 의천은 개경을 떠나 합천 해인사로 물러나 있을 수밖에 없었다. 실권을 잡은 사숙 태후는 자신의 수렴청정을 도와줄 책사가 필요했을 것이며, 국가개혁에 관심이 있던 필자가 기회를 잡게 되었다. 궁궐에 머물면서 왕실 후손들 공부나 가르치면서 국정운영을 도와달라는 왕태후의 부탁을 받아들였다. 내심으로는 불교 개혁의 꿈을 이루겠다는 야심과 의천에 대한 경쟁심리가 작용했을 법하다.

그렇지만 필자의 의도와는 다르게 궁궐에서는 후계 구도를 둘러싼 암투가 치열하게 벌어지고 있었다. 이자의는 인주 이씨 가문의 수장으로서 중추원사에 왕의 숙부라는 지위를 누리면서 왕도 어쩌지 못할 권력을 가졌고, 사병을 제법 양성할 정도로 재력도 막강했다. 이자의는 사숙 태후에게 왕희의 정권욕을 견제할 필요성을 누차 역설했다. 이에 위협을 느낀 왕희는 이자의가 선종의 셋째 부인이며 누이동생인 원신 공주가 낳은 왕윤(헌종의 이복동생)을 후계로 삼으려 한다는 구실을 삼아 선제 쿠데타를 일으켰다. 왕희는 이자의를 궁궐에서 죽이고 그와 가깝던 17명을 척살하고, 이자의의 집을 습격해서 아들 이작과 그를 후원하던 흥왕사 대소와 지소(주지와 부주지, 두 자리 모두 이자의의 아들들이 차지하고 있었음)까지 제거했다. 조정에서는 당연히 피바람이 몰아쳤다. 석 달 뒤 왕희는 조카로부터 권력을 찬탈해서 고려 숙종(肅宗)으로 등극했다. 조선시대 세조를 연상케 하는 궁정 반란이었다. 이 와중에 필자는 이자의 세력의 일원은 아니었지만 목숨이 위태롭게 되었다. 결국은 살기 위해 야반도주를 선택할 수밖에 없었다.

의천은 해인사로 물러나 귀양 아닌 귀양 생활을 하고 있다가 자기 형인 숙종이 왕이 되자 그의 청을 받아들여 개경으로 돌아왔다. 이후 불교계 일인자로서 존경을 한 몸에 받으면서 불교계 통합에 나서고 천태종을 개창하였다. 반면에 필자는 쫓기는 신세가 되어 전국을 유랑하면서 탁발하는 신세가 되었다. 잘 나가는 의천을 보면서 마음이 착잡했을 것이다. 원망이 반 질시가 반인 상태에서 전국을 방랑하고 다녔다. 거지 같은 땡중이 불경에 조예가 깊었을 뿐만 아니라 중국과 일본에 대해서도 제법 아는 듯 떠들어댔으니. 아마도 당시 불교계에서는 이단아 중의 이단아, 기인 중의 기인이었을 것이다. 거리낌 없이 천하를 주유하면서도 내심으로는 세상이 싫었고, 정치가 싫었고, 불교계도 싫었고, 스승이나 동문수학한 도반들도 다 싫었을 것이다. 금수저 의천에게 신분에서 밀리고, 마음속에 아쉬움이 남아 있던 차에 헌종 쪽에서 자문 역할을 제안받고 정치에 입문했으나 이것이 치명적인 독이 되었다, 탁발하고 다니면서도 마음을 잘 다스리고 공부에 정진했으면 득도를 했으련만, 그렇지 못한 한을 안고서 생을 마감했던 것으로 추정된다.

가톨릭대 도서관에는 고려 역사 관련 책들이 넘쳐나고 있었다. 고려시대를 전공한 교수가 한 분 있었기 때문이었다. 한동안 고려시대 역사에 푹 빠져 지냈다. 어느 정도 전생 스토리가 틀에 잡히자, 소설로 쓰고 싶은 생각이 들었다. 제목은 '의천과 나'로 정했다. 스토리를 A4 약 200페이지 정도로 만들었다. 살만 붙이면 장편 서너 권이 나올 분량이었다. 지인의 주선으로 당시 명성을 날리던 김진명 작가를 만났다. 소설을 쓰고 싶다고 이야기를 건넸다. 매우 흥미를 보였다. 고려시대 역사 소설이 거의 없으니 기대가 된다는 반응을 보이면서, 좋은 조언도 많이 건넸다. 그렇지만 허구적인 이야기를 심혈을 기울여 작품으로 만들기에는 사실을 중시해야 하는 학자라는 신분이 마음에 걸렸다. 머뭇거리는 사이에 공동체주의에 빠져들게 되었다. 그래서 훗날을 기약하고 말았다.

3) 과거 업장의 해소

필자의 성격적 특성은 세상이 알고 본인도 아주 잘 알고 있다. 한마디로 요약하면, "매우 강하다"이다. 아주 어릴 때에도 부모님이 야단이라도 치면 분해서 앓아누웠기에 야단칠 수도 없을 정도였다. 이런 기질은 살면서 윗사람이나 권위와의 충돌로 빈번하게 드러났다. 초중고등학교를 다니면서 선생들과의 관계는 항상 나빴고, 권위에 대한 도전으로 인해 크고 작은 문제를 부단히 야기하였다. 이런 특성이 모범생 행세를 해도 손색이 없는 사람에게서 발현되었다는 점에서 주변 사람은 물론이고 필자 본인도 의아한 생각이 들 정도였다. 어릴 때부터 선생님에게 반기를 드는 일이 다반사였고, 나이 좀 들어서는 심지어 선생을 가르치려고 들기도 했다.

일례로 필자가 대학교 2학년 때인 1979년 어느 봄, 수백 명이 듣던 '헌법' 수업 강의실에서 벌어진 일이었다. 제자들이 사법고시에 좀 더 많이 붙을 수 있도록 애쓰시던 교수님이 여느 때와 마찬가지로 공부 열심히 하라고 장시간 당부의 말을 하고 있었다. 이야기가 "너희들은 S대 법대와 경쟁하는 것이 아니라 기타 학과 학생들과 경쟁하는 것이고, 그것도 지기 십상이야!" 하는 대목에까지 이르렀다. 유신헌법을 휴지 조각 정도로 생각하던 필자에게 헌법 시간은 그저 농담 정도로 치부되던 시절이었다. 평소 유신헌법을 옹호하던 교수의 조언이 필자의 귀에 들어올 리가 없었다.

돌연 말을 막고 필자가 일어섰다. 이어서 "독일에 가서 비싼 돈 들여 공부하고 와서, 이런 쓸데없는 말밖에 제자들에게 할 말이 없냐?"라고 폭탄을 터뜨렸다. 이후의 사태는 어린애도 쉽게 예상할 수 있는 방향으로 전개되었다. 당연히 학교생활이 크게 어려워졌으며, 친구들도 많이 잃었음은 말할 나위도 없다. 흥미 있었던 것은 필자가 1999년 유학을 마치고 귀국해서 대학원 수업을 하는데, 그 교수 아들이 필자가 가르치던 세미나 수업을 듣고 있는 것을 우연히 알게 되었다. 대를 이어 스승과 제자로 만나는 인연에 흥미를 느꼈음은 물론이다. 속죄하는 마음으로 정성껏 대했다. 서로 학문적인 대화를 진지하게 나누는 사이가 되었다. 세상 바르게 살아야 함을 새삼 깨닫는 소중한 기회였다.

사회에 나가서도 유사한 사례는 무수히 많다. 우연한 기회에 스위스 다보스에서 대통령 출마 직전의 이명박 서울시장과 술자리를 같이 한 적이 있었다. 오만함이 대통령이 거의 다된 기세였다. 필자가 옆자리에 앉은 주무 국장에게 중앙차선제를 좀 개선해서 도로 이용률을 높여야 한다는 취지로 이야기하던 대목이었다. 맞은편에 앉았던 이 시장이, "교수들이 뭘 알아. 얼마 전 TV 토론 나갔는데, 교수들이 하도 무식한 소리를 해서 야단 많이 쳐줬지!" 하면서 발끈하고 끼어들었다. 필자의 임전무퇴 정신은 거기서도 어김없이 발현됐고, 상황은 고성과 함께 종료됐다. 강한 기질로 인해 필자를 옥상으로 인도할 사다리를 제 발로 차낸 것인지도 모르는 일이었다.

2009년 어느 여름날 학회 세미나에 참석 중이었다. 전혀 예상치 못한 상황에서 박근혜 한나라당 전임 대표로부터 전화를 받았다. 들려오는 "저 박근혭니다" 하는 목소리에 깜짝 놀랐다. 요지는 외교정책 관련해서 많이 배우고 싶다는 것이었다. 매우 이례적인 전화였음은 후에 탐문 결과 알았다. 특별한 의미가 있었을 것이다. 예의 권위에 대한 무례함을 접어 두고 나름대로 최대한 예를 갖춰 덕담을 주고받았다. 그러나 잠시 후 병이 도졌다. 당시 국회의원 선거와 관련해서 한나라당의 공천 문제가 많은 국민의 눈을 찌푸리게 하던 시점이었다. 필자는 대승적 차원에서 타협하시고, 이런 기회를 통해 주변에 문제성 있는 사람들을 정리하는 것도 좋다는 취지로 훈계를 했다. 나중에 알았지만 도저히 상상할 수 없는 짓을 한 셈이었다. 박 대표의 반박은 "아니 최

교수님!…"으로 시작해서 상당 시간 이어졌다. "제가 상향식 공천 제도를 정착시키기 위해서 얼마나 노력했는데…" 필자는 정상적 대화로 생각했지만, 상대는 그렇지 않은 눈치였다. 그래서 인연은 그날 시작해서 그날로 끝나고 말았다. 박 대표의 "아니"로 시작되는 말이 가장 화가 났을 때 쓰는 표현이란 사실은 나중에 대통령이 된 후 언론 보도를 통해 알게 되었다.

필자의 성격을 본인은 물론이고 주변도 잘 아는지라 자의 반 타의 반으로 공식 직책과는 인연을 맺지 못했다. 이런 기록을 깬 것이 2013년 재직하는 학교에서 국제교류처장을 맡게 된 것이다. 뒤에서 돕겠다는 취지로 거절했음에도, 필자보다 더 강하신 총장님의 강권으로 직책을 맡게 되었다. 그러나 표면적으로는 강한 기질이 많이 정화되었음에도 저류에 흐르는 본성은 여전함을 재확인하고 말았다. 문제는 편하게 의견을 개진하라면 정말로 편하게 의견을 개진한다는 점이었다. 눈치가 없는 것은 아니었기에, 문제의 본질은 권위에 대한 존경심의 부족이었다.

어느 날 교무회의 석상에서 교수회의에서 총장님이 하실 연설문이 주제로 오른 적이 있었다. 연설을 매우 오래 하는 습관이 있었으며, 내용 또한 질책하는 것이 주류를 이루고 있었다. 다들 머뭇거리던 시점에 솔직하게 말해 보라는 권유를 받았다. 재차 확인했다. 정말 솔직하게 의견을 개진해도 좋은지. 흔쾌히 그러라는 답변이었다. 그래서 폭탄을 쐈다. "총장님 연설에는 감동이 없습니다!"로 시작해서 조목조목 문제점을 집어 갔다. 비록 학교에 문제가 많지만, 마지막은 희망을 담아서 "우리가 함께 노력하면 어려움을 극복할 수 있다"는 식으로 긍정적인 마무리를 해야 한다고 조언했다. 매우 당황해하셨지만, 다음날 멋지게 연설을 끝냈다. 필자에게 다가와서 연설이 어땠냐고 묻기에, 너무 잘했다고 칭찬을 건넸다. 아주 흡족한 표정이었다. 그렇지만 그것으로 둘 사이의 관계는 루비콘강을 건너고 말았다. 총장님은 능력이 출중하면서 자존심도 역시 엄청난 분이었다.

스스로의 기질에 대한 의구심과 회의감이 깊어질 무렵, 우연한 기회에 해결의 중요한 실마리를 찾게 되었다. 바로 전생 이야기를 듣게 된 것이었다. 이로 인해 스스로의 인생에 대해서 오랫동안 품었던 많은 의문이 한순간에 풀렸다. 선생들과의 일관된 반목, 감투에 대한 심한 알레르기 반응, 누군가의 평가대상이 되는 것에 대한 강한 거부감, 타의 추종을 불허하는 야인 기질 등등 많은 것이 신기할 정도로 잘 이해되었다. 이후 상당 기간 동안 자아 탐구(soul-searching)와 반성의 시간을 가졌다. 가장 두려웠던 점은 전생이 현생에서 놀라울 정도로 반복되고 있다는 점이었다.

그래서 전생의 매듭 풀기에 적극적으로 나섰다. 현생에서 어릴 적부터 경험한 선생들과 안 좋았던 관계는 미국에서 유학하면서 좋은 스승들 만나서 많이 해소되었다. 공부하는 과정에서 많은 사랑과 인정을 받았을 뿐만 아니라, 나중에 교수가 된 후에도 지극한 정성으로 존경과 감사의 뜻을 표하였다. 지도교수인 카포라소 교수에게 'Young Choi'는 전설적인 제자가 되었다. 그러나 세상과의 관계가 원만하지 못한 것은 난제 중의 난제였다. 고민 끝에 세상과 타협하기 위해서 평소 나름대로 활발하게 활동하던 한국국제정치학회 회장 선거에 나섰다.

1300명 정도의 해당 분야 박사들이 회원으로 있는 조직이었다. 투표를 통해 선출되기에 세상의 평가를 당당하게 받아보는 것이 마음의 벽을 허무는 데 도움이 될 것이란 생각이 들었다. 회원들을 위해 봉사하고, 사회 공공의 이익에 공헌하는 것은 물론이고, 주류사회와도 어느 정도 가까워질 수 있다는 기대효과도 있었다. 필자가 출마를 선언했을 당시 많은 사람이 충격으로 받아들였다. 평생 야인으로 살 것 같던 사람이었기 때문이다. 평소 하고 싶은 말은 거의 다 하는 사람이었기에 회원들의 일반적인 평가는 그다지 우호적이지 않았다. 전생의 업을 씻고, 현세의 과오를 참회하는 자세로 정성을 다해 성실하게 경선에 임했다. 그리고 회장이 되어서는 인격을 도야하는 마음으로 봉사하고자 노력했다. 이것이 필자에게는 새로운 탄생의 시작이었다.

전생을 되돌아보면서 가장 문제로 느껴졌던 것은 세상을 등지는 행위였다. 해결하지 않고 떠남으로 인해 매듭이 생겼고, 이것이 후생에도 심대한 영향을 끼치게 되었다. 이런 경향이 현세에도 지속되고 있다는 점은 위험한 신호였다. 맥락은 다르지만 회장직을 그만두자마자 모든 사회관계를 뒤로 하고 중국으로 떠나서 혼자 학생 생활을 선택하였다. 여전히 떠나는 것에는 나름대로 일가견이 있는 모양새였다. 젊은 시절 고국을 등지고 미국으로 떠난 것 하며, 미국 유학 중 가족을 뒤로 하고 일본에 가서 홀로 1년 반을 살았던 것도 증거이다. 현실에서 도피하지 말고, 현재 자기가 맡은 바 일을 끝까지 완수해 내는 것이 필요하다고 느꼈다. 그래서 속세의 끈을 놓지 않으려고 열심히 노력하였다.

그렇지만 위기가 없지 않았다. 늦은 나이에 힘들게 된 교수였지만 초심도 잊은 채 권태기가 찾아왔다. 다른 학교 교수들과 비교하는 마음이 생기며, 가르치는 것에 재미가 없어지고, 수업 준비도 소홀해지던 어느 날이었다. '한국의 정치경제'란 수업을 막 시작하려는데 갑자기 뜨거운 눈물이 쏟아져 내리기 시작했다.

무슨 영문인지는 몰랐지만, 뇌리에 분명하게 "너는 지금 도대체 뭐를 하느냐?" 하는 질문이 떠올랐다. "좋은 세상 만들라고 보냈는데 도대체 무슨 짓을 하고 있느냐"는 질책이 이어졌다. 그리고 마지막으로 "제자가 스승인데 왜 제자들을 무시하는 마음을 갖고 있느냐"라는 뼈아픈 질책도 뒤따랐다.

너무도 강력한 메시지여서 말은 물론이고 숨도 쉬기 어려울 정도였다. 뜨거운 눈물은 비 오듯이 계속 쏟아지고 있었다. 그래서 돌아선 채로 칠판 가득히 글을 쓰기 시작했다. 참회의 글이었다. "이런 세상밖에 못 만들어서 미안하다! 너희들이 졸업해도 갈 데가 없는 세상밖에 못 만들어서 정말로 미안하다! 내가 이러려고 살지는 않았는데…" 그리고 고개를 돌리지도 못한 채 교실을 빠져나왔다. 연구실로 돌아왔는데도 계속 호흡이 곤란하고 눈물이 그치지 않았다. 무서운 나머지 아는 신부님께 전화를 드렸다. 저를 위해서 기도 좀 해달라고. 그리고 아는 스님께도 전화를 드렸다. 어찌 수습해야 할지 모르겠다고.

머지않아 자리를 마주한 스님은 많은 사람들이 이런 일을 계기로 속세를 떠났다는 말을 해줬다. 지금 생각해 보면 다시 학생들 앞에 서는 것은 엄청나게 쑥스러운 일이었다. 그 자리에서 출가를 해서 세속을 영원히 떠났으면 학생들에게 두고두고 화젯거리가 되었을 것이다. 지금처럼 아무런 감동도 없이 은퇴해야 하는 그저 그런 교수가 아니라, 엄청 멋진 기억으로 학생들에게 남았을 터였다. 그런데 필자는 그렇게 하지 못했다.

스님께서는 "학교는 좋은 수련의 장입니다. 속세를 떠난다고 수양이 잘 되는 것은 아닙니다. 돌아가셔서 학생들 잘 가르치세요"라고 조언을 해 주었다. 그러고는 본인도 겪지 못한 특별한 경험을 했으니, 필자에게 꼭 식사를 사겠다고 했다. "속세를 떠난다 해도, 속세를 잊으려고 몸부림치면서 시간을 많이 쓰게 되기 때문에 실제로 수양하는 시간은 별로 되지 않는다"는 말도 했다. "산속이라고 좋은 사람들만 모여 사는 것은 아니니, 학교가 도량이라 생각하고 공부하며 가르치라"고 했다. 아울러 제자들을 가르치는 과정에서 사랑을 많이 실천하라고 가르침을 줬다. 그래서 필자는 홀연히 멋지게 세속을 떠나는 것을 접고, 겸연쩍어하면서 다음 시간 수업에 들어갔다. 대개는 영문을 몰라 하는 눈치였다. 그냥 그렇게 제대로 된 해명도 없이 학기가 끝났다. 그럼에도 출가는 현생에서도 여전히 지근거리에 존재하는 선택지였다.

그러나 현생에서는 잠시 동안 가출은 몰라도 출가는 크게 걱정 안 해도 될 모양이다. 필자의 집에는 수행을 방해하거나 귀찮게 하는 사람이 없다. 출가 없이도 득도하는 데 최적의 조건인 셈이다. 그저 본인만 잘하면 되는 상황이다. 부인은 엄한 조련사이다. 전생에 필자가 수차례에 걸쳐서 득도의 순간에 그르치는 모습을 보고 매우 안타깝게 생각한 사람으로 느껴진다. 이번 생에는 아예 큰 채찍을 들고 온 사람이다. 더군다나 기운이나 정신력은 필자를 능가한다.

일례로 필자가 미국에서 처음으로 애플 컴퓨터를 샀는데, 그날 밤 몰래 벽돌 깨기를 하다가 들켰다. 이후 필자는 지금까지도 어떤 종류의 오락이나 게임이란 것을 해본 적이 없다. 일본이나 중국으로 멀리 수행 길을 떠나도 흔쾌히 보내 주면서, 멀리서 손바닥 위에 놓고 보듯이 하는 짓을 정확하게 파악하는 능력이 있다. 지인들은 마누라 보면 대권 잡아도 이상할 것이 없는데 남편이 모자라서 문제란다. 출가해야 도가 닦인다는 말은 필자에게 통하지 않는다. 자식들 또한 자기들 앞가림을 잘하고, 하는 짓은 아빠보다 더 성숙한 상태이다. 지금까지 아빠의 도 닦기 놀음을 잘 이해하고 지지해 줬다.

필자가 극복하고 싶었던 또 다른 심리적인 기제는 남과 경쟁해서 뭔가 쟁취하는 것을 회피하는 성향이다. 실력 없다는 소리를 가장 듣기 싫어할 정도로 노력을 열심히 하지만, 결정적 선택은 항상 최선의 것을 취하지 않았다. 노력을 하지 않거나 아니면 최선의 선택을 하던가. 그래서 결과는 항상 재야 고수였다. 따라서 남을 불안하게 만들고 본인 인생도 평탄치 않았다. 항상 노력에 비해 성과가 신통치 않았다. 어찌 보면 세속적 성공과 의도적으로 담을 쌓았다고 볼 수 있다. 이런 속성은 놀랍게도 과거 생의 반복이었다. 단순한 신포도 이야기는 아니다. 능력을 갖추고도 포도를 따지 않는 경우도 자주 발생하였다.

필자는 북한의 심리구조를 잘 이해한다. 대단한 나라 만들겠다고 요란 떨고 깃발 들고 나갔지만, 백성들을 먹여 살리지 못할 처지가 되고 말았으니 얼마나 참괴하겠는가. 현실의 높은 벽을 절감하지만 도저히 패배를 인정할 수 없는 처지가 되고 말았다. 정신이 썩었고 부패하고 친일적이기까지 한 남한보다 훨씬 못났다는 사실을 도저히 수용할 수 없는 심리상태 말이다. 결국 북한이 선택한 것은 현실 부정이었다. 핵무기 개발로 세상의 골칫거리가 되고, 주위의 동정보다는 굶기를 선택하는 비장한 결기의 본질은 그냥 현실 부정이다. 필자도 이런 심리적인 방어기제가 작동해서 미국으로 간 측면이 없지 않다. 북한이 남한의 성공을 받아들일 수 없는 심리구조와 비슷하게, 자기보다 못했다고 생각하는 친구들의 사회적 성공이 마음의 장벽이 되고 있었다.

박사과정을 밟으면서도 한국에서 교수가 되리라는 꿈도 꾸지 않았다. 귀국이란 단어조차도 뇌리에 없었다. 한국에 아무런 연고가 없다는 것은 핑계였을지도 모른다. 세상 다 바꿀 것처럼 떠들고 남에게 손가락질하며 잘난 척하다가, 일자리 구걸하러 비겁하게 돌아다녀야 할 현실을 감내할 용기가 없었다고 인정하는 편이 더 솔직할 것이다. 그러나 박사 졸업 후 운명처럼 무작정 한국행 비행기를 탔다. 알고 지내던 선배 한 분이 도와줄 테니 그냥 돌아와서 부딪쳐 보라고 권고하기에 대책도 없이 짐을 쌌다. 그리고 배수진을 치기 위해 미국 영주권도 반납하였다. 대사관을 나오는 길로 미국에서 살았던 기억조차도 머리에서 지워 버렸다. 조금 긴 꿈을 꾼 셈 쳤다. 현실은 생각보다 훨씬 더 어려웠다. 언제 아이들과 함께 오붓하게 외식을 할 수 있는 날이 올 수 있을지 기약도 없던 암담한 시절이었다.

교수로 취업하기가 꽤나 어려운 시절이었다. 나이가 많아서 부담이란 소리를 많이 들었다. 당시에는 주요 대학교에서 40세 이상은 교수 임용 시 지원조차도 할 수 없었다. 그러나 필자의 나이는 이미 마흔 살을 넘어서고 있었다. 현실은 암담하였고, 터널 끝은 보이지 않았다. 아무 생각 없이 그냥 살았다. 논문 쓰고, 술자리 빠지지 않고, 프로젝트 거절 안 하고, 궂은일도 도맡아 하려고 했다. 많은 모임에 참여했지만 말은 거의 한마디도 안 했다. 특히 어떤 일에 대해서도 개인적인 견해를 이야기하는 일은 절대로 삼갔다. 나중에 교수 된 후에 술자리에서 몇 마디 하니까 많은 사람이 깜짝 놀랐다. 분명한 자기 견해가 있는 사람이었냐는 반문이었다. 그저 과묵한 사람인 줄로만 알았던 것이다. 연기를 제대로 한 셈이었다. 너무 직설적이고 강한 인상이어서 취직할 때까지는 말 한마디 안 한다고 스스로 약속한 바를 그대로 실천한 것이었다. 취업을 포기할 생각이 들 무렵 가톨릭대학교에서 둥지를 틀게 되었다. 교수가 되는 것이 목표였다면 고속도로 타고 가는 편이 나았을 것이다. 그러나 반복되는 운명은 힘든 산길로 필자를 인도했던 것이다.

현생에서도 지울 수 없는 주홍 글씨는 2등급이란 딱지였다. 무엇을 해도 거의 에이스급에 가까운 2등급이었다. 공부도 그렇지만 운동도 마찬가지였다. 처음에는 좌절감이 드는 측면이 없지 않았지만, 요즘은 오히려 더 다행이라고 생각한다. 무엇이든 적당히 하지 않고 자기 향상을 위해 부단히 노력하는 마음이 자리를 잡게 되었기 때문이다. 박사학위를 하더라도 석학이 될 정도는 아니었다. 먹고는 살지만 대단한 정도는 아니다. 따라서 조용히 하고 싶은 새로운 공부를 하고, 어렵지 않게 새로운 분야에 도전할 수 있었다. 그렇지 않았으면 자기 영역이라고 생각하는 분야를 깊게 파고 들어가서는, 스스로 판 우물로부터 빠져나오지 못하고 허우적거렸을 가능성이 크다.

많은 석학이 우물 안 개구리가 되는 것은 자기가 판 우물이 너무 깊기 때문일 것이다. 드넓은 학문 세계를 주유하는 현재가 필자는 너무도 즐겁다. 성인이 돼서 놀이라고 한 것은 테니스뿐이다. 이 또한 30년 넘게 쳤지만 뛰어난 수준이 아니다. 테니스를 혼자 연구하면서 많은 것을 깨우쳤지만 에이스급은 아니다. 사실 너무 잘했으면 매주 시합 나가야 했을 것이고, 그나마 공부는 무슨 공부를 했겠는가? 프로 테니스 선수도 아니면서, 테니스 잘 친다는 소리를 들으려고 직업 망가지고 가게 문 닫은 사람을 무수히 많이 봤다. 우승 트로피는 쌓여 가지만, 인생은 부채가 쌓여

가는 사람들이 주변에 상당히 많다. 그런 유혹에 넘어가지 않고, 지금도 테니스 소리만 들어도 좋으니, 참으로 다행스럽고 감사한 일이다.

일본에 빠졌던 적이 있었다. 보다 나은 사회를 찾아 방황하다가, 우연히 알게 된 일본 사회는 내가 꿈꾸던 이상적 사회로 다가왔다. 본격적으로 10년 정도를 공부했다. 일본어도 오랫동안 공부를 했다. 그리고 고베대학에 가서 1년 반을 공부할 기회를 가졌다. 많은 것을 배웠다. 그런데 에이스급 일본 전문가가 될 정도는 아니었다. 그래서 필자는 일본을 떠나서 동아시아라는 보다 넓은 세상으로 나올 수 있었고, 지역 협력 연구가 국내적으로 정착되고 발전하는 데 어느 정도 기여할 수 있었다. 일본이란 우물을 깊게 파고들지 않은 것은 천만다행이었다. 왜냐하면 일본과 함께 필자의 인생 또한 부침을 겪어야 했을 것이기 때문이다. 일본이 잘 나가면 괜히 으스대고, 못 나가면 기죽고, 일본에 대해서도 모르는 것이 없을 정도로 파고들어야 했을 것이다. 더구나 당시 일본은 장기 침체로 빠져들고, 새롭게 중국이 급부상하고 있었다.

일본이란 우물 속에 갇히지 않았기 때문에 너무도 자유스러웠다. 그래서 훌훌 털고 중국을 배운다고 떠날 수도 있었다. 그래서 도달한 중국어도 또 하나의 정거장일 뿐이다. 중국어를 배운다고 하지만 머리에 넣는 것보다 나오는 것이 더 많았다. 그래서 혹시 한꺼번에 많이 쏟아부으면 나을까 해서 시도해 보니, 역시 새어 나오는 것이 많을 뿐이었다. 기초 없이 속성으로 고급반에 들어갔기에, 중국어에 독특한 성조가 거의 다 틀렸다. 어휘력에 비해 회화 능력은 바닥이었다. 그러나 잘하지 못하는 자신이 그다지 싫지는 않았다. 너무 잘하면 중국 전문가 되겠다고 설쳐 댔을 터이니 말이다.

자신을 정확히 아는 것만큼 자기 발전을 위해 필요한 것은 없다. 필자의 경우는 전생 이야기를 통해 자신에 대한 이해가 깊어졌다. 이것을 통해 스스로 갖고 있던 심리적·기질적인 문제점들을 정확히 파악할 수 있었다. 그리고 숙고 끝에 해법을 찾아 실천할 수 있었다. 자아 완성은 아니더라도 자아 완성의 길 정도는 찾았으니, 꾸준히 그 길을 가면 될 일이다. 자기를 발견하는 길은 전생을 포함해서 다양하게 존재할 수 있다. 그렇지만 자아 성찰은 어느 경로를 택하더라도 피할 수 없다. 필자는 지금까지 자아 성찰을 통해 세 번의 커다란 각성을 하였다. 첫 번째 경험은 세상을 객관적으로 볼 수 있는 능력을 가져다주었다. 두 번째 경험을 통해서는 마음의 눈으로 보이지 않는 세상을 이해할 수 있는 능력을 얻었다. 세 번째 경험에서는 스스로의 인생을 알고, 새로운 매듭을 짓지 않는 인생을 사는 지혜를 얻었다.

4. 새롭게 열리는 삶

1) 해인

차츰 수행이 되면서 세상이 보다 선명하게 보이기 시작하였다. 합천 해인사에 나오는 해인은 말 그대로 '바다 도장'(海印)이다. 바다에 도장이 찍히듯이 뭔가 선명하게 각인된다는 의미이다. 뭔가가 아니라 삼라만상 모두 다이다. 우리들 마음에는 큰 바다가 있다. 마음에 욕심이 가득 차고, 분노가 뻗치며, 세상 이치를 모르게 되면 바다에는 태풍이 불고 해일이 인다. 그러나 욕심을 버리고, 차분히 마음을 가라앉혀서, 세상 이치를 깨닫게 되면, 바다는 잔잔해진다. 그러면 삼라만상은 물론이고 모든 사람의 마음까지도 선명하게 비친다. 이런 현상이 필자에게도 일어나고 있었다.

누군가 인류의 역사는 계급투쟁의 역사라고 말한 바 있다. 필자가 보기에 인간의 삶은 바로 '탐진치'(貪瞋痴)와 '계정혜'(戒定慧) 사이 투쟁의 역사이다. 탐욕, 성냄, 어리석음이 불러일으킨 폭풍우를, 계율을 지키고 선정에 들고 지혜를 얻어서 진정시켜야 한다. 탐진치가 이기면 삼라만상은 일그러져 아무것도 제대로 보이지 않는다. 그러나 계정혜가 탐진치를 성공적으로 제압하면 '해인'을 얻게 된다. 이런 투쟁을 반복하면서 우리의 의식은 발전하고, 궁극적으로 해탈에 이르게 된다. 바다는 넓고 깊다. 모든 것을 다 포용할 수 있다. 품고 품어도 바다는 비좁지 않다. 맛도 변함이 없다. 아무리 비가 많이 내린다 해도. 온갖 진귀한 보물이 바닷속에 있다. 각종 쓰레기마저도 품어 준다. 이런 바다를 품고 있으면서 우리는 꼭 쪼끄만 썩은 웅덩이처럼 산다. 법도를 지키고 생각을 깊게 하면 지혜가 생겨난다. 그러면 모든 세상 이치가 도장처럼 선명하게 보인다. 이것이 바로 해인이다. 그리고 해인은 해인사가 아니라, 우리들 마음속에 존재한다.

보통 큰 스님들은 인생에서 세 번쯤 대오각성한다. 보통 출가할 때, 득도할 때 그리고 입적할 때 등이다. 그것도 아주 정진을 많이 할 경우에만 해당된다. 대개는 무늬만 스님인 인생을 산다. 깨우치는 것은 쉽지 않다. 선불교에서 고수들은 면벽수행을 통해서 깨우친다. 줄곧 벽만 한 10년 정도 바라보는 것이다. 화두 하나 잡고, 하나를 통해서 우주 전체의 이치를 발견하는 것이다. 그러나 이것은 매우 비과학적인 수련법이다. 하나를 통해서 전체를 깨닫는 것은 진정으로 깨닫는 것이 아니다. 그저 무리한 유추일 뿐이다. 거꾸로 많은 공부를 한 후에 하나의 깨우침을 얻는 것이 더 논리적이다. 깨달음은 대개 보이지 않는 세계에 대한 이해를 주된 내용으로 포함한다. 그러나 일반 사람들이 모르는 것에 대해서 안다고 해서 크게 대단한 것은 아니다. 죽어서 쉽게 알 수 있는 걸 미리 아는 것은 별로이다. 대개 도를 닦았다고 하는 사람들은 죽으면 금방 아는 사실을 미리 아는 수준이다. 그것도 아주 조금 맛만 본 정도에 불과한 경우가 많다.

배우면 배울수록 참 배울 게 많다는 생각이 든다. 나는 은퇴 후 속세와는 거리를 두고, 자연 속을 거닐면서 사색하고 글이나 쓰면서 지낼 궁리를 오랫동안 하였다. 은퇴 시점이 은근히 기다려지기도 하던 지난해 가을 무렵이었다. 어느 새벽녘 잠이 깨기 직전이었다. 밖에 차 지나가는 소리, 집사람 숨소리까지도 들을 수 있는 상태였다. 허름한 인도 구루(Guru)와 같은 모습을 한 사람이 꿈에 등장하였다. 많은 사람들이 모여 있는 혼잡스런 곳이었다. 갑자기 얼굴이 크게 부각되고 커다란 눈이 보였다. 나를 조심스럽게 주시하다가 갑작스레 말을 건넸다. 그러나 위세에 눌려서 아무런 대답도 할 수 없었다.

"자네 스승이 필요하지 않은가?"

"…"

"내가 스승이 되어 줄 수 있지."

"…"

"그런데 내 가르침은 아주 비싸." "하지만 자넨 가진 게 아무것도 없지 않은가."

"…"

"그렇다면 조건이 하나 있어. 내게 꿈을 버리지 않겠다고 약속하면 내가 자네 스승이 되어 주겠네."

"…"

"앞으로 가르침이 필요하면 나를 찾게."

필자가 간신히 용기를 내어 물었다,

"어르신 성함이 어떻게 되십니까?"

"탄샹간타르."

"누구시라구요?"

"탄샹간타르!" "탄샹간타르!" "탄샹간타르!"

필자에게 세 번씩이나 반복해서 주지시켜 주고는 홀연히 사라졌다. 꿈이 깸과 동시에 스프링처럼 튀어 올라서 책상에 앉았다. 신속하게 컴퓨터를 켠 후 구글 서치를 시작하였다. '탄샹간타르'를 검색하니 머지않아 비슷한 단어를 찾아낼 수 있었다. 중국어와 일본어를 공부한 효과가 제대로 나왔다. 탄샹은 중국어로 '단향'(檀香, 향나무 작대기)을 의미했고, 간타르는 중국어에 없었지만 일본어로는 '간타'(貫太, 명태를 꿰다)라는 흔치 않은 용법이 있었다. 합쳐서 해석해 보니, "향나무 작대기에 명태를 꿰어서 말린다"는 의미였다.

향나무는 단단해서 피가 스며들지 않는다. 아주 천천히 말리는 데 제격이다. 필자를 보고 작대기같이 약간 높은 곳에서 명태처럼, 그것도 아주 천천히 말라비틀어질 때까지 세상을 관조하라는 의미로 읽혔다. 어렸을 적부터 세상을 바꾸려는 꿈을 간직하고 살아온 것이 사실이었다. 그러나 쉽지 않다는 것을 뼈저리게 깨닫고 막 포기하려는 참이었다. 그래서 속세를 떠나려는 생각이었다. 그런 마당에 중생들의 탐욕이 넘쳐나는 세상을 바싹 말라 죽을 때까지 지켜봐야 할 것은 가혹한 형벌과 같았다. 참 받아들이기 어려운 제안이었다.

많은 우여곡절이 있었다. 그리고 운명을 담담하게 받아들이기로 했다. 그러자 벽에 부딪혀 진도가 나가지 않던 책 집필이 술술 풀려나가기 시작하였다. 그렇게 『신을 만난 이후에: 누미노제 정치와 공동체 변혁』이란 책을 마칠 수 있었다. 그리고 나름대로 세상을 어떻게 바꿔야 할 것인지 청사진도 그 안에 담아낼 수 있었다. 마지막으로 세상을 등지지 말고 마주하되, 적절한 거리를 두고 있는 그대로 기록하면서, 담담하게 살기로 마음을 먹었다. 새롭게 가르침을 받고 새로운 깨달음을 얻는 과정은 계속될 모양이다.

2) 새로운 탄생

필자는 구도자와 같은 삶을 살면서 항상 새롭게 태어나려고 노력하였다. 새로운 공부에 도전하고, 새로운 마음 상태에 도달하고, 새로운 생각에 마음을 열려고 노력하는 삶을 살았다. 그리고 최근에는 새로운 탄생을 경험하기도 하였다. 2025년 2월 9일 새벽에 일어난 일이다. 새롭게 태어나는 생생한 현장을 '루시드 드림'(lucid dream, 자각몽, 꿈을 꾸는 도중에 꿈이라는 사실을 알고 꾸는 꿈)

을 통해서 경험하였다. 처음은 죽은 과정이었다. 죽겠다고 결심을 하고 길을 나섰다. 가는 길에 정말로 많은 사람을 만났다. 마지막은 놀랍게도 동아대 모 교수였다. 박사과정 때 공부하라고 내가 구박 좀 했다고 삐져서 평생을 등 돌리고 살았던 사람이다. 교수가 된 후 한 번도 연락이 없었던 사람이다. 신기하게 내 마지막 순간을 지켜 주었다. 내가 고맙다고 등을 두드렸다. 버스를 타고 가는데, 바꿔 탈 때마다 조금씩 미타기가 빠져나갔다. 어느 순간 교통카드가 0를 가리키고 죽었다.

그리고 얼마나 지났을까 다시 깨어났다. 무슨 학교 근처로 보인다. 유학했을 때 학생들 모여 사는 방 같았다. 어떤 집 방에서 벽에 기대고 앉아 있었다. 두세 명 정도가 방 안에 있는 느낌이었다. 순간 생각이 번뜩 들었다. "어! 내가 분명히 죽었는데. 그렇다면 나의 영혼은 어떻게 되었을까?" 그러자 하늘이 환해지고 하얀 연기가 구름을 뚫고 내려와 머리 정수리를 통해 몸속으로 들어왔다. 마치 컴퓨터가 업데이트되는 것 같은 느낌이 뒤따랐다. 순간 입에서 "신이시여 감사합니다! 이번 생에 더욱 노력해서 좋은 연구로 보답하겠습니다. 더욱 즐거운 마음으로 일하겠습니다. 신이시여 감사합니다!"라는 말이 절로 나왔다. 그리고 더욱 큰 소리로 외쳤다. "신이시여!" 감사의 환성이었다. 반복해서 외쳤다.

때가 되면 스승이 나타나서 쿤달리니를 열어 준다는 말이 맞는 듯했다. 이제 때가 되었다고 생각한 모양이다. 죽는 과정과 새롭게 탄생하는 과정이 너무나도 생생하였다. 과거 사람들이 떠오른다. 버스 안에 계속 사람들이 타고 내린다. 개중에는 아는 사람, 모르는 사람들도 많았다. 다 나와 인연이 있었을 것이다. 어느 사람은 나와 적대적이었는데, 그게 또 인연이었나 보다. 깜짝 깜짝 놀랐다. "어, 나와 인연이 있었는데 그냥 무시하고 말았구나." 탄식이 절로 나왔다. 너무나 사람들을 함부로 대했구나, 하는 느낌이 들었다. 뭔가 과거가 지워지는 느낌이었다. 그러나 죽음은 별것이 아니었다. 그냥 눈감고 다시 깨어나는 것이었다.

전날 시집간 딸 희나가 와서 간만에 넷이 저녁을 같이했다. 저녁 먹을 때부터 조상님들 이야기가 이상하게도 술술 나왔다. 고조할아버지, 고조할머니, 증조할아버지, 할아버지, 그리고 아버지와 어머니 등에 관해 옛날 기억을 되살려서 한참 대화를 나누었다. 조상에 대해서 내가 언급한 것은 처음 있는 일이었다. 고조할머니가 하늘에서 집안 대장이시고, 우리는 여신 집안이라는 이야기도 했다. 최근 뭔가 일어날 것이라는 느낌이 너무도 강했다. 꿈속에서 머리가 뚜껑 채 열리고, 지금 쓰고 있는 책의 핵심 주제인 '글로벌 공동체'에 관해서 많은 아이디어가 새롭게 떠올랐다. 결국은 계속 좋은 연구를 하라는 격려와 응원으로 받아들여졌다. 원래 성스러운 은총을 받으면 뭔가 답례로 소중한 것을 제물로 바쳐야 한다. 약속을 지키겠다는 의미도 있고, 선용할 것을 스스로 다짐하는 의미도 있다. 고심 끝에 필자는 지난 40년 넘게 가장 아끼고 소중하게 즐겼던 술을 끊었다. 은총에 상응하는 제물로 이 정도는 되어야 합당할 것으로 판단했기 때문이었다.

3) 나의 은퇴 준비

새로운 삶은 끊임없는 자기 성찰과 참회를 요구한다. 은퇴 또한 끝이 아니라 새로운 시작이다. 그래서 필자는 새로운 시작에 대한 준비를 참회로부터 시작하였다. 요즘 은퇴를 앞둔 교수들이 급증하고 있다. 이와 더불어 은퇴 준비가 중요한 이슈로 떠올랐다. 대개의 경우는 재정적인 풍요를 확보하는 데 초점이 맞춰져 있다. 또 하나는 어떻게 건강하게 오래 살 것인가 하는 것이다. 그렇지만 정작에 자신이 반평생을 몸담았던 일터를 말끔하게 정리하는 데는 인색한 경향이 있다.

필자의 은퇴 준비는 이렇게 시작됐다. 은퇴를 2년 정도 앞둔 2023년 어느 가을날이었다. 단풍이 한창이었고, 캠퍼스가 노란 은행잎으로 뒤덮이던 날, 사무실 베란다에 서서 김동규의 '10월의 어느 멋진 날'이란 노래를 듣고 있었다. 지난 학교생활을 돌이켜보며 회상에 잠겨 있을 때 문득 오늘이 참회하기 참으로 좋은 날이란 생각이 들었다. 필자는 평소 자신의 행실에 대해서 잘 알기에 용기를 냈다. 임종을 앞두고 용서를 빌면 뭐하고, 은퇴 바로 앞두고 사죄하면 무슨 소용이 있겠냐 싶었다. 그래서 후배 교수들에게 참회의 편지를 써서 학부 '단톡방'에 올렸다.

국제학부 교수님께,

최영종입니다. 은퇴가 얼마 남지 않은 가을입니다. 지난 세월을 돌이켜 보는 일이 잦아지는군요. 후회하고 반성할 일투성이네요. 그중에서 꼭 해야 할 일이 바로 후배 교수님들께 사과를 드리는 일이라고 생각합니다.

20년 가까이 공동생활을 하면서 기여한 바도 없으면서 마음만 불편하게 만들었던 일이 한두 가지가 아니라서 매우 송구스럽게 생각합니다. 가장 스스로 부족하다고 생각하는 점은 평화적 갈등 해소 능력입니다. 사람들이 공동생활을 하면서 의견 차이와 갈등이 생기는 것이 당연한 일임에도 갈등 해결 능력이 너무도 떨어졌다는 생각합니다.

대개의 경우 분명한 문제를 애써 회피하거나, 소극적으로 눈을 감거나, 간혹 직접 대면했을 때는 공격적으로 행동하여 많은 불편을 줬던 것 같습니다. 국제학부가 다른 과처럼 화목하게 협동하지 못해서 장기 침체에 빠지게 만든 주요 원인을 제공해서 매우 죄송스럽게 생각합니다. '디테일'에는 악마가 살고 있는 줄 잘못 생각하고, 큰 방향만 신경 쓰면서 살다 보니까 형편없는 인생을 살게 된 것 같습니다.

가장 깊이 반성하는 부분은 제 내면에 자리 잡고 있는 공격 성향입니다. 글로써는 세계평화와 보편적 사랑을 이야기하면서 생각과 행태는 정반대인 것 같아서 창피함을 많이 느꼈습니다. 앞으로 참회와 반성을 통해서 개선해 나가도록 노력하겠습니다. 시민의 품성을 갖춘 늙은이가 되어서 여생을 평범하게 마칠 수 있도록 노력하겠습니다. 그동안 부족한 저를 동료로서 함께 해 주셔서 정말로 고맙습니다. 은퇴 직전에 이런 편지를 보내면 진정성이 떨어질 것 같아서, 미리 보내는 것입니다. "안 하던 짓하면 혹시?"와 같은 걱정은 안 하셔도 됩니다. 멋진 가을날 참회하기에도 참 좋은 날 같은 느낌이 들어서 용기를 냈습니다.

최영종 드림

이런 마음은 학부 울타리에 머물지 않았다. 주류 세력과의 마찰로 인해서 발길을 뜸하게 하던 교내 교수테니스회에 가서는 백의종군을 선언하면서, 집행부의 모든 결정에 순응해서 따르고 협력할 것을 약속하였다. 그리고 평소 암묵적으로 대립적인 위치에 있던 교수노조와도 울타리를 가지런히 고쳤다. 지도부의 간청에 부응해서 우호의 제스처로 회원 가입을 단행하였다. 평생 처음으로 정치 성향을 띠는 조직에 가담한 이례적인 사건이었다. 당연히 학내에서 큰 화젯거리였다. 당시 필자가 모든 회원에게 보낸 '노조 가입의 변'은 비록 뉘앙스가 묘했지만, 잔잔한 울림이 있어서, 노조에 가입하는 교수 숫자가 제법 늘었다. 그 내용은 다음과 같다:

> 올해 학교에서 단연 화제는 내가 교수노조에 가입한 사건이다. 나는 가진 게 없어 지킬 것도 없는 사람임에도 엄청난 보수주의자로 분류된다. 좌파에 비판적이란 이유로. 그러나 나는 반성하지 않고 남의 탓만 하는 행태에 대해서는 이념을 불문하고 동의하지 않는다. 실은 가장 골수 혁명주의자이다. 세상을 근본적으로 바꾸겠다는 야무진 꿈을 꾸고 산다. 언제 그런 세상이 올지는 모르지만. 세상 사람들이 자아에서 자유로워지고, 국가가 민족에서 자유로워지고, 세계가 하나가 되는 그날 말이다.
>
> 많은 사람이 묻는다. 왜 노조에 가입했냐고. 그저 미소만 짓지만, 실은 나는 노조에 가입한 바가 없다. 그냥 노조를 마음으로 품었을 뿐이다. 세상에서 나를 이토록 간절하게 원하는 사람들이 없었고, 좋은 학교 만들겠다는 선생님들의 충정에 이끌렸을 뿐이다. 우리들 마음은 온 우주까지도 품을 수 있다. 절에 가든, 교회에 가든, 성당에 가든 상대를 이해하고 존중하는 것은 넓은 마음의 표현이다.
>
> 사람들은 조직에 가입하면 일부가 되어 버린다. 집단사고를 하

고 맹목적으로 집단 이익을 위해 행동한다. 조직을 개인보다 우선시하고 지도자의 무오류성을 무조건 신봉한다. 집단 이익이 자동적으로 자신의 개인적인 이익이 된다. 그리고 지나치게 배타적인 이익을 밝히는 속물이 되어 버린다. 그러나 우리가 어떤 조직에 가입한다 해도 조직원으로 살 필요는 없다. 이것은 우리가 속세에 살지만 세속적일 필요가 없는 것과 마찬가지다.

그리고 입사 후 처음으로 학부장이란 감투도 쓰게 되었다. 원래 학부장이란 직책은 서로 회피하는 자리라서 심지어는 신임 교수를 시키는 경우도 적지 않다. 그러나 어찌 된 영문인지 나에게는 봉사할 기회조차 돌아오지 않았다. 필자가 감투를 쓰면 전횡을 하고 개혁의 칼을 마구 휘둘러 댈까 봐 두려워하는 분들이 있었기 때문이었다. 따라서 필자로서는 행운 아닌 행운에 감사하면서 지냈다. 그러다가 학부장 후보가 필자밖에 없는 상황이 벌어졌다. 학부 교수들의 강권을 받아들이기로 했지만, 학교 측이 할 말을 하는 편에 속하는 필자에 대해 거부감을 갖고 있었다. 끝마무리를 잘하고 싶은 생각에 적극적인 협력 의사를 밝히고 재임 중 처음으로 학부장 자리에 오를 수 있었다. 은퇴를 앞두고 모든 관계를 정상화하겠다는 뜻이 순조롭게 이루어진 것이었다.

그때까지 필자에게 친구들은 모두 학교 앞 자영업자들뿐이었다. 복사집 사장, 안경점 사장, 중국집 사장, 분식집 사장, 치킨집 사장, 미용실 사장, 쓰레기 수거업자 등은 밥과 술을 함께 하면서 동고동락하는 인생 동반자들이었다. 참회의 여정이 시작된 이후에는 교수 친구가 제법 늘어났다. 재미없을 것으로 예단해서 회피했던 교수들과의 술자리도 잦아졌다. 생각보다는 재미가 제법 쓸쓸했다. 2024년 10월 3일 개천절에는 딸 희나의 결혼식이 있었다. 예상을 훨씬 뛰어넘게 많은 동료 및 노조 동지 교수들이 참석해서 큰 성황을 이뤘다. 은퇴 시 조용히 홀로 떠나겠다고 오래전부터 마음을 굳혔는데, 이런 계획에 차질이 생길지도 몰라 걱정스러울 정도이다. 필자가 이런 마음가짐으로 은퇴 후 인생을 살아간다면, 아마도 나쁘지 않은 삶이 펼쳐질 것으로 생각한다. 이렇게 필자는 별난 은퇴 준비를 하였다.

은퇴 이후의 계획은 원래 출가하고 산에 들어가는 것이었다. 은퇴를 하고 한 5년 정도 시골이나 산속에 들어가 수행이나 해야겠다는 생각이었다. 먹물 때도 빼고, 미래 새로운 삶도 구상하며, 책도 쓰겠다는 심산이었다. 내심으로는 다른 은퇴자들과는 다른 여생을 살고 싶다는 분별심이 없지 않았다. 몇 년 도를 닦고 나오면 얼마나 폼이 날 것이며, 사람들도 다르게 봐 줄 것이고, 세상도 내 입에 주목할 것이라는 전형적인 에고 중심성의 발현이었다. "그래 역시 나는 남들과 다른 멋진 인간 아니냐!"라고 인정받고 싶은 욕망의 표현일 것이었다. 만일 그랬다면 5년 후에 수양을 통해 무아가 되는 것이 아니라, 오히려 에고만 잔뜩 강해져서 돌아올 것이 분명하였다.

이런 오만함은 많은 수행자한테서 이미 수도 없이 증명된 바이다. 10년 정도 면벽수행을 하고 돌아온 자라면 자연스럽게, "내가 얼마나 대단하냐? 10년이나 속세를 떠나서 벽만 바라보고 나왔는데. 같이 산에 들어간 동기들은 다들 포기하고 내려갔어. 나만 버틴 것이지. 게다가 난 화두마저 다 깨버렸어. 이제부터 내가 하는 말 잘 들어야 해"라고 오만한 생각이 들 것이었다. 세상 사람들이 당연히 엄청나게 존경심을 보일 것을 기대하고, 심지어는

"나를 만나려면 삼천 배가 기본이야"하고 으스댈 수도 있을 것이다. 그러나 이것은 득도한 것이 아니라, 자아만 가득 팽창시켜서 내려오는 것에 불과하다. 무아를 진정으로 깨달았다면, 에고는 이미 죽어 없어져야 했을 것이다. 폼 잡고 인정받으려 하고 내세우고 싶어 하는 자아가 이미 존재하지 않아야 할 것이다.

생각이 여기에 이르자 구태여 집을 나갈 이유가 사라졌다. 공연히 가정과 주변에 평지풍파를 일으킬 이유가 없게 되었다. 사실 자아가 없다면 어디에 있으나 상관이 없다. 무엇을 먹고, 무엇을 하고, 내 존재가 어떻게 평가되건 전혀 문제가 될 것이 없다. 그래서 그냥 여여하게 살기로 하였다. 가장 자연스런 곳에서 가장 자연스런 삶을 살면 될 것이다. 그래서 출가 대신에 집을 수행 도량으로 만들기로 하였다. 그리고 수도권의 한적한 동네에 숲속의 작은 빌라를 마련해서 이사를 하였다. 이제 나의 인생 제3막이 시작되려고 한다. 평생 학교에서 보낸 인생이었다. 제1막은 배우는 과정이었다. 제2막은 박사가 되어 교수로서 가르치고 먹고 산 인생이었다. 제3막은 잔잔한 실천과 후회 없는 마무리이다. 드러나는 활동은 자제하면서 조용히 수행하고, 책도 쓰고, 운동도 하면서 보낼 예정이다. 아울러 다음과 같이 조그마한 서당을 운영하려고 계획하고 있다.

서당 이름: Cosmopolitan Academy

강사: 세상에 대해 공부할 만큼 공부한 은퇴한 대학교수

자격: 미국 저명대학 박사, 제법 두꺼운 책 다섯 권 집필, 영어 강의 경력 30년

대상: 인류에 기여할 의지가 있는 매우 우수한 중3~고1 학생 약간 명

학습 내용: 글쓰기와 영어 회화

방법: 매주 2~3시간 특정 주제에 대한 글쓰기 + 발표 및 토론 + 영어 대화

교습비: 무료 (매달 글로벌 기여와 유관한 NGO 단체 기부금 5만 원 이상 영수증 제출)

장소: 동네 아파트 회의실 내지 근처 동사무소 (추후 공지)

조건: 입학 및 퇴학은 강사 마음대로 (단, 이의 제기는 받아 줌)

아래는 저명한 소설가 톨스토이(Tolstoy, 1828~1910)가 꿈꾸던 행복이다. 필자는 앞으로 이런 행복을 누리면서 살게 될 것이다.

A quiet secluded life in the country, with the possibility of being useful to people to whom it is easy to do good, and who are not accustomed to have it done to them; then work which one hopes may be of some use; then rest, nature, books, music, love for one's neighbor — such is my idea of happiness. — Leo Tolstoy.

시골에서 조용하고 은둔적인 삶, 그러면서 선을 베풀기에 쉬우면서 받는 데도 익숙하지 않은 평범한 사람들에게 뭔가 도움이 될 수 있는 삶. 뭔가 약간은 의미가 있으면 좋을 일거리. 그리고 휴식, 자연, 독서, 음악, 이웃사랑 등등. 이것이 내가 생각하는 행복이다 — 레오 톨스토이.

이 책은 필자의 마지막 국제정치 관련 연구가 될 것이다. 이후에는 봉사와 나눔 그리고 그 과정에서 떠오르는 상념과 새로운

깨우침을 기록하는 작업을 주로 할 생각이다. 이 책을 쓰면서도 많은 고민을 했다. 과연 학문적 연구를 계속할지 어쩔지. 사실 깨달음보다 더 중요한 것이 보임이다. 깨달음을 반추하고, 실천하고, 직접 나누고 베푸는 일이다. 죽을 때까지 공부하고 사는 것이지만, 학문을 계속하는 것은 약간 집착이 아닐까 하는 생각이 들기 시작했다. 결론은 '진인사'를 끝내고 '대천명'할 시기에 분투노력은 어울리지 않다는 것이었다. 필자에게 학문은 깨달음의 방편이었다. 학문 연구를 통해서 많은 수양을 쌓았고, 수양을 통해서 학문에 깊이가 더해졌다. 은퇴 이후에는 나눔과 실천을 방편 삼아 깨달음을 더해 갈 예정이다. 학문 세계를 나와서 새로운 경험을 하면서, 새롭게 재미도 느껴 보려고 한다. 새로운 깨달음은 계속 기록해서 책이나 글로써 나눌 예정이다.

III

깨달음에 대하여

1. 도란 무엇인가?

1) 개념적 문제

사람들은 '도'(道)에 대해서 환상을 갖는다. 뭔가 알 수 없는 대단한 진리가 있을 것으로 생각한다. 따라서 일상생활에 찌든 사람들에게 도는 이상적인 '유토피아'이기도 하고, 동시에 고통스러운 현실로부터 '도피처'가 되기도 한다. 필자에게 도는 관심 밖이었다. 그러다가 선친과의 갑작스런 만남 이후에 별다른 준비나 길잡이도 없이 수행의 길로 접어들었다. 그저 상식적으로 이해하기 어려운 현실에 대한 설명이 필요했을 뿐이었다. 큰 기대 없이 궁금한 현상에 대해서 차분하게 공부를 시작했다. 죽음과 사후 세계, 의식과 의식 세계, 인간과 자아 그리고 마음에 대한 공부를 순차적으로 진행하였다. 평소 관심이나 아는 바가 별로 없던 종교와 심리학 그리고 철학에 관해서 종합적으로 탐구하였다. 지식 습득의 영역은 전공 분야로서 나름대로 쌓아 놓은 내공이 있었다. 닥치는 대로 책을 읽어 대니 아는 것이 제법 빠르게 늘어났다. 그러다 보니 지식 습득보다 오히려 까불고 싶은 마음을 억제하는 것이 더 힘들 정도가 되었다. 함부로 가르치려고 들고 아무데서나 지식 자랑을 하고 싶은 것이 식자들의 공통적인 문제이다. 이런 문제에 봉착하면서 자연스럽게 도를 생각하게 되었다. '도'란 것이 뭔가 지식을 쌓는 것만이 아니라, 마음을 잘 다스리는 것이란 생각을 갖게 되었다.

마음공부가 유행이다. 인간의 요사스런 마음은 이해하기도 어렵고, 다스리기는 더욱 어렵다. 그러나 수행이 되어 가니 점차 마음이 열리고 평안해지면서 여유와 배려심이 생겨났다. 스스로 약간씩 득도한 것처럼 느낄 때도 있었다. 사심을 버리고, 진심으로 사람을 바라보니 직관력과 통찰력이 조금씩 생겨났다. 자신과 상대의 마음을 읽고, 마음으로 대화하고, 스스로 마음을 투명하게 하는 것이 점차 가능해졌다. 그러다보니 아예 마음을 쓰지 않고 관조하듯이 보고 느끼고 생각하는 것도 가능해졌다. 깨닫는 바도 제법 많아졌다. 여태까지 헛된 것에 사로잡혀서 쓸데없이 욕심을 내고, 집착하고 좌절하고 상실감을 느끼면서 고통을 받았다는 것을 알게 되었다.

마음이 산란하지 않으니, 생활이 정리 정돈이 잘 되고, 중요한 것과 그렇지 않은 것을 잘 구분할 수 있게 되었다. 생활은 한

편에서는 공부와 수행 그리고 다른 한편으로는 테니스와 맥주 마시기로 아주 단순화되었다. 그러면서 수행에 방해가 되는 세속 정치에 대한 관심이나 인간관계를 점차 정리에 나갔다. 진리 탐구를 향한 의지가 점차 느껴졌다. 홀로 신과 진리에 맞서려는 의지와 용기가 생겨났다. 둘레 길을 걷는 것과 높은 산에 오르는 것 사이에는 커다란 차이가 있다. 둘레 길은 친구들과 천천히 쉬엄쉬엄 막걸리도 마시며 걷는 것이 좋지만, 높은 산은 등짐 무게가 조금만 차이가 나도 크게 느껴진다. 등짐 무게를 줄이려 핸드폰의 주소록을 최소로 줄이고, 나아가 핸드폰 없이 사는 시간을 크게 늘려나갔다.

개인적인 경험을 종합해 보면 도란 것은 지식의 영역, 마음의 영역, 의지의 영역을 포함한다. 이 세 가지 요소가 어느 정도 갖춰지면 득도가 아니라 비로소 구도의 길에 들어선 것이다. 의지가 있어야 구도의 길을 선택할 것이고, 그 길에 들어서면 마음이 차분해져야 한다. 이 단계에 도달하는 것은 상대적으로 간단하다. 의지를 다지고 마음을 조급하지 않게 먹으면 될 터이니. 그러나 문제는 지식이었다. 알고 싶고 또 알아야 하는 것들이 꼬리에 꼬리를 물고 생겨났다. 학업과 생계도 챙겨야 하니, 수행에 쏟을 수 있는 시간과 에너지가 한정되어 있었다. 따라서 지식의 영역은 항상 부족함으로 점철될 수밖에 없었다. 하지만 모든 것을 다 알아야 깨달음에 이르는 것은 아니다. '먹물'들의 한계는 모든 것을 다 알고 싶다는 욕망이 강하다는 점이다. 구도의 길에 들어서 조차 욕심을 버리는 것은 정말로 어렵다.

구도의 목적은 근본적인 진리를 파악하는 것이다. 우리가 구도 역정을 시작하는 것을 입문이라고 부르며, 영어로는 'initiation'(구도 시작)이다. 구도자는 'initiator'이다. 도는 '길'(road 혹은 path)이란 의미와 동시에 진리에 이르는 '방식'(way)'을 의미하기도 한다. 도를 깨우치는 것은 끝이 없는 여정에서 무수히 많은 이정표를 지나는 것과 같다. 따라서 득도(得道)는 없고 입도(入道)만 있을 뿐이다. 깨우치는 것은 어떤 구체적인 진리보다는, 자신이 무지하다는 것을 아는 것을 의미할 수 있다.

도는 보통 하늘과 땅 그리고 사람을 포괄하는 사물의 총체적 규칙을 뜻한다. 경우에 따라서 자연 또는 인간사의 일상적 규율들을 가리키거나, 사건이나 사물의 구체적 이치를 나타내기도 한다. 대표적으로 노자는 "자연을 본받자"고 주장하고, 장자는 "하늘과 합일하고, 천지와 하나가 되라"고 요구한다. 그렇지만 여전히 도는 알기도 체득하기도 어려운 것이다. 실체를 잡을 수 없기에 약간은 허망할 수도 있다. 『노자』 제21장에는 "도라는 물건은 미묘하여 알 수 없고, 형체 없는 모양을 하고 있다"고 적고 있다. 그래서 많은 경우 도란 것은 추상적인 형태를 띠거나 부정문의 형태를 띤다. 구체적인 목표점에 도달하는 것이 아니라 뭔가를 없애는 과정이다. 대표적으로 불가에서는 자아가 없앨 대상이다. 구체적으로 자아가 쏟아내는 탐욕, 화냄, 어리석음이 없는 상태를 지칭한다.

그렇지만 어떤 근본적인 원리라는 것이 실제로 존재할 수가 있다. 시간, 공간 그리고 사람의 의지로부터 자유로운 어떤 깊은 원리나 본질을 도라고 부를 수 있다. 득도는 이런 것을 새롭게 깨우치는 것을 의미한다. 일반적으로 의식이 새로운 세계와 차원으로 확장된다. 진리는 근본이기 때문에 이미지, 말, 개념 등이 결여되어 있다. 자아를 버리고 깊이 파고들어야만 캐낼 수 있다. 마음을 단단히 먹고 굳건한 의지를 가져야 제대로 파악할 수 있다. 사실이란 것 자체가 바로 진리는 아니다. 사실은 보이지 않는 저변에 가변적이고 숨겨진 원인이 존재할 수 있기 때문에 진실이 아닐 수 있다. 진실은 드러나지 않고 침묵하는 경우가 많다. 도의 구체적인 내용은 세상이 다 연결되어 있다는 것과 눈에 보이는 것이 전부가 아니라는 것 그리고 죽음이 끝이 아니라는 것 등을 깨닫는 것이다. 열린 마음을 배우고, 사랑을 실천하며, 이를 통해서 깨달음을 체화시켜 나가는 것을 의미한다.

실생활에서 도의 경지에 가장 유사한 것이 '적절함'(appropriateness)을 아는 것이다. 골프나 테니스와 같이 도구를 사용하는 운동에서 입도한 사람을 묘사할 때 '힘을 뺄 줄 안다'는 표현을 쓴다. 그리고 득도한 자를 '힘을 써야할 때 쓸 줄 아는 사람'으로 본다. 힘을 적절하게 빼고 쓸 줄 알아야 경지에 오르는 것이다. 중도 역시 양 극단 사이의 적절한 중간점을 이야기한다. 선과 악, 음과 양, 해와 달, 좌와 우 사이의 균형 역시 적절함을 아는 것과 관련이 있다. 살면서 우리는 '적절함'이란 게 뭐냐는 고민에 자주 봉착한다. 개인적 차원에서 나름대로의 적절함을 찾는 것은 그나마 쉽다. 그러나 누구에게나 적용할 수 있는 보편적인 적절함(universally applicable appropriateness)을 찾는다는 것은 정말로 어렵다. 그래서 득도가 어려운지 모른다.

적절함이란 근대 이전의 세계에선 사고나 행동에 있어서 중요한 준거기준이었다. 이성을 가진 합리적인 인간이 간단하게 계산해서 행동하면 그만인 세상이 도래하자, 적절함은 자리를 잃고 말았다. 돈, 권력, 이념에 따라 이기적이고 즉흥적으로 행동하는 것이 관행이 되었다. 그것이 극에 달한 것이 오늘날 우리가 경험하는 세상이다. 적절함은 실종되고 자기 혹은 자기편의 이익, 권력, 가치만이 최고가 되었다. 사실 적절함이란 끝이 보이지 않는 화두이다. 따라서 결론도 그렇게 날 수밖에 없을 것이다. 어떻게 보면 적절함을 고려하는 자체가 가장 적절한 것인지도 모른다. 적절함을 고려하는 과정 속에서 적절함을 깨우쳐 가게 될 가능성이 가장 크다. 따라서 적절함은 결과물이 아니라 과정일 수가 있다. 적절함을 고려하는 과정 속에서 보다 신중하게 되고, 남을 배려하기도 하며, 남의 적절함과도 대화와 타협을 하고, 그리하여 불구대천의 원수들과도 평화롭게 공존할 수 있게 된다.

이게 바로 도일 가능성이 크다. 그리고 득도한 사람은 긴 수염에 도포를 입은 도인 같은 사람이 아니라, 적절함을 아는 지극히 평범하고 세속적인 사람일 수 있다. 이런 사람은 미래에 대한 걱정이 없고, 과거에 대한 후회도 없이, 현재에 무심하게 집중하는 '자연인'이다. 상황마다 상황이 요구하는 적절한 행동을 즉각적으로 알아채고 무심하게 실천하는 사람이다. 특별한 마음을 내서 특별한 일을 하려고 하지 않는다. 의지가 넘치지도 않고, 남의 눈을 지나치게 의식하지도 않는다. 계산도 별로 하지 않고, 그저 도움을 필요로 하는 사람을 돕는다. 그러고 나서 자랑질도 하지 않는다. 이것이 바로 세상의 근본 이치를 깨달은 자들이 세상을 사는 방식이다.

깨달은 조건에서는 주체도 없고 객체도 없다. 나와 남이 없이 총체만이 존재한다. 특수는 보편으로 대체되고, 성질은 본질로 대체된다. '선형'(linear)은 '비선형'(non-linear)으로 대체된다. 따라서 투입과 산출이 직접적으로 비례하지 않고, 인과관계도 불분명하다. 세상 모든 것이 서로 연결되어 있고, 시작도 없고 끝도 없으며, 의도와 상관없이 '자연발생적'이란 것을 안다. 잔잔한 침묵 속에서 모든 것을 총체적으로 알게 되는 것이 바로 득도이다.

장님들이 코끼리를 만지면서 자기식대로 주관적으로 인식하면서 다툼을 해댈 때, 홀연히 그것이 코끼리란 사실을 깨닫는 것이다. 친구 여럿이 비 오는 날 밤 술 마시고 운전하다 사고가 나서 한 명이 죽자, 모두가 다 자기 탓이라고 나름대로 이유를 대면서 괴로워한다. 그러나 깨달은 자는 주관을 뛰어넘어 사고 상황 전체를 객관적으로 파악하는 능력을 가진다. 그냥 그런 날 그런 시간에 그런 상태로 운전하면 사고가 난다는 것을 자명하게 안다. 자책이 필요 없다. 요컨대 깨달음은 햇살이 그림자를 대체하는 것과 같다. 그림자가 햇살이 되는 것이 아니라, 감춰졌던 것이 자연스럽게 환하게 드러나는 것이다.

2) 방법론과 유용성

인생에 관해서 득도할 수 있다면 얼마나 좋을까? 누구나 한 번쯤은 이런 생각을 해보았을 것이다. 공부에 도를 깨치고, 사랑에 도가 트이고, 출세에 눈을 뜨고, 돈벌이에 도사가 된다면 얼마나 좋을까. 필자는 테니스 한번 잘 쳐 보겠다고 참으로 노력 많이 했다. 그러나 실력은 여전히 형편없다. 테니스 동영상을 보고 공부도 열심히 했고, 흉내를 내서 연습도 많이 했다. 이 과정에서 테니스에 대해 궁극적인 깨달음을 얻었다고 느낀 적이 삼천 번 정도 될 것이다. 대표적인 증인인 우리 애들도 이제는 필자가 테니스에 대해 깨달았다고 하면 거의 조소를 보내는 정도이다. 과연 나는 언제 테니스의 근본 이치에 대해서 깨달을 수 있을까? 깨달음의 여정에 과연 끝은 어디일까? 그냥 한방에 테니스를 깨달을 수 있는 방법은 없을까?

깨달음은 간단없는 노력의 결과일 수 있고(漸悟, 점오), 우연이나 기적을 통해서 한방에 오는 경우도 있다(頓悟, 돈오). 지식을 축적하는 것은 '점오'의 세계이다. 그러나 '진리'를 깨닫는 것은 '돈오'의 세계이다. 노력 여하를 떠나서 깨우침에는 순간이 있다. 그 순간이 바로 돈오이다. 뭔가 근본적인 원리가 있으니, 그것을 알아채는 것이 이상할 리는 없다. 신이 있으니 신을 만나는 것이 이상할 리 없다. 그러나 만남 이후에 신성을 체화하는 것은 완전 별개의 문제이다. 이와 마찬가지로 깨달은 바를 자기 것으로 만드는 것은 전혀 다른 이야기로서 끊임없는 노력이 요구된다. 자기절제와 인내가 필수적이다.

사람은 갑자기 깨우친다. 죽음을 경험하고, 신을 만나고, 소중한 것을 잃고, 커다란 실패를 겪는 경험을 통해서 우리는 삶의 본질에 대해 깨닫게 된다. 슬픔과 좌절에서 헤어 나오지 못하면 그냥 실패하고 망한 것이다. 그러나 그 순간 '빛'을 발견하고 '희망'을 발견하면, 뭔가 소중한 것을 깨우친 것이다. 그리고 깨달음을 마음으로 되새기고 실천을 통해서 지켜나갈 때 자신의 일부가 된다. 임사 체험자들은 죽음의 문턱을 넘나들면서 영혼의 존재 혹은 죽은 이후의 삶이 끝이 아니라는 것을 알고 나서, 내면에 근본적인 변화가 일어난다. 관대하고, 사랑하며, 더욱 겸손하게 변한다.

도와 관련해서 가장 뼈아픈 질문은 깨우치면 과연 뭐가 달라지냐 하는 것이다. 테니스에 득도하면 정말 조코비치나 페더러처럼 테니스를 잘 치게 될까? 그런 일은 없다. 10년 면벽 수도를 하고 깨달음을 얻은 후 산을 내려와도 세상은 그저 그대로이다. 산은 여전히 산이고 물은 여전히 물이다. 깨우쳤다고 밥이 생기고 떡이 생기고 하늘을 날아다닐 수 있는 것은 아니다. 그냥 자기 생각만 변했을 뿐이다. 생각을 돈벌이와 연결시켜야 먹고 살 수 있게 된다. 그렇지 않고 생으로 먹으려 하다가는 감옥행이 기다린다. 결국 깨달음에 입각해서 꾸준히 연습하고 훈련해야 실력 향상이 이루어질 수 있다. 근본도 없이 깨우쳤다고 가르치겠다고 나서면, 대개의 경우 미친 사람 취급을 받는다. 가르침에는 권위를 인정받는 과정이 필요하다.

더 큰 문제는 세상이 원리나 원칙대로 돌아가지 않는다는 점이다. 인간들의 주된 행동 동기는 원리 원칙보다는 사적인 이익과 권력이다. 정치는 표만 되면 뭐든지 가능하다. 사람들은 틀린 줄 알면서도 개인과 집단의 이익을 위해서 행동한다. 세상은 깨우친 자가 없어서 요 모양 요 꼴은 아니다. 원래부터 깨달음과 관계없이 돌아간다. 따라서 근본 원리를 아는 것이 별 소용은 없다. 더군다나 원리는 근본적이기 때문에 점진적으로 효과를 발휘한다. 그러나 세상 사람들은 원리나 원칙보다는 신속한 해결책을 원한다. 근본 치료보다는 대증요법이 더 선호된다. 요즘 기초 체력이나 면역력 강화보다는 강력한 항생제가 선호되는 이유와 마찬가지이다. 날로 바이러스는 변이하고 이를 잡기 위한 항생제는 더욱 강력해진다. 대응책이 없는 슈퍼 박테리아의 등장이 인류의 안전을 위협하고 있다. 득도한다고 해도 세상은 별로 바뀌지 않는다.

도와 관련해서 가장 심각한 문제는 득도 자체가 지극히 어렵다는 점이다. 지금까지 많은 과학적 성과에도 불구하고 사물이나 사람의 본질을 파악하기란 여전히 어렵다. 그리고 이들 상호간의 관계는 너무 복잡해서 이해하기 더욱 어렵다. 게다가 모든 것은 고정되어 있지 않고 끊임없이 변화한다. 더욱이 인식의 주체인 인간들마저 그다지 신뢰하기 어렵다. 어떻게 보면 세상의 이치는 간단한 것이지만, 사람들이 순수함이 떨어져서 본질을 파악하지 못하는 경우가 많다. 어린애들이 타고난 순수함으로 진리에 대해서 열린 마음을 갖게 된다. 어린아이들은 영혼이 순수하며, 사람들의 영혼 속에는 우리가 알아야 할 많은 지식이 들어있다.

깨달음은 대개 세상과 자신의 본질에 대한 새로운 인식이란 형태로 생겨난다. 그러나 인간들은 타고 나기를 보수적이다. 고정관념에 의존도가 높고 새로운 것을 받아들이기를 거부하는 속성을 갖는다. 따라서 자기 감각기관이나 사고 틀을 바꾸거나, 세상에 대한 인식을 변화시키는 데 대해서 저항하려고 한다. 문제를 더욱 복잡하게 하는 것은 인간들의 인식론상의 오류 가능성이다. 우리의 감각이나 두뇌가 정확성이 떨어짐은 많은 과학적 연구가 잘 보여 준다. 불교에서는 오감과 인식을 아예 초월하라는 주문을 한다. 최근 뇌과학 연구는 우리의 뇌가 매우 자의적으로 작동하고 있음을 보여 준다. 우리의 마음도 원체 요사스러워서 객관적 사실을 있는 그대로 보는 것을 막는다.

3) 지식의 중요성

도는 근본 이치이고, 이것은 지식보다 훨씬 깊다. 득도에 있어서 지식은 필요조건이지만 충분조건은 아니다. 지식의 축적에 더해서 신의 뜻이나 자신의 의지 그리고 바람직한 마음 상태 등 다양한 요소가 결합되어야 깨달음의 경지에 오르게 된다. 지식은 기술의 영역이지만 과학은 근본 원리에 관한 것이다. 따라서 과학적 발견은 우연이나 심오한 사색의 결과물이다. 그렇지만 과학의 대가가 되기 위해서는 엄청난 양의 과학적 지식이 필요하다. 인류를 밝힌 위대한 과학적 발견을 한 사람 중에는 위대한 철학자들이 많다. 아인슈타인은 거의 신학자이다. 수련이나 교육 과정은 지식의 습득 및 공유 문제로 귀결된다. 나머지는 신의 영역이거나 스스로 알아서 할 일이다.

세상 이치는 공부와 경험을 통해서 지식이 쌓여 가면서 점차 깨우쳐 간다. 근본 원리에 이르는 과정은 일반적으로 지식을 축적하고, 이것이 어느 정도 축적되면 어떤 현상에 대한 이해가 깊어진다. 마지막 단계에서는 '우연을 가장한 필연'과 같이 사물이나 현상의 본질이나 근본 원리를 파악하게 된다. 본질에 대한 파악이 바로 지혜의 증득이나 득도에 가까운 개념이다. 세상을 현명하게 사는 사람들이 있다. 물질세계의 운동 원리에 대해서 나름대로 지혜를 얻은 사람들이다. 그렇지만 우리가 사는 물질세계는 한시적이고 통속적이며 보잘것없다. 물질세계에 대한 이해는 주로 이성과 두뇌의 영역인데, 여전히 대부분은 미지의 영역으로 남아 있다. 아직까지 우주 전체는 암흑 속에 존재한다. 실제로 어둡고 정체불명의 에너지로 거의 다 채워져 있다.

지식의 수준이 낮으면 깨우친다 해도 그에 상응해서 깨우침의 적용 범위가 좁다. 도둑 출신이 깨우치면 범죄나 경찰 등 유관 분야에서 도가 틸 수밖에 없는 것과 같은 이치이다. 폭넓게 배우고 경험해야 한다. 그러나 지식이 지나칠 경우 아는 게 병이 될 수도 있다. 지식의 노예가 되어 상식의 한계를 뛰어넘지 못하는 수가 있다. 백과사전식으로 지식은 나열하지만 깊이는 떨어질 가능성이 있다. 지식은 중요하지만 절대적인 것은 아니다. 도를 배우고 가르치는 것은 교육으로 따지면 주입식 교육이 아니라 창의적 교육이다. 스스로 문제의식을 느끼고 창의성 있는 답을 찾아야 한다.

지식의 습득은 계몽의 영역이고 이성의 작동한다. 학교 교육이 중요하며, 학년이 올라갈수록 유식해지고 지적으로 성숙해진다. 열심히 공부하면 수준이 빨리 올라가고 성적도 좋다. 지식의 세계에서는 반복 학습을 통한 암기와 이해력 제고가 필수적이다. 과외 공부를 하거나 학원에 다녀도 성적이 오를 수 있다. 좋은 선생 잘 만나면 성적이 오를 수 있다. 성적이 오르면 대가가 분명하다. 장학금도 받고, 좋은 상급 학교에 진학하고, 좋은 곳에 취직도 할 수 있다. 따라서 공부할 맛도 난다. 학습효과도 에스(S)자 모양으로 일정 단계의 정체 구간을 지나면 가파르게 상승한다. 그러나 학생들 간의 지식수준에는 질적인 차이가 크게 없다. 눈에 보이는 세상 이치는 대체로 점진적인 지식 습득의 영역이다. 꾸준한 노력의 결과로 실력 향상이 이루어진다. 선형적인 발전이 이루어진다.

반면에 도는 비선형적인 영역이다. 가능성이 무한하고 또 다양한 결과가 생겨날 수 있다. 지식과 깨달음이 아무리 많아도 '보임'에 실패하면 모든 것이 수포로 돌아간다. 보임은 보호임지(保護任持)의 준말로서 "찾은 본성을 잘 보호하여 지킨다"는 뜻이다. 불교의 해탈 방법은 단번에 궁극적인 본성을 깨닫는 돈오와 점차적인 수행의 단계를 거쳐 오랜 기간의 수행 끝에 부처가 되는 점수의 두 부분으로 나누어진다. 보임은 바로 점수를 지칭한다. 점수가 없이 다 깨달았다는 오만한 생각이 들면 대개는 역술원을 차리거나 돈벌이에 열심이 된다. 하늘의 이치를 아는 순간부터 땅의 삶을 의미 있게 가져가지 않으면 보임에 실패하게 된다. 보임 생활은 물질 세상과 어느 정도 거리를 두고, 감정이입이나 평가 판단을 가급적 자제하면서, 중용과 균형을 중시하고, 보편 사랑을 실천하는 것이다. 따라서 깨우치는 것은 상대적으로 쉬우나, 보임 생활은 정말로 어렵다. 이 때문에 많은 수행자들이 중도에 포기하거나 타락하고 만다.

지금부터는 필자가 보이지 않는 세계에 대해서 알게 된 지식을 공유하고자 한다. 지식 습득은 득도를 위한 기본이다. 그러나 필자는 체계적인 지식은 갖고 있지 않다. 혼자서 스승도 없이 뒤죽박죽으로 실시한 공부의 결과물이다. 따라서 앞으로 후회할 일이 엄청 많을 것이다. 필자의 인생에서 새로운 깨달음으로 인해 과거 지식이 물거품으로 돌아간 사례가 많기 때문이다. 선친과의 조우 이후 죽음과 사후 세계에 대해서 많은 생각을 하게 되었다. 공부할수록 좌절을 느꼈던 것은 사실 여부를 확인할 방법이 없다는 점이었다. 점차 사실 여부를 떠나서 뭔가 소중한 것을 깨닫고 인생사는 데 있어서 선용하는 것이 중요하다는 점을 알게 되었다. 깨달음은 다양한 원천에서 나온다. 그리고 깨달음은 진리 자체보다는 진리를 찾는 과정에서 오는 수가 더 많다.

죽음과 사후 세계에 대한 연구는 영혼의 존재를 확인했다는 점에서 큰 의미를 갖는다. 영혼의 존재 여부는 견해가 극명하게 갈린다. 아예 부정하는 입장과 긍정하지만 형태나 본질에 대해서 다양한 견해가 있다. 인격을 갖는 존재에서부터 에너지와 파동으로 이해하는 견해까지 다양하다. 그 본질을 추적하면서 많은 것을 깨달았다. 의식과 의식 세계는 영혼의 본질과 존재 형태에 대해서 새로운 가능성을 열어 주었다. 의식이 하나로 연결되었다는 점은 공동체 의식의 존재 가능성을 열어 줬다. 글로벌 문제 해결의 유망한 답을 하나 찾은 셈이었다. 마음에 대한 연구로부터는 그 속에 보물창고가 들어 있다는 점을 깨달았다. 우리 마음에는 부처와 예수가 들어 있고, 형편없는 망나니도 들어있다. 망나니는 녹여 버리고, 부처와 예수를 캐내는 연금술사가 되기 위한 훈련이 필요함을 알게 되었다.

2. 죽음과 사후 세계

1) 죽음의 의미

죽으면 끝이라는 생각을 오랫동안 가졌다가 화들짝 놀라서 살펴보니 죽음 이후에 대해서 제법 자세하게 묘사한 책들을 여럿 접할 수 있었다. 그렇지만 의구심을 완전히 떨쳐낼 수 없었다. 그러다가 수차에 걸쳐서 '자각몽'을 꿨다. 꿈을 꾸고 있다는 것을 알면서 꾸는 꿈이기에 내용 통제가 어느 정도 가능한 꿈이다. 죽으면 어떻게 되는지 보여 주겠다며 하늘에서 사자가 내려왔다. 총을 필자의 머리에 겨누고 방아쇠를 당겼다. 머리에 분명히 구멍이 생겼지만, 놀랍게도 의식은 그대로였다. 모든 상황을 온전하게 파악할 수 있었다. 그래서 알게 된 것이 죽음이란 '단순히 육체와 의식이 단절되는 현상'이란 점이었다. 육신의 죽음으로 인한 충격 때문에 잠시 의식을 잃는 수가 있다. 그러나 곧 의식을 회복한다. 이후에도 여러 번 죽는 연습을 했다. 그때마다 신기하게 의식이 돌아왔다. 이렇게 보면 죽음은 의식이 육체라는 옷을 벗어 던지는 개념이다.

그렇지만 인간은 누구나 죽음에 대해 두려움을 갖는다. 이런 공포는 인간만이 느낀다. 두뇌가 갖는 인식 능력 때문에 반드시 죽어야 한다는 사실을 알면서 산다. 끝을 알면서 사는 것은 고통일 수밖에 없다. 따라서 사람들은 삶에 몰입해서 산다. 사랑이나 예술에 자기 자신을 침몰시켜야만 극복되며, 두려움을 잊기 위해 약물에 취하기도 한다. 위대한 예술 작품이나 숭고한 사랑도 이런 몰입이 가져온 결과물이라고 볼 수 있다. 죽음이 두려운 것은 죽음에 대한 부정적인 묘사가 크게 한몫을 했다. 성경의 지옥에 대한 묘사는 지극히 부정적이다. 여기에 더해서 인생 기록에 대한 '심판'이란 과정이 기다린다. 시험이나 평가는 누구에게나 항상 두렵다. 더구나 전지전능한 신 앞에서의 평가는 가능하면 피하고 싶은 절차이다.

유일신 종교는 믿음의 대가로 영생을 보장하지만 심판이란 조건 때문에 사는 동안에도 커다란 스트레스가 된다. 미국인 중 70% 이상이 사후 세계를 믿는다. 그렇지만 죽음 자체보다는 사후 심판 때문에 시달린다. 예일대학의 셸리 케이건(Shelly Keagan) 교수는 '죽음이란 무엇인가'란 강의로 유명하다. 하버드대학에서 '정의란 무엇인가'라는 강의가 유명하듯이. 그러나 둘 다 소문만큼 흥미롭지는 않다. 한국과 풍토가 다르기 때문이다. 한국처럼 '정의 과잉' 사회에서는 마이클 샌델(Michael Sandell)이 전하는 정의는 별로 새로운 것이 없다. 케이건 교수는 죽은 후에 아무 것도 없으니 그냥 즐겁게 살란다. 심판 때문에 스트레스받는 미국 학

생들에게는 복음이지만, 대다수가 죽으면 끝이라고 믿는 한국 사람들에게는 별다른 감흥을 불러일으키지 못한다

국적을 떠나서 현대인 중에는 쾌락주의자로 잘 알려진 그리스 철학자 에피쿠로스(Epicurus, BC 341~270)의 가르침대로 사는 사람들이 많다. 그는 당시 시대 조류에 반해서 사후 세계나 사후 의식을 지닌 자아의 존재 가능성을 부정하였다. 이를 통해서 상실의 고통이나 심판에 대한 공포를 제거시켜 버렸다. 대신에 현세의 즐거움이 소중하다는 것을 강조한다. 사후 세계를 믿지 않는 사람들도 많다. 유럽, 특히 북구 유럽은 그리스도교의 영향력이 미국과 비교해서 상대적으로 약하다. 사후 세계에 대한 믿음도 미국인들보다 많이 떨어진다. 그렇다고 되는대로 사는 것은 아니다. 네덜란드 틸버그대학교(Tilburg University)가 수행한 '유럽인 가치관 조사'(European Value Survey)에 따르면 사후를 믿는 유럽인들의 비율은 미국보다 약 20% 정도 낮다. 그럼에도 불구하고 서로 돕고 사는 데는 미국인들보다 더 적극적이다. 개도국에 대한 원조도 유럽에서 그리스도교 신자 비율이 상대적으로 낮은 북구 유럽 사람들이 가장 너그럽다. 복지를 통해서 소득을 나누는 데도 더욱 기꺼이 나선다. 미국인들은 사후 평가 때문에 잘 살아야 한다는 스트레스를 크게 받지만, 통 큰 실천에는 이르지 못한다.

'갤럽 인터내셔널'(Gallop International)이 2022년에 실시한 세계 61개국의 '종교적 성향과 실재에 대한 인식 조사'(Religious Tendency)에 따르면 한국인들의 사후 세계에 대한 믿음이 하위권이다. 사후 세계의 존재 여부에 대해서 세계 평균이 57%였지만, 한국인은 31% 정도만이 믿는 것으로 드러났다. 44%는 아예 믿지 않으며, 20%는 '확실치 않다'고 답했다. 사후 세계나 신의 존재

여부에 대한 추세는 여타 조사에서도 일관적으로 드러난다. 따라서 많은 사람들이 단기적인 이익 극대화를 위해 산다. 종교도 구원보다는 복을 받기 위해서 믿는다. 미래를 믿지 않기에 정치는 미래 세대를 저당 잡고 돈을 펑펑 쓰는 중이다. 대개의 부모는 사후에도 자식이 자신의 분신으로서 삶을 지속한다고 생각한다. 따라서 재산은 사회에 환원하지 않고, 자식에게만 물려준다. 물려주고는 잊어버리지 않고, 이래라저래라 간섭한다. 심지어는 자식이 맘에 안 든다고 재산 돌려달라고 소송을 제기하기도 한다. 종교인이나 성직자들마저도 신의 존재에 대해서 회의적인 눈치이다. 그러니 교회를 사유재산처럼 대물림하고, 자신들도 유혹에 쉽사리 빠지거나 타락도 한다. 종교는 파스칼(Pascal, 1623~1662)의 주장대로 신이 실재하는 만일의 사태에 대비하기 위한 '보험'처럼 보인다.

이런 경향은 죽음에 대한 인식 변화가 사회 변혁의 원동력이 될 수 있음을 보여 주기 때문에 역설적으로 희망적인 측면이 있다. 필자는 죽음이 끝이 아니라고 단언할 수 있다. 죽음이 끝이 아니라면 아마도 삶을 다시 설계하는 것이 현명할 것이다. 요즘 결혼에 대해 공부하지 않고 덤볐다가 실패하고, 부모 학위나 자격증 없이 부모 노릇한다고 엉터리로 자식 교육시키다가 망한 사례가 많다. 아마 죽음에 대해 준비하지 않고 죽었다가 낭패를 맛볼 사람들도 많을 것이다. 모든 인류의 선각자들이 '서로 사랑하라'는 메시지를 공통적으로 던지고 있는 이유가 있다. 그것이 사후 세계에서 모든 존재가 갖춰야 할 필수적인 덕목일 가능성이 크다. 그곳에는 검찰과 경찰에 의해 유지되는 강압적이고 인위적 질서는 없을 것이다. 자발적으로 질서가 유지되기 위해서는 상대에 대한 사랑과 배려가 필수적이다.

필자가 죽음에 대해서 공부하고 경험하면서 알게 된 바는 죽음 이후에 자아의 의식은 여러 단계를 거치면서 정화된다. 과거 기억은 방앗간에서 기름을 짜듯이 지혜만 남기고 찌꺼기는 기억 보관소로 보내진다. 그리고 새로운 세계에 대한 공부를 계속해서, 하늘의 이치를 새롭게 깨달아 간다. 우등으로 졸업한 자들은 신의 속성을 갖춰서, 신과 하나가 되는 단계까지 오른다. 이것은 대부분의 종교가 상정하고 있는 사후 세계이다. 따라서 미리 죽음을 준비하면 사후에 받게 될 교육 과정이 용이해질 것이다. 선행 학습의 효과는 사는 동안보다 사후에 더 중요하다. 선행 학습은 현실에 대한 욕심과 집착을 버려야 가능해진다. 물질에 집착하고 자아에 집착하고 분별심이 강하면, 살아서나 죽어서나 사는 게 어려워진다.

죽음이 충격이겠지만 준비된 자아는 "마치 개가 털에 묻은 물을 털어내듯이" 육체를 털어내며 새로운 여정을 떠나게 된다. 육신에 대한 애착이 강하면 어려움을 겪는다. 그렇지만 분리되는 순간부터 자유로워지고 많은 것을 배울 기회가 열린다. 맨 먼저 죽음이 끝이 아니라는 것을 알게 된다. 새로운 학습 과정이 시작되면서, 인생이 파노라마처럼 되돌려진다. 육신만 없을 뿐이지 똑같은 삶이 지속된다. 그러다가 자아가 세상을 살면서 형성한 인격(personality)과도 점차적으로 헤어진다. 자아는 육신이 죽은 후 소멸되는 것이 아니라 일정한 파동을 갖는 모종의 에너지체로 존재하게 된다. 일반적으로 의식이라고 부르기도 한다.

불교나 인도철학에 따르면 영혼은 기본적으로 삼계를 넘나든다. 욕계·색계·무색계이다. 욕계(astral world)란 식욕, 성욕 등의 온갖 욕망이 가득한 중생들의 세계로서 지옥, 아귀, 축생, 아수라, 인간, 그리고 천상 세계 중의 여섯 하늘〔六欲天〕이 여기에 속한다. 색계(mental world)란 욕망은 벗어났지만 아직 물질〔色〕의 차원에 머물러 있는 세계로서, 의식과 생각이 중요한 비중을 차지한다. 무색계(manas world)란 욕망을 벗어남은 물론 물질까지도 사라진 순수한 정신세계이다. 이처럼 각기 다른 세계를 거치면서, 자아는 각 세계에 맞는 몸을 갖고 존재한다.

신비주의에서는 인간의 몸이 세포로 구성된 육체 이외에도 밀도가 높은 순으로 감정체(astral body), 정신체(mental body), 근본체(causal body, 진아, 참나, 영혼) 등으로 구성된다고 본다. 죽음은 육신이라는 옷을 벗어 던지는 것이고, 이후 삼계를 거치면서 겹겹이 껴입은 옷을 차곡차곡 벗어 던진다. 옷을 벗어 던짐에 따라서 겹겹이 쌓여 있는 진짜 자아가 점차 선명하게 드러난다. 소위 말하는 영혼은 밝은 빛으로서, 처음에는 여러 겹의 옷에 감싸져서 희미한 불빛으로 보이다가 서서히 밝아진다. 영혼의 세계에서는 모든 것이 파동으로서 존재하는데, 가족이나 취미를 공유하는 등 비슷한 파동을 지닌 영혼들은 서로 모이게 된다. 이들 집단 사이에는 유기적인 연계성이 존재한다. 육신을 벗어나 영계로 옮겨진 영혼들은 지상에서 성취한 영적인 발달 정도에 따라 각자의 영혼이 끌리게 된다.

대표적으로 마이클 뉴턴은 영혼은 지상에서 사는 동안에 그 사람이 지녔던 심성이나 수양 정도에 따라 다른 색깔의 에너지장이나 아우라(aura)로 나타난다고 주장한다. 그에 따르면 각각의 세계 속에도 발전 수준에 따라 등급이 나뉜다. 영적인 발전 정도가 높으면 감당할 수 있는 빛의 양도 커진다. 영혼들은 자신의 영적 수준에 정확히 맞는 곳으로 자발적으로 가게 된다. 그곳에서 자신의 근기에 맞는 교육을 받고 더 높은 수준으로 올라가기도 하고 지구상으로 다시 환생하기도 한다. 대부분의 교육 과정은 지구상에서의 삶에 대한 회고와 반성으로 이루어진다. 여기에 잘잘못을 심판하는 재판관이나 그에 따른 형벌 비슷한 것은 존재하지 않는다. 영혼의 정화 과정이 끝난 이후 다음 환생을 원하는 경우, 어느 지역에서 어떤 부모의 아이로 태어나 어떤 과제를 해결하며 살아가게 될지 계획을 세운다.

2) 영혼과 사후 세계

영혼의 실체는 모호하나 물질 중 가장 밀도가 낮은 편에 속하는 구체적으로 존재하는 에너지체이다. 물질보다는 파동에 더 가까우며, 눈에는 보이지 않는다. 부분들로 구성되지 않는, 전체가 하나인 '단순한'(simple) 실체이다. 개인의 영혼은 더 이상 나눌 수 없다('indivisible')고 해서 'individual'이라고 부른다. 영혼은 개인의 몸에 체화된 영성이다. 보이지 않는데 작용을 하니 신비스럽다. 영혼의 존재와 역할의 중요성을 인정하는 사람들을 영혼주의자라고 부르고, 별칭해서 신비주의자들이라고 한다. 영혼은 죽음 이후에도 존재한다. 영혼은 지상으로 내려오면서 여러 겹의 옷을 입는다. 죽는 과정은 순차적으로 옷을 벗는 과정이다.

고대 그리스에서 영혼은 호흡이요 생명을 의미했다. 모든 곳에서 공통적으로 존재를 인정하였다. 그러나 플라톤 이후 새롭게 더해진 바가 거의 없다. 따라서 플라톤의 연구에 주목할 필요가 있다. 외부 세계로부터 인간의 몸에 들어와서 봉인된 것으로 파악된다. 우주는 암흑과 같고, 인간의 내면에는 영혼의 빛이 있다. 이 빛이 바로 희망의 빛이요, 생명의 빛이요, 진리의 빛인 것이다. 이것을 밝혀야 하는 것이 인간의 사명이다. 영혼은 위대하며, 영혼을 보유하는 인간 또한 잠재적으로 위대하다. 영혼을 찾아내어 활용하는 삶은 위대하다. 영혼은 연금술의 대상이다. 육신과 탐욕 속에서 황금을 캐는 것과 같다. 인간의 몸뚱이는 잠시 쉬어가는 여관과 같다. 너무 마음을 두면 안 된다. 다 허상이다. 영원히 살려고 하지 마라. 죽으면 다 사라진다. 이런 진실을 알라는 경고와 가르침이 다양한 채널로 인간들에게 전해진다. 이것을 통해서 인간은 각성을 하게 된다.

우리가 익히 알고 있는 그리스 대철학자들의 대다수는 영혼의 존재에 대해서 긍정적인 입장이었다. 그리스의 철학자요 수학자이며 신비주의(영혼주의)의 선각자로 평가되는 피타고라스(Pythagoras, BC 570~495)는 영혼을 "신의 정신이 깃들어야 할 또 다른 몸이다"라고 정의함으로써, 영혼을 실체로 인정했다. 인간에게 생명을 주며, 영혼이 없다면 물질로 된 육신은 활동할 수 없으며 하나의 덩어리에 불과하다고 보았다. 그리고 영혼은 육신과 유사한 모습을 하고 있으며, 죽음을 맞이해도 살아남는다. 육신의 사후 영혼은 "섬세한 수레"가 되어 정신을 데리고 떠난다. 정신의 선악 정도에 따라서 신계로 데리고 가거나 다시 이 세상에 떨구어 놓게 된다. 피타고라스의 영혼에 대한 이해는 후세 학자들의 영혼 이해에 대해 전형을 이루었다.

소크라테스는 영혼이 사람의 본질이라고 봤다. 그는 모든 사람에게 있어서 돈이나 육체보다 영혼의 훌륭함을 살펴야 한다고 주장했다. 따라서 영혼을 좋고 유익한 상태로 이끄는 것이 삶의 중요한 과제였다. 요컨대 영혼은 실제 인물 즉 자아이다. 영혼을 사고 및 감정 능력이 있으며 심지어는 이미지마저도 창출할 수 있는 실체로서 정의한 사람은 칼 융이다. 영혼은 육신에게 감각과 지각을 뛰어넘는 고차원의 사고와 감정 창출 능력을 부여하며, 이것을 통해 인간들 사이에 거대한 정신세계가 형성되는 것을 가능케 한다.

육신을 벗어 던지면 등장하는 옷이 바로 성체 혹은 아스트랄체(astral body)이다. 아스트랄체는 때로는 회오리치는 색깔들의 아우라로 나타난다고 한다. 우리가 보통 보는 영가(죽은 사람)의 모습이 바로 성체이다. 멀리서는 별처럼 작은 빛으로 보인다. 가까이서는 육신의 모양을 그대로 하고 있다. 그러나 밀도가 낮은 다른 물질이다. 육신이 사라진 이후 영혼을 감싸고 있는 가장 바깥의 외피이다. 온갖 영혼 현상은 아스트랄체의 작용으로 봐도 무방하다. 현실 세계 주변에서 군락을 형성해서 존재하는 것으로 여겨진다. 이것을 볼 수 있는 능력이 있는 사람들도 있다고 한다. 과거에는 현실계 주변을 떠도는 물질을 에테르, 그런 움직임을 '에테르적'(etheric)이라고 일컫기도 하였다. 심층 심리학에서 '아스트랄'은 꿈의 상징, 원형(archetypes), 기억, 영적 존재들 그리고 환영적 풍경들에 대한 체험을 나타낸다.

모든 종교에서 죽음은 끝이 아니다. 공통적으로 사후에 영혼의 여행을 상정한다. 영혼을 실어 나르는 매개체가 바로 아스트랄체이다. 많은 사람들이 이것을 경험한 바를 기록하고 있다. 플라톤은 사후 세계에 관해 설명하였는데, 이는 일곱 개의 행성계(seven planetary spheres)를 거쳐서 마지막으로 환생에 이르는 여정을 포함한다. 영혼의 여행 혹은 상승 운동은 영혼 여행자가 물질

세계의 육체를 떠나서 자신의 성체를 통해 상위의 영역들로 여행하는 신비 체험이나 엑스타시 혹은 유체 이탈 체험과 같은 말들로 묘사되어 있다. 살아 있는 사람들도 종종 꿈속에서 아스트랄계(astral plane)에 다녀오기도 한다. 자아는 죽으면 감정체로서 여기에서 오랜 시간 생활하게 된다.

아스트랄계는 가장 낮은 단계의 천국으로서 우리가 사후 세계라고 하면 대개는 이 단계를 지칭한다. 영혼과의 접촉 및 교류(séance)는 대체로 이 세계에서 벌어진다. 종종 「사랑과 영혼」(Ghost) 같은 영화의 주제가 되기도 한다. 개인적인 사랑, 원한, 감정이 여전히 남아 있는 세계이다. 감정은 물질과 감각에 대한 느낌이다. 따라서 물질세계와 아주 가깝게 존재한다. 죽은 자아(혹은 영가)들은 많은 경우 자신이 죽었는지도 모른다. 살아 있을 때와 거의 유사한 모습을 하고 있다. 초기 연옥에서 갖는 힘든 반성과 참회의 시간이 지나면 점차 지상으로 상승한다. 아스트랄계의 최종 단계는 아주 쾌적하고 살만한 '여름 휴양지'(summer land)와 같다고 한다.

낮은 단계에 머무는 자아는 힘들 때 인간계에 등장해서, 술을 마시거나 음식을 먹는 등 대리 만족을 취한다. 가족들을 만나고, 하늘나라에서 대단한 일을 한다고 뻥 치는 일도 있다. 무당과 같은 영매들은 주로 이런 낮은 단계의 영혼을 부른다. 따라서 영매들이 전하는 메시지 내용은 주로 감정 차원의 것이며, 수준도 형편없다. 대개는 살면서 억울했던 일이나 한을 토로한다. 그리고 먹고 마시는 것을 엄청나게 밝힌다. 제사는 이런 욕구를 충족시키려는 의식이다. 일반 사람들이 기도를 하거나 신을 찾으면 대체로 이런 수준의 존재들이 나타난다. '헛되이 나를 찾지 말라는' 신의 경고는 괜한 것이 아니다. 높은 존재는 자신이 필요하면 나타나지, 누가 부른다고 해서 나타나지 않는다. 만약 고귀한 존재를 만나고 싶다면, 스스로 공부와 수양을 많이 해서 높은 세계로 올라가야 한다.

아스트랄계에는 다양한 의식체들이 산다. 죽음을 맞은 영가는 물론이고 요정, 난쟁이 정령(elementals), 천사, 도깨비 등이 함께 산다. 이들은 정보통으로서 인간계에 소식을 먼저 전해주기도 한다. 필자는 이들과 개인적으로 교류한 경험이 많다. 한때 영롱하게 '땡그랑' 소리를 내면서 등장하는 정령이 있었다. 중요한 소식을 하루 이틀 먼저 전해줬다. 그렇지만 대단한 소식은 아니다. 애가 입학시험에 붙었거나 취직이 됐다거나 하는 정도의 정보이다. 이미 제작이 끝난 드라마나 영화의 스포일러와 비슷하다. 누구에게 불행이 오고, 기쁜 일이 생기고 하는 것은 미리 안다고 대세에는 영향이 없다. 더구나 닥쳐올 불행을 사전에 막을 방법은 거의 없다. 그래도 신기하고 기특하기는 하다. 특히 몇 년 전 새벽에 일어나 100일 기도를 드릴 때에는 아예 몸속에 진을 치고 넘나들기도 하였다. 필자가 공부의 길로 가기로 마음을 확고하게 굳히자, 디즈니 만화의 '팅커벨'(Tinker Bell) 같은 요정이 몸을 나와서 길을 떠나는 것을 생생하게 보았다.

아스트랄계는 지구보다 훨씬 넓고, 살아 있는 자의 영혼들도 자유롭게 방문할 수 있다. 그러나 합당한 이유가 없이는 거주할 수 없다. 임사 체험을 경험하는 사람들이 "때가 되지 않았으니 돌아가라"는 말을 들었다는 것은 바로 임시 비자로 들어오긴 했지만 영주권이 거부되었다는 통지를 받은 셈이다. 많은 연구가 현실 세계와 유사한 생활이 가능하다고 본다. 그러나 실제 물질을 활용하는 것이 아니기 때문에 자원의 희소성 문제가 없다. 최상의 단계에서는 실제 세계와 같은 물건들이 생각만 하면 만들어진다고 한다. 식사도 하고 술도 마시며 생활을 즐길 수 있으며, 특히 예술을 즐기는 데 최적이다. 모든 음악이나 예술 작품을 다 직접 즐길 수 있으며, 특히 음악은 소리뿐만 아니라 모든 감각으로 즐길 수 있다. 대체로 가족에 대한 걱정에서 해방되어서 삶의 만족도가 생존했을 때보다 높다고 한다. 그러나 어느 정도 지나면 그 세계가 불완전하고 허구란 사실을 깨닫고 욕망의 세계를 떠나서 정신의 세계로 나아간다.

이런 과정의 의미를 잘 알고 배우면 급속하게 영혼이 성숙하게 된다. 영가들이 인간 세상에 얼씬거릴 이유는 별로 없다. 인간계에서 자꾸 영가들을 불러 대는 것은 죽은 자들에게 도움이 되지 않는다. 학습 과정만 지체되고 집중만 어렵게 만든다. 플라톤에 의하면 살아 있는 동안 공부한 정도만큼 죽어서 높이 올라가고, 천상의 이데아 세계에서 경험한 만큼 다시 환생할 때 지위가 정해진다. 일부 능숙한 영가는 아스트랄계에서 교사 역할을 수행하기도 한다. 군대 훈련소 교관과 비슷한 역할이다. 영계에는 도움의 손길을 기다리는 영가들이 많다. 두려움, 무지함, 고통 등에 시달리는 영가들이 많다. 세상에 대한 미련이 가장 큰 원인이다. 아스트랄계에서 존재할 때 인간 세상에 등장하거나 개입하고 싶은 욕망이 가장 강하다.

3) 자아(ego)의 상승과 하강

성체의 죽음을 '제2의 죽음'이라고 부른다. 자아는 상승 운동을 계속한다. 아스트랄계(욕계)를 지나면 에고는 정신계(mental plane, 색계)에 들어선다. 이 세계 역시 수많은 공동체로 구성되어 있으며, 여러 단계로 이루어져 있다. 에고의 몸은 감정체란 옷을 벗어 던지고, 정신체(mental body)로서 존속한다. 관념과 생각이 중심인 정신세계이다. 온갖 생각들로 이루어진다. 생각은 이미지로 고착되며, 이미지의 형체나 색깔은 생각의 내용에 따라 다르다. 감정이 사라진 생각의 세계이기 때문에 좋은 생각을 많이 내서 두루 공유하는 것이 중요하다. 여기에는 온갖 지식이 다 존재한다. 높은 세계에 대해서도 학습할 기회가 충분히 주어진다. 생각을 바르게 할수록 배우는 것이 많다.

우리의 생각이나 지성에 여러 등급이 있듯이, 정신적 세계 또한 여러 차원으로 이루어져 있다. 여기서 가장 저급한 단계의 행위가 이기적인 계산이다. 공부가 진행됨에 따라서 점차 이기적이지 않은 지적 활동을 하게 된다. 태양계의 다양한 곳에서 거주하면서 자유자재로 옮겨 다닐 수 있다. 기본적인 생활이 정신적인 교육 과정이기 때문에 살아 있을 때 좋은 생각을 많이 하고, 좋은 마음 내기를 많이 훈련한 경우 쉽사리 지날 수 있다. 생각만 하면 비물질 형태로 현실에 구현된다. 플라톤이 말하는 이데아의 세계이다. 생각만으로 의사 전달이 가능하며, 대체로 축복과 활력을 느끼면서 존재한다. 이곳에 머무는 자아는 철학, 과학, 영성, 예술 등 이기적이지 않은 지적 활동을 활발하게 전개한다.

우리들은 살면서 갑자기 좋은 생각이 떠오를 때가 있다. 그리고 이런 생각이 도대체 어디서 올까 궁금했던 적이 제법 있을 것이다. 다양한 설명이 있을 수 있지만, 우리들이 자는 동안에도 우리의 영혼은 끊임없이 여행한다. 여기 정신세계를 방문할 경우

지식의 보물창고를 만나게 되는 셈이다. 모든 존재는 하나의 통일된 의식 세계에서 자신들의 생각과 아이디어들을 자유롭게 교환할 수 있다. 에고를 내려놓고, 욕심을 내려놓고, 생각에 침잠할 경우, 많은 좋은 아이디어를 얻을 수 있게 된다. 이것이 바로 우리가 사색을 많이 해야 하는 이유이다. 꿈속에서 우리의 영혼은 많은 영적인 존재들을 만난다. 지적인 욕구가 있으면 자신이 원하는 지식의 근원들을 만날 수 있다. 지식은 거대한 의식 세계에서 공공재와 같다. 따라서 모든 존재가 좋은 생각을 하고 좋은 아이디어를 많이 내야 한다. 부정적인 생각과 부정적인 에너지는 우주를 포함한 모든 세계를 어지럽힌다.

필자는 요즘 이곳 정신세계와의 교류가 가장 빈번하다. 책을 쓰는 과정은 많은 지적인 도움을 필요로 한다. 지난 5년 동안 400페이지를 넘는 나름 독창적인 책을 세 권이나 썼다. 혼자 힘으로는 감당하기 어려운 일이다. 꿈은 지식과 지혜의 보물창고이다. 많은 선지자와의 접촉이 가능하다. 책을 쓰다가 막혀서 고민을 하면 꿈속에서 누군가가 나타나서 해법을 제시하고, 복잡하게 얽혀있는 실타래를 풀어준다. 자발적으로 도움을 주는 존재들이 많다.

따라서 책을 쓰는 동안에는 반드시 펜과 노트를 머리맡에 놓고 자야 한다. 꿈에서 깨자마자 기억을 되살려 적어놔야 하기 때문이다. 그렇지 않으면 곧 잊어버리고 만다. 필자는 이런 가르침으로 가득 찬 노트를 여러 권 보관하고 있다. 선친과의 대화는 바로 이 단계에서 주로 이루어지는 것으로 보인다. 사후에 필자에게 돌아와서 거두절미하고 근본 원리에 대해서 공부하라고 요구한 것은, 바로 선행 학습의 중요성을 알려주기 위함이었던 것이다.

다음 단계에서 자아는 정신체를 벗어던지고 근본체(causal body)로서 존재한다. 윤회의 주체이고 원인이 된다는 의미에서 근본이라고 지칭한다. 이것이 불교에서 말하는 참나 혹은 '진아'(眞我)이다. 세속에서는 영혼이라고 부른다. 근원적이란 의미로 영어에서는 대문자로 표기한다. 인간계에서 존재하는 자아를 소문자 에고(ego)로 표기하고, 근본체인 진아를 지칭할 경우 대문자 'Ego'(진짜 에고)가 된다. 인간의 탄생은 진짜 에고가 하강하면서 역순으로 두꺼운 옷을 점차 입으면서 종국에는 몸속으로 들어가는 것이다. 인간계에서 자아는 다시 소문자 에고(ego)로 표기된다. 후술하듯이 자아는 육체, 아스트랄체, 정신체, 그리고 근본체(causal body)로 구성되어 있다. 근본체의 크기와 능력이 다시 태어날 인간의 능력, 마음, 지력을 기본적으로 결정한다.

우리가 영혼이라고 부르는 참나는 머리나 이성을 작동시키지 않고 직관적으로 안다. 정신계가 이성의 영역이라면, 근본체들이 사는 무색계는 직관과 통찰의 영역이다. 이성은 수집한 정보에 근거한 합리적인 추론이 필요하지만, 영혼은 이성을 활용하는 계산 과정 없이 즉각적으로 안다. 통찰력이 뛰어나며 보편적 영적 세계와 맞닿아 있다. 인간세계와는 질적으로 다르고 멀리 떨어져 있는 반면에, 신계(divine world)와는 아주 가깝게 맞닿아 있다. 참나는 영혼의 수준에 따라서 밝기와 빛 그리고 색깔이 다르다. 수준이 높을수록 밝고 영롱하다. 끊임없이 진화한 결과이기 때문에 참나는 비록 선함이 모자랄 수는 있지만 나쁠 수는 없다. 인간계에서 악이 횡행하는 이유는 세상이 참나를 타락시키거나, 인간들이 참나를 많이 활용하지 않고 충동적으로 행동하기 때문일 것이다.

대별해서 삼계이지만 실상은 각 세계는 수많은 단계로 이루어져 있다. 진아의 성숙 정도에 따라서 세세하게 나뉜 세계에서 영혼들은 무리를 지어 군락 생활을 한다. 무색계 다음에 오는 신계만 해도 층층의 단계가 있다. 단계가 상승함에 따라서 자아는 점차 육신의 이미지나 형체가 흐릿해지고, 빛과 에너지로서 느껴진다. 가까이 가면 형체가 느껴지고 에고의 이미지가 연상이 된다. 단계적으로 인간세계와 유사성이 사라진다. 인격이나 의지로부터 자유로워지기 때문에 에고는 점차 평온해진다. 존재의 개체성은 있지만 인격성은 사라져간다. 자아는 이타적으로 행동하며 사고하고 보편적인 사랑을 실천하면 높은 단계로의 상승이 용이하고 빨라진다.

근본체는 자신의 선호에 따라서 상승 혹은 하강을 선택한다. 신과의 합일을 추구할 경우 계속 상승 운동을 하게 된다. 반면에 세상을 이롭게 하고 싶은 경우 윤회를 선택해서 하강 운동을 시작할 수 있다. 이 경우 상승 운동의 역순으로 점차 두꺼운 옷을 입는다. 참나가 몸속으로 들어가는 과정을 'involution'(퇴행)이라고 부르고, 육신으로부터 상승 과정을 'evolution'(진화)라고 부른다. 근본체는 행동을 통해서 실제 결과를 만들려는 의지 때문에 몸을 필요로 한다. 참나의 활용 정도는 개인의 발전 정도에 따라서 다르다. 대부분의 사람은 참나의 이용도가 낮다. 인간의 에고는 육체보다 근본체인 참나를 많이 활용해야 높은 수준의 삶을 영위할 수 있다. 그렇지 않을 경우 자아는 감성적이고 충동적이게 된다.

근본체는 세심하게 환생을 준비한다. 자신의 소원에 따라서 부모를 선택하고, 태아의 출생과 성장 과정에 직간접으로 관여한다. 자신의 소질, 꿈, 능력, 의지 등을 고려해서 가장 적합한 날을 선택한다. 따라서 육체의 출생일을 인위적으로 조작해 봤자 의미나 실익이 없다. 어린애마다 성격이 다른 것은 근본체가 다르기 때문이며, 쌍둥이가 성격이 정반대인 경우가 생겨나는 것도 이런 이유로 설명할 수 있다. 또한 근본체는 파동이기에 신체의 형성에도 영향을 미친다. 따라서 손금이나 신체 문양이 사람마다 전부 다르게 된다. 참나는 근본체의 일부를 하늘에 남겨두고 일부만을 인간의 인격에 투입한다. 따라서 사후에 다시 상승 운동을 할 때 남겨진 근본체와 원만하게 재결합이 가능해진다. 참나가 하강 운동을 선택하는 목적은 물질세계의 파동을 느끼기 위해서이다. 참나는 육신을 통해서 두뇌와 마음을 작동시킨다. 그 결과 참나는 자아의 행동이나 감정 그리고 사고를 어느 정도 통제할 수 있게 된다.

3. 의식 세계

1) 의식

의식은 물질 관점에서 보면 있는 것도 아니고 없는 것도 아니다. 일반적으로 우리가 사는 3차원의 세계를 초월한 4차원적인 존재를 '비유비무'(非有非無)로 표현한다. 그러나 의식은 생명의 근원으로서 보이지는 않지만 엄연하게 존재한다. 의지와 생각 그리고 행위의 원인이 바로 의식이다. 의식을 정의한다면, 사람들이 외부 세계와 그들의 지각, 이미지, 사고, 기억, 감정에 대해 갖는 자기 인식을 지칭한다. 의식은 생명체 중에서, 특히 고등 동물 이상에서 중요한 역할을 한다. 개체가 환경이 주는 정보를 이해하고, 그 정보를 사용하여 가장 적절하고 효율적인 행위를 계획한다. 이로 인해 생존의 확률이 높아진다. 또한 개체 간에는 협동과 결속을 통해 생존 가능성을 제고하는 기능도 한다. 요컨대 의식이 존재함으로 인해서 살아 있는 생명의 두뇌 활동이나 감정, 사유, 감각 등의 작용이 일어난다. 알아차리고, 지각하고, 평가하고, 판단하고, 감정을 느끼는 것은 의식 활동의 결과이다.

앞서 살펴본 자아(ego)의 순환 과정은 몸체(body)를 원용한 개념이다. 영혼이나 자아를 몸체를 가진 존재로 의인화시키고 있다. 그러나 엄밀하게 자아는 몸뚱이의 형상을 하고 있지 않다. 영혼의 본질 또한 몸체라기보다는 어떤 에너지나 기운이 뭉쳐있는 상태에 가깝다. 우리가 정확하게 알지 못하는 존재나 물질을 의인화하는 것은 우리의 이해를 돕기 위한 방편이다. 의식은 영혼이나 자아의 본질에 해당한다. 의식은 근대적 개념으로서 근대 계몽주의 학자들이 영혼 대신 선호하였다. 대표적으로 칸트(Kant, 1724~1804)는 영혼이나 정신 대신에 의식과 자아란 표현을 썼다. 그들은 정신이나 마음 같은 비물질적 존재에 대해서 부정하는 경향이 있었다. '자아' 또한 영혼이란 존재 대신에 관념적인 주체로서 만들어진 근대적인 개념이다.

그 결과 의식은 종교적이고 비과학적인 영혼과 달리 과학적인 연구의 대상이 되었다. 이후 의식이 "정신적 현상인가 아니면 물리적 현상인가?"에 대해서 치열한 논쟁이 벌어졌다. 심리학자들은 대체로 전자의 입장이다. 현상학의 창시자 후설(Husserl, 1859~1938)은 의식은 생물학적으로나 물리화학적으로 환원될 수 없는 심리적 현상이라고 주장하였다. 후자에 따르면 정신 혹은 심리 현상은 뉴런들의 물리화학적 신호와 신경 회로망이 만들어 낸다. 따라서 독자적인 정신 현상은 없다. 의식에 대한 최근의 과학적인 연구는 모든 것이 두뇌의 작용이라고 본다. 상상력, 정신, 이성, 감정, 나아가서 영성까지 포함하는 통칭하여 인간 의식이란 것은 두뇌가 만들어 낸 환각 내지는 환영이다. 일부는 숭고한 종교적 영성으로 빚어낸 인류의 걸작들마저도 존재하지 않는 신에 대한 환각적인 숭배와 그에 영감받은 예술혼이 합작하여 빚어낸 결과물로 본다.

그러나 의식은 허상이 아니라 본질이다. 의식을 생명의 기운이라고 본다면, 기운 자체에는 의지나 욕망이 없다. 중립적이고 무색무취이다. 이것이 순수 의식이다. 이후 인간의 의도가 가미되어 개체 의식, 집단의식, 절대 의식으로 발달하였다. 의식은 개체 유지를 위한 자아의식이 종족 유지나 공동체 유지의 집단의식으로, 단계적으로 진화가 일어난다. 인간이 사회 속에서 생활하면서 의식 진화는 가속화되었다. 인간의 의식이 고도화되면서 자아에 대한 성찰적 사유가 생겨난다. 내면 깊숙이 삶의 의미를 찾아 침잠하기도 하고, 동시에 상호 교류, 소통, 모방을 통해서 사회적 의식을 발달시킨다. 이것을 통해서 타자에 대한 배려나 사랑 그리고 협력이 가능해졌기 때문에 인류가 지구상에서 정점에 오를 수 있었다. 최종적으로는 죽음과 초자연적 존재인 신에 대한 의식도 발달한다. 종으로서 인류의 의식이 진화를 통해서 발전했다면, 개별 인간의 의식은 학습과 수양을 통해서 발전한다. 자아가 스스로를 극복하고 자기희생과 자아 소멸의 마음을 갖게 되면 최고 수준에 도달하게 된다.

의식이 인간에게 갖는 의미는 물고기에게 산소가 갖는 의미와 유사하다. 의식과 산소는 공히 생명의 원천이다. 물고기는 물속에서 존재하기 때문에 자신이 물 때문에 산다고 생각할 수 있다. 마찬가지로 인간은 공기 중에 살기 때문에 공기가 생명의 원천이라고 생각한다. 그러나 물고기가 산소가 없으면 살 수 없는 것과 마찬가지로, 인간도 의식이 없으면 사고나 행동을 할 수 없다. 이런 의미에서 의식은 생명의 원천이다. 물속에 사는 물고기가 물밖에 존재하는 공기의 존재나 속성을 이해하기는 어렵다. 마찬가지로 인간은 의식의 존재에 대해서 제대로 이해하기 어렵다. 일개의 물고기가 바다 전체나 우주의 관점에서 자신을 바라보는 것이 바로 인식의 전환이고 득도인 셈이다. 우리가 자신을 넘어서 세상 전체의 관점에서 관조하는 것이 득도이다. 물고기는 물 밖으로 나와야 자신의 존재에 대해서 제대로 알 수 있다. 마찬가지로 우리 인간도 자아나 육신으로부터 벗어나야 의식이나 의식 세계에 대해서 제대로 이해할 수 있다.

물고기가 바깥세상에 대해 제대로 이해하지 못하고 살듯이, 우리도 무지하게 자아와 육신에 매몰되어 존재한다. 기껏해야 의식 세계의 존재에 대해서 어렴풋이 아는 정도이다. 물고기가 할 수 있는 일은 그저 순간순간 잡아먹히지 않고, 즐겁게 헤엄쳐 돌아다니는 것뿐이다. 물고기가 바다를 알고, 공기를 알고, 전 우주를 깨달았다 하더라도 변할 것은 없다. 그저 순간순간을 즐기는 이외에. 물고기 중 최고의 물고기가 된다한 들 미천한 인간 하나에도 못 미칠 것이다. 물고기에게 산소는 눈에 보이지 않고 인식할 수도 없다. 공기 중에 각종 전자파, 전기파, 음악 소리, 소음 등 온갖 정보가 담겨 있다는 사실을 도저히 알 수가 없다. 인간에게 의식도 마찬가지다. 의식이 바로 생명의 원천이란 사실과 의식 세계 속에는 무한히 많은 정보가 담겨 있다는 사실을 일반 사람들이 제대로 알아채기는 어렵다.

2) 의식의 의인화

의식이 '비유비무'이기 때문에 의식을 의인화하는 현상이 생겨난다. 의식이 개별 인간의 몸속에 들어와 인격성을 띠게 된 것이 영혼이다. 인간의 관점에서 의식 세계의 다양한 존재들에게 인격을 부여해서 인간처럼 취급하는 것이 의인화 현상이다. 인간들은 가장 멋진 인간을 신의 모습으로 상상한다. 그러나 신은 우주의 원리일 수도 자연의 이치일 수도 있기 때문에 이런 의인화 경향은 지극히 인간 중심적이다. 영혼도 사후에 인간의 모습으로 존속하는 것으로 보통 그려진다. 그러나 엄밀하게 말하면 육신을 떠난 영혼은 인간이 아니라, 인격이 남아 있는 의식적 존재일 뿐이다. 인간으로서의 정체성은 일정 정도 시간이 지날 때까지만 유지되며, 이후에는 개성을 상실한 채 보편 의식으로만 존재할 것이다. 이것은 앞선 영혼의 순환 과정에서 설명한 바와 같다.

이렇게 보면 영혼은 의식 자체이고 동시에 에너지 체이다. 의식이 몸에 들어오면 강한 파장을 만들어 낸다. 따라서 인간의 몸에는 에너지가 유입되고 방출되는 말단 부분에 돌기 모양의 문양이 있다. 파동의 결과이기 때문에 사람마다 다르다. 그냥 세포이고 물질이라면 같아질 확률이 크다. 마치 사람이 만드는 옷 디자인에 한계가 있듯이. 패션 스타일을 남과 다르게 가져가기 위해서 무척 애를 쓰지만, 누군가는 똑같은 옷을 입고 있기에 실망하는 것이 일반적이다. 그러나 손금, 지문, 머리 가르마 등은 완벽하게 다 다르다. 모두 호수에 돌을 던지면 퍼져 나가는 파동과 같은 문양을 하고 있다. 의식이 외부에서 파동처럼 들어와 몸에 일부는 갇히고, 일부는 몸을 통과해서 외부로 나간다. 몸에 갇힌 의식은 인격성을 점차 띠게 된다. 그리고 종국에는 이를 인격으로 취급하는 경향이 생겨난다.

의식체인 신이나 영혼을 의인화하는 경향이 태곳적부터 있었다. 그러나 엄밀하게 따지면 이들은 인간의 모습을 한 인격체들이 아니다. 인간들이 그렇게 보고 싶을 뿐이다. 그리스도교에서는 신을 인간 그것도 아주 자비스럽고 엄격한 아버지로 그린다. 유대교에서는 신을 잘 삐지고 화를 잘 내는 인격체로 묘사한다. 신을 있는 그대로 에너지체로 보고, 자연으로 보는 입장도 있다. 신을 인격화하는 신인 동형론은 인간의 욕심이 그려낸 가공물이다.

의식이 육체 속으로 들어오면서 본격적으로 인격을 형성하게 된다. 인격은 육신, 사회, 교육, 영혼 등의 속성을 반영하는 복합체이다. 의식은 자연물에도 들어갈 수 있고, 바위나 땅속에도 거할 수 있다. 자연 속에 존재하는 강한 의식은 산신령이 되고 용왕이 된다. 개별 생물체나 무생물이 함유하는 의식의 양이나 세기는 미미하다. 그러나 용왕이나 산신령은 비록 몸이 따라 주지는 못하지만, 하늘에 있는 신에 버금가는 의식체에 가까울 것이다. 그럼에도 인간들은 용왕이나 산신령을 전부 지팡이 짚고 수염이 긴 할아버지로 묘사한다. 그러나 우리들의 마음이 인간의 형상으로 그리는 것일 뿐이다.

신이나 영혼에 대한 의인화는 의식이 인간의 육신에 진입해서 거주하기 시작하면서 생겨난 현상이다. 사후에 사라지는 육신과 달리 의식에 내재된 인격은 금방 사라지지 않기 때문에 의인화 경향이 강화된다. 육신을 떠나보낸 의식이 계속 기억을 하고, 인격으로서 인간 세상과 접촉을 하면서 의인화 현상이 보편적으로 자리 잡게 되었다. 실제로 육신이 없는 영혼이 인간의 모습을 할 이유는 없다. 인간이 그렇게 상상하고 그리는 것일 뿐이다. 그러나 인격성을 계속 띠는 영혼들이 사후에도 계속 생을 이어가는 것은 많은 영혼 연구자들이 동의하는 바이다.

의식이 사라져서 우리가 죽는 것이 아니라, 우리가 죽기 때문에 의식이 끊어지는 것이다. 의식 세계는 우리의 생사 여부와 관계없이 엄연히 존재한다. 우리가 살아 있어도, 신체에 이상이 생기면 의식 세계와의 소통이 지장을 받는다. 치매에 걸리면 살아 있어도, 의식 세계와 원활하게 연결되지 못한다. 사고하고 기억하는 행위에도 심각한 지장을 받는다. 우리의 기억은 필수적인 것만 두뇌에 저장되고, 나머지는 의식 세계에 저장되어 필요할 때 가져다 쓰는 것인지도 모른다. 불교 유식론(唯識論)에서 유식은 오직 마음이란 뜻이다. 현상에 대한 인식이나 인간 내면의 반응을 마음의 작용으로 설명한다. 유식론은 인간 내면 깊숙한 곳에 '아뢰야식'이란 의식의 저장소가 있다고 본다. 신비학(Occultism)에서는 우주의 모든 기억의 저장소로서 '아카식 레코드'(Akashic Records)을 상정한다. 수행 정도가 높아지면 기억을 자유자재로 꺼내 쓸 수 있게 된다. 이렇게 보면 우리의 의식은 사후에도 의식 세계에 존재할 수 있다.

일반적으로 윤회는 인간이 형체를 달리해서 영생하는 것으로 상정한다. 따라서 과도하게 의인화된 측면이 있다. 그러나 윤회를 단순하게 의식의 순환 과정으로 봐도 무리가 없을 수 있다.

생명의 원천인 의식이 죽어서 그냥 사라지는 것으로 가정할 논리적·실체적 당위성은 없다. 모든 물질이나 기운은 다양한 형태로 유전할 수 있다. 개별적으로 존재하던 의식이 사후에 전체 의식으로 합류되는 것은 크게 이상할 것이 없다. 개별 의식체가 거대한 의식 세계에서 개체성을 유지하려는 경향을 의식의 자연스런 속성으로 볼 수 있다. 개체성을 유지하고 강화하는 가장 좋은 방법이 바로 인간의 육체 속에 다시 들어가는 것이다. 왜냐하면 육체 속에서 사고의 주체로서 다양한 경험을 하면서 개체성이 강화될 것이기 때문이다.

의식은 본질이고 기본 속성이다. 인간은 의식을 활용해서 의식 작용을 할 뿐이다. 의식에 담겨진 기억은 사후에 아카식 레코드에 저장되거나 점차 사라질 것이다. 영혼 연구자들은 기억을 정화시키는 데 시간이 상당히 걸리는 것으로 상정한다. 이런 점에서 의식은 비디오테이프와 유사하다. 공테이프에 녹화하고 기록을 지우고 다시 녹화할 수 있다. 영원히 윤회하는 자아는 없지만, 의식은 끊임없이 재생된다. 윤회는 보상이나 한풀이 차원이 아니라, 의식의 기본적인 속성으로 파악할 수 있다. 개체화된 의식은 물방울의 표면장력처럼 흩어지지 않으려는 속성을 가질 수 있다.

의식 관점에서 자아의 일생을 살펴보면 분리와 통합을 통한 성숙 과정으로 볼 수 있다. 의식의 개체화가 이루어져서 개별 존재로 살다가, 일정 시간이 지나서 다시 의식 세계와 통합되어 간다. 개체화된 의식은 항상 자기중심적인 성향을 띤다. 사람들은 일반적으로 개체화된 의식 속에서 살다가 죽는다. 죽을 때까지 자기를 놓지 못하고, 죽어서도 자기가 죽었다는 사실을 인정하기를 거부한다. 죽은 자의 개체 의식은 전체 의식으로 합쳐지기를 거부한다. 죽음 이후의 교육 과정은 개별의식이 전체 의식으로 되돌아가도록 만드는 것이 목적이다. 기억이 소멸되고 의식이 정화되어 절대의식 속으로 합쳐지는 자연스런 과정이다. 개별 웅덩이의 물이 증발되어 하늘로 올랐다가, 다시 비로 변해서 지상에 내려와 바다로 합쳐지는 것과 같은 순환과정이다.

3) 의식 세계

물고기가 바다에 살듯이, 인간은 의식의 바다에서 물고기처럼 산다. 의식은 개체 속에도 존재하지만, 바다와 같은 의식 세계를 형성한다. 의식이 개체에 존재하는 것은 인간의 고유한 속성이다. 이로 인해 인간들은 '나'라는 의식, 즉 자아의식을 갖게 된다. 자아는 사고나 의식 활동의 주체가 된다. 영혼은 개체화된 의식이며 동시에 넓은 의식의 바다에서 존재한다. 의식 세계는 바닷물이라기보다는 전기장이나 파동의 장이며 서로 화합하고 증폭되고 다양한 상호작용을 하는 장(field)으로서의 성질을 가진다. 의식은 상호 연계성이 있기 때문에 의식 세계를 이루면서 존재한다. 관념 철학의 핵심은 의식이나 정신의 집합체인 거대한 의식 세계나 정신세계가 존재한다고 믿는 것이다. 개별적인 의식은 독립되어 존재하는 것이 아니라 끊임없이 거대한 의식 세계와 상호작용을 한다.

의식의 장은 하나로 연결되어 있고, 끊임없이 서로 영향을 미치지만 개별적인 장들은 나름대로의 개성을 유지한다. 바다가 다 연결되어 있더라도 만이나 해역마다 고유의 특성을 가진다. 이와 마찬가지로 나름대로의 특성을 갖는 무수히 많은 '의식의 장'이 존재할 수 있다. 자아가 사후에 육신과 분리되어 나오면, 개체화된 의식을 주변의 의식 장에서 끌어당기는 힘(인력)이 작용할 것이다. 이런 인력에 저항하는 속성이 자아 즉 개별화된 의식에 존재한다.

이렇게 보면 인간세계에는 인구수만큼 약 60억 개의 개체화된 의식의 장이 존재한다. 그리고 이들이 상호작용을 하면서 무수히 많은 크고 작은 의식 장을 형성한다. 개별 의식은 자신의 의식 장을 뛰어넘을 수도 있고 갇혀 살 수도 있다. 수행을 통해 멀리 갈 수도 있으며, 먼 곳과도 교감이 가능할 수 있다. 에고란 의식 덩어리를 의도적으로 약화시키면 의식은 자유롭게 의식 세계를 돌아다닐 수 있다. 의식 차원에서 내가 없으면 남이 없어지고, 우리 또한 없어질 수 있다. 대신에 전체의식이 생겨날 수 있다. 전체 의식이 무한정 확대된 것이 절대 의식 내지는 일자(一者, 신)이다. 우리는 다른 사람의 입장에서 사고를 할 수도 있고, 공동체 관점에서 사고할 수도 있고, 신의 관점에서 사고할 수도 있다. 의식 수양의 결과에 따라서 신이 되고, 국가가 되고, 공동체가 될 수 있다. 이것은 자아란 의식을 죽이거나 뛰어넘어야 가능한 현상들이다.

우리에게 오만가지 생각이 다 드는 것은 우리가 정보의 바다인 의식 세계와 연결되어 있기 때문이다. 사실 모든 정보에 접근이 가능하다고 보면 된다. 요즘으로 말하면 구글 서치 능력과 수준이 우리의 지적 능력과 소양의 수준을 결정한다. 과거에는 모든 정보를 개인들의 머릿속에 담으려고 죽도록 노력했지만, 요즘에는 간단하게 검색만 하면 다 접근할 수 있다. 머리가 좋다는 말은 정보처리 능력이 좋은 것을 의미하게 되었다. 자기가 특정한 저급한 정보를 자꾸 검색하면 그런 정보만 뜬다. 따라서 머리는 그런 생각들로만 도배가 된다. 인류를 이롭게 할 수 있는 정보를 구하면, 그런 생각들이 쏟아져 나오게 되어 있다. 하늘 아래 새로운 것이 없다는 말은 바로 모든 것이 의식 세계 속에 존재하는 것을 의미한다.

의식 세계는 플라톤이 일찍이 말한 바 있는 이데아의 세계이다. 의식 세계에는 아카식 창고가 존재한다. 모든 일어난 일과 일어날 일에 대한 정보가 다 저장되어 있는 곳이다. 따라서 과거, 현재, 미래는 의미가 별로 없다. 사후에 자아의 의식은 기억을 아카식 창고에 남기고 점차 순수한 의식으로 변해서 파동과 에너지의 결합물로 존재한다. 백지장처럼 순수하게 정화된 의식은 생명 속으로 다시 들어갈 수도 있고, 의식 세계를 떠돌아다닐 수도 있다. 이 과정 속에서 개체화된 의식인 영혼은 점차 개체성을 상실하고, 보편적 성격의 의식으로 전환된다. 새로운 인간이 탄생되면 백지장 같은 의식이 흘러 들어가 새로운 의식 작용이 일어나게 된다.

인간은 살면서 각종 의식 세계 속에서 산다. 문화와 사회도 개인의 의식에 영향을 미치는 의식 세계이다. 정신과 영혼이 의식 세계의 구성요소이다. 의식을 공유할 때 공동체 의식이 생겨나고, 의식공동체가 형성될 수 있다. 의식은 원래 중립적인 개념이다. 아무것도 쓰여 있지 않은 백지장과 같다. 사람이 태어나면 의식이란 흰 종이 위에 문화가 그려진다. 사회화는 인간의 의식을 사회라는 의식 세계에 담는 것이다. 인간은 명상, 호흡, 꿈 그리고 윤회의 과정을 통해서 다양한 의식 세계를 경험할 수 있다. 끊임없는 배움과 실천, 수양과 수행, 꿈을 통한 무의식적 경험,

그리고 반복되는 죽음과 탄생 과정 속에서 의식의 확장이나 고양을 경험할 수 있다. 인간은 다른 동물과 달리 문화, 마음, 의식을 새롭게 창출할 수 있다. 인간은 언어와 상징을 활용해서 의식 작용을 한다는 점에서 다른 동물과 구분이 된다.

물이 순환하듯이 의식도 순환한다. 의식 세계를 불교에서는 삼계라고 부른다. 의식 세계를 욕계, 색계, 비색계로 나누며, 인간의 의식은 이런 세계를 넘나들면서 진화해 나간다. 수평적으로 의식이 확장되고, 수직적으로 의식이 고양될 수 있다. 의식 세계의 진화를 통해서 인간 세상이 고차원으로 발전할 수 있다. 세계 의식이 생겨나고, 영성과 신성이 발현될 수도 있다. 인간은 살아서는 의식이 하나의 의식 세계로 연결되어 있다는 사실을 자각할 필요가 있다. 죽어서는 의식의 개체성이 점차 사라지기 때문에 개체성을 유지하려는 성향을 보인다. 사후에 자아가 의식의 개체성을 유지하는 것은 대단한 능력으로 볼 수 있다. 기운이 강하고 수준도 높은 의식에게만 가능할 수 있는 경지이다. 자아가 다시 육체를 받으려는 이유는 바로 개체성을 유지하고 강화시키려는 목적 때문이다. 생전 및 생후에 개별 의식체에게 벌어지는 이런 반전을 알아야 의식 세계 전체를 제대로 이해할 수 있다.

4. 자아와 마음

1) 자아

죽음에 대한 호기심으로 출발한 필자의 구도 역정의 마지막은 인간이다. 나는 과연 누구인가? 누구나가 종종 스스로에게 던지는 질문일 것이다. 거울에 비친 나의 모습이 바로 나일까, 아니면 보이지 않는 내가 따로 존재하는 것일까? 사전적 정의에 따르면, 자아(self, ego)란 "감정, 의지 등 여러 작용의 주관자로서 이 여러 작용에 수반하고, 또한 이를 통일하는 주체"로서 일반적으로 정의된다. 그리고 자아는 "그때그때의 사고·감정·의지의 각 작용의 변화에도 불구하고 지속성과 동일성을 지니는 것이어야 한다"(두산백과). 자아란 기본적으로 의식 작용의 동일한 수행자이며, 실체는 아니고 의식이나 이미지를 통해서 나타난다. '나'란 이미지는 외모와 성격으로 드러나고, '나'란 의식은 남이나 외부와 구분되는 자신을 생각해서 느끼는 것이다.

자아는 영혼이란 근본체가 하강 운동을 시작한 후 최종적으로 도착하는 목적지이다. 이 과정을 통해서 근본체의 일부가 자아 속에 심어진다. 근본체는 육신과 결합하고, 여기에 사회적 요소가 가미되어 인간 사회의 구성원으로서 자아가 형성된다. 인간 사회에 속하지 못하고 늑대와 함께 산 인간은 늑대가 된다. 자아는 몸뚱이와 나란 생각의 복합물이다. 자아는 인격의 중심이고, 인격은 다양한 속성의 복합체이다. 동시에 자아는 의식이 담기는 그릇이자 의식작용의 주체이다. 자아는 또한 양심과 이성의 담지자이다. 자아는 끊임없이 변한다. 생각도 변하고 모습도 변한다. 몸 세포는 끊임없이 죽고 재생산된다. 그렇지만 나란 정체성이 유지되기 때문에 법적으로 동일인으로 간주된다.

서양 심리학에서 자아는 마음이 제대로 기능하게 통제하고 조정하는 주인이다. 프로이트는 『성격의 구조』(*structure of personality*)란 책에서 인간이 원초아(id), 자아(ego), 초자아(superego)로 구성되어 있다고 주장하였다. 원초아는 본능적인 욕망과 욕구를 지칭한다. 무의식의 지배를 받으며, 쾌락을 추구하는 것을 목적으로 '쾌락 원리'를 따른다. 자아는 원초아와 대조적으로 현실적인 목표 추구 활동의 실행자로서 '현실 원리'를 따른다. 초자아는 양심이라고 볼 수 있으며, '도덕 원리'에 의해 작동한다. 자아는 원초아의 생물학적 충동과 초자아의 사회적 구속 사이에서 중재자 역할을 한다. 사회적으로 자아는 건전한 자아, 취약한 자아, 도움이 필요한 자아 등 다양한 모습으로 존재한다. 교육의 목표는 건전한 자아의 형성이다.

자아는 바로 현대적 학문이 만들어 낸 산물이다. 전통적으로 영혼을 인간의 주인으로 간주했다. 자아가 영혼으로부터 주인 자리를 빼앗았다. 그렇지만 자아에 대한 도전도 만만치 않다. 불교 심리학에서 자아는 일체화를 강요하고 집착을 만들어 내기 때문에 극복되어야 하는 대상이다. 이런 경향은 자아를 과도하게 중시하고 자아 중심적으로 사고하기 때문에 생겨난다. 극단적으로 소승불교에서는 자아가 없다고 주장하기도 한다. 현대의 뇌과학 연구는 자아를 두뇌가 만들어 낸 허상으로 간주하면서 유물론을 주장한다. 모든 것은 호르몬과 두뇌의 작용에 불과하다. 많은 도전에도 불구하고 자아는 정신작용과 심리 작용의 주체로서 보편적으로 수용되는 개념이다.

자아는 부정적인 측면을 갖지만, 존재를 부인한다고 해결되는 것이 아니다. 오히려 극복하고 초월해야 할 대상이다. 수행을 통해서 자아는 동심원이 확장되거나 초월할 수 있다. 교육학은 자아가 수준 높은 품성을 갖추도록 만드는 것이 목표이다. 심리학은 이런 자아의 심리상태를 연구하고 병리 현상을 치료하는 역할을 한다. 사회과학은 이런 자아의 사회적 생활을 분석하고 문제를 해결해서 바람직한 방향으로 유도해 나간다. 인문학은 이런 자아에 대한 역사적, 철학적 분석을 한다. 적절한 교육과 훈련을 받으면 높은 수준의 사고력을 갖추게 된다. 자아가 있어야 서로 이질적인 존재인 영혼과 육신이 분리되지 않고 하나로 원만하게 작동할 수 있으며, 인간의 의식 활동이 가능해진다.

자아는 의식뿐만 아니라 정체성도 갖는다. 불확실한 환경 속에서 자기를 지키려는 동기에서 만들기도 한다. 정체성의 형성 과정은 정서적인(emotional) 측면이 강하다. 상대에 대한 느낌은 실제 느낄 수 있으며, 감정으로 표현될 수 있다. 자아의 정체성은 외부 환경에 대한 감성적인 반응의 결과이다. 정체성은 자아에 귀속감을 부여하며, 사회가 공동의 목표를 지향하도록 만들어 준다. 그러나 너무 집착하면 자아의 성숙을 방해한다. 존재의 불안을 해소시키기 위한 방편이 오히려 이후에 심리적 장애물로 작용할 수 있다. 마찬가지로 인격(personality)도 처음에는 변화무쌍한 삶으로부터 우리를 보호해 주지만, 형성된 이후에는 자아를 구속한다. 주인이 정체성의 노예가 되면, 자아는 도저히 극복할 수 없는 존재가 되어 버린다. 독창적인 사고가 불가능해지고, 보편적인 사랑도 할 수 없다. 정체성은 자아가 사회에 정착하는 것을 도와주고, 삶을 단순화시켜 주는 도구이다. 그러나 이것은 극복되어야만 하는 것이다.

2) 마음

인간은 물질인 몸과 비물질인 마음으로 이루어진다. 마음은 의식을 활용해서 감정과 생각을 만들어 낸다. 마음에는 본능, 감정, 이성. 지성, 영성, 신성 등 다양한 요소들이 영향을 미친다. 자아는 마음을 통해서 정신작용을 한다. 인간은 생명의 유한성과 삶의 불확실성 속에서 항상 산다. 삶은 고통이고, 세상은 모순투성이다. 행복과 불행이 교차하고, 안정과 불안정을 느끼며 산다. 이것이 우리의 일상생활이다. 생활의 지혜가 절실하게 필요하다. 마음을 잘 쓰고 잘 다스리는 사람이 깨우친 자이다. 마음은 감각과 충동의 놀이터가 될 수 있고, 영성과 신성이 작동하는 차원 높은 공간이 될 수가 있다. 마음의 변화가 생각이나 감정을 결정하게 된다.

마음은 정신활동의 무대이지만 생명이 없기에 영혼과 구별이 된다. 따라서 '영혼 불멸'이란 말은 있지만 '마음 불멸'이란 말은 없다. 마음은 생명 존재의 증거이다. 온갖 일들이 끊임없이 일어난다. 마음은 정신과 육체를 연결하는 다리이고, 정신과 육신이 상호작용을 하는 공간이다. 마음속에서 영혼과 육체 사이에 전쟁이 일어나기도 하고 협력이 일어나기도 한다. 수행 여부에 따라 육신의 충동과 감각이 점차 순화될 수 있다. 그렇기 때문에 마음은 넓고 좁고, 깊고 얕고, 단순하고 복잡할 수 있다. 정의 내리기도 파악하기도 어렵다.

마음은 의식 작용이나 사고 작용의 중심에 있다. 자극에 단순히 반응하기도 하지만, 마음을 통해서 의사결정을 한다. 의지를 만들어 내고, 이를 육체가 실행한다. 마음의 일관성과 안정성이 확보되면 정신활동의 주체로서 작동할 수 있다. 일관된 사고와 행동을 할 수 있다. 마음에는 본능, 감정, 지성, 이성이 있다. 찬반(yes-no), 호오(好惡, like-hate), 진위(true-false), 정오(right-wrong)

등 모든 의식 작용의 집합체이다. 이것들이 합쳐져서 생각(ideas)과 의지(intent)를 만들어 낸다. 마음이 자아의 성격이나 정체성을 보여 준다. 인간은 마음을 써서 의식 작용을 한다. 마음속 더 깊은 곳에는 배려, 자비, 사랑, 헌신, 책임, 의무, 사명 등이 존재한다. 잠재의식과 신의 뜻도 마음속에 존재한다. 마음은 또한 온갖 감정과 생각이 떠오르는 장소이기도 하다. 따라서 마음은 복잡하고 산란한 것이 일반적이다. 나쁜 감정이나 생각이 떠오르기도 한다. 따라서 마음을 잘 정화시켜야 한다. 수양을 충분히 하고 나서 마음 가는 대로 행동해야지, 수양이 안 된 상태에서 마음대로 하다가는 큰일을 치르게 된다.

마음공부는 의식 활동을 적절하게 통제하고, 마음의 주인이 되어서, 점차 높은 수준의 정신작용을 할 수 있도록 나아가는 것이 목표이다. 마음에 대한 통제 정도에 따라서 마음의 역할이 변한다. 마음이 감각의 노예이고 잡생각의 놀이터에서, 점차 독립적인 원인으로 작용하게 된다. 영향을 받는 종속변수에서 점차 영향을 미치는 독립변수로 변한다. 마음이 뇌를 바꾸고 인간의 자아와 인격 자체를 바꿀 수 있게 된다. 공부와 인격 도야가 있어야 마음이 육신의 노예가 되지 않고, 점차 자율성과 독자성을 갖게 된다. 그래야 마음을 통해서 높은 수준의 지적·정신적인 활동이 가능해진다.

깨달음이나 득도의 효과는 마음에서 가장 두드러지게 드러난다. 바윗돌과 같은 마음이 바로 경지에 오른 마음이다. 쉽사리 흔들리지 않는다. 자극에 민감하게 반응하지 않는다. 변하지 않으니 변수가 될 수 없다. 그러면서도 열려 있다. 모든 것을 수용하며, 그것도 있는 그대로 받아들일 수 있는 고차원의 마음이 생겨난다. 수행이 많아질수록 마음의 작용으로 인한 왜곡 정도가 줄어든다. 종국에는 마음이 거울처럼 왜곡 없이 현실을 있는 그대로 반영할 수 있게 된다. 모든 것이 마음먹기에 달렸다지만, 가장 높은 경지는 아예 마음을 먹거나 내지 않는 것이다.

낮은 단계의 마음은 변덕과 조작에 능하다. 낮은 수준의 에고가 작동하기 때문이다. 마음은 자아가 활용하는 도구로서, 이것을 통해서 지식과 감정을 얻는다. 마음의 작동은 3차원을 2차원 사진으로 찍는 것과 같이 왜곡이 심하게 벌어진다. 따라서 우리가 안다고 하는 것은 실제와 많이 다를 수 있다. 현대 심리학 연구는 우리들의 마음이 움직이는 원리에 대해 구체적으로 보여준다. 기본적으로 인간의 심리는 비합리성이 크다. 따라서 현실을 있는 그대로 보지 못하게 된다. 대표적인 것이 인지적 일관성이란 개념이다. 우리가 무엇을 배우면, 그것이 하나의 지식 체계를 형성해서, 이와 배치되는 새로운 정보를 거부하게 되는 성향을 말한다. 이외에도 인간의 합리성을 제약하는 기제들은 무수히 많다. 명상을 많이 할수록 해상도가 높아진다. 우리는 일부러라도 좋은 생각을 많이 하고, 가능하면 좋은 감정을 가지려고 노력해야 한다. 우리가 인내와 관용을 배우고, 인간관계와 조화 그리고 균형을 중시하는 이유는 마음이 제멋대로 날뛰어서 사고 치는 것을 막기 위해서다.

3) 영혼과 나

지금까지 죽음, 사후 세계, 영혼, 자아, 의식, 마음 등을 차례로 살펴보았다. 그렇다면 나는 누구이고 어떻게 사는 것이 바람직한가? 가장 문제가 되는 것은 영혼이다. 존재 여부를 입증하기 어렵기 때문이다. 따라서 영혼을 의식이나 마음으로 대체하는 경향이 근대적인 학문의 발전과 함께 생겨났다. 그렇지만 영혼이란 의인화된 존재를 통째로 부인하기는 어렵다. 존재가 선명하게 인식되기 때문에 유용성이 있는 반면에 존재를 부정함으로써 얻어지는 실익은 별로 없다. 비과학적인 언어를 과학적인 의식이나 자아로 대체하는 정도이다. 그렇지만 개체화된 의식이 영혼이고, 사후에도 사라지지 않는 근본적인 자아, 진짜 자아를 영혼이라고 부르게 되면 이들 개념은 상호 호환적으로 사용이 가능하다. 따라서 영혼은 현대적으로 의미를 계속 가질 수 있다.

그렇지만 영혼이 자아의 주인이란 생각은 지나치게 영혼 중심적인 측면이 있다. 육체가 자아의 주인이라면 인간은 동물과 다름이 없다. 육체와 영혼이 상호작용을 하면서 조화를 이루는 것이 바람직하다. 하늘만 바라보고 영혼에 매몰될 경우 세속적인 삶은 의미를 상실한다. 그렇다고 세속에만 몰입할 경우 삶의 의미를 발견하기 어렵다. 영혼은 육신 속에서 불편함을 느끼는 존재이다. 따라서 영혼을 배려하고 존중하는 것이 의미가 있다. 육신 또한 소중하게 잘 가꿔서 써야 한다. 육신은 영혼의 의도와 의지를 실행하는 도구이기 때문이다. 육체에는 본능만 존재하지 않고, 영혼과 의식 그리고 마음이 깃든다. 의식이나 정신은 어느 정도 육체나 두뇌로부터 독자적으로 존재한다. 개인을 넘어가면 정신이라고 하고, 개인 속에 존재하면 의식이라고 일반적으로 부른다.

자아는 사회질서 유지를 위해 만들어진 가공물이다. 자아는 영혼의 존재가 의문시되고, 두뇌만으로는 충족시킬 수 없는 인간의 특별함에 대한 설명변수로서, 인위적으로 만들어진 개념이다. 이것은 종합 선물 세트이다. 영성, 사회성, 이성, 야수적 본능 모두가 섞여 있는 혼합물이다. 기능은 육체라는 자동차를 움직이는 운전사이다. 두뇌는 기껏해야 GPS 정도이다. 자동 운행 장치의 등장으로 운전자가 필요 없어지게 될지 모르지만, 자아는 육체를 통제하는 역할을 수행하도록 만들어졌다. 부모를 따라 배우고, 학교에서 훈육을 받고, 사회의 일원이 되어 정상적인 사회생활을 하는 존재로 만들어진 것이다.

육신 없는 본질적인 자아를 진아, 참나, 근본체, 영혼이라고 부른다. 본질은 의식이고, 육신을 상실한 자아의식이다. 부처는 의식이 윤회하지 영혼이 윤회하는 것은 아니라고 보았다. 영혼을 너무 높이는 것을 만류하려는 의도였을 것이다. 영혼이 윤회의 주체가 되면 집착과 고통을 낳을 수 있기 때문이었다. 모든 것이 공하고, 영혼 또한 공한 것으로 보았다. 뇌과학자들은 자아는 바지 사장이고 두뇌가 실제 주인이라고 주장한다. 그러나 두뇌는 전파를 수신하는 안테나에 불과하다. 거대한 의식 세계와 연결되는 안테나이다. 이것을 통해서 다양한 존재들과 소통할 수 있다. 인간이 죽는 것은 가전제품 하나 고장이 나는 것에 불과하다. 여전히 전기가 흐르는 전기망은 존재하고, 플러그를 꼽기만 하면 어떤 기계라도 작동할 수 있다.

의식의 관점에서 보면 육신이 죽는다고 끝나는 것은 아니다. 죽으면 육체가 사라지고, 자아의식도 점차 희미해져 간다. 가전제품 입장에서는 생명이 끝나는 것이지만. 의식을 중심으로 사는 존재들은 육신을 잃는 것을 그다지 두려워하지 않는다. 또다시 육신에 깃들기만 하면 되니까. 육신을 갖는 의식들이 하나임을 알고, 서로 사랑하고 사는 것은 과히 나쁘지 않은 생각이다. 그러나 유한한 육신만을 위해서 사는 것은 어리석은 일이다. 즐겁게 즐기고 수양하면서 사는 것은 정말 괜찮은 생각이다. 광대한 의식 세계와 교감하며 살면 자유롭고, 경험도 다양해진다. 아는 것도 많아지고, 즐거움도 커진다. 자신의 파동을 세상과 우주가 느끼게 하고, 많은 가르침과 관심 그리고 사랑을 의식 세계로부터 받을 수 있다.

결론적으로 마음을 잘 잘 다스려야 한다. 좋은 마음과 좋은 뜻이 느껴지면, 무수한 의식적 존재들이 관심을 갖고, 응원해 주며 조력해 주기도 한다. 열린 파동의 세계 속에 살 것인지, 닫힌 물질의 세계 속에 살 것인지는 본인이 알아서 결정할 일이다. 무소유의 삶이 그래서 좋은 것이다. 자연이나 우주와 자유롭게 교감할 수 있기 때문이다. 소유가 없는 것은 비관할 일이 아니라 감사할 일이다. 담대하게 우주와 교감하면서 살면 된다. 불가피하게 소유하더라도 내 것이란 생각이나 집착이 없이 소유하면, 필요한 사람에게 흔쾌히 빌려주기도 하고 공동체적인 소유도 가능해진다.

IV

깨달음에 이르는 길

1. 해방촌 가는 길

필자는 깨달음을 '나'라는 자아의 본질을 깨닫는 것으로 이해한다. 자아와 자아에 대한 집착이 모든 고통과 불행의 원인이다. 자아로부터 해방되어 근본체로 돌아가는 것을 깨달음이고 득도라고 부를 수 있다. 불교에는 열반 혹은 니르바나(nirvana)라고 부른다. 필자는 초등학교 때 서울로 이사 온 촌놈이었다. 고대 앞 버스 정류장에 우두커니 서서 지나가는 버스를 보면서 서울의 모습을 상상하곤 하였다. 그중에 가장 눈길을 끈 것이 바로 '해방촌' 가는 버스였다. 과연 '해방촌'이란 어떤 곳일까? 뭔가 이상향 같은 느낌이었다. 다 클 때까지 오랫동안 기억 속에 자리 잡고 있었다.

커서 알게 된 현실은 기억 속의 이미지와 달랐다. 해방과 전쟁을 겪으면서 생겨난 민족의 한이 서린 달동네였다. 그래도 세상이 힘들고 고통스러울 때마다 해방촌이란 단어가 머리에 떠올랐던 기억이 있다. 지금도 해방촌을 그리면서 인생 막바지를 향해 걷고 있는 중이다.

한 걸음씩 걷다 보면 언젠가는 도달할 것이다. 자아는 없고, 만물이 공(空)한 것을 알고 나면 제법 성큼 큰 걸음을 내딛은 셈이다. 진짜 자아를 발견하고, 실재하지 않는 모든 것을 버릴 줄 알면 진도가 제법 나간 것이다. 그래서 생각과 행동을 통제할 줄 알게 되면 탄력을 받은 것이다. 관용을 배우고 실천하면서 인내심까지 증득하면 버스 전용도로를 올라탄 셈이다. 이제는 버스가 반드시 해방촌에 도착할 것이란 신념을 갖고, 어떤 상황에서도 마음이 흔들리거나 중도 포기를 하지 않는다면 해방촌 입구에서 버스를 내리게 될 것이다. 가장 중요한 것은 집착을 버리는 것이다. 심지어는 해방촌을 절대로 떠나지 않겠다는 생각을 고집해서도 안 된다. 남산 꼭대기에 올라서 신과 합일을 꾀하든가, 아니면 반대 방향으로 가는 버스를 다시 타고 시내로 돌아와야 한다. 그렇게 정해져 있는 것이다. 위로 올라가 신을 만나는 것도 의미가 있지만, 아랫동네 인간 세상에는 도움의 손길을 기다리는 사람들이 여전히 많다.

가장 멋진 것은 남산에서 내려와 해방촌 가는 '길'이 되고, 해방촌으로 사람들을 실어 나르는 '버스'가 되는 일이다. 도의 최고 경지이다. 내가 먼저 가겠다는 이기심과 빨리 도달하겠다는 조바심을 버려야 가능한 일이다. 예수는 바로 그런 '길'(Path)이었다. 요한 복음 14장에서 자신을 "바로 길이요 진리요 생명"이라고 칭하면서 구원으로 인도하겠다는 약속을 하고 있다. 이것은 지극한 자비심의 발로였다. 이웃의 고통을 함께 나누고 치유하면서 자신의 고통 또한 저절로 사라지게 되면, 우리 모두가 진정한 예수의 제자가 될 수 있다. 부처도 바로 이런 길이었다. 도의 길에 올라서 큰 버스가 되는 것은 크게 깨우친 자만이 가능한 일이다. 무아의 경지에 올라서 이기심과 욕심을 없애야 가능해진다.

이 여정에서 가장 무서운 장애물은 자기 위선과 허영심 그리고 근거 없는 오만이다. 도가 쌓여 갈수록 많은 것이 보인다. 분별심이 생겨나고, 시시비비를 가리기 위해 따지고 판단하고 다투는 일이 잦아진다. 자신이 옳고 자신이 존경받아야 한다는 생각이 들면 마가 끼고 사탄이 든 것이다. 자신의 능력을 잘못 쓰거나 헛되이 쓰고, 쓸데없이 과시하는 데 쓰게 된다. 삿된 유혹에 빠지지 않고 냉정을 유지할 수 있어야 한다. 일단 마지막 단계에 들어서면, 절대로 시간을 낭비하거나 게으르면 안 된다. 계속 올라가야 한다. 일반적으로 명상(meditation)은 전 단계인 집중(concentration)과 다음 단계인 선정(contemplation)으로 이루어진다. 선정의 상태에 들면 마음이 더 이상 작동하지 않게 되고, 성스럽고 신성한 마음이 쏟아져 나온다. 진정한 평화와 보편적인 사랑은 이 단계에 도달해야 느낄 수 있다.

2. 나를 죽여라

1) 자아는 만병의 근원

에고는 특별한 대접을 원한다. 지위, 파워, 존경, 인정, 물질, 칭찬을 바란다. 온갖 수단을 써서 가지려고 한다. 못 가지면 상대를 괴롭히고 위해를 가하려고 한다. 아니면 최소한도 나쁜 소문이라도 퍼트린다. 에고는 비판을 두려워하고 수줍어하기도 한다. 에고는 위선자이고 조작에 능하다. 온갖 장난질을 치고 위장 전술을 쓴다. 선한 척하기도 하고, 나쁜 행세도 하고, 조크도 하고, 슬픈 척하기도 한다. 모두 관심을 끄는 것이 목적이다. 에고는 역할과 자신을 동일시하면서, 사다리를 오르거나 권력을 쥐거나 명예를 추구함으로써 자신과 일체감을 느끼려고 한다. 역할에 따라 사람을 평가하고 대접하고 깔보기도 한다. 에고는 거짓말쟁이다. 거짓말은 모래 위에 멋진 성을 쌓은 것과 같다. 자신은 멋진 성채가 되고, 남은 허름한 집이 된다. 사악하고 모자란 존재로 묘사된다. 스테레오타입이 만들어진다. 반면에 자신의 신화는 가공된다. 적대감이 공격적인 행동으로 이어진다. 폭력, 테러, 전쟁이 발생한다. 인종청소나 인류에 대한 범죄가 범해지기도 한다. 민족주의나 지나친 애국심은 바로 삐뚤어진 에고의 발현이다.

에고는 남이 존재해야 존재한다. 나와 남을 나누고 적대시한다. 남을 비판하고 질시하고 깔보면서 에고가 강화된다. 계속 남과 비교한다. 남의 눈에 티끌은 보면서 자기 눈의 들보는 보지 못한다. 항상 자기중심적이고, 자기에 집착하면서, 자기의 이익만을 위해서 행동한다. 에고는 나이가 들수록 점차 강화되어서, 결국에는 에고 덩어리가 되어 버린다. 남 탓만 하고 세상 탓만 해댄다. 세상에 대해서 불만투성이고, 세상이 바뀌어야 한다고 생각한다. 자신은 아무 잘못이 없다. 자기는 절대로 변하거나 희생할 수 없다. 참회와 사과는 너무나 어렵다. 드물게 자기를 내세우기 위해서 위선적으로 사과하고 참회하는 척을 한다.

에고는 있는 것을 없애야 하는 것이 아니다. 에고가 본래 없다는 것을 자각해야 한다. 자아는 육신이 태어난 후에 인공적으로 만들어 낸 것이다. 부모가 만들고, 사회가 조력하고, 학교가 애를 써서 만든 것이다. 현대 심리학도 크게 기여하였다. 에고는 공동체, 사회, 국가의 일원으로 존재하도록 만들어졌다. 이로 인해 질서가 유지되고 혼돈상태를 피할 수 있다. 자아는 일단 만들어지면 자가발전을 통해서 육신의 주인이 되고, 사고의 주체가 된다. 그다음에는 모든 생각과 행위를 자기중심적으로 가져간다. 자기 나름대로의 독자적인 의도와 의지를 갖고 행동한다. 인간의 모든 행동, 사고, 감정의 중심에 에고가 자리를 잡게 된다. 에고는 강한 자존심을 보유하고, 스스로를 지키고 높이기 위해 필사적인 노력을 기울인다.

에고가 약하면 자기 앞가림이 안 되고, 에고가 너무 강하면 남에게 부담스런 존재가 된다. 적당한 에고를 만들기 위해서는 중용이 필요하다. 에고를 의도적으로 낮추거나 죽이면 새로운 세계가 열린다. 자아 없는 세계를 본연의 세계, 절대의 세계 혹은 순수의 세계라고 부른다. 육신의 주인은 더 이상 에고가 아니라 절대 의식 혹은 신이 된다. 이런 상태는 에고를 실제로 죽인 결과가 아니라, 본디 무아인 것을 인식한 것이다. 자아는 특단의 노력을 통해 무아가 된 것이 아니라, 원래부터 무아인 것이다.

에고는 성년이 지나면 나이에 비례해서 점차 지워 나가야 한다. 육신은 죽어 가는데 에고만 생생하다면 골치가 아픈 일이다. 욕심이 많아지고, 자기중심성이 강해지고, 인정과 사랑을 받으려고만 하게 될 것이기 때문이다. 평화, 안식, 사랑이 있는 삶과는 멀어진다. 그래서 육신이 노쇠해짐에 따라서 에고 또한 사라져야 한다. 그렇지 않으면 자아는 외롭고, 불확실성에 두려워하며, 물질적으로 충족되지 않는 욕구에 시달리게 된다.

누구는 종교를 다시 찾고, 누구는 이념에 빠지기도 하고, 누구는 마약에 취하기도 하고, 또 다른 누구는 명상에 매달리기도 한다. 그러나 근본적인 해법은 자아를 낮추고, 에고를 없애는 것이다. 자아는 방편이었다. 용도가 사라지면 폐기해야 하는 것이다. 더 이상 에고를 높이 쌓아올릴 이유가 없다. 일생 동안 자아에 지식을 쌓고, 평판을 쌓고, 재물을 쌓고, 지위를 쌓아 올렸지만, 이것은 사상누각에 불과하다. 인공물인 자아는 죽음과 함께 사라져 간다. 한시적인 자아를 끝까지 고집할 이유가 없다.

에고를 죽이고 자아를 뛰어넘으면 삼라만상이 다 보인다. 죽인다고 존재가 사라지는 것이 아니다. 세상의 주인으로 다시 태어난다. 부정을 통해서 질적인 도약을 이룩한다. 자기중심성과 에고의 강한 껍데기를 부수면, 진짜 자아가 모습을 드러낸다. 무아와 무상을 깨우치게 된다. 자기가 세계의 중심이면 깨우치기 힘들다. 에고는 소유와 집착의 원인이다. 자아는 스스로 낮추고, 에고는 스스로 깨부숴야 멋있다. 강제로 낮아지고 부서지면 모양도 빠지고 감당하기 어려울 정도로 충격이 크다. 깨우친 이후에도 자아를 낮추고, 신을 만난 이후에도 겸손해져야 한다. 자아를 초월할 수 있어야 자기의 본질을 깨닫게 된다. 본질을 느껴야 진정한 힘이 내면으로부터 생겨난다. 그래야 존재 자체가 의미가 되고, 존재함으로써 빛이 되고 사랑이 된다. 자연스럽게 마음이 가는 대로 행동하고 사랑을 실천할 수 있게 된다. 계산도 하지 않고 대가도 바라지 않고 행동할 수 있다. 모두가 하나라는 것을 느끼고 살 수 있다.

2) 자아 죽이기

나란 존재는 의식상 처음부터 존재한 것이 아니라 인위적으로 만든 것이다. 따라서 자아는 노력을 통해서 죽일 수가 있다. 가장 좋은 방법은 자아가 허상이란 점을 깨닫는 것이다. 나란 생각, 내 것, 나를 위한다는 이기심이 부질없다는 것을 인식해야 한다. 자아는 과거 기억의 축적물이기도 하다. 기억은 나쁜 감정이나 나쁜 생각이 생겨나는 원천이다. 가능하면 현실에 집중하고, 이를 통해서 미래를 준비하는 것이 좋다. 미움이나 복수는 기억의 산물이다. 따라서 머리에 떠오르는 모든 과거에 대한 생각이 부질없다는 것을 깨닫고 집착하지 않는 것이 좋다. 설사 떠오르더라도 붙잡지 말고 흘려보내야 한다. 대부분은 특별히 애를 쓸 필요 없이 시간이 절로 해결해 준다. 용서도 저절로 오기 마련이다. 생각은 좋든 싫든 붙잡아서는 안 된다. 과거에서 자유로운 자아는 마음이 열리고 세상을 새롭게 보게 된다. 그 결과 새로운 세계가 열린다. 세상이 새로운 것이 아니라, 생각을 새롭게 정화시키는 것이다. 사랑의 눈으로 똑같은 것을 다시 볼 경우 지금까지 몰랐던 실체를 보게 된다.

자아가 가짜임을 알고 참나를 찾는 과정은 힘들기 때문에 용기와 진정성을 필요로 한다. 진실하고 강한 자만이 자신과 직접 대면할 수 있다. 그래야 깊은 내면에서 본래의 자기를 발견할 수 있다. 과거의 생각이나 의식이 어린애 같았고 또 어리석었다는 것을 알게 된다. 속죄와 참회의 과정이 있어야 하고, 과거와의 어느 정도 단절이 필요하다. 기존의 생각, 욕구, 습관 등과의 절연이 요구된다. 세속적인 성취와 욕망에서 자유로워져야 실재와 소통을 할 수 있게 된다.

그러나 자아는 강한 관성을 가진다. 사라지지 않으려고 끈질기게 저항한다. 따라서 가짜임을 인식하더라도 실제로 없애는 데까지는 많은 시간과 노력이 필요하다. 우리가 편리해서 만들었다가 발목 잡히는 사례는 우리 삶에서 무척이나 많다. 정부가 만드는 온갖 정책이나 제도들도 유용성이 있어서 만들지만, 사라지기를 거부해서 국민들에게 장기간에 걸쳐서 큰 손실을 가져오는 경우가 무수히 많다. 각종 보조금은 근거가 사라졌음에도 계속적으로 예산을 축내는 경우가 다반사이다. 결혼을 포함한 많은 인간관계도 그런 경우가 많다. 자아도 마찬가지로 변화에 저항한다. 스스로 멋지다고 생각해서 미련도 남는다. 머리로는 지울 수 있어도 실제로는 계속 나타난다.

나와 남을 구분하지 않는 것이 좋은 방법이다. 나를 없애면 남도 사라진다. 항상 총체적으로 보려는 노력을 기울여야 한다. 장님들이 코끼리를 자기식대로 인식할 때 코끼리 전체를 일시에 보면 된다. 자기라는 존재를 일상생활에서 가능하면 찾지 않고 사는 것도 좋은 방법이다. 자기 이름을 부르지 않고, 나란 생각을 머리에서 지우려고 노력해 봄 직하다. 사실 우리가 눈을 감으면 그 순간 모든 것이 사라진다. 그런 상태를 가능하면 오랫동안 지속시키는 훈련도 좋다. 있는 그대로 깜깜한 상태를 유지하려고 노력해 보라. 머지않아 등장하는 '나'란 존재에 대한 생각만 부정하면 된다. 나는 없다고 과감하게 생각하면 무아의 상태가 된다. 소중한 것을 잃게 될 경우 자아를 없앨 좋은 기회가 열린다. 상실과 포기는 자아의 무기력함을 인정하고 현실을 받아들일 수 있는 계기가 된다. 중병에 걸리거나 임사 체험을 하거나 신을 만나는 경우에도 가능하다. 실연을 하거나 망해보는 것도 나쁘지 않다. 그러나 가장 확실한 방법은 그냥 처음부터 자아가 존재하지 않았다고 간주하는 것이다.

원래부터 무아란 것을 제대로 인식하면 인생 말년이 편해진다. 욕심내서 저축할 저금통이 사라지는 셈이다. 욕심과 성냄 그리고 자아도취는 노년에 치명적인 독이 된다. 탐진치 삼독에 대한 해독제는 계정혜이다. 그중에서도 자아는 원래 없다는 지혜를 증득하는 것이 가장 중요하다. 눈을 감으면 귀신같이 사라지는 것이 나와 남 그리고 세상 만물이다. 여기에 생각까지 멈추면 고요한 바다가 펼쳐진다. 이제 자아란 돌멩이만 던지지 않으면 눈을 뜨나 감으나 여여하게 된다. 마음이 편해지는 것이 아니라, 마음 자체가 존재하지 않게 된다. 이것이 절대 무아이다.

의식은 모두 하나이므로 자연스럽게 절대의 세계가 펼쳐지게 된다. 결과로서 나=자연 혹은 나=신이란 경지에 오르게 된다. 나를 중심에 놓고 남을 배려하는 차원을 넘어서 나와 남이 없어지는 의식 단계로 나아갈 수 있다. 이익을 뛰어넘고, 패거리 의식을 뛰어넘어 제법무아(諸法無我)와 제행무상(諸行無常)을 깨닫는 것이다. 그리고 일종의 엑스타시를 통해서 신을 만나고 신과 하나가 되는 의식 상태에 도달할 수 있다. 에고가 사라진 후 의식의 주체가 된 자아는 완전히 다른 자아가 된다. 매우 성숙된 자아이고 성숙한 영혼의 담지자가 된다. 지혜와 영성의 눈으로 세상을 보고, 자연을 느끼고, 신을 알게 된다. 그렇게 되면 만물이 갖는 자체의 아름다움을 알게 된다. 별도의 정신작용 없이도 아름다움을 그대로 감상할 수 있게 된다. 남에 대한 평가나 판단도 하지 않는다. 있는 그대로 존재의 의미나 아름다움을 받아들이게 된다. 내가 없기 때문에 내 생각은 더 이상 존재하지 않는다. 따라서 '선과 악'이나 '호와 오'도 있을 수 없다.

3) 여여하게 존재하라

인간은 영어로 'human being'이지 'human doing'이 아니다. 인간의 사고 능력을 높이 평가하는 표현이다. 어떤 경우에도 멈춰서 생각하는 존재가 인간이다. 행동하기 전에 생각하는 존재이다. 생각보다 행동이 빠르면 우리는 경솔하다고 한다. 인간이 분주하게 나대면서 이리저리 간섭하고 다니면 품격이 떨어진다. 아무리 좋고 멋진 일을 하더라도 배후에 '나'가 존재한다면 의미가 크게 떨어진다. 자아가 약화되고 사라져 갈수록 행동은 줄어들고, 있는 그대로 보고 생각하게 된다. 수행자는 이런 '무아행'을 즐겨 행한다. 자아나 에고가 없이 자연스럽게 행동하는 것이다. 에고를 만족시키고, 에고를 과시하고, 에고를 강화하기 위해서 하는 행동은 아무리 욕심이 없더라도 진정한 무아행이 아니다.

자아가 아무리 분주하게 뛰어다녀도 세상은 '여여'(如如)하게 있는 그대로 존재할 뿐이다. 생각 측면에서 볼 때 여여한 것의 반대가 사사건건 자기 생각을 내는 것이다. 영어로는 'opinionated'

이다. 자기 의견이 강해서 편견이 되는 상태이다. '如'자는 여자의 입이란 의미이다. 이 한자가 만들어진 당시의 중국 사회를 상상하면 의미를 쉽게 알게 된다. 여자의 입이란 있어도 없는 셈이었다. 당시 여자에게 나란 없고 내 의견이란 것도 없었다. 만약 자발적으로 그런 상태에 도달했다면, 대단한 경지였을 것이다. '여여하게'의 현대적 의미는 여자 남자 할 것 없이 자기만 옳다고 떠들지 말고, 남의 이야기를 잘 경청하면서, 담담하게 있는 그대로의 모습으로 살라는 의미이다. 무아는 입이 없다. 입만이 아니라 여타의 모든 감각기관이 존재하지 않는다. 몸뚱이는 존재하지만, 그것을 소유한 '나'가 없는 상태가 무아이다.

깨달은 자는 무아이고 무소유를 행한다. 그러나 현실에서 아무것도 소유하지 않고 사는 것은 불가능하다. 무소유는 엄격한 의미에서는 무아 소유 혹은 소유는 하지만 소유한 자아가 없는 것이다. 생활의 필요 때문에 최소한은 소유하지만, 그것도 내 것이란 생각 없이 보유하고 사용한다. 자동차를 소유한 '나'가 있다면, 내 것이라고 애지중지하고 누가 스크래치라도 낼까 봐 안달복달하기 마련이다. 그러나 자아가 없으면 자동차는 그냥 교통의 편리함을 위해서 존재하는 물건이다. 자동차는 내 자동차가 아니라 그저 자동차일 뿐이다. 마찬가지로 육신 또한 그저 몸이지 '내 몸'은 아니다. 무소유보다 더 나아가 무아 소유가 되어야 자유롭고 실재를 바로 볼 수 있다. 무소유는 무아 소유의 한 과정일 뿐이다. 그렇지만 무아 소유라고 반드시 무소유여야만 하는 것은 아니다. 어떻게 보면 현실에서 무소유는 쉬울 수 있다. 자본주의 사회에서 일하지 않으면 자연스럽게 무소유가 된다. 이런 무소유는 아무런 의미가 없다. 자신이 노력하지 않아서 거지가 된 것이다.

판단하고 있는 '나'라는 개체적 관점이 들어가지 않게 되면, 그것이 어떠한 모습이든지 그냥 있는 그대로 진리의 모습이다. 마음을 쓰지 않고 주관이 개입되지 않는 상태이다. 빛이 입사각대로 들어와서 똑같은 각도로 반사되어 나가는 것과 마찬가지다. 왜곡 없이 자연 그대로 받아들인다. 말 그대로 무위자연의 모습이다. '연기법'에 따르면 우주 전체가 씨줄과 날줄로 엮여서 한 치의 오차도 없이 시간과 공간의 흐름을 타고 펼쳐져 나가는 진리의 모습을 하고 있다. 인간의 노력이 바꿀 수 있는 여지는 생각보다 적다. 자신의 생각이란 것도 우주 전체란 관점에서 보면 보잘것없다. 전체의 관점에서 세상을 바라보는 것은 바로 절대 혹은 신의 관점에서 세상을 보는 것이다. 자기가 없어지면, 전체가 드러나고, 그것이 바로 신이 되는 것이다.

그래서 그냥 여여하게 존재하라는 것이다. 그러면 우주 전체의 에너지를 느끼고 생명을 느끼고 절대 세계와 하나가 될 수 있다. 평화와 사랑이 넘쳐난다. 옳고 그름이나 선악 판단도 없다. 사실 자기가 옳다는 생각만큼 위험한 것이 없다. 두려움, 죄의식, 자신감 결여 또한 도움이 안 된다. 실수를 두려워할 필요는 없다. 오만에 빠질 일도 없다. 잠잠하게 양심의 소리, 영혼의 소리, 진짜 자아의 소리에 귀를 기울이면 된다. 자꾸 나를 내세우지 말고 보편 세계에 머물러야 한다. 사실과 개인적 견해를 혼동하지 말 것이며, 모든 것을 개인적으로 받아들이지 말라는 의미이다. 있는 그대로 판단하고 수용할 것이며, 자아나 자존심을 개입시킬 필요가 없다. 옳다거나 정당하다는 생각을 독점하려고 해서도 안 된다.

세상은 있는 그대로 보면 된다. 안 보려고 산속으로 들어가거나, 생각을 하지 않으려고 화두를 들어서 죽으라고 집중할 필요가 없다. 잔머리 굴리지 말고, 그냥 있는 그대로 보면 된다. 편견 없이 세상을 보면 되고, 인위적으로 경로를 바꾸려고 애를 쓸 필요가 없다. 내가 없어도 세상은 다 돌아간다. 설사 내가 노력한다고 해도 세상에 별다른 영향을 미칠 수 없다. 인연법에 맡겨놓아도 결과는 마찬가지다. 공연히 속 썩을 일이 없다. 자신의 유산을 세상에 남기려 할 일도 없다. 자식에게 남겨줄 재산을 만들 이유도 없다. 공공에 기여할 바가 혹시 있으면, 글로 잘 정리해서 후대의 인류가 활용할 수 있도록 지혜의 창고에 넣어두면 된다.

3. 인생 자체가 도량이다

1) 욕심 버리기

도의 실체를 구체적으로 제시하기란 용이하지 않지만, 높은 스님들끼리는 깨달았는지 아닌지 한마디 건네 보면 안다고 한다. 대개 구체적으로 묘사할수록 거짓부렁인 확률이 크다는 것이 정설이다. 따라서 보통 도는 부정문의 형태로 제시된다. 예를 들어 우리가 인생과 관련해서 가장 많이 듣는 조언은 "욕심을 버려라"이다. 간단해 보여도 이것을 체득하면 거의 도를 깨친 수준이다. 물론 버리거나 빼는 것이 너무 어렵기 때문에 강조에 강조를 하는 것이겠지만, 어떻게 무에서 유를 창조하겠는가? 욕심 없이 되는 일이 어디 있을까만, 욕심만으로 되는 일이 없으니 버리라 하는 것이다. 도박하는 사람들은 돈을 다 잃으니 돈 따는 길이 보인다고 한다. 사업에 망하니 사업에 눈이 띠더라는 말은 수도 없이 들었다. 선거에 국내 최고 전문가를 자처하는 분이 어떤 선거에 본인이 나섰는데, 선거의 ABC도 모르는 사람처럼 우왕좌왕하는 것을 여러 번 본 적이 있다. 욕심을 어쩔 수 없이 버리는 것이 아니라 스스로 미리 버린다면, 상황을 객관적으로 판단할 수 있을 뿐만 아니라 성공 가능성도 크게 높아질 것이다.

이와 비슷하게 운동을 배우는 데 있어서 몸에 힘 빼라는 말을 자주 듣는다. 힘을 빼서 잘 되면, 원래 힘이 없는 노인들이 운동을 가장 잘 할 것이다. 따라서 그런 의미는 아닐 것이다. 테니스나 골프를 배우는 데 힘 빼는 데만 10년 걸린다는 말이 있다. 그만큼 중요하지만 어렵다는 뜻이다. 사실 운동을 하는 데 있어서 힘을 빼야 한다는 것을 느끼는 것도 상당 수준에 이른 것이다. 그냥 힘으로 공을 학대하고, 자신의 몸도 학대하는 사람들이 부지기수이다. 운동 시에 몸에 힘이 들어가면 일단 원하는 동작이 안 나오고, 힘의 전달도 제대로 안 된다. 부상을 당하기도 쉽다. 단전호흡이나 기체조를 하는 분들이 가장 중시하는 것 역시 몸에 힘을 빼는 것이다. 그래야 기운이 전신으로 순환이 잘 된다. 힘이 들어가는 신체 부위에는 근육이 뭉치고 무리가 가서 부상으로 이어진다.

인생도 출세를 위해서 몸에 힘이 들어가면, 즐거움이 사라지고 스트레스가 생겨난다. 욕심에 눈이 멀게 되면, 점차 주변 사람들이 알고, 나아가 세상 사람들이 알게 된다. 그러면 모두가 경계하고 심지어는 방해하고 나서기 마련이다. 그렇다면 힘만 뺀다고 운동에 고수가 되고, 욕심이 없다고 인생에 성공할 수 있을까? 그렇지는 않다. 이것은 욕심이나 의욕이 넘치면 곤란하다는 정도의 의미이다. 살다 보면 진짜 욕심을 부려야 할 순간이나 힘을 써야 하는 순간이 있다. 사실 힘을 빼야 하는 가장 큰 이유는 힘을 써야 할 때 쓰기 위해서다. 운동을 하는 데 있어서 힘으로 하려고 들면 하수이고, 힘을 빼는 것을 알면 중수이고, 어느 순간에 힘을 어떻게 넣어야 할지를 알아야 고수라고 부를 수 있다.

문제는 그 순간을 알기가 보통 어려운 것이 아니란 점이다. 많은 교본이나 동영상을 봐도 이 순간을 제대로 포착하기 어렵기에 고수가 드물다. 책을 쓰는데도 자연스럽게 즐기면서 준비하다가 한순간 몰입해야 하는 타이밍이 있다. 처음부터 의욕만 앞선다고 될 일은 아니다. 인생에서도 사람들에게 많이 베풀면서 힘 빼고 살다가, 어느 순간에 임팩트를 줘야 바라는 바를 성취할 수 있다. 이 순간을 아는 것은 엄청난 깨우침이다. 욕심을 버려야 전체적인 그림이 보인다. 그에 따라 부단한 노력을 기울이면서, 힘을 써야 하는 순간을 잘 알고 실천해야 특정 분야에서 고수가 되는 것이다.

2) 순응하기

인간이 의지(will)를 갖지만, 충만해서 과한 것이 'willfulness'이다. 고집이 세고 완고함을 의미한다. 잘 변하려고 하지 않기에 변화에 적응하기 어렵다. 자신의 의지를 빼거나 덜하게 되면 유연하고 순응적이 된다. 그것이 바로 'willingness'이다. '진인사대천명'이란 말이 있다. 사람이 할 수 있는 일을 최선을 다한 후에 하늘의 뜻을 기다린다는 뜻이다. 전반부에는 willfulness가 필요하고, 후반부에는 willingness가 필요하다. 당연히 사람들이 하는 일에는 의지(will)가 요구된다. willfulness가 없으면 아무 일도 이룰 수 없다. 그러나 willingness가 없으면 큰일을 이루지 못한다. 큰일을 이루는 데는 혼자만 애쓴다고 되는 것도 아니고, 자기 의지대로 되는 것도 아니다. 참고 기다리고 결과를 겸허하게 받아들이는 자세가 필요하다. 힘을 빼고 순응할 줄도 알아야 한다. 그래야 실패로부터 배우고, 성공한 후에 교만해지지 않을 수 있다.

어느 일정 단계에 이르면 저항하지 말고, 판단하지 말고, 집착도 하지 않으면서 그냥 덤덤하게 현실을 받아들일 필요가 있다. 깨우쳤다고 오만해질 필요도 없고, 못 깨우쳤다고 자책하거나 조급할 일이 없다. 깨우쳐도 깨우친 바 없다고 말하거나, 깨우쳤어도 아무 일 없는 듯 행동하는 사람이 진짜로 깨우친 사람들이다. 깨우친 자는 겸손하게 배우는 자이다. 배우는 자세는 쉽지 않다. 필자도 가르치는 게 직업이라 배우는 것보다 가르치는 것에 더 익숙해져 있다. 그렇지만 배우는 데 게을리 하지 않으려고 부단하게 노력한다. 가르치는 일은 필자의 생계 수단이고 본업은 배우는 것이라고 학생들에게 자주 이야기한다. 배워야 가르칠 수 있는 것이기에, 교수도 끊임없이 배워야만 한다. 많은 선지식이 공통적으로 끊임없이 배우고 수행하는 것이 가장 중요하다고 이야기한다. 평생교육이 보편화되고 있는 현실이 다행스럽게 느껴진다.

우리 인생은 승부의 연속이다. 노력이 필수 불가결하지만 노력하는 삶은 피곤하고 힘들다. 경쟁하고 배우고 모방하고 모두 힘들다. 그러나 차이를 인정하면 삶이 훨씬 쉬워진다. 누구나 모든 것을 잘할 수는 없고, 그럴 필요도 없다. 어느 정도 노력한 후에는 순응하고 결과를 달게 받아들여야 한다. 바로 그 순간에 커다란 깨우침을 얻을 가능성이 크다. 모든 것이 다 자연스러워야 진다. 성공도 자연스럽고 패배도 자연스럽다. 그래야 승복하고, 다시 준비해서, 다음에 새롭게 도전할 수 있다. 이것이 계절이 바뀌고, 해가 바뀌는 것에 자연이 순응하는 방식이다. 죽음 또한 패배처럼 자연스럽게 받아들여야 한다. 공은 남에게 돌리고, 과는 자신에게 돌리는 자세도 깨우친 자의 풍미가 흠씬 묻어나는 태도이다.

3) 사랑하기

인생에는 성공 이외에도 소중한 가치가 많다. 그중에서 모든 성현이 다 공통적으로 지고의 선으로 들고 있는 것이 사랑을 배우고 실천하는 것이다. 부처는 베푼다는 의미의 보시(報施)를 중시했고, 공자는 어질다는 인(仁)을 이야기했으며, 예수는 이웃사랑을 강조했다. 그러나 이것을 제대로 깨닫고 실천하기란 어렵다. 사람들은 사랑을 자기가 좋아하는 사람을 사랑하는 것이라고 보통 생각한다. 그러나 자기가 좋아하는 것을 사랑하는 것은 특별하지 않다. 동물들도 제가 좋아하는 것은 끔찍하게 아낀다. 그런 사랑은 동네 개들도 하는 것이다. 그렇다면 인간의 사랑은 뭔가 특별한 점이 없을까?

사랑에 대해 정의를 내리기가 쉽지는 않다. 그래도 무리를 좀 한다면, 자기가 좋아할 수 없는 것을 좋아하는 것이다. 이것이 성현들이 말하는 사랑에 가깝다. 아파트 생활이 일반화된 우리나라에서 이웃은 대개 원수이다. 이웃이 만들어 내는 층간 소음이 스트레스의 대표적인 원인이다. 요즘 "네 이웃을 사랑하라"고 하면, 거의 원수를 사랑하라는 것과 똑같을 정도이다. 원수를 사랑하기가 비록 쉽지는 않지만, 노력하면 꼭 불가능한 것만은 아니다. 그러나 용서하기 힘든 파렴치하고 뻔뻔한 자들이 세상에는 너무도 많다. 인륜에 반하는 죄를 짓고도 기도 중에 하느님이 벌써 용서해 줬다고 우기는 목회자의 경우는 최악이다. 원수를 사랑하는 것이 사랑이라면, 사랑은 정말로 쉽지 않은 것이다.

그래서 우리는 사랑을 배운다. 자기가 좋아하는 것을 끔찍하게 좋아하면서 사랑이란 감정을 배운다. 결혼하는 순간이 바로 그 감정이 극에 도달한 때이다. 그러나 이것은 시작일 뿐이다. 결혼 이후의 사랑은 그다지 자극적이지 않으며, 많은 인내를 필요로 한다. 자식을 키우는 것이 진정한 사랑에 훨씬 더 가깝다. 가족에 대한 사랑을 보편적인 대상을 상대로 내는 것이 진정한 사랑이다. 자기와 아무 관련이 없고, 심지어 좋아하지도 않은 상대에게 똑 같은 사랑의 맘을 내는 것이 보편적 사랑이다.

그래서 사람들은 결혼하는 순간의 마음을 잘 기억해서 훗날 위기에 빠진 결혼생활을 구하고, 아울러 인류를 위한 사랑을 배우는 데도 활용해야 한다. 어찌 보면 우리가 자기가 좋아하는 상대를 한껏 사랑하는 것은 사랑의 진정한 의미를 알기 위한 목적 때문일 수 있다. 도란 관점에서 사랑을 정의한다면, 특수한 사랑을 통해서 보편적 사랑을 배우고 실천하는 것으로 볼 수 있다. 이런 점에서 특정인에 대한 특수한 사랑을 죽기 살기로 한번 해보는 것도 좋을 것이다.

그런데 우리는 왜 이런 어려운 사랑을 해야 하는가? 사랑하기에는 너무 많은 장벽을 도처에 세워 놓고 뭣 때문에 그렇게 사랑을 강조하는 것일까? 어렵기 때문에 더 강조할 수도 있겠지만,

이것이 혹시 하늘나라에서 반드시 필요로 하는 속성이 때문에 그런 것이 아닐까 하는 생각을 해본다. 우리가 죽어서 그것으로 끝이라면, 이 정도로 사랑을 배워서 오라고 강조하지는 않을 것이다. 무엇이든 힘들게 배워야지 오래 가니까, 보편적 사랑을 실천하기에 힘든 인간 세상에서 사랑을 배워오라고 하는 것이 하늘의 뜻일 수도 있다.

인연법을 잘못 이해하면, 다음 생에 무슨 좋은 대가가 있기 때문으로 생각할 수 있다. 좋은 일 많이 하면 복을 받는다는 논리 말이다. 그런데 문제는 사랑은 자랑하거나 대가를 바라지 말고 베풀라고 예수나 부처는 이야기하고 있다는 점이다. 사랑을 주면 사랑을 받을 확률이 크지만, 받으려고 사랑하지는 말라는 말이다. 그렇다면 결국 사랑은 그것을 통해 스스로 무엇인가 의미를 느끼고 배우기 위해서 하는 것이 된다. 자신의 이기심을 극복할 수 있고, 또 마음을 열고 상대가 좋아하는 일을 해 주다가 보면 자기도 사는 것이 즐거워진다. 더구나 상대가 갚지 않는다고 삐져서도 안 되니, 사랑은 마음 수양 수단으로는 아주 제격이다.

4. 깨달은 이후

1) 자유이다

깨우치면 어떻게 될까? 가장 먼저 떠오르는 것이 바로 "진리가 너희를 자유롭게 하리라"라는 구절이다. 성경에 나오고 많은 학교가 교훈으로 삼는 금언이다. 성서적으로는 신을 알고 예수를 믿으면 구원을 받을 것이란 의미이다. 진리를 알면 무지로부터 자유로워지고 미신으로부터 자유로워질 터이다. 그러니 열심히 공부하라는 의미에서 학교 교훈으로서도 적격이다. 인간들은 살면서 죽음으로부터 자유롭지 못하다. 새처럼 자유롭게 날지도 못하니 육신이 영 불편하다. 사회생활을 하면서도 온갖 규범, 윤리, 법 등이 삶을 옥죄고 있다. 궁극적 진리를 깨달으면 인간은 이 모든 제약으로부터 구원이란 은총을 입게 된다.

완전한 깨달음에 대해서 요한 복음 14장 20절은 다음과 같이 전하고 있다: "그날, 너희는 내가 아버지 안에 있고 또 너희가 내 안에 있으며 내가 너희 안에 있음을 깨닫게 될 것이다." 바로 '하느님=예수=나'라는 등식이 성립됨을 아는 것이다. 이것이 바로 진리이며 영원한 생명이다. 더 이상 탐욕과 어리석음과 진노함에 사로잡힌 자아가 내가 아닌 것이다. 그런 나는 더 이상 존재하지 않는다. 나는 바로 예수이고 하느님인 것이다. '나'는 그렇게 하찮은 존재가 아니며, '예수'는 그렇게 특별한 존재가 아니다. 우리 모두가 하나이고, 하나에서 나온 것이다. '나'란 것은 본디 없는 것이다. 이렇게 의식이 전부 하나로 이루어진 것을 아는 것이 진리를 깨닫는 것이고, 모두의 의식이 하나의 공동체를 이루고 있음을 깨닫는 것이다. 이것이 진정한 자유로 우리를 이끈다.

완전한 깨달음은 자유 자체이다. 일반적으로 진리는 사람을 자유롭게 만들기 어렵다. 진리를 알고 자유인이 되기보다는 노예가 되기를 선택하기 때문이다. 자유를 누리기보다는 무조건적으로 추종하면서 꼭두각시처럼 살려고 한다. 진리를 알면 오만해지고, 자랑하고 싶어지고, 자신을 드러내고 싶어지기도 한다. 이 경우 알면 알수록 삶이 부자연스럽고 부자유스러워진다. 그러나 내가 알았다는 생각만 없어진다면, 진리는 사람을 자유롭게 만든다. 내가 없다는 것을 아는 것이 궁극적인 진리인 것이다. 이런 진실을 깨닫게 되면 인간은 자유로워질 수 있다. 구원을 받겠다는 생각이나 영원히 산다는 욕심으로부터도 자유로워진다. 진정으로 '무아'임을 깨달아야 유유자적하고 자유자재한 삶이 가능해진다.

성경은 구체적으로 죄로부터 자유를 든다. 그렇지만 가장 근본적인 자유는 모든 죄의 근원인 자아로부터의 자유이다. 제법무아란 차원에서의 자유이고, 욕심과 물질로부터의 자유이고, '탐진치'로부터의 자유이다. 자아가 없어져야 내가 신이 되고 진리가 될 수 있다. 신과 하나가 됨으로써 인간은 자아로부터 궁극적으로 자유로워진다. 이것이 바로 신성한 자유이다. 전체로부터 세상을 바라보기 때문에 깨달은 자는 편견으로부터 자유로워진다. 나와 너, 우리와 그들, 선과 악, 좌와 우, 진보와 보수 등 온갖 분별로부터 자유로워진다. 전체 혹은 인류 공동체의 관점에서 세상을 바라보게 된다.

신을 만나서 하나인 것을 경험한 인간들은 만남 이후에 갈림길에 처하게 된다. 영원한 자유를 선택할 것인가, 아니면 신의 종으로 살아갈 것인가. 무아를 깨닫게 되면 영원한 자유를 누리게 된다. 그러나 내가 신의 선택을 받았고, 내가 신의 제자이고, 내가 은총을 입었다는 생각을 하게 되면 신의 노예로 전락할 위험이 있다. 이런 생각이나 의도로부터 자유로워져야 궁극적인 자유를 얻을 수 있다. 해법은 나라는 의식을 버리고 절대 의식이나 인류 공동체라는 관점을 장착하는 것이다. 별나게 신에게 잘 보이려 전전긍긍할 필요가 없어진다. 사소한 일에 목숨을 걸 일이 없다. 모든 것이 다 사소하기 때문이다. 쓸데없이 이리저리 마음 쓸 일도 없다. 여유 있게 유유자적하면서, 모든 것을 동등하게 배려하는 균형 있는 삶을 살 수 있다. 자신이 신이라는 점을 알고, 신처럼 사고하고 행동할 수 있다. 자신이 전지전능할 수 있음을 알고, 이런 잠재 능력이 실제로 발휘될 수 있도록 노력하면서 살 수 있게 된다.

이런 깨달음을 얻으면, 세상사가 더 이상 고통이 아니고 자유이다. 나는 더 이상 존재하지 않는다. 우리는 태어난 바도 없기에 죽음도 없다. 삶은 그저 한바탕 연극에 불과하다. 연극 속에는 다양한 배역만 있지 나는 없다. 다들 배역에 충실할 뿐이다. 세상사 모든 일을 개인적 관점(personal)에서 받아들일 일이 없다. 개인(person)이 존재하지 않기 때문이다. 자신의 정당성에 대한 도취나 남의 불의함에 대한 분노는 공허한 환상에 불과해진다. 아귀다툼에서 승리한다 해도 공허할 뿐이다. 복수는 그저 복수를 불러일으킬 뿐이다. 정의 실현은 또 다른 분노를 유발한다. 자아가 재미나 생존을 위해 게임과 승부에 목을 매는 것이다. 모든 감정은 자아에 대한 보상이고 자기만족에 지나지 않는다. 이런 맥락 자체에서 벗어나기만 하면 새로운 세계가 열린다. 무한한 평화와 평온함을 느끼게 된다. 내면을 관찰하고 빛을 발견하고 근원과 하나가 된다. 이것이 진정한 자유이다.

진리에 눈을 뜬다는 것은 엄밀하게 말해서 새로운 것을 보는 것이 아니다. 대개는 당연히 있는 것을 자기가 안 보거나 못 본 것에 불과하다. 마치 장님이 눈을 뜬다고 세상이 변하지 않는 것과 마찬가지다. 자신에게는 신세계가 열렸지만 세상은 원래 그대로였다. 자기가 변하는 것이지, 산은 산 그대로고 물은 물 그대로

다. 그래서 큰 스님들의 오도송은 오묘한 진리를 담고 있으면서도 허탈함이 묻어난다. "내가 이러려고 도를 닦았나?" 하는 허탈함 말이다. 필자도 정치학 공부를 하면서 많은 정열을 불태웠지만, 가장 허탈했던 순간은 어느 책에서 러시아 혁명이 일어난 다음 날 아침 "여전히 지친 몸을 이끌고 빵을 구하러 나가야 했다"는 구절을 읽었을 때였다. 혁명이 일어나서 주인이 바뀌었을지는 모르나, 세상은 그저 변함없이 여여하게 존재할 뿐이다.

2) 특별한 능력

인간의 내면을 들여다볼 수는 없다. 따라서 깨달았다 해도 겉으로는 아무런 변화가 없다. 겉으로 변화가 있으면 오히려 이상하다. 지금까지 누차 주장한 바와 같이 자아가 사라져가는 것이 진정한 깨달음이다. 이런 의미에서 내공은 몰라도 외양은 별 차이가 없다. 변화는 의식과 관점에서 일어난다. 의식의 수준은 절대 의식에 도달하기 전까지 상대적이다. 자기보다 수준이 높은 사람이 대단한 것처럼 보여도 지나고 보면 보잘것없다.

진짜 큰 변화는 관점이다. 피 관찰자에서 관찰자가 된다. 자기중심적이고 주관적으로 사고하다가 갑자기 전체적인 관점이 생겨난다. 자신을 객관화하고 상대화할 수 있게 된다. 격투기 케이지 안에서 죽기 살기로 싸우면서 이기기 위해 온갖 머리를 짜내다가, 불현듯 부질없음을 깨닫고 케이지 밖으로 나와서 관중석에 앉는 것과 유사하다. 객관적으로 게임을 보기 때문에 주관적으로 상황을 보는 선수들보다 시야가 넓어진 것은 분명하다. 그렇다고 갑자기 경기력이 비약적으로 향상되는 일은 없다.

설사 깨우친다 해도, 변함없이 그저 뿌린 대로 거둘 뿐이다. 뿌릴 때는 아무거나 뿌려놓고, 추수할 때는 대단한 것을 기대하는 것이 인간들 마음이다. 인생의 이치를 깨우치면, 당장 돈이 생기고, 출세를 하고, 명예를 얻고, 선거에 나서서 당선되고, 원하는 바를 다 얻게 되는 것이 아니다. 물론 이치를 알면 어떻게 하면 세속적인 성공을 할 수 있는지 감이 잡힐 수는 있다. 그러나 깨우침을 자기 이익을 위해서 쓰는 것은 원래부터 금기였다. 사리사욕으로 인해 곧 다시 눈이 감기고 깨우침이 사라질 것이기 때문이다. 이런 의미에서 세속적인 목표를 추구하는 것은 깨달음의 실천이 아니다. 세속적인 성공은 두루 이롭게 하려는 노력과 행위의 결과로 자연스럽게 이루어질 수는 있지만, 그 자체가 깨달음의 목적이 될 수는 없다.

일반적으로 깨달으면 초능력으로 텔레파시가 가능하고, 몸이 하늘을 오르락내리락하고, 미래를 투시하는 능력이 생기는 것으로 생각한다. 그러나 공부를 많이 한다고 초능력이 생기지는 않는다. 그렇지만 최소한도 현명한 자는 될 수 있다. 주어진 상황하에서 현명한 대안을 찾는 현자 말이다. 상황마다 어려운 고민을 하는 사람들에게 현명한 대안을 제시하는 능력은 생겨날 수 있다. 지식이 지혜로 전환되는 과정을 거쳐서 말이다. 통찰력으로 사물이나 현상의 본질을 보는 것이다.

현자는 보편적이다. 누구와도 지혜를 나눌 수 있고, 누구에게도 도움을 줄 수 있다. 지혜는 공공재이다. 반면에 초능력은 사적인 자산이다. 초능력을 키우려는 마음은 이기심이다. 이것을 통해서 자신을 높이고, 남으로부터 부러움을 사고, 사적인 이익을 취하기 위해서 활용한다. 초능력은 부자연스러운 것이고, 머지않아 불편한 것이 되고, 결국에는 불리한 것이 되고 만다. 지혜를 키우는 것은 공적인 마음이다. 지혜를 독점하거나 배타적으로 활용하는 것은 지혜와는 양립할 수 없는 개념이다. 그래서 수행자는 지혜로운 사람이 되어야지, 초능력자가 되어서는 안 된다.

실제로 초능력이란 것은 미끼에 불과하다. 초능력을 관장하는 신들이 수행자의 수행 정도를 알아보기 위해 시험 삼아 주는 것이다. 대개는 수행 초기 단계에서 초능력이 약간 생겼다는 느낌이 들자마자, 공부를 때려치우고 세상에 나와, 내가 누구요 간판부터 걸어댄다. 사람들은 자아를 조금 낮추거나 사심을 약간만 버려도 많은 능력이 생긴다. 그러나 초능력이라기보다는 자기에게 감춰져 있던 잠재력이다. 이런 것이 수행 초기 단계에 내면으로부터 드러나게 된다. 신내림을 받은 무당들의 초기 반응이 흥미롭다. 대개는 아무런 변화를 감지할 수 없어서 커다란 좌절을 느낀다. 그때부터 점을 보는 기술과 굿을 하는 기술을 스승으로부터 배운다. 그리고 제법 진정성이 있는 사람들은 더 큰 신통력을 얻기 위해서 세상을 돌아다니면서 기도한다. 영발 좋은 기도터에는 무당들의 발걸음이 미어터질 정도이다. 그러나 대개는 잔기술을 배워서 물질적 이득을 취하고 만다.

신의 입장에서 세상을 뒤흔들 수 있는 초능력을 신뢰하기 어려운 인간에게 쉽사리 맡길 리가 없다. 세상을 두루 이롭게 할 수 있는 초능력이라도 인간의 부족함과 오만함으로 인해 배달 사고가 날 확률이 크기 때문이다. 대개의 인간은 수행 정도를 떠나서 초능력을 갖게 되면 자기 것으로 생각하고 자기를 높이는 일에만 쓰려고 한다. 알량한 재주로 사람들을 '가스라이팅'(gaslighting) 하려고 한다. 사람들의 인생에 부당하게 개입하고, 정치를 자기 뜻대로 주물러대려 한다. 게다가 한 자리를 바라거나 커다란 대가를 요구하기까지 한다. 심지어는 사기를 치고 협박을 가하기도 한다.

이것은 전부 시험에 불과하다. 일반적으로 작은 능력을 줘보고 사람 됨됨이를 테스트한다. 대개의 경우는 첫 번째 테스트에서 낙방하고 만다. 진정한 고수는 개인적으로 초능력을 키우지 않는다. 설사 기회가 주어진다 하더라도 정중하게 거절한다. 상식을 벗어나는 초능력은 번뇌일 뿐이다. 사람의 목숨을 살리는 초능력이 있다고 치자. 그러나 모두를 살릴 정도가 아니라면 불가피하게 선택 문제에 봉착하게 된다. 결국은 자의적인 결정을 내릴 수밖에 없다. 이 과정에서 심각한 실수를 저지르기 마련이다. 따라서 초능력을 갖기보다는 기적이 필요한 경우 하늘에 진심을 담아서 기도하는 편이 낫다. 개인이 기적을 만들면 반드시 사고가 나기 마련이다. 수많은 자칭 재림 예수들의 타락이 좋은 증거이다.

진짜 초능력은 스승이 준비된 자에게만 특별히 준다. 수행을 많이 해서 공부가 일정 수준에 이르면 스승이 자동적으로 나타난다. 그리고 인류에 기여하라는 목적으로 한정해서 특별한 능력을 부여하기도 한다. 이 경우 생각과 마음을 열고 보살행을 실천해야 한다. 인류를 위해 봉사를 하겠다는 보편적인 마음을 내야 한다. 일반적으로 좋은 마음으로 배우고 실천하면 점차 심령적인 능력이 계발된다. 이것은 끊임없는 수양과 실천의 결과물이다. 스승을 위해서 인류를 위해서 공적인 목적으로 능력을 써야 한다. 사적인 호기심 충족이나 이익 추구 혹은 기적을 보이려는 목적으로 활용하면 안 된다. 사심이 완전히 사라진 단계가 되어야 새로운 능력이 생겨난다. 준비되지 않은 상태에서 초월적인 능력이 먼저 생기면, 인간은 반드시 타락하고 만다.

수행을 통해서 육체와 아스트랄체 그리고 정신체를 점차 정복해 나감에 따라서 초능력이 가파르게 향상된다. 몸과 감정과 생각을 통제하기 때문에 투시력 같은 초능력이 생긴다. 그러면 본격적으로 인류를 위해서 일하게 될 때가 된 것이다. 자아가 근본체로 남게 되면 잠재되어 있던 직관력과 통찰력이 깨어난다. 이런 단계에 오르면 영적 능력을 안전하고 현명하게 쓸 수 있게 된다. 예수의 신통력은 이런 단계에서 발현된 것이다. 이런 경지에 이르는 것은 극히 예외적인 현상이다. 당연히 이 단계에 오르면 신과 자연스런 접촉이 있게 된다. 이것은 수양의 마지막 단계에서나 벌어지는 일이다.

세상에는 신통력을 자랑하는 사람들이 제법 많다. 그런 사람들이 정치에 막강한 영향력을 미치고 있음을 보여 주는 신문 기사도 종종 등장한다. 신통력을 자랑하는 사람들이 TV 맞선보기 프로그램에 출연하고 유튜브(You Tube)를 통해서 대중들에게 커다란 영향을 미친다. 신통력을 업으로 삼는 점쟁이들은 우리 사회 곳곳에 침투하고 있다. 대개는 얕은 수준의 예지력이나 통찰력을 선보인다. 그러나 문제는 신통력의 부족함이 아니라 치유 능력의 허접함에 있다. 굿이나 부적으로 해결할 수 있는 문제는 사실 문제도 아니다. 한이 맺힌 영가는 돈 주고 대리인을 사는 게 아니라, 당사자가 직접 진심을 담아서 사죄하면 해결될 일이다. 사실 문제를 보거나 찾아내는 신통력은 그다지 신통한 것이 아니다. 그렇지만 치유 능력이나 문제해결 능력은 완전히 다르다.

치유 능력은 고차원의 능력으로 엄청나게 배우고 실천하며 수행을 해야 그나마도 조금씩 생겨날 수 있다. 사실 문제를 보는 것은 너무도 쉽다. 대개는 문제가 있으니 신통력 있는 사람을 찾을 것이기 때문이다. 그러나 보다 중요한 것은 치유 능력이다. 모든 게 문제투성이인 한국 정치는 국민 모두가 신통력 있는 전문가들이다. 귀신같이 문제를 찾아낸다. 한국 축구도 마찬가지다. 국민 모두가 한국 축구 안 되는 이유에 대해서는 나름대로 다 전문적인 식견을 갖추고 있다. 그러나 문제 해결 능력까지 갖춘 사람은 찾아보기 힘들다. 하수들만 "이게 문제 저게 문제"라고 목청을 높여가며 지적질만 해댄다.

수행이 된 고수들이 현실 문제를 지적하고 나서지 않는 이유는 문제를 못 봐서가 아니다. 좋은 해결책이 없기 때문이다. 그렇기 때문에 서로 머리를 맞대고 마음으로 소통하면서 타협책을 찾아야 한다. 서로 사랑하면서 화합하고 협력해 나가야 한다. 겸허하게 이웃의 소리를 듣고, 자연의 소리를 듣고, 신의 소리에 귀를 기울여야 제대로 된 해법이 찾아진다. 자기 맘에 드는 대통령을 뽑는다고 해법이 절로 생겨나는 것은 아니다. 상대방의 목소리에 귀를 기울이고, 자신의 마음을 열어야 해법이 찾아지는 것이다.

3) 일상생활에서의 변화

깨달은 이후 일상생활에서는 괄목할 만한 변화가 생겨난다. 내면 깊은 곳으로부터 자비, 용서, 관용, 인내, 참을성, 양육, 아름다움, 따뜻함, 친근함, 개방성, 유연성, 유쾌함, 일치, 유머, 내맡김, 놓음, 눈감아 줌, 애정, 사랑, 초월, 열린 마음, 연민, 평화, 부드러움, 충실함, 품위, 자선 등과 같은 양질의 성품이 자연스럽게 흘러나온다. 시시비비와 사리 분별을 유보하게 되고, 남과 비교하거나 사회적 지위를 따지는 속성이 점차 사라진다. 그리고 논리나 계산으로 납득하기보다는 직관적으로 이해하고, 사물의 본질을 즉각적으로 파악할 수 있는 통찰력이 생겨난다. 따라서 문제를 해결하고 갈등을 해소하는 능력이 생겨난다. 애매함을 견디는 능력이 커지고, 더 이상 자신이 올바르다거나 이기겠다는 생각이 들지 않고, 타인보다 우월감을 느낄 필요도 점차 없어진다.

영성이 중요해지고, 영적 식별 능력이 커지면서 의도에 대한 감수성이 고양된다. 맥락에 대한 앎이 내용보다 점차 더 중요해진다. 목적이 수단을 정당화하지 못하고, 완전성이 편의성보다 더욱 큰 실용적 가치를 갖는다는 사실이 자명해진다. 존재하는 모든 것의 타고난 아름다움이 명백해지고, 만물이 동등한 가치를 갖게 되어서, 모든 생명과 모든 존재는 존재 자체로 존중을 받게 된다. 존재하는 전부의 완벽함이 전면에 드러난다. 모든 존재가 기적으로 다가오며, 모두가 소중하고 동등하며 하나이다. 신성의 빛이 참나는 물론이고 온 세상을 환하게 비친다. 자신의 존재를 알고, 신의 존재를 알고, 사랑을 알게 된다. 머리보다는 가슴을 통한 사랑의 완성을 믿게 된다.

깨달음과 행복 사이의 상관관계는 분명하지 않다. 왜냐하면 깨달은 자에게 행복이란 것 자체가 존재하지 않기 때문이다. 그러나 분명한 것은 깨우치게 되면 최소한도 불행은 피할 수 있다. 자아는 끊임없이 비교하고, 없는 말을 만들어 내고, 최악의 사태를 두려워하고, 지나치게 욕심을 내면서 불행해진다. 그것만 내려놓아도 불행하지는 않을 것이다. 그러나 행복은 어디를 찾아도 찾기가 쉽지 않다. 행복은 어딘가 외부에서 찾을 수 있는 것이라기보다는 사람의 타고난 내적인 본질일 가능성이 크다. 깨우친 사람의 내면에는 무한히 솟는 행복의 샘이 존재한다. 그렇지만 깨우친 사람은 행복해지는 것을 삶의 목표로 삶지 않는다. 왜냐하면 행복 또한 집착의 대상이 될 우려가 있기 때문이다. 깨우친 사람은 세상사 모든 것이 서로 연결되어 있음을 알기 때문에 모든 것에 대해서 감사하며 살게 된다. 많은 사람의 노고로 인해 자신의 삶이 가능하기 때문에 범사에 지극한 행복감을 느끼면서 살 것이다.

깨우치면 돈이 벌릴까? 기업가 중에는 대단한 분이 많다. 대개는 크게 깨우친 사람들이다. 요즘 후지게 돈만 밝혀서 성공한 자본가들은 거의 없다. 자본주의 경쟁이 그렇게 쉬운 것만은 아니다. 인품과 내공이 받쳐줘야 회사가 잘 돌아가고, 소비자들에게도 어필할 수 있다. 초기 자본가들이나 스크루지 영감 같았다. 돈을 벌고 부자가 되겠다고 인색하게 절약한다면 그것은 잘못된 방법이다. 간단히 말해서 푼돈은 아무리 모아도 푼돈이다. 그렇기 때문에 푼돈인 것이다. 요즘은 월급을 안 쓰고 절약해서 아파트가 손에 들어오는 세상이 아니다. 투기를 하던 투자를 하던 어떤 계기로 큰돈이 쏟아져 들어와야 부자가 된다. 절약은 그냥 좋은 습관이고, 괜찮은 수행의 수단이다. 막 쓰고 싶은 욕망을 자제하는 것은 성숙해지는 과정이다. 이렇게 수양이 된 사람은 돈이 많이 들어와도 잘 관리하고, 좋은 데 쓸 수 있는 소양이 생겨난다.

거꾸로 돈에 대한 집착이 가난과 실패를 부를 수 있다. 수전노처럼 과도한 돈에 대한 집착이나 절약은 돈의 노예가 되었음을 보여 준다. 돈에 집착을 해서 안 쓰는 것은 수양과 거리가 멀다. 그저 몸을 고생시키고, 가족 고생시키고, 친구만 잃는 결과를 초래한다. 돈을 움켜쥐고 벌벌 떨면 부자도 될 수도 없다. 돈은 버려도 좋다는 마음으로 적당한 기회를 잡아 투자를 해야 큰돈이 벌린다. 투자는 항상 위험이 따르기 때문에 잃어도 좋다는 마음 없이는 성공이 불가능하다. 실패가 두려우면 투자를 할 수가 없다. 돈이 없으면 빌려서라도 투자를 잘하는 사람이 부자가 된다. 돈의 노예가 되고, 돈을 신주 받들 듯이 하는 사람은 부자가 되기 어렵다. 포기하려는 마음이 있어야 뭔가를 얻을 수 있다. 따라서 깨우침과 빈한한 삶을 동일시할 근거는 없다. 오히려 깨우치면 돈이 생겨날 가능성이 더 크다. 돈에 노예가 되거나 집착하지도 않게 된다. 돈을 많이 벌어서 좋은 목적에 아낌없이 쓰는 사람은 크게 깨우친 사람이다.

필자 같은 경우는 돈과 인연은 별로 없다. 인연이 없다기보다는 돈 버는 이치를 깨우쳐서 실천하려는 노력을 게을리했다. 돈을 번 사람들은 노력을 통해 돈이 돌아다니는 이치를 터득하고, 좋은 투자처를 찾아서 시간과 정력을 쏟았다. 그러는 동안에 필자는 자기가 좋아하는 테니스 치고 맥주 마시고 놀았고, 자기가 좋아한다고 남들이 보지도 않는 책이나 논문을 쓰면서 세월을 보냈다. 그에 따른 응분의 대가를 치러야 하는 것이 당연하다. 따라서 크게 불평할 것은 없다. 그러나 평생 좋은 일 하고 싶은데 돈이 없어서 못한 경우는 없었다. 좋은 일을 하려는 마음이 부족해서 항상 문제였다. 남을 돕거나, 공적인 일을 하거나, 인류에 조금이라도 보탬이 되는 일이 하고 싶을 때는 영락없이 돈이 생겼다. 저축할 정도로 돈이 충분치는 않았지만, 그래서 마음은 항상 부자이다.

깨우친 자의 지혜는 가정에 화목을 가져올 수 있다. 사실 가정 자체가 도량이다. 가족만큼 조건 없는 사랑을 배우고 실천하는 데는 좋은 대상이 없다. 가정이란 공동체 생활을 통해서 배우는 것이 정말 많다. 협동을 배우고 희생을 실천하는 좋은 훈련의 장이다. 특히 자식을 키우면서 배우고 느끼는 바는 어느 것과 비교해서 빠지지 않는다. 자기 맘대로 되는 자식은 정말로 드물다. 못 되면 눈엣가시가 되고, 잘 되면 남 좋은 일 시킨 꼴이 된다. 돈이 있는 사람이나 없는 사람이나 자식에게 재산 물려줄 생각만 하는 것이 자식 있는 부모들의 공통점이다. 부모들은 자기를 위해 사는 인생이 없다. 먹을 것 입을 것 아껴서 자식 먹이고 입히는 것은 기본이다. 학원 보내기, 과외시키기, 생활기록부 관리하기, 조기 유학 보내기, 대학 보내기, 대학교 학점 신경 써주기, 심지어는 교환학생 보내기까지 부모들의 자식 돌보기는 끝이 없다. 취업 걱정, 결혼 걱정, 거기에다가 손주들 키워줄 걱정까지 걱정도 가지가지이다. 결국에는 자식 다 소용없다는 것을 깨닫고, 그때서야 자기 인생을 돌아보게 된다. 그러나 너무 늦었고, 인생 남는 것이 없는 것을 발견하고 허탈해 한다. 자식에 대한 집착이 가져온 불행한 결과이다.

필자가 자식을 키우면서 이상하게 생각한 것은 학교에서 제자들을 대할 때와 집에서 자기 자식을 대할 때 커다란 차이가 나는 이유였다. 할 말은 아니지만 남의 자식이니까 신경을 덜 쓰고 관용적일 수 있었다. 그러나 자기 자식은 "어떻게 내 새끼가 이럴 수 있을까" 하는 생각 때문에 지나치게 엄격한 잣대를 들이대곤 하였다. 자식 문제로 고민하다가 내 자식을 제자 대하듯이 하면 어떨까 하는 생각이 불현듯 들었다. 대학 진학이 순조롭지 못했던 아들에게 하루는, "야 너 이제부터 자식하지 말고, 그냥 내 제자해라" 하고 뜬금없이 말을 건넸다. 이유를 잘 모르는 아들은 흔쾌히 동의를 했다. 이후로 필자는 볼 때마다 "저놈은 내 자식이 아니다. 그저 제자 중 하나이다"라고 되뇌었다. 힘든 일이 적지 않았지만 아들에게는 제자들처럼 약간 위선적이기까지 한 방관자적 관심만이 주어졌다. 필자에게 놀라운 정도의 평안이 왔다. 결과야 뿌린 대로 거뒀지만, 가장 큰 소득은 부자 관계를 구할 수 있었다는 점이다. 지나친 집착 때문에 자식과의 소중한 관계를 희생시키는 우를 범하지 않은 것이 바람직하다.

부모와 자식 간의 관계에 대해서 많은 좋은 말들이 있다. 그 중에서 필자는 "자식은 빚 받으러 온 빚쟁이"라는 말이다. 전생에 부모가 진 빚이 많은 빚쟁이 말이다. 그래서 이번 생에 받으러 온 것이니, 따지지 말고 달라는 대로 주라는 말이다. 당연히 생색도 내지 말고서. 자신이 소유한 물건은 당연히 아니며, 자식이 원하자는 바를 이룰 수 있도록 잘 도와줘야 한다. 대리만족을 취하려고 공연히 닦달할 일이 아니다. 수업 중 대학생들에게 물어보면, 부모와 관계가 안 좋은 경우가 많다. 특히 남학생들이 아버지와의 관계에 문제가 많다. 자식들에게 가장 좋은 교육은 아예 가르치지 않는 것이다. 인내를 갖고 지켜보면서 스스로 깨우치도록 시간과 기회를 부여하는 것이 좋은 방식이다. 그래도 가르치고 싶으면 스스로 모범을 보이면 된다. 부모가 책을 읽으면, 애들도 따라서 책을 읽는다. 그러나 자신은 TV 보면서 애들 보고는 공부하라고 한다. 더구나 자기 대신 꿈을 이뤄 달란다. 그러나 자식은 부모덕에 자신들의 꿈을 이루러 온 분들이다. 경우가 안 맞아도 심하게 맞지 않는다.

부모와 자식 간의 관계는 헤어질 때 "내 부모가 되어 주셔서 정말 고마웠습니다"라는 말을 들을 수 있으면 가장 큰 성공이다. 당연히 자식에게 "내 자식이 되어 주어서 정말 고마웠다"하고 세상을 떠나면 가장 멋진 부모일 것이다. 큰돈 남겨 주고 괜히 노심초사하지 말고, 좋은 가르침을 주고 떠나는 부모가 되면 어떨까. 자식에게 받을 수 있는 최상의 선물이 바로 존경이다. 세상을 하직하고서도 오랫동안 존경받는 부모가 되도록 노력합시다. 제자들에게 종종 부모가 어떤 때 존경스럽냐고 묻곤 한다. 뭐 특별한 대답은 없다. 공통적으로 인생 열심히 사실 때이다. 자식은 부모를 존경할 준비가 되어 있다. 그러나 대개의 경우 부모가 스스로 존경받기를 거부한다. 괜히 쓸데없이 욕심을 부려서 부모와 자식 간의 관계만 해질 일은 절대로 아니다.

개인적으로 필자는 수행은 제법 했지만 특별히 깨달은 것은 없다. 조금 더 현명해졌을 수는 있다. 그렇다고 무슨 대수는 아니다. 깨우침을 얻기는 상대적으로 쉽다. 그러나 깨달음을 지키고 실천하는 일은 장난이 아니다. 깨우친 후에 엄청나게 노력해야 한다. 진리에 눈을 뜬다 해도 곧 눈이 다시 감기기 마련이다. 감기지 않도록 눈을 부릅떠야 할 뿐만 아니라, 눈이 감기면 다시 뜨고자 노력을 해야 한다. 시야가 넓어지고 시력이 좋아지면, 안 보이던 것도 보이게 된다. 전에 보이던 것은 훨씬 더 잘 보인다. 그러나 잘 보고 많이 본다고 해서 좋기만 한 것은 아니다. 세상에 문제가 없는 것이 없다. 그러나 해답도 잘 없는데 문제만 자꾸 보이면 세상 살기가 힘들어진다. 여기저기 지적질만 드러나고 불평불만만 쌓이게 된다. 이런 사태를 막으려면 엄청난 수양이 더 필요하다. 깨우침은 끝이 없는 과정이다.

V

깨달음과 학문 세계

1. 깨달은 인생

1) 깨달아도 깨달은 바 없다

깨달음은 끝도 없고 각양각색이다. 때문에 많은 성현이 깨달음 자체에 대한 묘사보다는 깨달은 자들이 가져야 할 마음 자세를 더 강조하였다. 이런 가르침은 불교의 '금강반야바라밀경'(『금강경』)이 바로 대표적이다. 『금강경』은 어느 정도 경지에 오른 수행자(불교에서는 깨달음 즉 '아뇩다라삼먁삼보리'를 얻은 자를 지칭)들을 대상으로 "어떤 마음을 갖고, 어떻게 실천해야 하는가?" 하는 문제에 대해 제자인 수보리가 묻고 부처가 대답하는 형식으로 구성되어 있다. 가르침의 핵심은 깨우칠 것도 깨우친 바도 없으며, 마음을 내지 말고 보시하라는 것이다. 깨우쳤다고 나대지 말고, 조금 안다고 가르치려고 폼 잡지 말며, 생색내거나 대가 바라지 말고, 사랑을 베풀라는 주문이다.

그러나 깨우쳤는데도 깨우친 바가 없다고 생각하면서 묵묵히 실천하기란 용이하지 않다. 대개는 요란하게 떠들어대거나 별다르게 행동하려고 한다. 교회에 가면 신을 만났다고 주장하는 사람들이 많다. 마치 큰 액수의 복권에 당첨된 사람들처럼 선민의식을 갖고 까불고 오만해지는 경우가 적지 않다. 복권에 당첨된 사람들은 대개 머지않아 돈을 다 탕진하고 불행해진다. 평소처럼 똑같이 하던 일을 하면서 일상생활을 이어나가는 사람들만 예외다. 신을 만나면 떠들어대기보다 신이 자신에게 등장한 이유부터 먼저 잘 살펴야 한다. 그리고 자신의 내면에 신성을 체화시키려는 노력이 있어야 새로운 삶이 시작된다. 깨달은 자들도 깨달은 바를 체화시키려는 노력을 지속적으로 기울여야 한다. 그렇지 않고 신을 만난 사실만 우려먹으며 사는 사람은 내면의 발전과 성숙을 이룰 수가 없다.

예전에 TV조선에서 「시그널」이란 프로그램을 본 적이 있다. 뭔가 기이한 사람들에 대한 이야기를 보여 준다. 70세 남짓한 노파가 등장했다. 노천에서 낙엽을 뒤집어쓰고 십몇 년을 자면서 기도 수행을 하고 있었다. 영락없는 정신병자 모습이었다. 그러나 필자의 눈에는 너무도 정상처럼 보였다. 순진하고 영롱한 눈빛이 인상적이었다. 타고난 예술적 재능도 엿보였다. 무슨 연유인지 궁금해졌다. 이야긴즉슨 꿈속에 산신령이 나타나서 땅을 파면 동 불상 2개가 나타날 것이란 예지를 주셨다는 것이다. 정말로 파보니 불상이 나와서 국립박물관에 기증하고, TV에도 출연했단다. 문제는 거기서부터 시작됐다. 그때부터 그곳에서 하늘이 재차 임하기를 기다리면서 수행 아닌 '기행'을 계속했던 것이다. 매우 성실하게 수련했지만, 방향이 잘못되었다.

많은 사람들은 자신이 특별히 선택됐다고 생각한다. 그러나 사실 특별한 선택은 없고, 누구나가 다 선택된 존재이다. 특별한 의미는 없다. 앞의 예에서 산신령은 노파가 그냥 불상에 가까운 데 있기에 편하게 불러서 한번 썼을 뿐이다. 그런데도 특별한 의미를 부여하고 거기에 멈춰서 하릴없이 재림하기를 기다렸던 것이다. 신도 마찬가지다. 신은 전지전능하고 온 세상에 편재할 수 있기 때문에 신의 등장이 별다른 의미를 갖지는 않는다. 그렇지만 신을 만난 장소를 특별하게 기념해서 조형물을 세우거나 교회를 짓는 경우가 많다. 어차피 존재하는 신이라면, 만나는 경험 자체가 특별할 수는 없다. 주변에는 신을 체험한 이후에 생업을 멈추고, 출가하거나 신학교에 가는 등 별나게 유난을 떠는 사람들이 많다. 북한에서 백두혈통의 우두머리가 방문한 곳이라고 기념비를 세우고 크게 요란을 떨듯이 말이다.

예수와 석가모니가 존경받는 이유는 깨우친 후 고행을 선택했기 때문이다. 사람들은 고행을 통해서 깨우쳤다고 생각하지만, 필자는 거꾸로 깨우친 후에 고행을 선택했다고 본다. 깨우침 없이 하는 고행은 그저 고생일 뿐이다. 고생을 통해서는 "집 나가면 안 된다"는 정도밖에 깨달을 수 없다. 그러나 깨달은 이후의 고행은 다르다. 고행을 통해서는 깨달음에서 생겨나는 오만한 마음을 누그러뜨리고, 깨우침이 갖는 의미를 깊이 곱씹어 볼 수 있다. 이 과정 속에서 점차 이름도 알려지고 추종자도 제법 생겨났다. 의도했건 안 했건 이들은 선생이 되는 방법을 제대로 알았던 셈이다. 부처, 예수, 공자는 깨달은 바를 직접 교재로 만든 적이 없다. 말이나 글보다는 실천을 앞세웠다. 경전은 가르치고 실천한 바를 후대에 제자들이 기록한 것이다. 교재 없이도 이들 모두가 30대에 제자들을 구름 떼처럼 끌어모았다. 인류의 위대한 스승들의 행적으로부터 깨우친 자들이 배워야 할 바람직한 행보를 찾을 수 있다.

인격 성숙이 이루어지기 전에 너무 일찍 깨닫는 것이 바람직하기만 한 것은 아니다. 젊어서 깨우치면 오만해져서 까불거나, 무모하게 세상에 도전하다가 실패를 맛볼 수 있다. 깨달음은 반드시 숙성시키는 기간이 필요하다. 예수에게도 이런 숙성 기간이 충분히 주어졌더라면 결과가 달라졌을 수 있다. 명을 다하고 하늘로 돌아갈 때까지 배우고 성숙했더라면, 훨씬 더 많은 사람들이 소중한 가르침을 얻었을 수 있다. 세상은 여태까지 예수의 재림을 기다리지 않고, 이미 천국이 되었을 수도 있다. 동학 창시자인 수운 최제우도 하늘을 만나서 깨우친 후 대중 포교에 나선지 4년 만에 죽고 말았다. 계란으로 바위치기를 한 결과였다. 깨달음을 숙성시키는 시간이 필요했으나, 세상에 너무 조급하게 나간 감이 든다. 사회적 영향력의 한계로 인해 목소리를 과도하게 높이다 보니, 세상과 척을 지게 된 측면이 있다. 깨우친 자에게도 인내와 성숙은 필수 불가결하다.

깨우친 이후에도 천천히 수양하면서 실력, 명성, 권위를 차곡차곡 쌓아가는 것도 좋은 방법이다. 내공을 충분히 쌓은 후에 무리하지 않게 점차적으로 자신의 뜻을 펼쳐나가는 방식이 자연스럽다. 세상이 자기 맘대로 쉽사리 변하지는 않는다. 꾸준한 노력과 실천이 필요하다. 가장 어리석은 짓이 자신이 경험한 하늘을 전부라고 여기면서 자신만의 종교를 창시하는 것이다. 자신이 깨달은 바는 바닷가 모래사장의 모래 알갱이 하나에 불과한 것이다. 그럼에도 불구하고 자신이 바다라고 주장하는 것과 진배없는 행위이다. 자신의 후예들은 진짜 하늘을 섬기지 않고 교주를 하늘처럼 섬기면서, 교주를 하늘이라고 우기게 된다. 그런 종교는 교주 사후에 분열되어, 이권이나 권력 다툼의 장으로 전락하고 만다. 깨우친 후에 자신을 높이거나, 더 나아가 자신의 종교를 세우는 행위는 수행자에게 치명적인 유혹이다.

깨달음은 간단없는 수행을 통해서 오지만, 깨달음 자체는 순간이고 섬광과도 같다. 물을 가열하면 어느 순간부터 갑자기 끓기 시작하듯이, 양적 변화가 누적되면 어느 한 순간 질적 변화가 일어난다. 마찬가지로 윤회를 거듭하다 보면 어느 인생에서 질적인 도약이 이루어진다. 큰 깨달음으로 인해 영적으로 비약적인 성숙이 일어나고, 궁극적으로는 윤회의 굴레에서 벗어날 기회가 생겨날 수 있다. 이것이 바로 '결정적 인생'(critical life)이다. 이런 천재일우의 기회를 놓치지 않기 위해서는 부단히 용맹 정진해야 한다. 진리를 깨닫고 지속적으로 사랑을 실천해야 한다. 영혼의 성숙이 있어야 하늘과 합일을 이룰 수 있다. 그러나 욕심 많고 나대기 좋아하는 인간들에게는 쉽지 않은 선택이다.

필자의 눈에는 주변에 "결정적 인생"을 맞이한 사람들이 제법 보인다. 그냥 널린 것이 교수요 성직자들이다. 우리가 인생을 사는 목적이 배우는 것인데, 남을 가르치는 기회를 얻었다는 것은 의미가 보통이 큰 것이 아니다. 그렇지만 여기에 내포된 위험도 크다. 남보다 배우는 능력이 뛰어나기 때문에 먼저 배워서 나누라고 했는데, 배우지 않고 가르치기만 하려고 들면 낭패를 보기 십상이다. 성직자들도 마찬가지다. 하늘과 세상을 연결하는 중개자 역할이 어디 아무나 할 수 있는 일이겠는가. 아마도 하늘이 특별히 아끼거나 특별한 소통 능력을 높이 샀기 때문이었을 것이다. 죄짓고 방황하는 영혼을 위로하고 성숙시키는 소임을 응당 다해야 할 것이다. 그러나 자신이 하늘인 양 행세하면서 사람들에게 군림하려 들다가는 결정적으로 실패한 인생을 맞게 될 가능성이 크다.

결정적인 인생을 살면서 자신의 소명이나 특별한 재능을 모르고 지내는 경우, 하늘이 직접 나서서 고통이나 시련을 줌으로써 깨닫게 만드는 수가 있다. 남들이 모두 부러워할 정도로 멀쩡하게 잘 나가는 인생이 갑자기 암초에 부딪치는 경우 그럴 가능성이 크다. 어떤 경우에나 의미를 잘 살펴야 한다. 갑자기 눈이 보이지 않게 되면 귀가 밝아진다. 귀와 마음으로 에너지와 파동을 느껴보라는 가르침일 수가 있다. 베토벤과 같은 음악가는 이런 하늘의 계시를 정확하게 이해하고, 운명에 순응해서 인류에 길이 남을 명작을 남겼다. 반대로 평범한 인생을 살다가 갑자기 특별한 재능을 얻는 경우가 있다. 이 경우 또한 의미를 잘 새겨야 한다. 대개의 경우 대가 없이 공짜로 주어지지 않는다. 오만해지지 말라고 건강이나 외모에 흠결을 만들기도 한다. 지나치게 사심을 앞세울 경우에는 어김없이 응징하는 것이 하늘의 작동 원리이다. 재물이나 미모 그리고 권력 등과 같은 커다란 '복'도 거저 주어지는 법이 없다. 개인적으로 축복이지만, 두루두루 이롭게 쓰지 않으면 결정적으로 실패한 인생이 보장되는 '위장된 축복'이다. 이래서 잘 나갈수록 겸허하게 잘 살아야 하는 법이다.

우리는 주변에 불운한 천재들을 많이 본다. 대개는 일찍부터 특정 분야의 이치에 눈을 뜬 사람들이다. 특별한 재능을 받았음에도 꽃을 피우지 못하고 좌절한다. 오히려 실패해서 화제가 된 경우도 적지 않다. 운동 분야에도 창대하게 떠올랐다 미약하게 사라져간 비운의 천재들이 무수히 많다. 도 닦는 일 또한 예외가 아니다. 다른 분야와 마찬가지로 수행을 좀 하면 어느 순간 다 보인다는 착각이 들 때가 있다. 시작일 뿐인데도, 많은 경우 하산해서 명예와 돈을 쫓는다. 밑천이 빤한데 사람들이 찾기 시작하면, 당연히 수행을 게을리 한다. 게다가 물질까지 탐하기 시작하면 보통 사람보다 못하게 되기 십상이다. 학계에서도 비슷한 현상이 있다. 박사학위를 받고 교수가 되면 이제 학문에 조금 눈을 뜬 정도이다. 그때부터 열심히 연구해야 학문에 도가 트는 것인데, 공부는 안 하고 다 아는 척 떠들어 대고, 정치판부터 기웃거리는 잠재적 대가들이 무수히 많다.

사실 세상 이치를 깨닫는다는 것은 긴 여정의 시작에 불과하다. 인간이기에 깨달은 눈은 당연히 다시 감긴다. 더구나 새롭게 눈에 보이는 것이 진짜가 아닐 수도 있다. 부단히 눈을 다시 떠서 자세히 살펴보아야 한다. 이런 노력을 부단히 반복해서 본인이 눈을 떴는지 감았는지 의식하지 못하는 단계가 되면 도가 좀 트인 것이다. 눈을 감아도 모든 것들이 환하게 다 보여야 어느 정도 경지에 오른 셈이다. 사실 한 번 이치에 눈을 떠서 자기 것이 된다면 우리 주변이 현자들로 꽉 차 있을 것이다. 경지에 오른 분들은 초보 단계가 제일 위험하다고 한다. 왜냐하면 자기가 본 것이 전부인 줄 알고 맹신하고 나대기 쉽기 때문이다.

필자의 예를 들자면 왼쪽 눈만 사용하던 사람이 오른쪽 눈을 뜨게 되면, 양 눈으로 사물을 보지 않고, 오른쪽 눈만 사용하려 들 수가 있다. 마음의 눈을 뜬 사람은 마음의 눈만 중요하다고 주장하는 오류에 빠질 수 있다. 결과적으로 점차 현실 감각이 떨어지고, 허황된 생각만 하게 될 것이다. 전생에 대한 지식을 가지고 자신의 현생을 알게 되었다고, 전생에만 매달려서는 곤란하다. 전생을 안다고 자동적으로 현생과 후생이 살아지는 것은 아니다. 본인의 운명을 알게 되면, 과거의 한풀이가 아니라 새롭게 나쁜 인연이나 매듭을 짓지 않도록 사는 것이 정답이다. 그리고 항상 새로운 인연에 대해서 마음을 열어야 한다. 가장 중요하게는 좋은 실천을 많이 해서 새롭게 선업을 지어야 한다.

이 모든 것이 가능하기 위해서는 깨우침이 분명해져서 체화될 때까지 입과 몸을 자제하는 것이 필요하다. 아예 깨우쳤다는 생각마저도 잊고 사는 세월이 제법 필요하다. 우리 사회와 같이 이념 대결이 치열한 상황에서는 빈번하게 이념적으로 새로운 깨우침을 얻는 사례가 많다. 좌에서 깨우쳤다고 우로 가서 좌파와 죽기 살기로 싸우는 사람 많다. 우에서 좌로 가서 완전 골수가 된 사람도 마찬가지로 많다. 몇 년 사이 열댓 번 정당을 바꾸고도, 아직도 뻔뻔하게 정치하는 사람들이 적지 않다. 생각이 설사 바뀌더라도, 멈춰 서서 숙고한 연후에 움직여야 후회가 줄어든다. 인간이기에 빈번하게 깨우치고 후회도 자주 하는 것이 어쩔 수 없는 측면이 있다. 그러나 정말 나쁜 부류는 원한 있는 사람들에게 자기 진영으로 귀순할 것을 종용해서, 칼자루까지 쥐어주는 사람들이다. 마음이 상해서 진영을 바꾸려는 사람들에게 정작 필요한 것은 위로와 안식이지 살상 도구가 아니다.

어떤 새로운 생각이 들면, 행동하고 싶더라도 일단 멈추어야 한다. 깨달음에 대해서 확인하는 절차가 반드시 필요하다. 모든 것이 명백해지고, 깨달음이 자신에게 전부 녹아든 이후에 행동해도 늦지 않다. 조금 새로운 것을 본 사람들이 이것을 숙성시키지 않고 떠들어대면, 자신이 틀렸음을 인정하지 않을 수 없는 상황이 곧 닥치게 된다. 물론 틀려도 틀렸음을 인정하지 않는 사람이 많다. 그러나 잘못을 인정하면 오히려 시행착오 속에서 배우는 것이 많다. 자신이야 '사람의 아들'이기에 틀릴 수 있다고 변명을 할 수 있지만, 자신을 '신의 아들'로 믿고 인생을 던져가면서 따랐던 사람들은 뭐가 되겠는가?

새로운 생각이 들 때마다 깃발을 들 경우 많은 사람들이 희생된다. 따라서 숙성 과정이 필요한 것이다. 그래야만 맹목적 추종자들이 생겨나는 것을 막고, 흑백논리에도 빠지지 않을 수 있게 된다. 필자도 몇 번 눈을 떴지만, 가능하면 말이나 행동으로 옮기지 말고, 그 자리에 멈춰서 생각하려고 노력했다. 정치적 발언은 자제하고, 보이지 않는 세상에 관한 이야기는 되도록 멀리하고, 전생 한풀이 하듯 현생을 살지 않으려고 노력하였다. 동시에 학문을 연구하는 사람으로서 성실한 삶을 이어가고자 노력했다.

2) 좋은 선생 되기

모든 것을 종합해서 필자가 선택한 바는 바로 자기 본업에 충실하기였다. 학문 연구를 열심히 하고, 좋은 교수가 되는 일이었다. 한평생을 배우고 가르치는 일을 해왔지만 스승-제자 사이의 관계를 잘 형성하는 것은 쉽지 않았다. 가르치는 일은 배우는 일보다 훨씬 어려웠다. 이런 고민을 항상 갖고 있었는데, 어느 날 『금강경』을 읽다가 번득이는 가르침을 얻었다. 부처는 『금강경』 제25품에서 화무소화(化無所化, 가르쳐도 가르친 바 없음)를 설하였다. 왜 부처는 제자들 머리에 지진이 나도록 실컷 가르쳐 놓고서, 가르친 바가 없다고 말했을까?

사실 가르침의 목표가 지식에 대한 전달이라면 가르치고 두드려 패서라도 암기시키면 될 일이다. 그러나 깨달음 혹은 전인교육의 목표는 인격의 완성이기에 이야기가 다를 수밖에 없다. 인격의 완성체로서 부처가 되는 길은 무수히 많을 수 있기에 왕도가 따로 없다. 불경을 다 줄줄 외어댄다고 성불하는 것은 아니다. 스승을 그대로 모방하고 따라 한다고 득도할 수 있는 것도 아니다. 가르침에 정도가 없듯이 배움에도 정도는 없다. 이런 가르침과 배움의 속성을 알면서 어찌 "내가 가르쳤소" 하는 마음을 낼 수 있겠는가?

교육자로서 삶을 살다 보니 스승-제자 사이에도 여러 가지 유형이 있음을 알게 되었다. 전통적으로 많이 보이는 스승-제자 관계는 위계적이고 역할이 분명하게 구분된 유형이다. 유교적 세계 속의 스승-제자 관계에 유사하다. 스승은 높은 곳에서 가르치고, 제자는 받들어 모시고 배운 것 모두를 암기하고 실천하고자 자신을 학대할 정도까지 노력하는 관계가 있을 수 있다. 주변에도 자기가 높은 스승임을 과시하고, 엄격하게 가르치며, 무한한 존경심을 보이도록 강요하는 교수들을 쉽게 볼 수 있다.

그러나 스승이 자기를 스승이라고 생각하는 순간 스승이 아니게 됨을 알지 못한다. 끊임없이 배우고 정진하는 것이 스승의 도리일 것이지만, 자기를 스승이라고 생각하기 시작하면 배우기를 멈추기가 십상이다. 배우지 않고 그저 가르치려고만 덤비는 것은 스승에게 매우 위험한 일이다. 제자도 마찬가지이다. 누구의 추종자이거나 충실한 제자가 되는 경우 그 굴레에서 벗어나기가 어렵다. '청출어람'(青出於藍)은 스승의 어깨를 밟고 뛰어넘어 자기만의 세계를 이루는 것을 의미한다. 그렇지 않으면 스승의 가르침을 앵무새처럼 되뇌기만 할 위험이 있다. 게다가 스승을 내세워 호가호위할 위험마저 있다.

두 번째 유형은 가르쳐야 하지만 자신의 지식에 대한 자신감이 없거나 부족해서 스승이란 자리가 버거운 경우이다. 지식이 부족한 스승은 무수히 많다. 사범대학 교육이 충분치 못함은 새로운 사실은 아니며, 평생 그 범주를 벗어나지 못한 상태에서 학생들을 가르치는 선생들을 많이 보았다. 더구나 선생 자질에 대해 제대로 된 평가도 이루어지지 않으니, 갈수록 영리해져 가는 학생들을 쫓아가기도 버거운 선생들이 생겨날 수밖에 없다. 대학도 마찬가지이다. 교수들이 새롭게 공부하지 않으면 급변하는 학생들의 수요를 충족시킬 수 없다.

이런 유형에 속하는 사람 중 수준이 떨어지는 쪽은 자칭 스승이 되어 오히려 학생들 위에 군림하려고 한다. 실력이 떨어지면서도 거꾸로 위세를 떨고 학생들을 막 대하는 경우이다. 그나마 나은 부류는 자신의 부족함을 알고 학생들에게 지나치게 친절하게 대하기도 한다. 실력이나 내공이 떨어지긴 하지만 마음씨 좋고 따뜻하고 친절한 선생님들이 많이 있다. 그러나 문제는 배울 지식이 별로 없다는 것이다. 모름지기 스승은 자기가 가르치는 분야에 대해서는 일정 정도 경지에 오르는 것이 기본이다. 여기에 다른 배울만한 덕목을 겸비한다면 금상첨화일 것이다.

그러나 부처는 전술한 두 유형의 스승이 아니었다. 오랜 수련과 고행으로 득도를 한 내공이 대단한 스승이었다. 부처 앞에 배우기 위해 앉은 1,250명의 잠재적 아라한 또한 대단한 제자들이었다. 이런 사람들이 스승-제자 관계를 맺었으니 얼마나 긴장감이 고조될만한 상황이 아니었겠는가. 그렇지만 부처는 그저 담담하게 "응무소주 이생기심"(應無所住 而生其心, 머무는 곳 없이 마음을 내라)을 가르쳤고, 제자들은 받아 적었다. 그러나 가르치고 그저 암기하면 끝나는 그런 단순한 상황이 아니었다. 부처는 제자들이 자신을 맹목적으로 추앙하면서, 가르친 바를 밑줄 쳐가면서 암기하는 상황을 원하지 않았다. 당연히 자신이 우상화되는 것은 바라지는 않았을 것이다. 가르치면서 오만해지는 그런 스승은 절대로 아니었다.

문제는 제자들이었다. 스승을 우상화하는 순간 제자는 영원히 스승의 그늘에서 벗어날 수 없다. 자기의 주체적인 노력으로 자신의 마음속에 존재하는 부처를 발견할 수 없게 될 우려도 있다. 성불이란 것은 스승 머리 안에 있는 부처를 제자의 머리 안으로 옮겨 놓는 것이 아니다. 스스로 부처를 발견해야 하는 매우 창의적인 학습 과정이다. 여기서 배움을 내실 없이 형식만 중시하는 것은 매우 위험한 것이다. 부처와 제자들 사이의 전인교육에서는 스승이 득도한 엑기스를 던져주고, 제자는 창의적으로 그것을 자기 것으로 만들어야 했다. 득도라는 창의적인 답은 선생의 가르침을 암기하는 수준에서는 절대로 찾아낼 수 없는 것이었다.

따라서 부처는 가르쳤지만 가르친 바가 없다고 했다. 자신의 오만함을 경계하고, 제자들에게는 '여벌유자'(如筏喩者)의 지혜를 실천하도록 요구한 것이다. 비가 와서 물이 불어난 강물을 건너는 데는 뗏목〔筏〕이 필요했지만, 강을 건넌 후까지 뗏목을 짊어지고 갈 필요는 없다는 비유이다. 제자 입장에서는 스승 또한 배움의 길에서 만나게 될 수많은 뗏목 가운데 하나일 것이다. 『금강경』을 통해서 부처가 보여 주는 스승 상은 부단한 노력을 통해 먼저 자기 분야에서 경지에 오르고 난 후, 제대로 가르치고도 가르친 바가 없다고 선을 긋는 담대한 모습이다.

스승은 벼슬이 아니며 제자들에게 존경을 강요해서는 안 된다. 자신이 가르친 바를 물신숭배 하듯이 대단한 것으로 떠받들어서도 안 될 것이다. 한번 스승은 영원한 스승이 아니라, 제자들에게 유용한 뗏목 역할을 하고 기꺼이 버려져야만 하는 존재이다. 버려지기 싫으면 부단히 노력해서 새로운 가르침을 줄 수 있어야 한다. 그게 어렵다면 제자들 등에 얹혀서 그들의 배움의 여정에 무거운 짐이 되지 말고, 어서 빨리 내려올 일이다. 너무 추종하는 제자를 만들어도 안 된다. 제자들이 더 클 수 있는 기회를 빼앗을 수 있기 때문이다. 제자들은 끊임없이 새로운 스승과 가르침을 찾아 떠나야 한다. 제자로부터 평생 대접받으려는 스승과, 환갑을 넘는 나이에도 스승을 신주 받들 듯이 떠받드는 제자들이, '학연'이나 '학벌'이란 병폐를 만들어 낸다. 청출어람은 스승과의 의미 있는 이별에서 나오는 것이다.

가르친다는 것이 단순하게 지식을 전달하는 것이 아니기에, 좋은 스승이 되기란 쉽지 않다. 많은 철학자나 사상가들이 제시하는 가르친다는 것의 의미는 필자의 마음을 무겁게 한다. 공자(孔子)는 '도를 닦는 일', 칸트는 '미숙한 사람을 도덕적·인격적으로 사람다운 사람으로 만드는 것', 페스탈로치(Pestalozzi, 1746~1827)는 '내재되어 있는 다양한 소질을 조화롭게 발전시키도록 하는 일' 등으로 교육을 정의한다. 그러나 국가와 시장이 교육의 내용을 결정하는 주체인 우리 현실에서 인격을 완성하는 교육은 정말로 실시하기 어렵다. 국가나 시장이 필요로 하는 사람은 도구적인 인간이다. 국가의 지시를 잘 따르고 시장에서도 유용한 인재이다. 이런 인재가 필요로 하는 도구적인 지식은 스승의 도움이 없이 인터넷이나 학원을 통해서도 습득할 수 있다. 스승이 정말로 필요한 경우는 교육의 궁극적인 목적인 인격의 완성을 위해서다.

효율성 차원에서 초중고 교육에서 어쩔 수 없이 주입식 교육이 필요한 수가 있다. 그러나 고등교육은 반드시 능동적이고 자율적인 과정이어야 한다. 인공지능이 인간을 대체하는 시대에 진정한 취업 교육은 인격 완성 교육이다. 인간이 차별화되는 이유는 인격이 있기 때문이다. 직업 교육에 치중한 현재의 고등교육 때문에 인격이 별로 중시되지 않고 있다. 그러나 인격이 있어야 사회생활도 잘하고, 세상도 보다 윤리적으로 만들어 나갈 수 있다. 인간의 마음과 영혼에 양식을 제공하는 교육이 필요하다.

가르치는 것은 배운 것을 실천하는 많은 행위 중 하나이다. 많이 배워야 가르칠 게 생겨나고, 또 가르치면서도 배우는 것이 가능해진다. 지식으로부터 지혜란 엑기스를 짜내서 상대의 근기에 알맞은 방식으로 전달하기란 용이하지 않다. 따라서 손쉽게 남의 것을 가져다가 주입식으로 가르치게 된다. 현재 교육은 가르치는 것과 배우는 것이 엄격하게 분리되어 있다. 가르치는 것은 특별한 자격을 갖춘 사람들에 의한 전문적이고 배타적인 행위가 되었다. 그러나 배우는 것과 가르치는 것은 본래 다른 것이 아니다. 우리가 스승을 보통 선생이라고 부른다. 먼저 태어나서 어련히 잘 배웠을 터이니 뒤에 태어난 사람들과 아는 바를 잘 나누라는 의미이다. 대단한 벼슬이 아니다. 한번 선생이면 끝까지 선생인 것도 더욱 아니다. 끊임없이 배워야 가르칠 것이 있는 것이다. 이런 의미에서 영원한 선생은 없다. 영원한 학생만이 존재할 따름이다.

필자는 좋은 스승의 범주에 들기는 어렵다. 교수 생활 내내 하위권을 점한 수업 평가가 잘 보여 준다. 스스로는 제법 괜찮은 교수라고 생각하는데 학생들이 내리는 평가는 항상 준엄하다. 그러나 주변에는 믿기 어려울 정도의 고득점자들이 수두룩하다. 필자가 느끼는 참담함은 제법 컸다. 원인을 찾아 오랜 세월을 보내다가 거의 포기하고 말았다. 그런데 최근 20년 정도가 지나서 평가 방식과 관련이 있다는 점을 알게 되었다. 한 학기 강의를 관통하는 큰 주제에 대해서 에세이 문제를 내고, 답안지 한 장 이상 쓰도록 요구하였다. 게다가 주요 개념에 대한 문제들도 마찬가지로 서술형이었다. 나중에 알았지만 학내에 이런 방식의 평가를 실시하는 교수가 필자 이외에는 없었던 모양이다. 대부분의 학생은 글쓰기에 익숙하지 않았을 뿐만 아니라, 기본적으로 주관식 문제에 대해서 객관적으로 평가하는 것 자체가 불가능하다는 생각을 갖고 있었다. 요컨대 필자는 어떻게 공부하면 좋은 학점을 받을 수 있을지 학생들이 도저히 알기 어려운 수업을 가르쳤던 것이었다.

이 문제는 글쓰기를 본격적으로 훈련시키면서 해결할 수 있었다. '정치학 개론' 수업에서 매주 강의 주제 관련해서 에세이를 쓰도록 했는데, 매번 제공하는 피드백에 대한 학생들의 반응이 제법 좋았다. 매번 제때에 피드백을 주는 것이 귀찮았지만, 에세이를 근거로 토론을 유도하고 가장 잘 쓴 에세이를 선택해서 상을 주기도 하였다. 그리고 매주 잘 쓴 에세이를 공지해서 다음에 쓸 때 참고하라고 하였다. 기말에는 학생 한 명당 15분씩 구술시험을 보았다. 초기 대학의 고전적인 평가 방식을 원용한 것이었다. 한 학기 동안 제출한 에세이는 물론이고, 여타 배우고 느낀 바에 대해서 대화를 나눴다. 대개의 학생은 자신의 노력에 대해서 객관적인 평가를 하고 있었으며, 내가 주려고 생각하는 학점을 기꺼이 수용할 자세가 되어 있었다. 학생들은 처음에는 귀찮았지만 글쓰기 능력이 눈에 띄게 좋아진 것에 만족하고 있었다. 진짜로 대학교에 다니는 느낌이 들어서 좋았다는 반응도 제법 많았다. 당연한 결과로 강의 평가도 확연하게 좋아졌다. 이런 방식을 다른 과목에도 확대 적용한 것은 물론이다. 진작 알아서 제대로 교수 노릇을 했어야 했는데 만시지탄(晩時之歎)이었다.

3) 다시 학생이 되어

필자는 본업인 공부 이외에 할 줄 아는 것은 테니스가 유일하다. 테니스를 치면서 지금까지 약 3천 번 정도 득도의 순간을 경험했다. 그때마다 가르치고 싶어서 안달복달을 하였다. 당연히 가르치기도 엄청 가르쳤다. 그러니 쥐구멍에라도 들어가야 마땅할 순간들이 적지 않았다. 필자야 가르치면서 배웠다 치더라도, 그걸 진리라고 믿고 따랐던 사람들은 뭐가 됐겠는가. 이런 의미에서 필자는 큰 죄인이다. 이것은 직업이 가르치는 사람들 누구나가 겪는 일종의 비애이다. 그래서 가르치는 데 겸손하고, 배우는 데 열심이어야 하는 것이다. 이 문제에 대해 필자가 찾아낸 방

책은 학생 코스프레이다. 학기 초 수업에 들어가면 늘상 하는 말이 "나도 배우는 학생"이라고 선제적으로 고백한다. 여기에 필자가 가장 싫어하는 날이 '스승의 날'이라고 덧붙인다. 이런 말이 약간은 위선적이라는 느낌이 들던 차에 진짜로 대학생이 될 기회를 잡았다.

2017년에는 안식년을 맞이해서 중국 베이징에 있는 '외교학원'(外交学院)에서 대학생 생활을 하면서 일 년을 꼬박 보냈다. 중국 정부의 초청을 받아 중국어 연수 과정의 정식 학생으로 등록해서 동남아 출신 젊은 외교관들과 함께 중국어를 배웠다. 특히 두 번째 학기에는 스무 살도 채 안 되는 신입 유학생들과 20학점 넘게 수업을 함께 듣는 영광도 누렸다. 밥도 같이 먹고, 가끔씩 술도 같이 하는 명실상부한 대학생이었다. 그러나 대학생은 원래 의도해서 된 것이 아니었다. 중국을 알고 싶고 중국어도 배우고 싶었던 것은 사실이었지만, 대학생이 되기를 원했던 것은 아니었다. 한국국제정치학회장을 하면서 주한 중국대사와 교분하게 되었다. 중국에 가서 중국에 대해 배우고 싶다는 뜻을 전했더니 선뜻 주선해 줬다. 그래서 중국 외교부가 운영하는 외교관 양성 대학교인 외교학원에 방문학자로 가기로 됐다.

그런데 마무리 단계에서 외교학원 측에서 연락이 왔다. 방문학자 초청에는 정부 허가를 얻는 데 시간이 오래 걸리고 절차도 복잡하니, 혹시 유학생 신분으로 오는 것은 어떤지 물어왔다. 처음에는 일면 당황스러웠고, 심지어는 모욕감마저 느꼈다. 그렇지만 머리가 곧 맑아졌다. "좋다! 이번 기회에 진짜 대학생이 한번 되어 보자!"라는 생각이 들었다. 배우려면 정식으로 학생이 되어야지, 어정쩡하게 방문학자로서 이도 저도 아니게 세월을 보낼 일은 아니었다. 그래서 아주 흔쾌히 유학생 신분을 받아들였다. 덤으로 장학금까지 받아서 생활비까지 충당할 수 있게 되었다.

이로써 미국, 일본, 중국 정부로부터 장학금을 받은 진기록을 세운 셈이었다. 한국에서도 대학 교육을 받았으니, 한·중·일·미 '그랜드 슬램'(grand slam)을 달성한 셈이었다. 일 년 동안 학생으로 생활하면서 신기하게 너무도 훌륭한 학생이 되어 있는 자신의 모습을 발견했다. 훌륭한 학생이란 타이틀은 필자의 평생 학생 생활에 그다지 어울리는 단어는 아니다. 그러나 개근은 당연했고, 하나를 들으면 정말로 열이 이해될 정도였다. 물론 기억력의 쇠퇴로 인해서 남은 것은 별로 없기에 정말로 아쉽다. 더군다나 학생 입장이 되어 보니 학생들을 정말로 잘 이해할 수 있게 되었다.

중국과의 인연은 2013년 초 중국에 연고가 있는 옆방 동료 교수의 초대로 중국을 일주일 동안 방문하면서 시작되었다. 처음 보는 나라의 장대함과 놀라운 발전 속도를 직접 체험하면서 중국어에 도전해 볼 생각이 들었다. 귀국하자마자 중국어 교재를 사서 독학에 들어갔다. 포기할 위기가 여러 번 있었지만, 아무리 어려워도 명맥만은 이어가려고 노력했다. 이런 끈질김이 계기가 되어 중국으로 유학까지 다녀오게 되었다. 미국과 일본에서 유학하면서 미지의 중국은 필자에게 알게 모르게 봉쇄해야 할 위협이었지, 알아야만 할 연구의 대상은 아니었다. 그러나 2016년에 출판된 『동아시아의 전략주의: 중-일 경쟁과 중견 국가의 역할』이란 책을 준비하면서, 중국을 잘 모르고 책을 쓰는 것에 대해 자괴감 비슷한 것이 들었다. 그래서 서문에다 앞으로 중국을 장래를 함께해야 할 이웃으로 간주하고, 본격적으로 공부하겠다는 약속을 써넣은 바가 있었다. 중국으로의 여정은 그 약속의 이행이란 의미가 있었다.

중국어 회화 한 마디 못해 보고 도착한 중국에서 벙어리 생활은 엄청난 도전이었다. 일단 수업에서 뭔가 제대로 말할 줄 아는 것이 아예 없었다. 어학은 자기보다 수준이 높은 사람들과 배워야 한다는 것이 평소 신념이었기에, 학과 사무실에서 습득한 교재를 갖고 단기간에 분반 고사를 준비하였다. 익숙한 문제들이 많이 나온 덕분에 가장 높은 수준의 반에 들어갈 수 있었다. 그렇지만 최소한 2년 정도 수학한 학생들과 함께하는 수업은 시련의 연속이었다. 매일 대여섯 시간 수업을 들었는데, 자는 시간 빼놓고는 하루 종일 중국어 공부만 했다. 특이한 점은 오랜 가르치는 경험을 통해서 배우는 능력도 엄청나게 발달되어 있었다는 사실이었다. 언어의 구조를 파악해서 패턴을 만들고 분류하는 작업을 통해 중국어에 대한 이해력이 빠르게 늘었다.

그러나 문제는 하나를 들으면 열 개 이상을 미루어 알 수는 있었지만, 기억 속에는 남는 것이 별로 없었다. 밑 빠진 독에 물 붓기였다. 그래도 콩나물시루에 콩나물은 자란다는 심정으로 줄기차게 노력하였다. 놀라울 정도로 빠르게 동급생과의 격차가 줄어들었다. 첫 학기 끝날 때는 네 과목 수업 중 세 과목에서 우등을 차지했고, 최고급 반 수강생 14명 중에서 2등이란 대단한 성적을 거둘 수 있었다. 덤으로 '최고진보상'이란 표창장도 받았다. 그리고 두 번째 학기에는 수강할 과목이 더 이상 없어서 어학연수 과정을 떠나서 정식 학부 유학생들과 함께 중국어를 배우고, 중국 문화, 철학, 정치사상 등에 관한 수업도 청강하였다.

대학 교수가 하는 대학생 생활은 나름대로 재미가 있었다.

젊은 친구들을 많이 사귄다는 것이 가장 큰 장점이었다. 그리고 학생의 관점에 선생을 바라보면서 어떤 선생이 좋은 선생인지 생각해 볼 수 있는 기회가 있었다. 성실함, 원칙성, 소통 능력, 친절함 등의 측면에서 선생마다 각양각색이었다. 그중에서도 정해진 계획과 원칙대로 고지식하게 수업을 진행하는 류빈 선생에 주목하게 되었다. 필자와는 정반대 유형의 선생이라 처음에는 따분하다는 인상을 받았다. 그렇지만 학생들이 의견에 휩쓸리지 않고 원칙을 끝까지 밀고 나가는 것이 나쁘지 않았다. 예측 가능성이 커서 수업과 테스트를 준비하는 데 좋았다. 그리고 철저한 강의 준비와 친절한 자료 제공 그리고 일분일초도 낭비하지 않는 성실한 자세에 점차 매료되었다. 필자와는 정반대였다. 필자는 무원칙했고, 준비에 게을렀으며, 수업과 관련 없는 이야기도 많이 하였다. 게다가 인기 영합적으로 학생들의 요구에 자주 굴복하는 교수였다. 교육은 아무래도 원칙에 충실해야 한다는 생각이 많이 들었다.

중국의 교실 풍경은 교수와 학생 사이의 위계적 관계가 한국보다 더 심했고, 자유와 자발성이 훨씬 결여된 느낌이었다. 그럼에도 신기한 것은 수업 시간에 수업을 제대로 듣는 학생이 드물었다는 점이다. 다른 수업 특히 어학 공부를 많이 했고, 핸드폰으로 장난치는 학생들이 정말로 많았다. 중국도 그런데 자유가 더 많은 한국에서는 오죽했을까 하는 생각이 들었다. 교탁에 선 교수만 몰랐을지도 모른다. 어떻게 흥미를 북돋아서 상호 교감하는 쌍방향적으로 교육할 것인가 커다란 숙제를 안고 돌아왔다.

특이한 것은 중국 학생들이 장래 희망이나 꿈이 무엇이냐 물으면 자신 있게 이야기하는 학생들이 드물었다. 노력만으로 되지 않는 요소들이 많아서 그럴 수도 있겠다는 생각이 들었다. 대학생들이 너무 낭만을 즐기지 못하고, 우리나라 고등학생과 같이 생활하는 모습을 보면서 안쓰러운 느낌도 들었다. 세계를 주도하는 리더 자리를 꿈꾸면 새로운 세계를 창조할 수 있는 역량을 키워줘야 하는데, 너무 판에 박힌 언어 기술자나 정부의 명령에 따르기만 하는 로봇을 만들어 낸다는 인상을 받았다. 중국이나 한국이나 교육이 학생들에게 창의력과 미래에 대한 비전을 심어 주기에는 부족한 듯했다.

필자가 중국에 간 목적은 중국 전문가가 되기 위한 것이 아니었다. 중국이 일 년 정도 공부해서 왈가왈부할 수 있는 나라는 절대로 아니었다. 그저 중국을 어느 정도 이해하는 학자가 되고 싶었다. 동아시아 공동체 연구를 오랫동안 했지만, 중국을 모르고는 제대로 된 연구가 불가능할 정도로 중국이 중요했다. 그렇지만 중국 정부가 예쁘게 화장해서 전해주는 중국 모습을 그대로 받아들이고 싶지는 않았다. 중국에 유학한 국내의 중국 전문가들이 '내재적 접근법'으로 만들어 낸 중국에 대한 지식도 사양이었다. 두 눈으로 직접 중국을 경험하고 싶었다. 그래서 중국어 이외에도 중국의 역사, 문화, 사상에 대해서도 배우고 공부하려고 노력하였다.

그 무렵 중국은 중국 특색의 사회주의를 강조하면서 역사를 역행하기 시작하고 있었다. 중국 특색의 사회주의란 개념을 만들어 가는 과정을 경험하고 배우기 위해서 중국 대학생들이 필수과목으로 반드시 들어야 하는 '모택동 사상과 중국 특색의 사회주의'란 수업을 청강하였다. 필자가 진짜로 40년 전 대학생 시절로 돌아간 느낌이 들었다. 오랜 시간이 흐른 후 다시 보는 모택동의

'모순론'에 대해서는 감회가 정말 새로웠다. 담당 교수가 이해가 잘 되냐고 쉬는 시간마다 자꾸 물어왔다. 옛날 대학 다니던 시절에 다 읽은 것이라고 하니 의아해하는 표정이었다. 국제관계 전공 교수가 중국 정치사상에 대한 수업을 들으니 이해하기 어려운 모양이었다. 시진핑 이전까지만 해도 대학생들에게는 '등소평사상과 중국 특색의 사회주의란' 과목이 필수였단다. 다시 모택동이 강조되고, 중국이 사회주의의 최후의 보루이자 최종 승리자라는 자부심을 만들어 가는 과정이 흥미로웠다.

시진핑과 중국 특색의 사회주의는 우상화되고 신화화되는 단계에 들어서고 있었다. 중국인의 종교이고 신앙이라는 언급은 『인민일보』에서 쉽사리 접할 수 있다. 당연히 시진핑은 교주로서 추앙받는다. 그러나 자발성이 빠진 선전이기에 공허하게 느껴졌다. 필자가 말을 걸어서 직접 확인한 대학생들 반응은 그저 시큰둥했다. 자신들이 취업이나 미래와는 상관없는 이야기라는 입장이 대다수였다. 아주 바르게 생긴 남학생 하나는 나의 질문에, "개인들이 강해져서 나라가 강해지면 좋겠다"라고 문제점을 에둘러 표현했다. 다른 여학생 하나는 "농촌 사람들에게는 혜택이 좀 가겠지만, 베이징 사람들과는 별 상관이 없다"라는 생각을 드러냈다. 적극적인 열기가 느껴지지 않았기에 앞날이 험난해 보였다.

중국은 아직도 이웃 나라들과 더불어 살 준비가 충분히 되어 있지 않은 느낌이 물씬 풍기는 나라였다. 돈으로 상대방의 환심 사려 하고 맘에 안 들면 보복하는 중국은, 어린 시절 학대를 받아서 마음에 상처를 안고 있는 어른 같은 모습이다. 서방과 일본의 침략을 경험하고, 미국의 위협하에 오랜 세월을 보냈기에 피해의식이 강했다. 자존심과 자아의식이 엄청나게 강하고, 그것을 무은 수를 써서라도 지키려 했다. TV에는 외국에 대해서 얼마나 좋은 일을 많이 했고 또 그로 인해 얼마나 좋은 나라라고 칭찬받았는지 선전하는 뉴스나 방송 프로그램이 넘쳐났다. 일대일로 연변 국가와 사람들이 중국에 엄청나게 감사하고 있다는 것이 대표적인 뉴스였다. 외국이나 외국인들의 마음을 사고 싶은 마음은 충분히 이해하지만, 방법은 그다지 세련되지 않았다. 조건 없는 사랑을 통해야만 사람들에게 감동을 줄 수 있다는 데까지는 이르지 못한 모양이었다.

중국이란 나라도 마찬가지로 보편적인 친구가 없는 나라이다. 주종관계나 적대관계만이 존재한다. 힘이 없는 보잘것없는 나라들에 좋은 친구 겸 주인으로서 행세하는 것이 중국 외교이다. 대등하게 서로 존중하고 아끼는 보편적인 친구들이 거의 없다. 따라서 상대방의 충성을 강요하고, 응하지 않으면 마음의 상처를 받고, 결국에는 보복에 나서는 것이 중국이다. 주권을 이야기하지만, 주권이란 개념의 진정한 의미를 체화하지 못한 나라이다. 자신의 내정에 간섭하지 말라는 정도로 이해하고 있지만, 주권이 남에게도 적용된다는 사실까지는 인정하지 못하는 상태이다, 보편적인 가치를 구현하는 근대 국가로서 자신을 정립하지 못한 상태에서, 그저 자기식대로 부강한 나라를 만들어 가겠다는 주장을 되풀이하고 있다. 주권 국가들 사이의 대등하고 호혜적인 관계를 형성해 나가는 데는 익숙하지 않은 모습이었다.

필자가 만난 사람들은 대개가 자아실현보다는 돈을 중시하고, 누구나 할 것 없이 일에 찌들어서 매우 피곤할 삶을 살고 있었다. 대개는 새벽부터 밤늦게까지 일한다. 대도시 주민과 기타 주민들과의 차별이 고착화된 상태이다. 빈곤 탈출이 중요한 정책

과제이지만, 상대적 박탈감이 심화되고 있는 현실을 치유하는 것과는 거리가 멀다. 국가가 주도해서 효과적으로 중대한 과제를 수행해 내고 있지만, 아직 효율성은 많이 떨어지는 형편이다. 또한 중국의 힘은 개인이 아니라 극도로 강력한 국가와 당으로부터 나온다. 우리나라 전두환 시절이 가장 경제가 안정되었고 발전했었다는 평가가 타당하다면, 당연히 중국에도 적용될 수 있을 것으로 보인다.

개성이 두드러지지 않고 사회 및 국가에 복종하며, 가족의 굴레에서 허덕이는 것이 전형적인 중국인들의 모습이었다. 그러나 감정이 폭발할 때 통제 불가능해지는 어린애와 같은 중국인들이 적지 않았다. 국가의 억압과 사회, 가족의 억압이 개인들의 심리구조에 미친 부정적 영향은 매우 큰 듯하다. 감정을 통제하는 것에 익숙하기 때문인지 몰라도 거리에서 만나는 사람들에게서 행복한 표정을 찾기란 쉽지 않았다.

중국에 가서 중국어 공부에 6개월 정도 몰입했을 무렵, 중국에서 혼자 살면서 사색하고 느낀 바를 책으로 써야겠다는 생각이 문득 들었다. 친구도 없이 혼자서 공부만 하다 보니, 명상할 시간도 많아지고 집중력도 극도로 고조되는 경험을 했다. 그리하여 어떻게 하면 좋은 나라를 만들고, 보다 평화로운 세계를 만들 것인가 하는 근본적인 문제에 대해서 고민하기 시작했다. 동시에 내면의 사색을 통해서 깨달은 영성에 대한 지식을 학문 연구에 접목할 방법에 대해서도 골몰하였다. 중국어 학습에 몰입하니 늘고 싶은 중국어는 그대로인데 신기하게도 세상의 이치가 차츰차츰 보이기 시작했다. 집중해서 하는 중국어 공부가 깨달음에 이르는 좋은 방편이었던 셈이다.

2. 새로운 학문적 도약

1) 보이는 세계에 대한 이론화

필자는 석사과정에 들어가면서 엄밀하게는 학문하는 것이 목적이 아니었다. 자신이 옳다고 생각하는 신념을 정당화시키기 위해 들어간 것이었다. 따라서 필자가 믿는 바와 합치되는 지식만 선별적으로 받아들였다. 그리고 막판에 극적으로 기사회생해서 석사논문을 마칠 수 있었던 것은 전술한 바와 같다. 본격적인 학문 연마는 박사과정에서 시작되었다. 스승이자 평생 은인인 카포라소 교수는 마음의 양식과 일용할 양식은 물론이고 애들 장난감까지 챙겨 주는 다정다감한 아버지와 같은 존재였다. 학문적으로는 논리와 합리성의 화신이었고, 냉철한 사고와 엄밀한 이론을 강조하였다. 그의 글은 수식어 없이 묵직한 단어들로만 짜임새 있게 구성되어 있어서, 정신 바짝 차리지 않으면 이해가 되지 않았고, 흐름을 놓치기 일쑤였다. 수업에서 학기 중 서너 번 제출하는 과제였던 'thought paper'(사고 페이퍼)로 인해 밤중에 수도 없이 깨야만 했다. 실제 연구를 진행하기 직전 단계인 가설을 도출해야 하는 과제는 필자에게 사고력을 키울 수 있는 좋은 밑거름이었다. 그리고 태어나서 처음으로 누군가의 애제자이자 수제자가 되는 영광도 누렸다.

박사학위 취득 후 유럽, 미주, 동아시아의 지역통합 현상을 비교 분석한 논문을 함께 쓰면서 학자로서 본격적인 훈련을 받았다. 박사학위 받은 후의 공부가 진짜 공부였다. 1년 정도 지역통합에 대한 모든 문헌을 정독하면서 평생을 먹고살 수 있는 기반을 닦았다. 이 논문은 국제정치 각 분야에서 권위자들이 공동 집필한 *Handbook of International Relations*란 책에 실렸다. 귀국 후에는 지역주의에 대한 이론적이고 비교론적인 분석을 통해 동아시아가 처한 현실을 객관적으로 평가하고자 노력하였다. 그 결과물이 2003년에 출간한 『동아시아 지역 협력과 한국의 선택』이란 책이었다. 그때까지 지역 협력 연구는 경제학자의 영토였으며 사실이나 이론보다는 당위와 비전의 영역에 속했다. 필자의 저서는 지역 협력에 대해 이론적이고 비교론적인 접근을 시도한 선도적인 연구로서 학계에서 크게 주목받았다. 이후 10년 정도 학계에서 수많은 연구가 쏟아져 나오는 계기가 되었다.

필자는 지적 호기심이 강해서 한 분야를 깊이 파고들기보다는 항상 새로운 관심사를 찾아 나섰다. 지역통합과 동아시아 지역주의에 대한 관심은 패권국 미국의 무관심과 중-일 간 대립과 경쟁이란 높은 벽에 부딪혔다. 이에 따라 국제제도와 국력 사이의 상관관계에 관한 관심이 커졌다. 특히 강대국 반열에 오르지 못했지만 국제무대에서, 외교적으로 활발한 움직임을 보였던 중견국가에 초점을 맞춰서 의욕적으로 연구를 수행하였다.

2007~2009년 기간 동안 필자가 주도해서 한국연구재단의 기초 연구로서 '중견국가 국제제도론'이란 프로젝트를 10명 정도의 연구자와 함께 진행한 바 있다. 이것을 통해서 '중견국가'란 개념을 학계에 정착시켰다. 이후 중견국 외교는 시대적 화두가 되었으며, 정부 차원에서도 중견국 외교를 본격적으로 추진하였다. 이후 필자의 관심 분야는 국제제도, 중견국 외교, 한국의 외교정책, 중-일 경쟁과 동아시아 협력 그리고 최근에는 공동체주의와 글로벌 공동체로 순차적으로 옮겨갔다. 국가를 합리적 행위

자로서 전제한 후에 국익 극대화를 위해서 권력 정치를 하거나 국제제도를 활용하면서 지역통합에도 적극적으로 나선다는 사실을 보여 주려고 하였다.

필자가 '중견 국가 국제제도론'을 펼치게 된 배경에는 강대국보다 군사력이 떨어지고, 약소국보다는 외교력이 뛰어난 중견 국가가 국제제도의 형성과 발전에 가장 적극적으로 나설 것이란 인식이 있었다. 당시 중견 국가로 급부상 중이었던 한국의 외교에도 시사하는 바가 컸다. 한반도 평화 문제도 지역제도를 활성화하고 국제제도 내에서의 협력을 강화시켜 나가야 가능할 수 있다는 주장을 펼쳤다. 국제제도는 국제관계를 규율하는 일단의 규칙이고, 현대 국제관계 속에서 국가의 행동을 규율하는 중요한 요소이다. 비록 강대국이 국제제도 형성과 발전에서 주도권을 행사하지만, 중견 국가들이 국제제도 내에서 외교력을 발휘할 수 있는 활동공간이 실재한다는 점을 보여 주고자 노력하였다.

이 프로젝트를 계기로 해서 두 권의 단독 저서를 출간하였다. 하나는 2008년에 출간한 『글로벌 한국의 신외교전략: 이념외교에서 실용외교로』였고, 또 하나는 2016년에 출간한 『동아시아의 전략적 지역주의: 중-일경쟁과 중견국가의 역할』이었다. 전자는 글로벌 시대의 개막과 그 속에서 한국 외교가 나아가야 할 방향을 모색하는 것이었다. 노무현 정부 중국에 대한 접근을 통한 세력균형과 균형자 역할 모색은 우리나라가 처한 외교 안보 환경의 유동성을 극도로 고조시켰으며, 이를 안정시킬 수 있는 기제로서 추진된 한반도 평화 체제, 동북아 다자간 안보 체제, 동북아 공동체 등과 같은 구상은 이룩조차 하지 못했다. 외교 정책의 전 분야에서 의욕과 노력은 가상했지만, 역부족을 절감할 수밖에 없었다. 대안으로서 실천 가능한 목표를 세우고, 이를 달성하기 위한 효율적인 대안을 모색해서, 효과적으로 추진하는 합리적이고 실용적인 외교를 추진할 것을 제안하였다. 시대착오적인 이념외교나 자주외교로부터 세계를 향한 글로벌 외교, 민족적 특수성보다는 전 인류적 가치를 구현하는 보편지향적 외교, 그리고 과거보다는 미래를 중시하는 실용 외교를 추진해야 할 것을 주장하였다.

후자는 중국의 부상이 동아시아 지역주의 발전에 어떤 영향을 미칠 것인가 하는 질문에서 비롯되었다. 필자가 학자로서 동아시아 지역주의 및 국제제도에 관해 수행했던 연구를 종합하는 의미가 있었다. 여기서 제시된 '현실주의 지역제도론'은 자유주의적인 개념인 제도가 현실주의적인 국력 추구 및 세력균형의 수단이 되는 아이러니한 현상을 설명하기 위한 분석 틀로서 제시되었다. 무정부상태이면서 급격한 세력 배분의 변화를 겪고 있는 동아시아에서 지역주의는 주요 행위자들의 전략적인 국익 추구의 수단이었다. 이런 '전략적 지역주의'는 동아시아에서 많은 제도가 생겨나면서도 의미 있는 제도화가 이루어지지 못하고 있는 현상을 설명하는 데 유용하였다. 전략적 지역주의의 핵심은 중-일 경쟁에 있으며, 중-일 간의 대립과 갈등이 역내에서 권력 정치가 더욱 치열하게 벌어질 것을 예고한다. 따라서 역내 주요 국가들이 불편을 감수하고라도 지역 제도를 통해서 반강제적으로 협력을 모색할 때 공동의 평화와 번영이 가능해질 것이다.

중견국가가 주도하는 지역 제도화 움직임은 지역 강대국의 공세적 외교나 지역 강대국 사이의 충돌에 대한 우려가 촉발하는 것이 일반적이며, 현재 동아시아 상황은 중견국 외교의 유용성과 성공 가능성을 동시에 보여 주고 있다. 동북아는 물론이고 동아시아 전체의 평화와 번영을 위해서는 한국을 비롯한 중견국가들의 적극적이고 창의적인 지역주의 외교가 필요한 시점이다. 강대국 사이의 세력균형과 권력 정치의 만연과 규범과 제도에 근거한 지역 질서 사이의 갈림길에서 한국은 지역주의의 전도사로서 창의적인 지역주의 외교를 준비하고 실천해야 할 것을 주문하였다. 한국이 지역공동체 형성의 주역이 되기 위해서는 자유, 교육, 제도, 문화, 경제 등 제반 측면에서 어필할 수 있는 매력을 쌓아야 할 것이지만, 이것을 뛰어넘어 상대방의 마음을 움직일 수 있는 능력을 키우고 동시에 배타적인 민족주의와 애국주의를 초월할 수 있어야 할 것이라고 결론지었다.

2) 보이지 않는 세계의 수용

선친의 가르침대로 공부에만 집중하다가 보니, 보이지 않는 세계에 대한 이해가 점차 생겨나기 시작했다. 인간의 본질, 자아, 의식, 마음 등 눈에 보이지 않는 요소들이 근대화, 산업화, 민주화, 국제협력과 같은 정치학의 중요한 화두들에 미치는 영향이 매우 크다는 것을 깨닫기 시작하였다. 자아의식, 민족주의, 공동체 의식에 특히 주목하면서, 이런 요인들이 정치경제와 국제관계에서 갖는 의미와 역할에 관해서 깊이 탐구하였다. 그 결과 합리적 세계에만 국한되었던 학문 세계가 크게 확장되었다. 개인적 차원에서 보면 영성에 대한 이해가 깊어졌지만, 영성 쪽이 아니라 세속을 선택한 것을 의미하였다. 영성 세계로 이끌려는 힘이 무척이나 셌다. 그러나 학문적 연구를 통해서 세속 세계를 보다 나은 방향으로 변화시키는 것이 필자가 할 수 있는 최선이라는 믿음을 굳게 가지려고 하였다. 그러던 차에 운명처럼 중국으로 유학을 떠나게 된 것이었다.

2017년 가방 하나를 달랑 들고 중국으로 떠나면서 책을 한 권도 넣지 않았다. 이번 기회에 남의 책 의존하는 것을 멈추고 스스로의 사색을 통해서 지식의 창출자가 되어 보기로 결심하였다. 짐을 푼 중국 베이징 중심가 숙소는 공교롭게도 구글이나 네이버가 불가능했다. 가자마자 구글 사이트에 불법으로 들어갔다가 와이파이가 아예 차단당하는 사태를 맞았다. 나이 먹은 대학생을 보는 경계의 눈초리가 제법 삼엄했다. 필자의 일거수일투족이 감시의 대상이었다.

필자에게 허용된 것은 중국어 공부와 홀로만의 사색뿐이었다. 세상과 인간에 대한 사색에 집중하자 잠을 자는 동안 꿈에서도 사색 활동이 이어졌다. 그래서 항상 머리맡에 펜과 노트를 두고 잠을 잤다. 주체할 수 없을 정도로 많은 상념과 깨달음이 꿈속에서 일어났다. 자다가 새벽 무렵에 벌떡 일어나서 꿈을 더듬어 기록해야만 하는 일이 잦아졌다. 기록들이 노트를 대여섯 권 채웠고, 컴퓨터에도 차곡차곡 쌓여갔다. 의식이 확장된다는 것은 아마 이런 경험을 두고 이야기하는 것으로 생각한다.

나중에 귀국해서 우연이 플라톤을 책 속에서 만났을 때, 필자가 독창적으로 깨달았다고 생각했던 것 대부분이 그가 오래전에 이미 설파한 것이란 점을 발견하였다. 어느새 플라톤은 논할 정도의 '서생'이 되었건만, 속절없는 허탈감이 밀려들었다. 역시 하늘 아래에는 새로운 것은 없었다. 그래도 이것을 바탕으로 해서 신플라톤주의(Neoplatonism)나 신지학(神智學, theosophy)과 연을 맺게 되었으니, 영 소득이 없는 것은 아니었다. 인터넷에는 지적 재산권이 풀린 소중한 서적들이 넘쳐나고 있었다. 미국 공공 도서관 사이트들을 주유하면서 많은 관련 책을 읽어댔다. 여기에 심리학과 불교철학에 대한 식견을 더하자, 인간과 세상에 대한 이해가 깊어졌다.

그래서 정착한 것이 '공동체주의'였다. 국제정치 연구에 있어서 공동체는 지역공동체, 글로벌 공동체, 경제공동체, 안보공동체 등 다양한 용법으로 쓰인다. 공동체주의는 공동체를 중시한다는 점에서 개인을 중시하는 개인주의, 사회를 중시하는 사회주의, 국가를 중시하는 국가주의, 제도를 중시하는 제도주의 등과 등치 관계에 있다. 그리고 공동체주의는 공동체 의식이나 연대감과 같이 비물질적·관념적 요소를 강조한다는 측면에서 군사력과 경제적 이익을 강조하는 '현실주의'(realism)나 '자유주의'(liberalism)이 같은 '합리적 물질주의'(rational materialism)와 대비된다.

현재 물질 중심주의가 가져오는 폐해는 날로 심각해지고 있다. 물질주의에 경도된 세계화는 양극화의 심화와 환경 파괴를 가져왔으며, 세계를 위협하는 미·중 패권 경쟁은 물질적 우위에 대한 집착이 주된 원인이다. 코로나-19 대유행 이후 강화되고 있는 자국 우선주의는 물질 중심주의의 또 다른 폐해이다. 이런 문제들에 대해서 기존의 글로벌 거버넌스 체제는 무력함을 노정하고 있다. 공동체주의는 이런 제반 문제들에 대해서 해법을 찾으려는 시도였다.

인간은 다양한 공동체에 몸과 마음을 담고 살아간다. 더불어 사는 공동체에 대한 로망은 누구나가 한 번쯤은 가졌을 법하다. 국제정치학자로서 필자 또한 동아시아 국가들이 마음과 생각을 공유하는 멋진 공동체를 이루는 꿈을 간직하면서, 지역통합과 지역공동체 형성에 대한 연구를 지속하였다. 공동체주의의 핵심은 인간의 의식이다. 인간의 생각이 자아, 사회, 국가라는 경계에 갇혀 있으면 서로 배타적이고 적대적이 되지만, 경계를 초월하게 되면 세계가 하나라는 연대감이 생겨난다.

이것이 바로 국가 간 협력이나 공동체 형성은 물론이고 궁극적인 세계평화를 이룰 수 있는 토대이자 열쇠이다. 현재 인류는 첨단 통신 기술의 발달로 인해 고도의 상호 연계성을 확보한 상태이다. 의식과 감정을 공유할 수 있는 기술적인 인프라를 확보하였기에, 좋은 생각과 감정을 이런 네트워크를 통해 유통시키면 글로벌 공동체 혹은 인류 공동체가 완성될 수 있는 조건을 갖춘 셈이다.

필자는 2022년 출간한 『혼돈의 글로벌 시대, 공동체주의를 말하다』라는 책에서 공동체를 운명공동체, 이익공동체, 문화공동체, 의식공동체로 먼저 분류한 이후, 공동체가 구성원들의 의식 수준을 반영해서 순차적으로 발전해 나간다는 이론을 제시하였다. 주권 국가들이 지역 차원에서 공동체를 형성해서 발전시켜 나가고 있는 유럽연합(EU)과 아세안(ASEAN)은 이론의 적실성을 보여 주는 유용한 사례이다. 이 이론을 갖고 글로벌, 지역, 개별 국가 차원의 공동체에 대한 분석을 실시한 결과 타당성이 있다는 결론을 얻을 수 있었다. 인간들의 욕구 수준이 생존에서 자아실현으로 점차 고도화되듯이, 공동체를 구성하는 인간들의 의식 수준 또한 생존, 이익, 정체성을 점차 중시하면서 최종적으로 의식이 하나가 되어 가는 양상을 보였다.

공동체주의는 개인이나 국가와 같은 개체를 중시하는 이론들이 갖는 이기심이란 한계를 극복하는 중요한 수단이다. 역사적으로 개체와 보편자 사이의 관계는 정반합 변증법적 과정을 거쳐서 발전하였다. 개체화는 근대에 시작되었다. 중세는 보편자의 시대였다. 개별 인간은 개성을 갖지 못했으며, 신의 피조물인 보편적인 인간에 속했다. 근대의 시작점은 오캄(William of Occam 1287~1347)이었다. 그가 제기한 유명론(唯名論, nominalism)이 커다란 전환점을 이루었다. 오캄은 보편자(universal)를 실체로 인정한 종래의 존재론을 인정하지 않았다. 오로지 개별자만이 실존할 뿐, 개별자를 초월한 보편자, 본질, 형상 같은 것은 실존하지 않는다. 근대적 사고의 출발점이 개인이며, 개별적인 판단, 개별적인 이익, 개별적인 자아실현이 중요하다. 그리고 인간을 단순한 신앙의 주체로 간주하지 않고, 다양한 심적 기능을 지닌 복잡한 주체로 설정한다. 이런 전제하에 인간에 대한 과학적 탐구를 하였다.

사회과학에서는 인간을 합리적 존재로 가정하고 모든 논리적 추론을 행한다. 개인 이익 추구가 전체적 이익의 극대화로 이어지는 것으로 간주하고, 이기심에 대한 절대적인 찬양마저 생겨났다. 국가도 제국으로부터 독립해서 민족 국가(nation-state)로 개체화되었다. 개별 국가의 절대화는 자기중심적이고 배타적인 민족주의를 불러일으켰다. 절대적 주권을 갖는 국가와 인간이 갖는 이기심과 과도한 물질 숭배로 인해서 현대 문명의 위기가 초래되었다. 이런 위기를 극복하기 위한 대안으로서 제시된 공동체주의는 개별 인간이 공유하는 보편적 속성을 찾는 데서 출발한다. 영성과 의식이 바로 인류가 공유하는 공통 분모이다. 이 책에서 필자는 의식의 연계성과 영성의 공통성을 재발견해야 인류가 하나의 공동체를 형성해 나갈 수 있다고 결론지었다.

3) 영혼 있는 정치과학의 모색

정치를 과학적으로 연구하는 것에 대해서 회의적인 사람들이 많다. 권력과 이익을 둘러싼 투쟁은 장막 뒤 어두운 곳에서 은밀하게 벌어지는 것이 일반적이기 때문이다. 그래서 전통적으로 정치에 대한 연구는 정치학(politics)이라고 불렀다. 근대에 들어 인간들의 행위에 일정한 패턴이 있고, 이런 패턴을 과학적으로 분석할 수 있다는 행태주의(behavioralism)가 득세하면서 정치학도 점차 정치과학(political science)으로 변모해 갔다. 요즘에는 숫자, 함수, 방정식이 문자를 대체할 정도까지 정치학의 과학화가 진행되었다. 그럼에도 불구하고 현실 정치는 지속적으로 암울하고, 미래에 대한 비전이나 전망 또한 밝지 않다. 과학이 인간의 삶을 행복하고 낙관적으로 만드는 데 실패한 모양새다.

필자는 다시 인간을 학문 연구의 중심으로 복귀시키고, 인간의 의식이나 영성이 수행하는 역할에 대해서 다시금 주목해야 한다는 생각을 하게 되었다. 영혼 없는 정치가 개별 인간과 인류의 황폐화를 가져왔고, 보이는 사실과 숫자에만 집착한 정치과학이 인간을 무력화시키고, 인류로부터 희망을 앗아갔다고 보게 되었다. 따라서 영혼과 영성에 관한 연구를 본격적으로 진행하고, 궁극적으로 '영혼 있는' 정치과학 이론을 모색할 필요성을 느꼈다. 보이지 않는 세계에 대해서 개방적인 태도를 갖고, 가급적이면 합리적인 방식으로, 국제정치 연구의 새로운 지평을 열려고 노력하였다. 주권 국가들의 자국 중심주의가 초래하는 비극을 극복하기 위한 수단으로 공동체 의식의 확산이 갖는 잠재력을 확신한 결과였다.

영혼은 고대 철학이나 종교의 핵심적인 요소로서, 활발한 연구의 대상이었다. 그렇지만 현재는 학문적 연구 대상으로 인정받지 못하는 상태이다. 현실 세계에서도 종교와 정치에 의해 열면 안 되거나 열 필요조차도 없는 '블랙박스'(black box)로 취급되고 있다. 영혼과 의식을 현실에 영향을 미칠 수 있는 관념적 실체로서 인정하면서, 학문적 연구의 대상으로 삼아야 할 필요성이 커지고 있다. 현재 사회과학 연구에 있어서 보이지 않는 관념적 요소의 중요성에 대해서 새롭게 인식하는 분위기가 고조되고 있다.

냉전기에 국제정치 연구에 있어서 미국과 소련 양 진영의 중요 정책결정자에 대한 심리학적 분석이 많은 관심을 받았다. 인간의 인식 능력의 한계가 합리적 의사결정을 저해한 사례들도 많이 등장하였다. 탈냉전기에 접어들어서 세계가 포스트모더니즘으로 향하면서 문화, 정체성, 종교 등과 같은 관념적 요소들이 더욱 관심을 받게 되었다. 이제 영혼과 의식이 독립변수로서 사회 현상을 설명하는 데 유용하다는 주장이 이상하지 않은 세상이 되었다. 인간성 상실, 인류 공동체의 해체, 지구 환경 파괴 등과 문제는 인간 의식의 본질에 대한 탐구가 있어야 해법이 찾아질 수 있다.

앞서 살펴본 사후 세계나 의식 세계의 작동 원리는 현실 세계에서 우리가 직면하는 많은 사회·정치적 문제를 해결하는 데 유용할 수 있다. 사후 세계는 기본적으로 육신 없는 존재들이 물리력 없이 자율적으로 질서를 유지한다. 자연스러운 균형과 조화가 육신이 없는 영들로 구성되는 세상의 기본 작동 원리이다. 영혼의 등급은 수만 명이 모여도 모두 차례차례 등수를 매길 수 있을 정도 구분이 가능하다. 그러나 세속 세계와 달리 등수가 큰 의미는 없다. 벼슬이나 계급장도 아니고, 등수가 높다고 다른 존재를 깔아뭉개거나 군기를 잡지도 않는다. 모두 스스로 알아서 한다. 육신이 없기에 에고가 강하지 않고 세속적 욕망도 없기 때문이다. 그래서 필자가 수행을 통해서 에고와 자아를 죽여야 현실에서 공동체가 가능하다고 반복해서 강조하는 것이다.

사후 세계는 물질이 없고 육신도 없으니 성장이나 발전이란 개념이 의미가 없다. 다양한 공동체 간의 조화와 균형이 소중한 가치이다. 반면에 인간 세상은 다양한 집단이나 가치 사이의 경쟁과 갈등을 통해서 성장한다. 균형만 강조하면 성장과 발전이 없다. 변화만 강조하면 안정성이 떨어진다. 균형과 성장 사이의 조화를 통해서 변화 속도를 적당하게 통제할 필요가 생겨난다. 좌가 흥하면 우가 강해져서 자연적으로 균형이 맞춰진다. 그 결과가 민주적인 정권 교체이다. 자발성, 자율 규제, 민주적 의사결정은 세속 세계뿐만 아니라 사후 세계의 기본적인 작동원리이기도 하다. 세속에서 민주주의가 제대로 작동하지 않는 이유는 인간의 이기심과 욕심 때문이다. 욕심만 적절하게 통제할 수 있다면 온갖 세상 문제는 간단하게 해결된다. 따라서 자아의 인격이나 의식의 변화가 중요하다.

현실 세계가 모순투성이인 이유는 물질이 유한하기 때문이다. 인구가 늘고 인간의 욕구도 다양화되면서 제한된 재화의 배분을 둘러싼 갈등이 생겨났다. 이것이 생산력 향상을 가져와서 '절제가 미덕인 세상'이 점차 '풍요가 미덕인 세상'으로 바뀌었다. 그렇지만 지속 가능성에 의문이 생기면서 절제와 풍요 사이의 균형이 필요한 상황이 되었다. 이런 변화 과정 속에서 성장과 나눔 사이의 대립과 충돌이 불가피하였다. 좌우가 대립하는 상황에서 양자 간 조화와 균형을 이루는 것이 공동체마다 소중한 목표가 되었다. 균형이 여의치 않을 경우 혁명적으로 세상을 바꾸려는 움직임들이 생겨났다. 그렇지만 혁명은 변화가 급진적이고, 권력욕에 의해 추동되면서, 인격이나 의식 변화보다는 제도 개혁에 치중하게 되었다. 그 결과 대개는 실패로 귀결되고 만다.

결국 현실 세계의 모순 해결의 관건은 인간들이 좋은 마음을 내는 것이다. 이를 위해서 개인의 사적인 감정과 생각을 표피적인 두뇌 속보다는 멀리 떨어진 기억 보관 창고에 묻어 놓는 것이 더 바람직하다. 우리의 기억 속에 부정적인 감정과 이해타산을 털어내고, 순수하고 긍정적인 정보만을 남기는 것이 좋다. 과거 일이 현재에 부정적인 영향을 미치지 않도록 해야 좋은 마음을 낼 수가 있다. 인격 수준이 높은 사람은 기억을 잘 다스린다. 인격 수양 자체가 기억을 정화시켜 항상 바람직한 마음을 내기 위한 훈련이다. 수준 낮은 자들이 나쁜 기억을 오래 저장하고, 그 기억을 팔아서 정치적 이득을 챙기려고 한다. 기억을 머리에 담아 두지 말고 필요한 경우에만 기억 저장 창고 깊숙이에서 불러내면 된다.

이것은 요즘 보편화된 인터넷을 통한 정보 이용 방식과 유사하다. '위키피디아'는 일종의 지식 보관 창고로서 아카식 저장소와 유사하게 작용한다. 옛날에는 기억력 좋은 것이 경쟁력의 원천이었다. 사회적 신분도 기억력이 대체로 결정했다. 이제 인간에게 기억력보다 더 중요한 것이 정보 처리 능력이다. 의식 세계에서는 오래전부터 그랬다. 정보를 열람하고 가져오는 능력은 영혼의 에너지나 의식 수준에 달려 있다. 장래에는 정보를 분별하고 판단하고 활용하는 능력이 더 중요해질 것이다. 자기의 가까운 기억 속에 모든 것을 담아 두는 사람들은 미움과 증오를 스스로 만들어 내려는 사람이다. 이들로 인해 사회적 갈등이 증폭된다. 마음에서 나쁜 기억과 감정을 지워 버리거나 정화시키는 것이 현명하다. 사후 영혼의 교육 과정은 나쁜 감정과 기억을 정화시키는 것이 주된 목적이다. 이후에는 순수한 의식으로 사고를 할 수 있게 된다. 그래야 고차원의 사고가 가능하고 신과도 합일을 이룰 수 있다.

어린애의 의식은 순수 그 자체이고 백지와 같다. 인간들이 살면서 나쁜 그림을 그린다. 순수한 사고와 순수한 감정을 낼 수 있어야 바람직한 인생이 가능해진다. 인간으로 살면서 나쁜 기억을 잊고, 고통을 감내하고, 어려움을 극복하면서 기운이 강해지고 영혼의 성숙도 이루게 된다. 고통 속에서 스스로를 극복하고 초월하려고 노력할 때 새로운 각성이 생겨나고 신을 만날 가능성도 커진다. 어려운 상황을 회피하고, 집단적인 실력 행사를 통해서 남에게 고통을 전가하려고 하면 스스로 성숙할 수가 없다.

인생을 사는 데 있어서 두 갈래의 길이 있다. 하나는 미움의 길이고 다른 하나는 사랑의 길이다. 전자는 나쁜 감정과 부정적 생각에 의존하고, 후자는 기억이 정화된 순수한 마음에 의존한다. 전자는 갈등과 멸망으로 이어지고, 후자는 평화와 번영으로 이어진다. 후진 자들의 정치는 과거 기억에 의존하고, 고수들의 정치는 미래 청사진에 의존한다. 미래 청사진은 상호 관용과 배려 그리고 자발적인 반성과 참회를 바탕으로 서로 순수한 마음을 내고 대화를 해야 그릴 수 있다. 이것이 바로 영성 있는 정치 이론의 구체적인 사례이다.

이런 문제의식을 갖고 필자는 2024년에 『신을 만난 이후에: 누미노제 정치와 공동체 변혁』을 저술하였다. 정치적 변혁 과정

속에서 신과 인간, 종교와 정치, 인격 변형과 제도 개혁 사이의 상호작용이나 상관관계에 대해서 다뤘다. 과도한 개인주의의 폐해를 공동체 의식의 제고를 통해서 극복하자고 주장하였다. 이 책에서 핵심 개념은 '누미노제'(Numinose)이다. 신을 만나는 순간에 느끼는 원초적이고 본원적인 감정으로서, 새로운 각성, 감동, 경외, 성스러움 등을 포함하는 개념이다. 이것은 신을 만나고, 새로운 사상을 만나고, 새로운 기술을 접하고 났을 때 느끼는 감정이다. 일종의 종교적 엑스터시이다. 이것을 집단적으로 느끼게 되면 공동체의 변혁이 가능해진다.

인류 역사를 이끌어 온 원동력은 여럿이다. 얼핏 떠오르는 것만 해도 생존 본능, 명예욕, 자아실현 욕구, 풍요에의 갈구, 경쟁심, 호기심, 애국심, 민족주의 우연 등 무수히 많다. 그리고 빼놓을 수 없는 것이 바로 '신'이다. 신의 뜻, 신의 계시, 신의 가르침, 신의 섭리, 신에게 인정받고 싶은 욕망 등은 인간 사회의 변화와 혁신의 원동력으로 작용하였다. 사람들이 죽을병에 걸리거나 신을 만나서 인격이 완전히 바뀐 사례는 적지 않게 기록되어 있다. 급작스런 사고나 질병으로 잠깐 동안의 죽음을 경험하는 '임사 체험'이 사람들에게 근본적인 인격 변화를 가져온다. 누미노제는 일상 속에서 신을 경험하고 인격적으로 새롭게 태어날 수 있는 가능성을 열어 둔다. 인간 내부에는 신을 그리워하고 신과 만나기를 갈망하는 원초적인 본성이 있다고 종교학자들은 주장한다. '누미노제'는 인간이 신을 만나는 경험을 통해서 갑자기 새롭게 각성을 해서 새로운 인격으로 거듭날 수 있는 가능성을 열어 둔다.

그렇다고 누미노제가 새로운 인격의 완성으로 자동적으로

이어지는 것은 아니다. 누미노제 이후 지속적인 노력을 통해서 공동체를 우선시하고 보편적인 사랑을 실천할 수 있는 인격 변화를 이루어 내야 한다. 누미노제 자체보다는 누미노제 이후에 생겨나는 의식 변화나 인격 변화가 더 중요하다. 세상은 혁명을 일으켜서 권력을 잡는다고 저절로 변하는 것은 아니다. 인간은 신의 그림자에서 벗어나지 못하고 살았다. 누군가는 신을 떠받들고 살았고, 누군가는 신과 더불어 친구처럼 지냈다. 누군가는 신을 부정하였으며, 심지어는 인민의 아편이라고 모욕까지 하였다. 누군가는 신인 양 행세하면서 사람들을 마음대로 부리기도 하였다. 그리고 누군가는 신 대신에 인간을 신처럼 받들고 살았다. 이들은 신을 공통적으로 경험하였지만, 만남 이후의 관계 형성 방식에서 차이가 있었다. 이런 차이가 바로 혁명의 성패나 공동체 변혁의 경로를 결정하였음을 보여 준다.

공동체의 변혁을 위해서라면, 우선 세상을 바꾸려하기보다는 자신부터 먼저 변하고, 사람을 수단이 아니라 목적으로 항상 대해야 하며, 권력을 소유하려 하지 말고 자연스레 존재만 하라고 제안하였다. 거창한 대의명분을 내세웠던 혁명이 소기의 목표를 달성하지 못하고 실패한 이유는 신을 이용해서 정권을 쥐고, 신의 이름으로 인간을 맘대로 부리고, 신의 권위를 빌려 자신의 잘못을 덮으려 했기 때문이었다. 사람들은 신을 만나면 별나게 유난을 떤다. 자기만이 선택받았느니, 신이 나에게 특별한 능력을 주었느니, 자기를 신처럼 받들라느니 하면서 야단법석이다. 그러나 대개는 인간끼리 서로 아끼고 배려하고 사랑하며 사는 데는 어려움을 겪는다. 인류의 역사는 신과 적절한 관계를 정립하는 것이 인간이나 공동체의 발전에 중요한 관건이란 점을 잘 보여 준다.

인류 역사상 중요한 분기점을 이룬 주요 혁명들은 누미노제 이후에 맺은 신과의 관계에 있어서 의미 있는 차이를 보인다. 이스라엘은 신을 절대적으로 떠받들었고, 프랑스는 신 대신 인간 이성을 절대시하였다. 러시아는 신을 부정하고 모욕하였으며, 독일에서 히틀러는 자신이 신이라고 참칭하고 나섰다. 그렇지만 실제 성과나 지속 가능성 측면에서 성공적이라고 부를 수 있는 혁명은 신과 대등하면서도 친밀한 관계를 형성했던 미국에 국한되었다. 미국 혁명은 지도부가 신의 권위를 독점하지 않았으며, 신을 통치 수단으로 활용하지 않았다. 독립 전쟁의 영웅 조지 워싱턴은 혁명 역사상 극히 이례적으로 스스로 군주가 되려고 나서지 않았다. 개국 공신들은 집중된 권력은 아무리 도덕적으로 정당하다고 해도 폐해가 클 것이란 점을 미리 예견해서 권력분립 시스템을 도입하였다. 더구나 강압적이며 급진적인 개혁보다는 자발적이고 점진적인 변화를 선호하였다.

필자는 혁명적인 공동체 변혁이 성공하려면 특히 '메시아 정치의 비극'을 회피할 것을 주문하였다. 대부분의 혁명은 지도자가 메시아를 자칭하면서, 이 땅에 하느님의 나라를 세우겠다는 야심찬 목표를 갖고 혁명을 일으킨다. 그리고 무력으로 권력을 장악한 이후에는 자기에게 유리한 제도를 평등이란 이름하에 만든다. 이후 직접 정치에 참여해서 권력을 독점적으로 향유하면서 자기 세력의 배타적인 이익만 추구한다. 결국에는 부패와 타락으로 인해 자멸하거나, 자기보다 강한 외부 세력에 의해 몰락하는 것이 일반적이었다. 이런 비극은 메시아가 메신저로서의 역할에만 충실했더라면 피할 수 있는 것이었다.

결국 혁명은 자발적인 인격 변화를 통한 점진적인 제도 개혁에 나서야 성공할 수 있다. 혁명의 아이러니는 혁명이 실패한 이후에 오히려 혁명이 의도했던 변화를 성공적으로 이루어 낸 경우가 많았다는 점이다. 이 책에서 필자는 공동체가 혁명의 실패를 통해 학습을 하고 새롭게 공동체 의식을 다져갈 때, 의도했던 변혁을 성공적으로 이루어 낼 수 있음을 보여 주었다. 인간들의 자발적인 참여와 학습을 통한 의식 및 인격의 변화가 공동체 변혁에 필수 불가결한 요소임을 아울러 재확인하였다.

그리고 이 책이 급속한 근대적 발전에도 불구하고 혁명의 기운이 수그러들지 않고 있는 대한민국에도 시사하는 바가 크다는 점을 보여 주었다. 한국은 누미노제와 유사한 경험을 통해서 근대화 혁명과 민주화 혁명에 성공했지만, 자주적이고 평등한 세상에 대한 열망 또한 강하다. 그간의 정치 변혁 시도는 메시아 정치의 비극을 피하지 못해서 실패로 끝나고 말았다. 영혼 있는 정치 이론은 성숙한 영혼들이 있어야 대한민국이 성숙한 공동체로 거듭나게 될 것이란 점을 보여 준다. 현재 추진되고 있는 정치 실험의 성공 여부 또한 일반 사람들의 인격 변형 가능성에 크게 달려 있을 것이다.

3. 공동체 접근법의 체계화

1) 국제체제 접근법의 경직성

정치과학은 국제관계에 대한 과학적인 연구를 추구한다. 국제관계는 외교관들이 커튼 뒤에서 벌이는 거래와 협상을 대상으로 하던 전통적인 연구에서 국제체제 속에서 합리적으로 국익을 추구하는 행위로 새롭게 인식되었다. 국제체제는 국가들이 진공상태에서 합리적으로 권력과 이익을 추구하는 추상적인 공간이다. 이곳은 인과관계가 적용되는 물리적 공간으로서 과학적 연구의 대상이다. 명백한 사실 관계 확인을 위해서 군사력이나 경제력 같은 측정 가능한 요소만이 고려 대상이다. 국내정치와 달리 중앙의 권위체가 없는 국제체제는 '무정부상태'이다. 안전을 보장해 줄 세계정부가 없기 때문에 개별 국가는 스스로의 힘으로 생존을 지켜야만 한다. 이를 위해서는 군사력과 경제력이 필요하다. 경제력이 있어야 무기를 살 수 있고, 군사력이 뒷받침 되어야 경제력이 강화될 수 있다. 국력 강화가 국익이고, 국익 극대화를 위해서 국가들은 최대한의 노력을 한다.

국가는 국제체제로부터 파생되는 압력에 수동적으로 반응하는 존재이다. 국제체제 내에서 세력 배분의 변화가 생기면 이에 따라 합리적으로 대응을 해야 한다. 특정 나라가 국력이 강해져서 위협이 되면, 자신의 국력을 강화시키거나 동맹을 형성해서 집단적으로 세력균형을 이뤄 내야만 한다. 균형을 잡을 수 없을 정도로 특정 국가의 국력이 강해지면, 균형보다는 '편승'(bandwagoning)이 합리적이다. 강대국이 여럿인 다극 체제하에서는 세력균형을 유연하게 추진하고, 강대국이 둘인 양극체제 하에서는 편승이 불가피한 선택이다. 하나의 강대국이 지배하는 패권체제는 안정적이나 패권국의 전횡을 막을 수 있는 방안을 마련해야 하는 위험부담이 있다. 국제제도는 약소국이나 강대국 모두를 규범이나 규칙으로 구속한다는 점에서 잠재력이 크지만, 규칙을 만드는 자가 강대국들이기 때문에 한계가 있다.

'현실주의'와 '자유주의'로 대표되는 주류 국제정치 이론은 국제체제의 성격을 놓고 치열하게 논쟁을 벌였다. 진공상태를 상정하는 현실주의는 국력만을 중시하였다. 경제 관계의 심화나 인적 교류의 확산 그리고 국제기구의 폭발적인 증가에 대해 주목하는 자유주의는 국제체제가 중앙 정부는 없지만 각종 인적, 물적, 제도적 네트워크의 존재로 인해 협력 가능성이 높다고 본다. 두 이론은 특히 국내정치의 중요성에 대해서 견해가 대립되었다. 현실주의는 국내정치를 '블랙박스'(black box) 취급을 하면서 전혀 고려하지 않는다. 반면에 자유주의는 국내정치의 중요성을 인정하면서 국내정치와 국제정치가 본질적으로 크게 다르지 않다고 본다.

전통적인 입장보다 더 과학적인 이론을 표방하는 '신현실주의'와 '신자유주의'는 공히 국제체제가 무정부상태란 점에 동의하지만, 협력 가능성과 관련해서 서로 근본적으로 상이한 결론에 도달한다. 신현실주의는 국가가 스스로의 힘으로 생존을 도모해야 하며, 국력은 상대적 개념이기 때문에 국가는 항상 서로 경쟁하고 감시해야 한다. 따라서 갈등이 불가피하다. 반면에 신자유주의는 국제제도가 상호 이해를 증진시키고 장기적인 관계 형성을 가능하게 만들기 때문에 국가 간 협력 가능성이 높아진다고 본다.

현실주의적인 국제체제 인식이 널리 공감을 얻고 있지만, 이에 대한 비판도 강하다. 자유주의 이외에도 관념적 요소를 강조하는 '구성주의'와 선진 자본주의 국가가 지배하는 국제체제에 대해서 도전을 제기하는 '비판적 접근법'이 현실주의에 대해서 나름대로의 비판을 제기하였다. 자유주의는 국내정치와 국제제도가 수행하는 역할을 높게 평가하였다. 구성주의는 현실주의나 자유주의 같은 합리적 접근법이 도외시한 관념적 요소의 중요성을 재평가하였다. 특히 현실주의와 달리 무정부상태의 성격이 고정된 것이 아니라, 국가나 정치 지도자들이 서로 상호작용을 통해서 만들어 가기에 달렸다는 주장을 제시하였다. 비판이론은 국제체제의 억압성이나 착취성에 대해서 신랄하게 비판하였다. 자본주의적 국제체제는 자본가에게만 유리하고, 여성을 착취하고, 환경을 오염시키며, 사람들의 사고방식 자체를 물질주의적으로 타락시킨다고 주장한다.

주요 국제관계이론은 모두 국제체제가 기본적으로 균형과 질서를 유지하려는 경향을 띤다고 본다. 불균형이 커져서 갈등이 고조되면 전쟁으로 균형을 회복한다. 국제제도는 끊임없이 새롭게 만들어지고, 원래 만들어졌던 것들도 목적이 다한 이후에도 관성을 갖고 살아남아서 국제협력을 증진시킨다. 적이냐 친구냐 하는 상대에 대한 인식이나 정체성 등도 상대적인 안정성을 갖고 유지된다. 변화는 안정을 해치는 요인으로서 기피대상이다. 국가나 개인이나 할 것 없이 모두 자기의 눈앞의 이익만 밝히는 합리적 이기주의자이다. 이런 인간성은 불변이고 인간의 두뇌와 마음이 만들어 내는 관념과 생각은 물질에 수반하는 부차적인 요소이다. 국제체제 속에서 인간이나 의식이 할 수 있는 역할은 극히 제한적이다. 국제체제 자체의 존립을 위협하는 위기가 생겨나도 대처가 어렵다. 기본적으로 국제체제는 변화가 어렵고, 진화나 발전은 생각하기 어렵다.

2) 국제사회 접근법의 모호성

과학적 접근법을 지향하는 미국식 국제정치 연구에 대한 가장 심각한 도전은 영국학파로 통칭되는 국제사회 주창자들이 제기하였다. 그들은 진공상태로 간주되는 국제체제에 대한 대안으로 국가들로 이루어진 국제사회 개념을 제시하였다. 국제사회 이론은 국제체제가 처음부터 '관계와 규범의 총체'인 사회로서 존재했다고 주장한다. 국가들은 약육강식이 기본인 황야에서 생존을 위해서 투쟁한 것이 아니라, 사회적 역사적 맥락 속에서 상호작용을 하면서 존재하였다. 이 과정에서 상호 관계를 규율하는 규범이 생겨났으며, 규범의 구속력이 질서와 정의를 실현하는 중요한 기제로서 작용하였다. 이익과 생존만이 아니라 옳고 그름이란 정당성도 국가 행위의 중요한 판단 기준이다. 주권 존중의 원칙과 외교관에 대한 '치외법권' 인정은 국제사회의 근간이었다. 전쟁 시 인도주의 실천과 보편적인 인권 존중 그리고 가난한 나라에 대한 원조 등이 국제사회가 달성한 대표적인 규범적 성과이다.

사회는 기본적으로 질서와 안정을 지향한다. 국제사회는 근대 유럽에서 형성되어 점차 세계적으로 확산되어 나갔다. 새로운 관행이나 가치가 국가 간 행동을 규제하는 규범으로 정착하기까지는 오랜 시간이 걸리기 때문에 국제사회는 현상유지 성향을 갖는다. 그럼에도 불구하고 국제사회는 끊임없이 새로운 규범의 형성을 통해서 점진적으로 발전을 거듭하였다. 국제사회 접근법은 국제사회가 중심이 되어 글로벌 차원의 문제와 위기를 해결해 나갈 수 있다고 낙관적으로 전망한다.

국제사회론에는 다양한 흐름이 있다. 개별 국가를 중시하는

'다원주의'(pluralism) 입장이 있는 반면에 공동의 규범과 윤리를 강조하는 '연대주의'(solidarism)가 존재한다. 그리고 코스모폴리타니즘을 강조하는 '혁명주의'(revolutionism) 흐름도 있다. 이밖에도 영국학파 내에는 다양한 절충적인 입장이 존재한다. 국제사회 내에는 국가 지도자들 사이에 일정 정도의 도덕적 일체감이 존재해야 하며, 이로 인해 시민들에 대한 일종의 도덕적 책무가 생겨난다고 본다. 국제사회는 세계(시민)사회와 긴밀하게 연계되어 있다. 따라서 국가로 구성된 국제사회는 권력과 이익을 추구하면서도 동시에 정의와 책임도 균형 있게 챙겨야 한다. 이런 점에서 국제사회는 국제체제와 유사하면서도 일종의 도덕 공동체로서의 속성을 가진다. 국제사회는 이상과 현실 사이에 적절한 균형을 잡기 위해 항상 고민하였다.

국제사회의 한가운데는 국제 규범이 자리하고 있다. 국제 규범이 성립되기 위해서는 인간 존엄성에 대한 어느 정도의 공감대가 필요하였다. 신의 권위 하락과 더불어 인간이 존엄하다는 인식이 정착되었다. 이를 대변하는 '자연법사상'은 인간이 태생적으로 보편적인 권리나 인권을 갖는다고 보았다. 그렇지만 실제로 이를 현실 속에서 보장하기가 어려웠다. 현실적인 대안은 국가들이 모여서 국제법과 규범 그리고 제도를 만들어 가는 것이었다. 이것이 국제사회의 출발점이었으며, 유럽 국가들 사이에 국제사회가 최초로 형성되었다. 그러나 이행을 담보할 '중앙 권위체'(central authority) 혹은 세계국가가 없었기에 법적인 구속력은 없었다. 이로 인해 법은 많이 제정되었지만 실효성이 떨어졌다.

국제사회론은 흐름이 다양하고 많은 행위자나 설명 요소를 내포하기 때문에 개념적 엄밀성이 떨어진다는 비판을 받아왔다.

심지어는 국제사회의 존재 여부를 확실하게 입증하기 어렵다는 뼈아픈 지적도 있었다. 세력균형이나 동맹 형성 그리고 강대국 외교마저도 국제사회의 골격을 형성한다고 주장한다. 물론 세력균형이 사회적 현상인지 권력정치 현상인지 구분하기 용이하지 않은 측면이 있다. 그렇지만 국제사회 개념이 과도하게 팽창된 결과 국제체제와 국제사회 사이의 구분이 모호해진 것도 사실이다. 국제사회론의 국가 중심성 또한 많은 비판을 받았다. 이로 인해 초국가적 시민사회의 위상이나 역할을 둘러싼 논란이 지속적으로 있었다. 그리고 규범의 사회적 기능이나 역할에 초점을 맞춘 나머지, 윤리, 양심, 도덕, 공동체 의식 등과 같은 내면적 요소들을 상대적으로 경시하였다.

기본적으로 사회에는 경계가 있기 때문에 내부와 외부 사이의 대립과 갈등이 불가피하다. 국제사회는 유럽에서 형성되어 여타 지역으로 확장되었으며, 이 과정에서 유럽 중심주의와 제국주의가 오랫동안 논란거리였다. 국제사회는 냉전 종식 이후에는 글로벌 차원으로 범위가 확대되었다. 이것을 '글로벌 국제사회'로 칭하기도 한다. 이 과정에서 유럽 국제사회가 자신의 규범을 여타 국제사회나 국가들에게 강요했다는 비판을 받았다. 현재도 서구 중심주의에 대한 개도국이나 신흥강대국들의 반발이 계속되고 있다. 문명의 충돌이나 문화 간 갈등이 주요한 국제 이슈가 되고 있다.

또한 글로벌 시민사회의 강화와 더불어 '세계사회' 논쟁도 벌어졌다. 문제는 개인과 집단을 중시하는 세계사회와 국가로 이루어진 전통적인 '국제사회' 사이의 관계가 불분명하다는 점이다. 더구나 국제사회의 다양성과 복잡성이 더해지고 있기 때문에 귀속감이 더욱 약해지고 내부 갈등이 폭발할 소지가 크다. '다양성 속의 단결'(unity in diversity)이 이론상 가능하고 바람직하더라도, 현실적으로 국제사회가 질서를 유지하고 정의를 구현하는 데 있어서 어려움이 가중될 전망이다. 이와 더불어 국제사회가 글로벌 문제를 해결할 능력이 있는지 여부에 대해서 의구심이 커지고 있다.

3) 공동체 접근법의 유용성

일반적으로 공동체는 특정한 사회적 공간에서 생활하는 공통의 가치와 유사한 정체성을 가진 사람들의 집단으로 정의된다. 일반적으로 공동체는 사회나 국가보다 규모가 작고 보다 긴밀한 유대감을 갖는다. 구성주의나 국제사회론 내에는 국제사회를 하나의 공동체로서 접근하는 입장도 있다. 국내정치 연구에 있어서는 모든 국가를 하나의 정치 공동체로 보는 공동체주의 접근법이 있으며, 국가 내부에는 다양한 공동체가 수없이 많다. 국제적으로도 국가들 사이에 형성된 많은 '지역공동체'가 존재한다. 유엔(UN)과 같이 200여 개 국가로 구성된 대규모 국제 공동체도 있다. 국제 공동체는 대체로 안보 목적에서 만들어지지만, 공유하는 경제적 이익이 증대될수록 점차 규모가 커지고 역할도 증가한다. 다음 단계로 독자적인 문화와 정체성을 형성하고 강화시켜 나가면 지속 가능성이 커진다. 마지막으로 가치와 의식을 공유하게 될 때 공동체는 명실상부한 '단일 행위자'(unitary actor)로서 기능할 수 있게 된다.

세계화를 통해서 경제 활동의 급속한 진전을 이룩한 글로벌 공동체는 현재 경제적 세계화 수준에 버금가는 공통의 문화나 정체성의 공유를 달성하지 못한 상태이다. '핵전쟁'이나 '지구온난화'와 같은 전 지구적 차원의 재앙에 직면한 인류로서는 이제 마음과 의식을 한 데 모아야만 적절한 해법을 찾을 수 있는 절박한 상황에 놓여 있다. 공동체는 생명이 없는 '체제'나 '사회'와 달리 의식이나 목표의 공유를 통해서 유기체처럼 환경 변화에 신속하고 유연하게 적응할 수 있다는 장점을 가진다. 공동체 접근법은 국가들 사이에 형성된 다양한 공동체에 주목하면서, 궁극적으로 세계를 하나의 공동체로서 접근하고 분석한다. 전 지구적 차원으로 확대된 글로벌 공동체는 세계정부나 세계사회와 대비되는 개념으로서 미래 국제체제의 발전 방향을 제시해 준다.

글로벌 공동체는 가장 진전된 공동체 개념으로서, 글로벌 차원에서 긴밀한 정서적 유대와 의식적 통합이 이루어진 상태이다. 이것은 국제사회 혹은 세계사회와 친화성이 높지만 세계정부와는 근본적으로 다르다. 세계정부는 인류공동체 실현을 위한 수단으로서 이상적인 측면이 있지만, 주권 침해 우려와 자발성 결여로 인해 국가들의 반대가 심하다. 반면에 점진적이고 자발적인 협력과 의식 통합을 목표로 하는 글로벌 공동체는 대안으로서 유용성이 크다. 이렇게 볼 때 칸트가 주창한 '인류 공동체'는 단순한 몽상이 아니라, 글로벌 공동체의 형성을 통해서 점차 실현되어 가고 있는 셈이다.

공동체는 내부에 다양한 행위자들이 조화롭게 공존할 수 있다는 점이 장점이다. '공동선'에 대한 의식을 공유함으로써 원활한 협력이 가능하며, 국가와 공동체가 조화롭게 공존할 수 있다. 정서적으로도 공동체는 연대감과 귀속감을 부여하기 때문에 구성원들 간의 집합행동이 용이하다. 이런 측면에서 공동체는 글로벌 문제 해결에 있어서 체제나 사회보다 우위를 가진다. 국제사회는 규범의 변화에 시간이 걸리기 때문에 신속한 행동이 용이하지 않다. 국제체제는 상호 불신이 기본이기 때문에 제도 형성을 통해서 인센티브 구조를 변화시킨다고 하더라도 행위자의 이기적 성격 자체에는 변화가 없다. 따라서 장기적이고 안정적인 협력을 실현하는 데 어려움이 크다. 이와 대조적으로 공동체는 구성원들이 마음만 바꿔 먹어도 세상이 바뀔 수 있는 가능성을 열어둔다. 분배 정의 실현, 보편적 인권 보장, 개발 및 빈곤 퇴치 등에 있어서 괄목할 만한 진보는 인간의 의식 변화와 밀접한 관련이 있다.

국제관계에 대한 체제, 사회, 공동체 접근법에 대한 논의를 요약하면 다음의 표와 같다.

〈표 1〉 국제관계에 대한 접근법의 비교

	체제 (System)	사회 (Society)	공동체 (community)
개념	국가로 구성된 개념적 구조물	국가 간 제반 관계의 총합	의식을 공유하는 유기적 결합체
구체적 사례	무정부상태	국제사회/유럽 사회	지역공동체/인류 공동체
국가의 행위/동기	국력/물질적 이익의 극대화	정의 실현/정당성 제고	공동선 구현
질서 유지	강제력/국제제도	규범/윤리/도덕	자율 규제
변화	무정부상태의 불변성	점진적 변화 가능	유연하고 신속한 행동 가능
국가 간 관계	경쟁과 협력	질서와 조화	통일성

	체제 (System)	사회 (Society)	공동체 (community)
대표적 이론	(신)현실주의/ (신)자유주의	영국학파/구성주의	공동체 접근법/공동체주의

이 책의 핵심 주제는 글로벌 공동체이다. 필자의 영적인 깨달음과 학문적 구도 인생의 종착역은 글로벌 공동체이다. 인간의 사후 세계와 내면세계에 대한 필자의 연구와 수행은 인류가 하나라는 결론으로 필자를 이끌었다. 인류 역사상 위기의 시대가 아닌 적이 없었다. 그렇지만 갈등과 전쟁이 인류의 생존 자체를 위기에 빠뜨렸던 적은 없다. 핵무기 재고량은 수없이 많은 지구를 파괴하고도 남을 정도의 파괴력을 갖추고 있다. 환경오염과 온난화는 지구를 생명체가 살 수 없는 공간으로 몰아가고 있다. 국가들은 앞다투어 인류 공동의 유산을 훼손하고 있다. 그렇지만 국제정치는 이런 글로벌 위기를 해소하기 위해 필요한 협력을 이루어 내지 못하고 있다. 국제정치 이론 역시 글로벌 위기에 대한 적절한 해법을 제시하지 못한다.

합리적 접근법을 채택하고 있는 현실주의와 자유주의는 인간과 국가의 이기심을 전제한다. 이기심의 충돌로 인해 갈등이 불가피하다고 인정하면서, 강제력이나 이익의 공유 그리고 제도적 장치를 통해서 최악의 상황을 모면할 수 있는 방안을 제시한다. 세력균형이나 경제적 상호 의존의 심화, 국제제도와 규범의 강화 등이 질서 유지와 정의 실현에 기여한 바는 적지 않다. 그렇지만 인류가 직면하고 있는 제반 문제에 대한 근본적인 해법으로서 유용성이 떨어진다.

더구나 최근에는 세계화 과정에서 유순해졌던 국가가 다시 난폭해지고 있다. 코로나 이후 자국 우선주의가 횡행하고 있으며, 미국과 중국 사이에 패권 경쟁이 장기화하면서 국제체제 내에서 긴장이 고조되고 있다. 세계는 다시 민주주의와 권위주의 진영으로 나뉘어 위험한 대결을 펼치고 있다. 종교는 화합보다 갈등과 테러리즘의 주된 원인을 제공하고 있으며, 선진국에 대한 개도국의 분노가 수그러들지 않고 있다. 자본주의와 세계화에 대한 불신과 저항도 여전히 강하다. 미국에서 새로운 대통령의 등장이 국제질서의 근간을 흔들고 있다. 이런 제반 문제들을 해결하기 위해서는 국제관계에 있어서 근본적인 변화가 필요하다.

그러나 기존의 국제관계 접근법은 변화에 대한 설명으로서는 취약하다. 현실주의를 비롯한 합리주의적 이론은 국제체제를 불변하는 무정부상태로 전제한다. 국제제도를 중시하는 자유주의(별칭해서 신자유제도주의) 이론은 협력을 제고시키기 위한 기술적 차원의 변용에 치중하고 있다. 국제사회론 또한 윤리와 규범 그리고 전통을 강조하면서 현상 유지 경향을 강하게 띠고 있다. 기존 국제정치 이론의 또 다른 문제는 바로 미래에 대한 뚜렷한 비전을 제시하지 못한다는 점이다. 과학적 설명을 중시하는 이론이 검증 불가능한 미래 상태를 목표로 제시하는 것은 실상 금기사항에 가깝다. 인류는 유토피아에 대한 환상이 참담한 디스토피아를 초래한 경험을 과거에 파시즘과 공산주의를 통해서 이미 경험한 바 있다. 그렇다고 해서 인류가 꿈과 희망이 없는 지겹고도 고달픈 삶을 반드시 지속해야만 하는 것은 아니다. 자기 파멸적 위기에 직면한 현재, 인류는 공동 노력을 통해서 도달할 수 있는 현실적인 비전을 필요로 한다.

현재 세계는 글로벌화로 인해 경제 분야를 중심으로 실질적인 통합이 이루어졌다. 그러나 이에 비해 의식 차원의 통합이 뒤처지면서 많은 문제가 야기되었다. 물질을 과도하게 중시하는 풍조라든가 지나친 이기주의가 만연하였으며, 최근 코로나 사태를 겪으면서 자국의 배타적 이익만을 중시하는 경향이 더욱 강화되었다. 지구 생태계를 비롯해서 많은 인류의 공동 자산이 심각하게 훼손되고 말았다. 지난날에는 땅이나 해양의 지배를 둘러싸고 국가들이 경쟁했지만, 이제는 물, 공기, 바람 등도 국가의 배타적인 소유물이 되어가고 있다. 또한 부의 불평등이 국제적 안정을 위협하는 심각한 문제로 부각되었다. 국제사회에는 가난한 나라들이 여전히 많으며, 정부가 적절하게 기능하지 못하는 실패한 국가들도 많다. 향후 세계적 갈등과 분쟁의 주된 원인이 될 것으로 전망된다. 이제 정의와 평등은 국내정치에 머물지 않고 글로벌 차원에서도 소중한 가치가 되었다. 이런 제반 문제들에 대해서 글로벌 차원의 해법이 모색되어야 할 것이다.

아울러 물질 중심적 세계에 대한 비판이나 자기반성이 이루어지고 있다. 인간 내면에 대한 관심이 지금처럼 고조됐던 적은 없었다. 근대화와 근대성은 물질에 초점이 맞춰져 있었으며, 자연에 대한 정복을 통해서 물질적 풍요만을 얻으려고 노력하였다. 이제는 물질보다 더 소중한 것이 많다는 것을 인식하고 다양한 가치를 추구하고 있다. 이것이 바로 '포스트모더니즘'(post-modernism)의 요체이다. 다양성을 인정한 바탕 위에서 인류의 단결을 모색해야 할 시점이지만, 근대성을 대표하는 서구에 대한 미움과 증오는 물론이고 폭력적인 도전도 증가하고 있다. 그러나 세계화를 부정하고 테러리즘을 통해서 증오를 표출하는 것이 포스트모더니즘의 미래 방향이 될 수는 없다. 개도국들에 과거 선진국들과 같이 자연과 환경을 훼손할 동등한 권리를 부여하는 방향으로는 환경 문제에 대한 해법이 찾아질 수 없다. 대화와 양보를 통해서 조화와 공존의 소중함을 배워야 한다. 글로벌 공동체는 이런 논의의 시작점이 될 것이다.

4. 유토피아와 글로벌 공동체

1) 유토피아

수행의 긍정적 효과는 사람이 낙관적이 된다는 점이다. 인간성에 대한 믿음이 생겨난다. 미래에 대해 희망적이 된다. 의식의 진화에 기대를 건다. 현재 인류의 생물학적 진화는 거의 끝났다. 이제 남은 것은 의식이다. 현실의 구속으로부터 의식의 탈출은 유토피아를 통해서 가능하다. 고정관념에서 탈피할 수 있는 여지가 생겨난다. 의식의 진화가 갖는 잠재력은 무한하나, 결과는 예단하기 어렵다. 유토피아는 희망의 원천이다. 그러나 현실은 녹녹치 않다. 희망이 고문으로 끝나는 경우가 많다. 희망을 꿈꾸고 전달하는 선각자들의 역할이 중요하다. 세상보다는 개인에 초점을 맞추고, 수행과 인격 변화를 중시해야 한다. 과거 천년왕국주의자들은 불가능한 현실을 이루어주겠다고 거짓으로 약속하고 헛된 희망을 안겨주었다. 유토피아는 누가 만들어 주거나 전달해 주는 것이 아니라, 각자의 노력을 통해서 함께 만들어 가는 것이다.

그러나 인류는 더 이상 헛된 꿈을 좇지 않는다. 이상적 사회를 향한 꿈을 추구하면서 인류는 두 차례의 세계 대전을 경험하였다. 민족의 위대함을 실현하는 꿈(국수주의), 새로운 공산사회에 대한 이상(공산주의), 낭만적인 과거에 대한 그리움(파시즘) 등은 모두 유토피아를 그렸다. 강제력을 통해 자기 꿈을 이루려 하고, 자기 생각을 남에게 강요하다가 실패하고 말았다. 이로써 유토피아의 종언을 알렸다. 현실에서 유토피아는 끝났다. 한때 유토피아였던 자본주의와 물질적 풍요는 부동의 현실이 되었다.

이제는 인간성이나 미래에 대한 비관론이 주류이다. 소비에서 의미를 찾을 수밖에 없게 되었다. 꿈과 희망을 포기한 인류에게 진부함과 지루함이 기다리고 있다. 이것은 타락과 여타 심각한 병리 현상을 초래할 가능성이 크다. 평화와 사랑이 실종되고, 전쟁과 증오가 넘쳐나서 세계는 몰락할 수 있다. 희망의 산실이었던 정치 이데올로기 조차도 미래에 대한 희망보다 과거에 대한 분노로 점철되어 있다. 미운 상대가 제거되어 존재하지 않는 세상이 유토피아이다. 끊임없이 적이 만들어지고, 적을 척결하기 위한 끝없는 투쟁이 강조되고 있다.

글로벌 현실은 암담하다. 인간들은 너무 자기중심적이고 분열적이다. 국가 주권은 도저히 넘어설 수 없는 장벽이다. 그래도 공동체의 복원에서 희망을 찾을 수 있다. 글로벌 공동체를 통해 글로벌 문제 해결을 위해서는 유토피아적 상상력이 요구된다. 인간의 자발적인 에너지를 활용하지 않는 방안은 성공 가능성이 떨어진다. 과거 인류는 자본주의 출현 이전의 세계에 대한 그리움이 있었다. 낭만이 있는 과거를 유토피아처럼 그리워했다. 그러나 현재 인류는 그리워할 과거가 기억 속에 없다. 물질적으로 풍요로운 세상이 오래 지속되었기 때문이다. 따라서 과거보다는 미래에 초점을 맞춰서 새로운 세상을 만들어 가야 한다. 이런 이유로 유토피아에 대한 보다 심층적인 이해가 필요하다.

유토피아는 좋은 곳과 존재하지 않는 곳의 복합물이다. 이상향이지만 도달할 수 없는 곳이다. 그러나 인류에게는 좋으면서도 도달할 수 있는 곳이 필요하다. 초기 유토피아는 소설이었다. 신세계의 가상적인 섬으로서 토마스 모어(Moore, 1478~1535)가 만들어 낸 개념이다. 이후 종교적, 정치적 이상향이 다양하게 고안되었다. 이를 실현하기 위한 정치운동도 많이 시도되었다. 그렇지만 대개는 실패로 끝났다. 현재 우리가 살고 있는 세상도 사실 과거 유토피아였다. 민주주의에 자유와 물질적 번영마저 있다. 이런 세계가 현재 위협을 받고 있다. 사람들은 보다 안전하고 보다 풍요롭고 보다 평화로운 세상을 요구한다. 전쟁과 재앙이 끊이지 않는다. 모두 우리 인류가 자초한 일이다. 공동 멸망을 피하기 위해서는 국가 간 진정한 협력뿐만 아니라 인류 모두의 헌신이 필요하다.

모든 이론, 종교, 이념의 한가운데에는 유토피아가 자리하고 있다. 대개는 국가 없는 상태, 자본주의 없는 상태, 억압 없는 상태, 성직자 없는 상태, 남자 없는 상태 등과 같이 부정적인 상태를 그렸다. 좋은 곳이라기보다는 나쁜 것이 제거된 상태가 비전이다. 초기에는 좋은 곳이란 의미의 유토피아가 대세였지만, 최근 버전은 더 이상 존재하지 않는다는 회의적인 의미의 유토피아가 지배적이다. 그렇지만 인류는 태초부터 늑대가 양과 함께 살고, 창과 칼로 쟁기를 만들며, 철학자가 왕이 되는 세상을 그렸다. 위선, 위장, 사기, 아부, 갈등, 부조화 등이 없고, 증오나 배고픔이 없는 세상, 여가를 즐기고 풍요롭고 사유재산이 없는 공동체를 기대하였다. 능력에 따라 일하고, 필요한 대로 가져가는 삶, 쾌락을 즐기고 만족을 느끼며 사는 삶, 구원받고 축복을 얻는 삶을 위해서 노력하였다. 그중 가장 중요한 것은 바로 평등한 세상이었고, 풍요와 평화는 필수적인 요소였다.

유토피아는 점차 가상의 현실에서 내면으로 초점이 옮겨갔다. 유토피아는 우주가 갖는 전체성을 현실로 만드는 것이 되었다. 원래 우주는 전체이고 조화이고 평화이다. 이런 상태가 근대 문명의 등장과 함께 교란 내지 소멸되었다. 이를 다시 복원시키기 위한 시도가 바로 유토피아이다. 세상은 하나의 완전체가 되어야 아름답고 이치에 맞는다. 하느님의 뜻이기도 하다. 불교식으로는 '니르바나'를 실현하는 것이다. 환상적이면서도 현실적이다. 동양은 사후 세계를 그렸지만 서양의 유토피아는 살아서 도달할 수 있는 현실이었다. 살아서 모든 고통이 사라진 곳을 지향하였다. 이런 의미에서 유토피아는 의식 상태를 지칭한다. 순수의식을 경험할 경우 실현 가능한 상태이다. 고수들은 수행을 통해 유토피아에 도달하지만, 하수들은 약을 먹고, 술을 마시고, 집단적으로 춤추고 노래하면서 순수 의식을 경험한다. 문제는 지속가능성이다. 하수들의 경우는 경험이 순간적이고 머지않아 타락하고 만다.

유토피아는 과거에 대한 향수에 바탕을 두기도 한다. 먼 옛날의 태평성대에 대한 그리움이 유토피아를 만들어 낸다. 중국역사에서는 요순시대가 바로 그것이었다. 그 당시에는 평등과 평화 및 자연과 인간 세상 사이에 자연스러운 조화가 있었다. 자본주의 발달로 인해 물질문명이 급속하게 확산하면서 많은 것들을 망가뜨렸다. 자본주의는 소외, 착취, 환경 악화, 전통 사회와 문화의 파괴를 가져왔다. 많은 사람이 과거 농촌공동체를 그리워하게 되었다. 당시 그곳에는 자연의 축복이 있었고, 산과 들에 먹을 것이 천지였다. 새가 울고 꽃이 만발하던 시절이었다. 다시 되돌릴 수 없기에, 그리고 더 이상 존재하지 않기에, 마음속의 유토피아로 남았다. 유토피아는 현실의 삶이 어려워지면 되살아나서 사람들의 향수를 자극하고 과격한 행동을 불러일으킨다.

비록 유토피아를 향한 정치운동이 현실에서 다 실패했지만, 미래에 대한 희망이나 급진적 변화나 혁명에 대한 꿈마저 없으면 삶이 힘들 것이다. 장래 꿈은 하나의 평화롭고 풍요롭고 평등한 세상이다. 인권 보장, 평화, 조화로운 협력이 가능한 세상이다. 우리가 지금까지 배운 교육만으로도 가능하다. 인간 중시가 제대로 이루어지면 실현 가능하다. 세상의 진보를 믿기에 유토피아를 꿈꾼다. 이런 측면에서 유토피아는 낙관적이고 희망적인 '정향'과 '태도'를 의미한다. 실제로 성취해야 할 청사진이나 목표점이라면 곧 그 실현 자체가 스트레스의 원인이 된다. 그러나 희망이라면 현실에서 새로운 미래를 보고, 창조적 파괴를 용인하면서, 끊임없는 혁신을 도모할 수 있게 된다. 이 과정에서 삶은 활력이 넘치게 될 것이다. 대를 위해서 소를 희생하는 가운데 삶의 의미를 찾을 수 있다.

실현 방식 측면에서 점진적 유토피아란 개념이 성립할 수 있다. 과정을 중시하면서 인격 변형을 통해서 유토피아에 점차적으로 접근할 수도 있다. 여기서 유토피아는 새로운 세상에 대한 낙관적인 믿음이다. 부조리한 현실을 해체하고 새로운 세상으로 대체한다. 역사적 필연이고 하느님이 역사하심이다. 인간을 통해서 신이 역사한다. 하늘나라의 법칙이고, 이 과정 속에서 인간들이 배우고 성숙해 나간다. 완전히 순수한 세상에서 사는 것이 아니다. 하느님의 나라, 완전한 시장, 완전한 자유 등과 같이 정치 이데올로기가 그리는 이상향에 사는 것이 목표가 아니라, 이를 향해 나아가는 과정을 소중하게 여긴다. 과정이란 인식은 진보나 발전 가능성을 믿는 것이다. 이와 대조적으로 전통적 유토피아는 추상적 개념으로서 가상적인 현실이며 백일몽이다.

대표적으로 마르크스주의는 추상적인 목표 대신 과정을 새롭게 강조한다. 과거 이상적인 공산사회를 목표로 제시하고, 이에 도달하기 위해서 전 세계적인 차원의 혁명을 추진하다가 실패하고 말았다. 이 과정에서 수많은 사람들이 삶의 의미를 상실하거나 목숨을 잃었다. 이런 과거에 대한 반성을 통해서 마르크스주의는 다시 비전과 희망으로 재탄생하는 모양새이다. 일상에서의 소소한 투쟁을 통해서 공산사회에 대한 꿈을 점차적으로 실현해 나가려고 한다. 이제 유토피아는 천년왕국이 아니라 점진적으로 창조되는 현실 속의 과정이다. 역사에 필연을 더 이상 상정하지 않는다. 인간의 노력 여하와 여타 환경적 요인에 따라서 역사의 경로가 바뀔 수 있다. 『희망의 원칙』(*Principle of Hope*)으로 잘 알려진 저명한 마르크스주의 철학자 블로흐(Bloch, 1885~1977)에 따르면, 유토피아는 실존하지 않기 때문에 존재한다. 유토피아는 실제적인 것이 아니라 의식의 변화 과정이고 관점의 변화 과정이다. 변화를 추동하는 원동력이 바로 희망이다. 유토피아적 희망이 변화를 가져오며, 목표가 아닌 변화 자체가 의미를 갖는다.

영국의 마르크스주의 사회학자 바우만(Bauman, 1925~2017)도 유토피아를 새로운 희망의 원천으로 간주한다. 지난 것은 희망이 아니며, 도달하지 못한 것이 희망이다. 인류는 희망 없이 살 수가 없으며, 희망이 바로 유토피아이다. 기존의 마르크스주의나 비판 이론은 본질적으로 자본주의 타도가 목적이다. 희망을 강조하는 새로운 부류에게는 세상 변혁이 아니라 인격 변형이 목표이다. 실용적으로 새로운 인격 형성을 통해서 문제 해결력을 제고시키려 한다. 이 과정에서 삶의 의미를 찾고 자기실현을 도모한다. 절망적인 현실을 새로운 현실로 바꿔치기 하는 것이 목표가 아니다. 자본주의를 뒤집어엎는 것이 유토피아는 아니다. 자본주의 자체의 모순보다 인간의 증오심이 지구나 세상의 종말을 가져올 가능성이 더 크다. 이제는 자본주의 타파를 뛰어넘는 더 큰 그림과 더 장기적인 시야가 요구된다. 자본주의적 기성 질서에 대한 일상적 투쟁은 피곤한 삶이다. 고통을 인간에게 강요하지 말고, 유토피아를 인격 수양과 자아실현의 과정으로 새롭게 이해해야 한다. 인격 변화가 없으면 세상이 안 바뀐다. 인격 변형과 실천을 통해서 자연스럽게 세상이 변해간다.

글로벌 공동체에 대한 염원은 건전한 것이다. 의식 방면에서의 자연스러운 통합을 강조한다. 의식 세계의 통합과 조화로운 공존을 강조한다. 수행을 하면 미래가 보인다. 눈이 좋아지는 것이 아니라, 미래를 보려는 의지가 생겨나기 때문이다. 미래를 있는 그대로 보는 것이 아니라 희망을 갖고 바라본다. 희망을 보려는 이유는 희망이 사라져가기 때문이다. 좌절해서 포기하기보다는 희망을 갖고 노력하는 과정에서 배우는 바가 훨씬 더 크다. 학습이란 관점에서는 유토피아가 반드시 필요하다. 현실을 개선하려는 노력은 다시 돌아올 영혼에게 보다 나은 교육 환경을 만들어 주는 셈이다. 고통과 고생 속에서 배우는 것은 구닥다리 방식이다. 새로운 기회와 경험을 제공해야 한다. 고통을 뼈에 새기기는 훈련보다는 창의성 있는 교육이 더 바람직하다.

너무 비관적인 필요가 없다. 역사는 신과 인간 노력의 복합체이다. 예정이 결정은 아니다. 인간의 전권에 속하지도 않는다. 이것이 결정론과 의지론 사이의 논쟁이다. 유토피아를 대하는 바람직한 태도는 바로 '진인사대천명'이다. 돌아보면 필연이고, 바라보면 알 수 없는 우연이다. 인간의 노력은 무한한 잠재력을 갖는 것은 아니다. 커다란 틀 속에서 인간의 노력이 결과로 이어지지만, 한계는 존재한다. 이런 의미에서 역사는 신과 인간이 함께 만들어 간다. 인류의 발전은 이성이 추동하며, 여기에는 목적이 내재되어 있다. 인간 잠재력의 발현이 바로 역사이다. 역사에는 목적이 있고, 인류의 자아실현이 바로 최종 목표이다. 이것은 잠재력이 큰 유토피아이면서도 현실적인 대안이다. 이처럼 유토피아는 희망이고, 희망은 소중하다. 그러나 즐거움과 변화에 대한 기대는 좋지만 집착은 곤란하다. 집착은 희망을 고문으로 변하게 하고, 결국에는 고통의 원인이 될 수 있다. 충분히 노력한 이후에는 '대천명'하는 자세가 필요하다. 희망을 즐기고 유토피아를 즐기는 태도가 바람직하다.

모든 사회과학 연구에는 유토피아적 요소가 있다. 국제정치 연구에도 유토피아적 요소가 있다. 국제사회, 세계사회, 세계정부, 세계국가, 글로벌 공동체 등은 일종의 유토피아를 지향한다. 현실에서 도저히 해결할 수 없는 문제들이 존재하기 때문에 이상향을 그린다. 전쟁 제거, 항구적 평화, 민주주의 공동체 등의 개념에는 유토피아적 요소가 강하다. 이상주의 전통도 마찬가지이다. 역사가 매우 깊으며, 인간과 인류가 갖는 잠재력을 실현하는 것이 목표이다. 이성의 발달과 함께 자아의 실현이 점차 가능해지고 있다. 따라서 이상주의는 지금도 살아 있는 유토피아이다. 항구적인 평화 또한 실현 가능한 유토피아이다. 코스모폴리타니즘은 마르크스주의와 같이 사람들을 희망 고문에 빠뜨린 관념적인 유토피아가 아니라, 냉혹한 현실을 타개하기 위한 새로운 유토피아이다. 현실적으로 국제협력을 촉진하고, 글로벌 문제에 대해서 현실적인 해법을 제시할 수 있는 유토피아이다.

2) 코스모폴리타니즘

경계를 모르는 정치가 바로 코스모폴리타니즘이다. 코스모폴리타니즘은 인종이나 민족 혹은 국민이나 국가와 상관없이 전 인류를 그 본성에서 혹은 신의 아래에서 모두 동포라고 보는 입장이나 태도를 지칭한다. 세계의 모든 사람이 도덕을 공유하는 하나의 인류 공동체에 속한다는 생각이다. 공유된 도덕은 이성이나 신에게서 나온다. 조건 없이 모든 인간의 평등한 가치를 인정하는 것이 마땅하고, 세계주의적인 윤리의 실천이 가능하다. 그러나 현실 정치는 경계가 있다. 경계를 뛰어넘기 위해서는 관점, 의식, 실천, 정체성 등의 변화가 있어야 한다. 자아의식을 초월한, 의식 차원의 통합이 이룩된 상태이다. 일반적으로는 자아 확장이다. 집합적인 학습을 통해서 의식이 개방된다. 그 결과 국가나 사회 혹은 사회관계가 개방적으로 변한다. 이것이 진정한 코스모폴리타니즘의 실현이다.

코스모폴리타니즘은 국제정치 분야에서 유토피아였다. 기존 국제관계의 근본적인 혁명을 꿈꾼다. 국가의 이기적 욕망을 극복하고, 인류가 분열되어 싸우는 현실을 초월하려고 한다. 모두가 하나인 세상이며, 그 안에는 호의와 자비가 기본적으로 실천된다. 그러나 너무 이상적이어서 실패와 좌절을 맛봤다. 때로는 세계 지배를 꿈꾸는 권력자의 야심을 감추는 좋은 위장술이었다. 정치 목적으로 나쁘게 활용되기도 하였고, 현실과 동떨어졌다는 비판도 받았다. 그러나 현실이 코스모폴리타니즘을 받아들일 정도로 변했다. 유토피아에 대한 새로운 해석을 통해서 코스모폴리타니즘이 다시 현실적 대안이나 실현 가능한 미래가 되었다. 현재 다양한 입장에서 다양하게 해석되고 있다. 세계를 하나로 보더라도 구체적인 의미나 해석은 시간과 장소에 따라서 달라질 수 있다. 보편적 가치, 규범, 시민권, 정부 등과 같은 다양한 요소는 모두 상황 제약적인 속성을 가진다.

코스모폴리타니즘이 태동한 기원전 4세기는 알렉산더 대왕(Alexander the Great, BC 356~323)이 마케도니아의 왕위에 올라서, 그리스의 도시국가들을 붕괴시키고 세계 통일을 추진하던 때였다. 그는 비록 무력으로 제국을 건설했지만 야심은 학문과 과학의 권위에 근거해서 종교의 종합을 도모하고 동서양을 화해시키는 것이었다. 코스모폴리타니즘은 그의 사상적, 지적, 정치적 기반이었다. 알렉산더 제국은 곧 마케도니아와 시리아, 페니키아, 그리스, 이집트까지 광활한 영토를 포함하게 되었다. 많은 물자와 사람들이 제국의 동서를 오갔으며, 이를 따라 수많은 사상이 교류되었다. 이 과정에서 그리스와 동방의 문화가 융합된 '헬레니즘'이 탄생했다. 이후 코스모폴리타니즘은 로마 황제들의 사고를 지배하는 이념이 되었지만, 강제적인 수단을 용인하고 제국 건설을 정당화했기 때문에 비판을 받았다.

인간에 초점을 맞춘 스토아학파와는 결이 다르게 법적·정치적 측면을 강조한 '계몽주의적 코스모폴리타니즘'도 있다. 계몽주의는 인간 이성을 존중하면서 국가가 합리적인 법과 제도를 통해 개인들의 권리를 보장하는 것을 중시한다. 국가 간의 관계도 법과 제도를 통해 평화가 항구적으로 가능하며, 국가들로 구성되는 자발적인 공동체 속에서 세계시민주의가 실현될 수 있다는 생각을 가졌다. 대표적으로 칸트는 『영구평화론』(*Perpetual Peace*)에서 '보편적인 권리'(cosmopolitan rights)를 보장하고, 자발적인 국가 연합을 만들면, '만국법'(cosmopolitan law)을 통해 전쟁으로부터 사람을 보호하고 '항구적 평화'를 얻을 수 있다고 보았다. 그는 유엔이나 유럽연합을 미리 그렸으며, 민주주의 연합을 만들고 이것이 점차 확대되면 세계평화가 올 수 있다고 예언하였다.

이런 생각은 이후 민주주의와 자유주의 입장에서 유토피아와 같은 이상이 되었다. 점차 정치운동으로 바뀌고, 실현시키기 위한 다양한 노력이 생겨났다. 대표적인 것이 세계 시민권 운동이었다. 제1차 세계대전으로 국적을 상실한 난민들을 위해서 '난센 여권'(Nansen Passports)을 부여하자는 운동이 일어났다. 국제연맹이 국적이 없는 난민들을 위해 발행했던 최초의 국제적인 신분증이다. 난센 여권은 1922년 프리드쇼프 난센(Nansen, 1861-1930)이 처음 도입했으며 1938년까지 통용되었다. 52개국 정부가 난센 여권을 승인한 이래 약 45만 장이 발행되었다. 수십만 명의 국적이 없는 난민들의 이주를 지원하였다. 러시아 혁명 이후 백계 러시아인, 오스만 제국 몰락 이후 튀르키예를 탈출한 아르메니아인, 그리고 독일로부터 탈출하는 유대인 등이 주된 수혜자였다. 1922년에는 난센이 그리고 1938년 난센 난민 국제사무소가 노벨평화상을 받았다. 난민들을 위한 구호는 소중한 가치로 인정받았으며, 전 세계의 인권 의식 향상에도 큰 영향을 끼쳤다.

국제연맹이 국제연합으로 개편된 제2차 세계대전 이후에는 더 이상 '난센 여권'은 발간되지 않지만, 국제법으로 자유, 인권, 신념을 위협받는 난민들을 보호하고 있다. 난센 여권의 기능을 하는 난민들을 위한 신분증도 '난민여행증'(Refugee travel document)이라는 이름으로 UN이 발부하고 있다. 비록 세계 시민권과는 거리가 있지만, 개인들의 노력이 세상을 바꾼 대표적인 사례 중 하나이다. 또한 제2차 세계대전 당시 전폭기 조종사 게리 데이비스(Garry Davis)가 세계 시민권을 만들기 위해서 미국 시민권을 거부한 사례도 있다. 코스모폴리타니즘은 19세기 민족주의의 발흥과 함께 퇴조를 보였다가 전간기에 다시 부흥하였다. 국제연맹이 대표적이었으며 전후 다시 유엔으로 부활하였다. 유럽통합과 유럽연합의 탄생은 코스모폴리타니즘이 유럽 차원에서 실현된 것으로 볼 수 있다. 통일된 세계에 대한 꿈이 계속 이어지고 있지만, 현실은 녹녹치 않았다. 냉전 종식 후 코스모폴리타니즘이 각광을 받았지만, 최근에 다시 위협받고 있다. 코로나 사태와 미국 대통령 트럼프가 위협의 주된 원천이다.

코스모폴리타니즘 중 강력한 버전은 국가의 영토성을 부정한다. 국가 경계를 무시하면서 유토피아 실현을 위한 정치운동을 벌인다. 극단적으로 세계연방이나 단일 국가를 주장하기도 한다. 이에 비해 칸트는 온건한 편이다. 그가 주장하는 것은 유연한 국가 연합이고 국가 간 평화지대이다. 민주적 세계정부 구상은 평화를 위한 국가 간 협력 강화 방안이다. 자유무역을 통한 평화 증진을 목적으로 한다. 기본적으로 국가가 주요 행위자이다. 그는 현대 국제법의 획기적인 발전을 가져왔다. 국제정치에서 법적 성격이 강화되고 있는 법제화 현상도 칸트와 맥을 같이 한다. 아직까지 세계국가에는 미치지 못하고, 세계 시민권과 세계적 인권 보장과도 거리가 제법 있다. 그럼에도 불구하고 칸트를 근대 코스모폴리타니즘의 시작으로 보기에는 충분하다. 칸트의 이상은 많은 국제법과 규범에 반영되어 있다. 난민 구제, 국제 원조, 보편적 인권, 인도주의적 개입 등이 그 예이다.

그렇지만 현실 국제정치에서는 국가 중심주의가 다시 부활하고 있다. 국가는 과도한 세계화가 주권을 침해하고 경제적 대외 의존성을 높였다고 비판의 목소리를 높이고 있다. 환경, 전쟁, 질병 등 글로벌 문제들도 국가의 취약성을 제고시키고 있다. 국제적 협력이 강화되어야 해결 가능성이 커질 것이다. 그러나 대응 방식은 자국 중심주의나 가치를 공유하는 유사한 국가끼리 연대하는 집단주의가 대세이다. 러시아와 우크라이나 전쟁은 진영 대결의 양상을 띠고 있다. 코스모폴리타니즘의 부활이 절실한 대목이다. 글로벌 협력을 강화시키기 위해서 다양한 아이디어가 제시되고 있다. 그중에서 국제형사재판소(ICC)는 커다란 전환점이었다. 유엔 주도로 환경, 젠더, 개도국에 대한 원조, 글로벌 노동기준 등 다양한 방면에서 획기적인 진전이 이루어지고 있다. 구글세(Google Tax)와 토빈세(Tobin Tax)처럼 재원 마련에도 적극적으로 나서고 있다. 현재 코스모폴리타니즘은 정치 이념으로서 인류가 함께 생활하는 공간을 기본 단위로 상정한다. 인류는 하나의 거대한 글로벌 사회이자 공동체를 구성한다. 코스모폴리타니즘은 유토피아이면서 동시에 실현 가능한 공동체이다.

3) 글로벌 공동체는 유토피아인가?

인류가 자발적 노력으로 하나의 공동체를 만들어 간다는 생각은 참신하고 유례없는 시도이다. 도달 불가능한 이상향도 아니고, 일부 소외된 자들만이 갈망하는 보편성과 현실성이 떨어지는 미래도 아니다. 온 인류가 갈망하면서 점차적인 노력을 통해 서서히 완성시켜 나가는 유토피아이다. 글로벌 공동체는 실현 중인 현실이다. 지금까지 많은 진보를 이룩하였으며, 앞으로도 빠르게 발전할 것으로 예상된다. 현재 영성의 확장이 빠르게 일어나고 있다. 국가, 사회, 공동체가 모두 도덕적 학습을 하고 있다. 현재 불가능하다고 생각되는 많은 것들이 생각만 바뀌어도 가능해질 수 있다. 모두가 한마음으로 염원을 하면 신비스럽게 목표가 이루어진다. 헤겔은 이것을 교묘한 '이성의 작동'(cunning of reason)으로 보았고, 아담 스미스는 보이지 않는 손(invisible)이라고 불렀고, 누군가는 '신의 조화'라고 불렀다. 인류는 현재 부지불식간에 새로운 미래를 건설하고 중일 수 있다. 신과 이성은 아직도 완전한 모습을 드러내지 않고 있다. 인류가 보다 나은 미래에 대한 꿈을 갖지 않을 이유가 없다.

꿈이 없이는 국제관계가 나아질 수 없다. 희망 속에서 새로운 각성과 실천이 일어나게 된다. 과거 좌절과 고통 그리고 그 속에서 자라난 증오심과 현실 파괴에 기반을 둔 유토피아적 정치운동은 모두 실패로 돌아갔다. 새로운 유토피아가 필요하다. 이 책은 글로벌 공동체를 새로운 해법으로 제시한다. 글로벌 공동체는 희망과 낙관적 전망에 근거하고 있다. 따라서 유토피아적 요소가 많다. 그러나 완전히 새로운 세계를 그려야 하는 것은 아니며, 실제로 가능하지도 않다. 현실적으로는 새로운 세계가 아니라 단순하게 관점을 바꾸고 생각을 바꾸는 것이다. 자아를 내려놓고 국가 주권 의식을 내려놓으면, 자동적으로 공동체 의식이 생겨난다. 그 다음은 공동체를 공고화하려는 지속적인 실천과 노력이 필요하다. 유토피아는 이런 의미에서 끊임없는 인간의 노력 과정이다.

과거 마르크스주의나 그리스도교가 제시하는 유토피아에 대해서는 광범위하고 열정적인 지지가 있었다. 현실에서 실현 가능한 이상적인 공동체를 지칭하는 유토피아였다. 반면에 글로벌 공동체는 개념도 일천하고 별다른 주목을 끌지 못하고 있다. 자아와 국가의 장벽 때문에 모습이 드러나지 않고 있다. 여전히 소수가 간직하는 꿈이다. 열성적인 지지는 없다. 그나마 전후에 반짝했던 관심마저도 사라졌다. 정치는 국내외 할 것 없이 모두 이익 추구와 권력 투쟁의 장이 되고 말았다. 그렇지만 향후 글로벌 위기를 경험하면서 새롭게 생겨날 수 있다. 위기는 새로운 각성과 지지 확산이란 과정을 순차적으로 겪으면서 유토피아 운동을 만들어 낼 수 있다.

결론적으로 코스모폴리타니즘은 다음과 같이 세 단계를 거쳐서 진화하였다. 과거 '코스모폴리타니즘 1.0'은 제국의 꿈이었다. 알렉산더 대왕, 신성로마제국, 몽골제국 등이 강압적인 방법으로 추진한 것이었다. '코스모폴리타니즘 2.0'은 미국의 꿈으로 대변되었다. 미국의 청교도주의, 자유주의, 민주주의로 상징되면서, 미국과 세계에 존재하는 다양성을 용광로처럼 녹여서 하나의 보편적인 문화와 세계를 만들어 내려고 시도하였다. 이 단계에서 코스모폴리타니즘은 미국화 혹은 서구화를 의미했다. 앞으로 세계가 지향해야 할 글로벌 공동체는 자발적인 의식 통합을 강조하는 '코스모폴리타니즘 3.0'이다. 다양한 국가 공동체들이 다양성 속의 단결력 강화를 넘어서 글로벌 차원에서 보편적인 의식을 공유해 나가는 것이다. 현실은 다양하다. 인간의 삶도 다양하고 국가 공동체도 다양하다. 그러나 의식과 정신을 공유하면 하나로 행동할 수가 있다. 이것이 세계평화의 기초이고 보편적 인권 보장의 지름길이다.

VI

글로벌 공동체가 미래다

1. 인류 공동체 개념의 역사

1) 역사 속의 인류 공동체

인류는 출발점부터 소규모의 공동체를 형성하고 살았다. 다수의 소규모 공동체가 결합되어 부족 국가와 사회를 형성하였다. 초기 국가는 역량이 제한적이었으며, 사회가 국가를 포함한 생활 전반에 커다란 영향력을 행사하였다. 근대에 들어서 사회는 개인, 시장, 국가의 도전에 직면해서 위상이 크게 약화되었다. 결국은 상비군과 관료제를 장착한 강력한 민족 국가가 대두함에 따라서 국가에 복속되고 말았다. 배타적인 영토와 국민으로 구성되는 국가는 물질적 번영을 가져왔지만, 국익 극대화를 위한 경쟁과 권력 정치의 만연을 가져왔다. 파멸적인 전쟁이 줄을 이었으며, 국제협력의 필요성이 크게 고조되었다. 이제 인류는 국가의 주권과 영토성을 극복하고 하나의 공동체를 구성하자는 생각에 대해서 다시 관심을 보이고 있다.

종(species)으로서 인류는 다른 동물들과 확연하게 구분된다는 차원에서 하나의 공동체인 셈이다. 고대 이래 인간들은 비록 지리적으로 구분된 소규모의 정치 공동체 속에서 살지만, 언젠가는 하나의 공동체를 실현시켜 나갈 것이란 비전이 존재하고 있었다. 이런 생각은 그리스 헬레니즘 전통은 물론이고 유대교와 그리스도교 같은 유일신 종교에서도 찾아볼 수 있다. 로마 제국이나 스토아 철학에서도 인류 보편의 공동체에 대한 개념이 발견된다. 이처럼 세계 공동체 혹은 인류 공동체라는 개념은 역사가 길고, 시대에 따라 다른 모습으로 발전하였다.

인간 역사가 출발할 당시 인류 공동체는 대별해서 두 개의 뿌리가 다른 버전이 존재하였다. 하나는 인본주의적 공동체로서 인간 중심 혹은 이성 중심의 인류 공동체였다. 헬레니즘 전통 속에서 인류는 하나라는 생각이 등장하였으며, 이것이 코스모폴리타니즘 전통을 창시하였다. 인류는 원래 하나였지만, 정치와 탐욕이 현실에서 분열을 만들어 냈다. 인류는 하나라는 보편적 생각을 최초로 실천한 정치가가 바로 알렉산더 대왕이었다. 그는 모든 인간이 형제란 인식을 갖고 있었으며, 그리스인과 야만인을 구분하지 않았다. 자신이 세계 사람들이 마음을 합쳐서 조화와 통일 속에서 살도록 만들도록 명을 받았다고 믿었다. 그의 제국 내에서 모든 인간은 신민이 아니라 동반자였다. 그러나 그는 세계를 조화시키고 화해시키라는 신의 사명을 완수하지 못한 채 삼십을 갓 넘은 나이에 세상을 뜨고 말았다.

유대교 또한 하느님의 피조물로서 인류는 하나란 믿음을 가졌다. 그러나 구약성서에 따르면 최초의 공동체였던 에덴동산에서 쫓겨나고, 신에게 앞다투어 다가가기 위해서 '바벨탑'을 쌓다가 공통의 보편적 언어를 상실하였다. 그 결과 세상은 다양한 정치 공동체로 분열되었다. 유대 공동체는 모범적인 모델로서 야훼의 선택과 집중의 대상이었지만, 불신과 타락으로 인해 몰락의 길을 걷고 말았다. 유대교의 한 분파였던 그리스도교는 인류를 하나의 보편적인 공동체로 보았다. 이후 인류 역사에서는 이런 두 가지 버전의 세계 공동체가 서로 경쟁하고 융합하면서 인류 공동체의 맥을 이어 나갔다.

중세에도 인류 공동체 개념은 면면히 이어졌다. 하느님의 피조물, 영혼 공유, 지리적 연계성 등과 같은 요인이 세계를 하나의 공동체로서 인식하는 근거였다. 중세를 지배했던 가톨릭 교리도 이런 보편주의를 신봉하였다. '가톨릭'(catholic)이란 단어 자체가 원래 '보편적'이란 의미를 가졌다. 교황은 신의 대리인으로서 세속 세계에 대한 보편적인 통치권을 인정받았다. 따라서 중세 유럽의 그리스도공국이나 유럽 문명은 유일하고 보편적인 것이었다. 세계는 하느님이 만들었으며, 인간은 모두가 아담의 자손이었다. 믿는 자들이 인류 공동체의 구성원이었으며, 신에 대한 복종이 인류 공동체의 결속력을 다졌다. 인류 공동체는 하나의 거대한 교회인 셈이었다. 인간은 신의 은총에 따라서 하느님의 법에 복종함으로써 구원을 받는 존재였다.

국가 공동체는 인간이 신으로부터 받은 이성에 의거해서 세속적인 법을 따름으로써 만들어지는 것이었다. 세속 정치와 교회가 공존하였으며, 세속의 법과 하느님의 법이 따로 존재하였다. 지구를 평면적으로 이해하고 있었기 때문에 정복을 통해서 세계는 점차 하나가 되어 가는 것으로 인식되었다. 이런 세계 공동체에 대한 인식은 지리에 대한 전반적인 이해가 깊어짐에 따라서 대중들에게도 두루 퍼져 나갔다. 종교적으로 인류 공동체 개념은 이슬람 세계에서 가장 활발하게 실천되었다. 믿는 자는 모두가 형제였으며, 정복 전쟁을 통해서라도 평등한 공동체를 실현시키려고 시도하였다. 그리스도교 또한 인류가 하나라는 인식에 바탕을 두고 있었으며, 인류를 하나로 인식하는 보편적인 인권 원칙이 그리스도교 문화권 내에서 널리 수용되었다.

이런 보편적 공동체에 대한 인식은 중세 시대 군주들에 의한 세계 제국의 건설을 뒷받침하는 이론적 근거가 되었다. 대표적인 저술이 단테(Dante, 1265~1321)의 『드 모나키아』(*De Monarchia*, 제정론)였다. 여기서 그는 당시 교황의 정치에 대한 간섭이 지나치다는 인식하에 황제의 편에 서서 '제정론'(황제 정치론)을 설파하였다. 이로 인해 교황에게 미움을 받아 여생을 유배 생활로 보냈다. 단테는 인류는 하나이기 때문에 한 명이 지배하는 나라가 정당하다고 주장하였다. 근거는 그래야 단결력이 극대화될 수 있고 진정한 국제 평화도 가능할 수 있기 때문이었다. 이로써 그는 선량한 군주에 의해 지배되는 세계 제국을 정당화시켰다. 단테의 또 다른 기여는 인류가 하나라는 생각을 체계화시킨 것이었다. 그에 의하면 인류는 공동의 목표와 과업을 보유하는 공동체였다. 인류는 현대적 의미로 해석하면 하나의 집단 지성이었다. 인간이 갖는 지적 잠재력을 극대화하기 위해서는 모두가 하나의 세계 제국을 건설해서 함께 노력해야 하는 것이 당연지사였다.

16세기 들어서 신성 로마제국이 붕괴되고 개별 국가 공동체가 부상하였지만, 가톨릭과 프로테스탄트 모두 예수를 중심으로 하는 세계 공동체의 이상을 계속 간직하고 있었다. 그러나 현실적인 어려움을 감안해서 우선적으로 개별 국가가 하나의 정치 공동체를 형성하고, 나중에 협력을 통해서 하나가 되어 하느님의 뜻을 실천하도록 가르쳤다. 많은 학자나 성직자들이 세계연방의 도래를 예언하거나, 그 필요성을 주장하였다. 세계는 단일한 교회였으며, 세계 모든 나라들로 구성되는 정부나 의회가 중심이 되어 하느님의 뜻을 실천해야 한다고 믿었다.

가톨릭에서는 대표적으로 비토리아(Vitoria, 1480~1546)가 있었다. 그는 모든 국가를 포함하는 '인류 연방'(human commonwealth)을 건설해서, 다수결로 구속력 있는 결정을 내릴 수 있도록 하자는 주장을 하였다. 개신교에서는 캘빈(Calvin, 1509~1564)의 세계정부 구상이 대표적이었다. 그는 인류를 하나의 거대한 유기체로 보았으며, 신이 부여한 임무를 구현하기 위한 이상 국가는 당연히 세계국가이자 하느님의 나라였다. 그러나 세상이 타락했기에 세계국가가 반그리스도적이 될 것을 우려하였다. 따라서 불가피하게 여러 국가로 분열된 상태를 잠정적으로 용인하였다. 젠틸리(Gentili, 1552~1608)는 캘빈의 세계국가 이상을 구체화시켰다. 세계의 대다수의 나라가 참여하는 의회를 만들어서 세계정부를 구성할 것을 제안하였다.

근대에 들어서 르네상스와 계몽주의 시대를 거치면서 신의 위상이 약화되고 인간 중심의 세상이 열렸다. 그렇다고 신과 인간 사이의 관계가 일거에 절연된 것은 아니었다. 신은 일상을 주관하는 절대자의 위치에서 내려와서, 점차 자연의 이치이고 이성으로 인식되기 시작하였다. 이것이 이신론(deism)의 핵심 주장이었다. 이에 따르면 인간은 이성을 갖는 주권적인 존재이지만, 인간의 이성이 바로 신성에서 도출되기 때문에, 인간은 이성과 신성을 공유하는 하나의 공동체적인 존재로 인식될 수 있었다.

인간의 이성이 신으로부터 나온다는 생각은 중세에 토마스 아퀴나스(Aquinas, 1225~1274)를 비롯한 다수의 신학자나 철학자들이 갖고 있었다. 당시 정통 그리스도교 입장에서 인간은 신의 피조물이지만 신성한 존재는 절대로 될 수가 없었다. 그러나 근대에 들어서 예수를 가장 완벽한 인간으로 개념화함으로써 신성과 인격 사이의 조화를 이룩할 수 있었다. 이로써 인간은 예수와 같은 범주에 속하는 숭고한 존재인 동시에, 신과도 근본이 다르지 않은 성스러운 존재가 될 수 있었다.

인간은 점차 신을 대신해서 우주의 중심이 되었으며, 인간에 대한 연구가 급속도로 발달하기 시작하였다. 인간들은 이성이 있었기 때문에 동일한 현상이나 대상을 보고 동일한 방식으로 인식할 수 있는 존재였다. 근대 과학의 발달은 바로 인간이 갖는 이성적인 지적 능력의 결과물이었다. 인간이 지성을 공유할 경우 어떤 형태이든 보편적 이성이 존재한다고 볼 수 있었다. 이런 보편적 이성이 바로 인류 공동체 개념을 정당화시키는 중요한 근거가 되었다. 또한 항해술과 선박 건조 기술의 발달로 인해 교류, 소통, 여행이 급속도로 확대되면서 인류에 대한 사람들의 이해가 깊어졌다. 당시 국가 중심성이 부각되면서 인류가 정치적으로 분열되고 있었지만, 동시에 인류의 연계성과 통일성에 대한 인식도 확산되었다.

18세기 중반 무렵부터는 일부 학자들이 자유화의 진전에 고무되어 경제 세계화와 인류 공동체 등장 가능성을 다시 이야기하기 시작하였다. 그러나 문제는 방법이었다. 세계정부는 이상적이었지만 실현 가능성이 떨어졌다. 이런 상황하에서 통합된 세계에 대한 열망이나 변혁 에너지는 자연스럽게 평화운동이나 인권운동 그리고 국제적 협력을 통한 세계 통합 움직임으로 표출되었다. 민족이 국가와 동일시되고, 민족주의가 세상을 뒤덮기 전까지는 비록 국가 주권이 인정되었지만 절대적이지 않았다. 어떤 형태로는 국제사회가 존재하였다. 외교를 통한 분쟁해결이나 국제 규범에 대한 존중이 어느 정도 확립되어 있었다.

국제사회와 국제법이 발달하게 된 배경에는 인류는 하나라는 인식과 인간 존중의 정신이 자리하고 있었다. 국제적 연대가 흔하게 보였으며, 국제법이 공고하게 자리를 잡았고, 평화와 인권은 국제적으로 지속적으로 관심을 받았다. 대표적으로 칸트는 인간을 수단이 아니라 목적으로 대하라고 설파하였다. 인간이 도덕적 존재이기 때문에 인간은 마땅히 존엄한 존재로서 보호되어야만 하였다. 칸트는 또한 인류 공동체에 대해서도 낙관적인 전망을 가졌다. 그러나 현실은 인류 공동체와 동떨어진 방향으로 전개되었다.

2) 국가와 민족주의의 승리

인류 공동체에 대한 국민 국가의 승리는 프랑스 혁명에서 단초를 찾을 수 있다. 프랑스 혁명을 통해서 국민이 주인인 세상이 도래하였다. '자유, 평등, 우애'란 프랑스 혁명의 이념은 인류 보편적 이념으로서 부상하였지만, 소유주는 프랑스라는 개별 국가였다. 나폴레옹(Napoleon, 1769~1821)은 혁명 이념을 전 유럽에 전파하기 위해서 정복 전쟁을 벌였다. 사상 최초로 국민이 자신의 국가와 민족을 위해 전쟁에 나선 것이었다. 나폴레옹 전쟁을 통해서 국민 국가의 가공할 힘이 만천하에 드러났다. 국민이 주인인 프랑스는 왕이 주인이었던 주변 유럽 국가들을 연이어 격파하였다. 나폴레옹의 정복 전쟁은 영국에 의해 종국에는 실패로 끝났지만, 이를 계기로 자기 민족으로만 구성되는 국가를 건설하려는 움직임이 보편적으로 생겨났다. 민족과 국가가 하나로 융합되어 서로 경쟁하는 '국가주의' 혹은 '민족주의' 시대가 열렸다. 경제력과 영토 확장을 통해서 민족의 우수성을 만천하에 입증하려는 열망이 생겨났다. 이 과정에서 인류 공동체는 인류 공동의 재산이 아니라 특정 국가가 보유하는 정치 이념으로 변질되었다.

세계가 단순하게 분열된 차원에 그치지 않고, 국가를 신성시하는 경향마저 생겨났다. 국가는 영속성이 있기 때문에 생명이 유한한 개인보다 우월한 존재였다. 민족과 국가의 융합이 '정치질서' 문제를 해결하는 압도적인 수단이 되었다. 민족과 동일시되는 국가는 영혼 자체였으며, 인간의 영혼이 죽어서 귀속되는 장소로 그려졌다. 헤겔(Hegel, 1770~1831)은 프랑스 혁명 이후에 등장한 국민 국가에서 영감을 얻었다. 헤겔에게 국가는 세계정신의 담지자였다. 헤겔의 사상적 영향으로 인해 국가가 인류 공동체보다 우위에 서는 역사가 전개되기 시작하였다.

그렇지만 국가는 특수성과 보편성을 동시에 추구하는 존재였다. 특수성을 강조하면 민족주의의 주체였고, 보편성을 강조하면 인류라는 보편 공동체의 구성원이었다. 인권과 이성 등과 같이 보편적 인류에 대한 이해가 깊어졌지만, 동시에 특수성에 대한 강조로 인해서 인류 공동체 분열을 가져오기도 하였다. 국가는 보편적 인권의 보호 주체였지만, 동시에 전쟁을 통해 인권 유린을 주도하는 주체이기도 하였다. 민족주의 시대는 치열한 국가간 경쟁을 특징으로 하였으며, 제국주의 경쟁, 식민지 쟁탈전, 그리고 세계 전쟁으로 이어졌다. 제1차 세계대전 이후 전간기에 인류 공동체의 이상이 고조되었지만, 또 한 번의 세계 전쟁을 막을 수 없었다. 공들여 만든 국제연맹은 평화에 대한 이상은 높았지만 전쟁을 막을 실질적인 힘이나 의지가 약했다.

국가들은 평화나 인류 공동체의 이상보다는 현실적인 국익이나 실력 행사를 더 선호하였다. 국익이나 이념에 따른 편 가르기가 진행되면서, 세계는 진영을 나눠 큰 전쟁을 치르고 말았다. 전후에 편 가르기는 더욱 치열해져서 어느 쪽에 속하지 않고서는 생존을 유지할 수 없는 냉전 시대가 열렸다. 국가마다 안보가 최고의 가치가 되었다. 국가는 안전을 보장하기 위해서 동맹을 포함한 국력 극대화에 매진해야만 하였다. 서방과 동구권이 대결하던 구도 하에서 단일한 인류란 개념은 성립조차 될 수 없었다. 냉전 종식 이후 세계화의 진전과 함께 세계는 '지구촌'의 실현을 목전에 두고 있는 것처럼 보였다. 그러나 코로나 사태 이후 국가 중심성과 자국 중심주의가 재차 강화되었다.

3) 인류 공동체의 재발견

국가 우위 시대에도 인류의 연대성이나 통일성에 대한 인식은 면면히 이어져 내려왔다. 가톨릭, 프로테스탄트, 그리고 여타 종교들도 믿음을 공유하는 사람들 간의 세계 공동체에 대한 이상을 계속 지켜나갔다. 마르크스(Marx, 1818~1883)의 공산주의 선언에 입각해서 레닌(Lenin, 1870~1924)과 스탈린(Stalin, 1878~1953)도 전 세계 억압 받는 노동자들의 공동체에 대한 이상을 실현시키고자 하였다. 이처럼 인류 공동체나 세계 공동체란 이상은 국가주의 시대에도 사라지지 않았다.

새로운 발전은 무조건 인류가 하나이기 때문에 단결해야 한다는 당위성을 넘어서, '다양성 속의 단결'이란 새로운 인식이 등장한 것이었다. 이런 생각은 일찍이 라스 카사스(Las Casas, 1484~1510)가 주장한 바 있다. 그는 역설적이지만 인간이 다양하기 때문에 하나의 보편적인 공동체를 구성해야 한다고 주장하였다. 인간이 비록 사회 문화가 다르고 다른 신을 모시더라도, 사회적 동물이고 합리적이며 신을 숭상할 줄 안다는 점에서 공통점이 있다고 보았다. 따라서 신대륙은 정복의 대상이 아니라 동화의 대상이었다. 라스 카사스의 주장을 계기로 문화적 다양성과 서로 다름을 인정하는 바탕 위에서 하나의 공동체가 만들어질 수 있다는 희망과 비전이 생겨나게 되었다.

분열된 세계가 전쟁에 몰두하면서 인류와 인권의 소중함에 대한 재발견도 아울러 생겨났다. 국가는 희망의 상징이었지만 동시에 국민의 세금으로 국민의 생명을 담보로 전쟁을 수행하는 부도덕한 존재였다. 무정부적 국제체제 안에서 국가는 상호 두려움과 불신의 굴레에서 스스로 헤어 나올 수 없는 무능한 존재이기도 하였다. 당연한 귀결로서 인류는 세계 대전을 두 차례나 치르고 말았다. 이런 자기 파멸적 전쟁을 통해서 인류 공동체의 중요성을 재발견하게 되었다. 국제연맹과 국제연합의 창설은 이상과 현실 사이의 타협이었다. 국가 중심성을 인정한 연후에 인류 공동체의 꿈을 실현하려는 시도였다. 국가 간 국력의 차이를 인정하지만, 모든 나라가 동등하게 평화와 정의의 실현을 위해서, 공동으로 실천하기 위해서 모인 것이었다. 그러나 현실에서는 국제기구와 국가 주권 사이의 충돌이 심각하게 벌어졌다.

국제기구의 중요성에 대한 재발견은 미국의 패권 하락이 확연해졌던 1970년대가 시작점이었다. 석유 위기, 금융 위기, 환경 위기 등이 심각해지면서 국가가 자국 이익 중심주의를 벗어나야 한다는 인식이 자리 잡았다. '국제 레짐'(international regimes)은 일반적으로 특정 이슈 영역에서 국제적 행위에 대한 상호 기대를 수렴시키는 규칙, 규범, 원칙 및 절차를 지칭한다. 국가들의 행위를 좀 더 투명하게 하고, 불확실성과 거래비용을 줄이고, 상호작용의 기간을 연장하고, 평판이 중요한 의미를 갖도록 하고, 이슈들을 서로 연계시키고, 그리고 제한적이나마 합의가 지켜지는지 감시하는 역할을 수행하였다. 이후 국제 레짐이 모든 국제관계 영역에서 폭발적으로 증가하였다. 이렇게 국제 레짐을 통해 실질적 협력을 강화하면서 국제적으로 인류는 하나라는 인식이 점차 생겨났다.

이와 더불어 글로벌 공동체를 복원하자는 주장도 다양하게 제기되었다. '세계국가'(world state)의 부작용을 감안해서 다양한 형태의 '국가연방'(federations of states)이나 '세계정부'(world government)를 건설하자는 제안이 있었다. 하나의 통일된 글로벌 거버넌스 체제의 설립에 대한 관심은 유럽연합의 성공에서 커다란 영감을 얻었다. '다층적 거버넌스'(multi-level governance)는 국가를 비롯해서 다양한 초국가기구, 지방정부, 사회적 행위자 등이 유럽연합이라는 통합된 정치·행정적 공간에서 공동으로 통치하는 과정이나 체제를 지칭한다. 이 개념을 통해서 국가와 글로벌 차원의 통치 체제가 공존할 수 있는 길이 열렸다. 지금부터는 각 대안에 대해서 구체적으로 살펴볼 것이다.

2. 인류 공동체 실현을 위한 대안

1) 세계사회

'세계사회'는 1970년대부터 영국학파에 의해 유행하기 시작한 개념이다. 국제기구의 증가 및 역할 강화, 경제적 상호 의존의 심화, 그리고 비정부국제기구의 부상 등과 같은 국제사회의 확장에 주목하였다. 궁극적으로는 국가로 구성되는 국제사회를 대체할 것이라는 기대감을 가졌다. 예상대로 공식·비공식 국제제도의 확산은 '글로벌 거버넌스 체제'란 형태를 갖추게 되었다. 국제규범은 구속력이 더욱 강해졌으며, 국제관계의 '법제화'(legalization) 경향도 나타났다. 세계화의 진전은 글로벌 차원의 경제통합을 가져왔다. 비정부기구는 숫자와 역할 면에서 현저한 발전을 이룩했다. 바야흐로 세계사회가 형성되었다고 말해도 과언이 아닐 정도가 되었다.

세계사회의 주된 특징은 국제사회와 달리 국가가 더 이상 중심적 행위자가 아니다. 국가의 주권은 국제제도와 국제법의 약진에 따라서 위상이 상대적으로 약화되었다. 또한 국제사회에 비해서 보편적 가치에 대한 공감대가 강화되었다. 민주주의는 보편화되었고, 인권은 보편적 가치로 수용되었다. 세계는 국내적인 사회와 같이 다양한 구성원들로 이루어진 하나의 문화적 총체로 거듭나게 되었다. 비록 중앙에 단일한 권위체는 없더라도, 어느 정도 자율적으로 질서를 유지하고 성장해 나가는 하나의 유기체와 같은 모습을 하고 있다.

미국 스탠퍼드대학의 '세계정체'(world polity) 학파는 세계를 공통의 규범을 갖는 하나의 사회체제로 본다. 공통의 사회적 규범이 체제를 구성하는 모든 국가와 국제기구 그리고 여타 행위자들의 행태를 규정한다. 여타 정치조직에서 보이는 위계적 구조나 권력관계는 약한 반면에 자발적으로 형성해 나가는 질서를 중시한다. 일찍이 프랑스의 토크빌(de Tocqueville, 1805~1859)은 1830년 미국을 일 년 정도 방문했을 때 전역에 산재하는 시민들이 주도적으로 참여하는 자발적인 결사체(associations)에 주목한 바 있다. 세계정체는 바로 이런 자발적인 조직들이 주요한 구성인자들이다. 국가, 관료, 기업인, 학자 등 다양한 집단들이 대등한 입장에서 세계적 차원의 결사체를 형성한다. 그리고 이들이 긴밀한 네트워크를 형성해서 의사결정을 하고 대화와 협력을 통해서 각종 문제를 다양한 방식으로 해결해 나가는 것을 상정한다. 이 모든 과정에서 국가의 역할은 최소화된다.

1990년대에는 세계사회의 성격을 두고서 국제사회 주창자들 사이에 치열한 논쟁이 벌어졌다. 국가들이 연대를 통해서 질적으로 새로운 공동체를 만들어 냈다고 주장하는 일단의 학자들을 '연대주의자'(solidarists)로 부른다. 반대로 국가의 중심성을 여전히 인정하는 학자들이 '다원주의자'(pluralists)이다. 전자는 세계화의 진전과 함께 사회성의 획기적 고양으로 인해 국가의 의미가 현저하게 쇠퇴했다고 본다. 이제는 인류 전체를 망라하는 거대한 인류 사회의 등장을 목전에 두고 있다. 이런 세계사회는 국가 내 존재하는 사회를 거의 닮았다. 사회적 유대감이 상당 정도 생겨났고, 이전에는 불가능했던 고도의 협력이 점차 가능해지고 있다. 사회적 성격도 이익사회에서 점차 '공동사회'에 접근해 가고 있다. 이런 추세라면 세계정부도 가능해질 수 있다고 본다.

그렇다면 세계사회가 인류가 국제적으로 직면하고 있는 중대한 문제들을 해결할 수 있을까? 현실은 반드시 희망적이지만은 않다. 법과 규범이 강화되고 다양한 정부·비정부 행위자들이 헌신적으로 노력하고 있지만 여전히 국가 간 갈등이 엄존하고 있다. 대규모 전쟁이 곳곳에서 벌어지고 있고, 지구온난화를 둘러싼 해법을 놓고 여러 개의 대립축이 형성되어 서로 충돌하고 있다. 빈부 격차가 심하고, 평등에의 갈망을 해소시켜 주지 못한다. 규범적으로 동화가 이루어지면서도 문화나 종교 측면에서 충돌이 벌어지고 있다. 종교적 관심이 고조되면서 동시에 갈등도 늘어나고 있다. 개도국과 선진국 사이의 골이 깊고, 식민주의와 제국주의의 유산이 여전히 남아 있다.

세계사회가 국제사회가 직면하고 있는 문제에 대한 완벽한 해법을 제시할 수는 없지만, 가능성과 잠재력은 크다. 세계정부와 같이 보다 근본적인 해결책을 찾아가는 과도기적 단계로 볼 수 있다. 글로벌 문제 해결력 제고를 위해서 보다 구체적으로 발전 방향을 논의할 시점이다. 세계사회가 제도적 측면을 강화시켜 나가면 귀결점은 세계정부이고, 공동체 의식을 강화시키는 데 역점을 두면 글로벌 공동체로 나아갈 것이다. 먼 장래에 단일한 세계국가의 출현 가능성도 배제할 수 없다.

2) 세계정부

현재 세계는 국가나 기존 거버넌스 체제가 해결할 수 없는 문제가 많다. 전쟁, 기근, 불평등, 환경, 개발 등이 대표적이다. 세계정부는 기존의 거버넌스 개념이 좀 더 발전된 형태이다. 행정력 면에서는 국가에 못 미치나, 기존의 국제기구보다 훨씬 많은 권한을 가진다. 세계정부는 최상위 기구부터 구성 국가 내의 말단 자치 조직까지 다양한 다층적 거버넌스 형태를 띨 것이다. 항구적 평화의 정착이나 전쟁 금지와 같은 급진적 유토피아의 실현이 목표가 아니라, 기술적으로 글로벌 문제를 해결하기 위한 수단이다. 숭고한 이상보다는 당면한 글로벌 문제를 효과적이고 효율적으로 해결하는 것이 목표이다. 유엔보다 권한이 강화된 형태가 될 것이다. 유엔과 마찬가지로 세계 대다수의 국가가 참여할 것이며, 내용적으로는 유럽연합에 더 가까울 것이다. 유럽연합은 국가를 회원으로 하는 전통적인 국제기구가 아니라 새로운 형태의 국가에 더 가깝다.

세계정부는 하나의 이상적인 모델이 있는 것이 아니다. 주요 국가를 중심으로 문제 해결의 실효성을 제고시키는 방향으로 대다수의 국가가 동의하는 형태로 만들어질 것이다. 정부의 형태나 권한, 예산, 인력 등과 관련해서 치열한 협상이 벌어질 것으로 예상된다. 가장 시급한 이슈는 안보가 될 것이다. 평화 유지, 평화 구축, 인도적 개입 등이 주요 의제로 다루어질 것이다. 기존의 평화유지군이 상비군 형태로 만들어질 가능성이 크다. 또한 실질적인 시장통합을 가속화시키는 조치가 내려질 것이다. 그렇지만 세계사회의 요구를 수용해서 시장과 사회가 적절하게 균형을 이루는 형태가 될 가능성이 크다. 세계정부의 권한은 회원국들의 주권 포기 의지에 달려 있기 때문에 가변적이다. 국가는 중요하지만 지배적인 행위자는 아닐 것이다. 세계정부에는 많은 시민사회 행위자들이 참여할 것이다. 따라서 문화와 정체성도 중요한 의제가 될 것이다. 기본적으로 '다양성 속의 단결'이 현실적인 대안이다. 차츰 공통의 문화와 정체성을 만들어 내려는 노력이 강화될 것이다.

세계정부가 실현되기 위해서는 넘어야 할 장벽이 많다. 국제적으로 갈등의 골이 깊어지고 있는 현실은 유리하지 않은 조건이다. 유럽연합 내에도 주요 국가 사이의 갈등이 있고, 약소국과 강대국 사이의 갈등도 있다. 문화적으로 동구권과 서구권 사이의 갭이 크다. 심지어는 영국과 같이 탈퇴한 나라도 생겨났다. 통합뿐만 아니라 분리와 해체에 대한 대비책이 마련되어야 할 상황이다. 현재 여러 분야에서 협력을 강화해 나가는 데 어려움을 겪고 있다. 재원 충당과 배분을 둘러싼 갈등, 통화 금융 정책을 둘러싼 이견, 통일된 외교 및 통상정책 추진 등 문제가 많다. 참여하는 국가의 숫자를 고려하면, 세계정부는 유럽연합에 비할 수 없을 정도로 다양하고 많은 문제를 경험하게 될 것이다. 나라마다 극우세력들이 통합보다는 주권 강화를 내세워 세를 불리고 있다. 사라지기를 거부하는 국가를 어떻게 순화시키느냐가 성공의 관건이 될 것이다.

세계정부는 원래 평화 운동가들이 전쟁의 주된 원인인 국가를 소멸시키자고 주장하면서 제안한 것이었다. 말은 세계정부였지만 실제로는 국가에 대해 권한이 훨씬 강한 세계연방이나 단일국가의 실현을 염두에 두었다. 일례로 일찍이 아인슈타인은 핵전쟁의 위협으로부터 인류 문명 및 인류 자체를 구하기 위해서 유엔을 세계정부로 만들자고 제안하였다. 서구의 글로벌주의자(globalists)들은 평화와 환경 살리기를 위해서 세계정부를 만들자고 지속적으로 주장하였다. 현실에서의 세계정부는 국가와의 관계 설정이 커다란 이슈가 될 전망이다. 국가는 주권 포기에 대해 거부감을 가질 것이다. 더구나 세계정부 자체도 여타 정부와 마찬가지로 관료적 절차의 경직성, 낭비, 권한 위임 문제 등을 겪게 될 것이다. 그리고 세계정부가 기술적 문제 해결에 초점을 맞추지 않고, 유토피아적 목표를 무리하게 실현하려들 경우 갈등은 걷잡을 수 없게 증폭될 것이다.

세계정부가 관장하는 업무는 대개가 기술적이고 관료적이며 비정치적인 특성을 가질 것이다. 기술 관료들에게 많은 권한이 부여될 경우, 개인에 대한 간섭이 많을 수밖에 없다. 자본가들의 영향이 클 것이기 때문에 사회적 가치나 약자에 대한 보호가 취약할 수 있다. 경찰이나 재산권 보호 등과 관련해서는 주권 국가가 담당해야 할 역할이 여전히 중요할 것이다. 분열적 정치가 세계적 차원에서 벌어질 가능성이 있다. 또한 부처 간 관료정치와 주도권 장악을 위한 국가 간 혹은 세력 간 쟁탈전이 발생할 수 있다. G7과 같은 선진 강대국 연합체나 대자본에 의한 지배 가능성도 배제할 수 없다. 실현 가능성에도 의구심이 크다. 현재 지역 차원에서도 수많은 지역통합 정부 수립이 시도되고 있지만, 성공 사례는 유럽연합에 불과한 실정이다. 현실적으로 200여 개 유엔 회원국이 세계정부 수립에 합의할 가능성은 높지 않다. 세계사회가 세계정부로 자연스럽게 이행할 것이란 예측은 실현 가능성이 떨어진다.

현실적인 수립 방안은 유엔을 세계정부로 탈바꿈시키는 것이다. 관료적 비효율성을 제거하고 유엔 총회의 권한을 강화시키면 가능할 수 있다. 특히 강대국 중심성을 상징하는 안전보장이사회의 권한을 상당 부분 유엔 총회에 이전할 필요가 있다. 여기에 헌법적 위상을 갖춘 새로운 유엔 헌장을 제정할 경우 세계정부로, 실질적으로 기능할 수 있을 것이다. 이미 새로운 유엔 헌장 제정을 위한 풀뿌리운동인 'Chapter 99'이 1999년에 태동한 바 있다. 50개국 이상의 정치 지도자들이 '글로벌 민주주의를 위한 헌장'(Charter for Global Democracy)에 서명한 바 있다. 이 제안에는 유엔에 대한 대대적인 구조개혁과 권한 강화를 통해서 명실상부한 세계정부로 만들려는 구상이 담겨 있다. 내용 중에는 상비군과 형사재판소를 설치해서 국제분쟁에 대한 해결력을 획기적으로 강화시키자는 제안이나, 재원 확보를 위해서 글로벌 상거래에 대한 과세를 강화하자는 아이디어 등도 포함되어 있다.

이외에도 유엔을 통해서 세계정부를 실현하려는 다양한 움직임이 1990년대에 태동하였다. '글로벌 거버넌스 위원회'(The Commission on Global Governance)는 글로벌 정치 및 의사결정을 위한 기본 틀(framework)을 만들려고 시도하였다. 유엔을 주 무대로 해서 활동하였다. 리우에서 열린 지구정상회의에서는 지구적 차원의 거버넌스 강화를 위해 다양한 의견이 제시되었다. 대표적으로 지구헌장(The Earth Charter)은 공정하고 지속 가능하며 평화로운 21세기 인류 사회를 만들어 나가는 데 필수적인 윤리와 규범이 담겨진 국제 선언문이었다.

유엔 주도로 아동, 환경, 남녀 평등, 가족, 고용, 사회적 권리를 등을 주제로 대규모 국제회의가 열렸다. 이 모든 의제는 실질적인 세계정부나 다룰 수 있는 사안이었다. 130여 개 나라가 참여하는 '국제의회 연합'(The Inter-Parliamentary Union)은 민주주의 보편 선언을 채택하기도 하였다. '쥬빌리 2000'(Jubilee 2000)은 최빈국들의 국가 채무를 탕감해 주자는 캠페인을 벌였다. 기업 윤리 강화를 위해서도 '글로벌 협약'(Global Compact)을 체결하는 등 다양한 노력을 벌였다. 이 모든 시도는 유연한 형태의 세계정부 구상을 염두에 둔 것으로 보인다. 원래 유엔은 세계정부를 목표로 만들어졌다. 주요 강대국들이 원래 구상대로 실현시키기 위한 강력한 의지만 있으면 가능할 것으로 전망된다.

그러나 세계정부가 출범할 경우에도 문제는 남는다. 미국이 독립전쟁 이후 국가 수립 과정에서 겪은 경험이 많은 것을 시사한다. 미국은 독립 후 초기에는 통일된 헌법에 근거해서 생겨난 연방국가가 아닌 느슨한 형태의 주(state) 정부 연합체였다. 기본적인 연합 정부만 존재했으며, 정부의 수반이나 독립된 법원도 없었다. 의회는 각 주의 대표자들이 모여서 단원제 형태의 회의체를 구성하였다. 그러나 주에 대한 실질적 통제 권한이나 징세권, 무역 및 여타 경제 활동 규제 권한, 외국과의 조약 교섭권 등을 갖지 못했다.

국가 연합은 분권적 형태로 운영되었기 때문에 처음부터 구성 주들 사이의 갈등을 조정하거나, 국방이나 인프라 같은 공공재를 공급하는 데 어려움이 컸다. 예산 문제에 대해서는 주에 완전히 의존할 수밖에 없었고, 분담금 지불을 이행하지 않는 주를 강제할 수단도 갖추지 못하였다. 시장 통합도 제대로 이루어지지 않았기 때문에 '규모의 경제'를 통해 경제적 효율성을 제고할 수 없었다. 또한 전쟁 이후 급속히 증가된 사회적 유동성으로 인해 발생되는 사회적 문제를 해결하는 데도 어려움이 컸다. 이로 인해 인류 최초의 민주주의 실험이 좌초할 위기에 빠졌다. 독립 이후 진행된 국가적 혁명 자체에 대한 회의까지 불러일으켰다. 그때 '연방파'(Federalists)가 나서서 강력한 연방국가 건설을 주도하였다. 이와 비슷하게 세계정부의 비효율성을 제거하기 위해서 세계연방을 만들자는 목소리가 커질 가능성이 크다.

3) 세계연방

미국은 국가 연합의 한계를 극복하기 위해서 연방국가를 건립하였다. 양자 사이의 가장 큰 차이는 주 정부의 연방으로의 주권 양도 정도였다. 연방 헌법이 제정되어 구성 주에 대해 법적 구속력 있는 통제권을 갖게 되었다. 이로써 통일된 외교와 국방 정책을 추진할 수 있게 되었으며, 이를 뒷받침하기 위한 세금 징수 권한과 군대를 모집할 수 있는 권한을 갖게 되었다. 재정 통합과 시장 통합이 이루어져서 경제적 효율성도 확보할 수 있게 되었다. 당연히 연방이 너무 강하면 구성하는 주의 자유와 자율성이 침해되고, 주가 너무 강하면 연방정부의 존재 이유가 사라질 것이었다. 그러나 미국은 연방국가 형성 과정에서 양자 사이의 적절한 균형을 잡은 것이 돋보였다. 연방정부는 권력 분립을 통해서 견제와 균형이 가능하도록 고안되었다. 미국의 사례는 향후 세계연방을 만들려고 시도하는 사람들에게 많은 교훈을 준다.

세계연방은 하나의 국가이다. 기존의 국가가 주권을 포기하고, 어느 정도의 자율성을 확보한 채 통일된 국가의 일개 구성원이 되는 것이다. 세계정부가 여전히 국가 주권을 상당 정도 인정하는 것과 대조된다. 세계연방을 주창하는 사람들은 대개 이상과 의욕이 넘치는 목표를 갖고 있다. 전쟁 폐기, 항구적 평화, 핵무기 근절, 보편적 인권 보장, 사유재산권 철폐, 완전한 평등 등 실현하기 어려운 목표를 달성하기 위한 수단으로 제시된다. 운동가들이 내세우는 세계정부 구상의 대부분은 엄밀하게 따지면 세계연방의 통일된 정부 구상을 지칭하는 것으로 보인다. 대개의 이상주의적 국제평화 운동은 세계연방을 목표로 한다. 전쟁은 주범인 국가를 없애거나 법으로 금지하면 가능할 것으로 생각했다.

아인슈타인과 같은 많은 과학자 특히 핵전쟁 위협을 심각하게 받아들인 사람들이 세계연방의 주된 옹호자였다. 대표적으로 '세계연방주의자'(*World Federalists*)란 조직이 1941년 뉴욕에서 결정되었으며, 여기에 많은 명망가들이 참여하였다. 1945부터 1954년까지가 세계연방주의 운동의 전성기였다. 제2차 대전이 끝나고 항구적인 평화에의 열망이 강렬했으며, 냉전의 시작과 핵 개발 경쟁 등으로 인해 파괴적인 전쟁의 위협이 고조되던 시기였다. 이 운동은 의욕적으로 활동을 전개하였다. 세계시민권 운동과 세계헌법 제정운동 그리고 세계법 제정을 통해서 세계평화를 이룩하자는 운동 등이 크게 주목을 받았다. 1954년까지 유엔 헌장의 개정을 통해서 세계연방을 구성하려는 의욕적인 목표를 제시하였다. 그러나 주요 국가들의 반대와 냉전이란 현실의 벽에 부딪혀 실패하고 말았다.

유럽통합의 시작도 통일된 유럽 연방국가 건립이 목표였다. 유럽연방주의의 기초는 이탈리아의 스피넬리(Spinelli, 1907~1986)가 놓았다. 그의 지론은 유럽의 국가 권력을 미국의 주정부처럼 격하시키고, 연방정부가 컨트롤하는 유럽 합중국(United States of

Europe)을 만들어야 3차 대전을 막을 수 있다는 것이었다. 그가 제안했던 연방 헌법과 연방 의회는 향후 유럽통합의 초석이 되었다. 유럽연방이란 통일된 국가에 대한 원대한 꿈이 유럽연합(EU)이란 국가 연합으로 타협이 이루어진 셈이었다. 주권 포기에 대한 국가들의 거부감이 예상보다 거셌다. 이후 통일된 유럽헌법 제정을 위한 노력이 있었지만, 마지막 단계에서 일부 국가의 반대로 인해 좌절되었다. 만장일치제의 장벽을 넘기가 어렵기도 했지만, 국가 주권이 갖는 관성을 재확인시켜 준 사례였다. 이와 마찬가지로 세계연방 또한 개인의 자유에 대한 침해 우려와 국가 주권 포기에 대한 거부감을 극복하지 못해서 좌초되고 말았다.

코스모폴리타니즘은 처음부터 세계 제국 건설을 꿈꾸는 지도자나 국가에 사상적·이론적 기초를 제공하였다. 일찍이 알렉산더 대왕은 정복 후에 세계연방을 만들려고 하였다. 자신이 절대적으로 지배하는 세계연방이다. 로마 제국(Pax Romana)은 세계 제국의 시초였으며, 중세 유럽은 소규모로 세계연방을 실현시킨 모습을 하고 있었다. 근대 초기 스페인, 네덜란드, 영국 등이 세계연방에 관심을 갖고 연구를 했다. 단테, 칸트, 피히테(Fichte, 1762~1814) 등도 세계연방과 세계의회의 설립 필요성을 역설하였다. 저명한 역사학자 토인비(Toynbee, 1889~1975)는 국가의 소멸과 세계정부 설립을 일찍이 주창하였다.

세계사회주의도 마찬가지였다. 영국의 작가이자 미래학자인 웰스(Wells, 1866~1946)는 기술 관료적 세계국가 건설과 세계적인 계획경제 도입을 내용으로 하는 '새로운 세계질서'를 제안함으로써 국가사회주의자들 사이에서 커다란 반향을 일으켰다. 혁명 후 소련이 추진한 국제 공산주의 운동도 비슷한 맥락으로 해석할 수 있다. 공산주의가 추진하는 세계연방 구상이 미국 내에서 반공주의를 크게 발호시켰고, 동시에 미 일각에서 유엔을 중심으로 세계정부를 만들어 대항하자는 주장을 촉발하였다.

세계연방보다 더욱 강력한 권한을 갖는 것이 세계국가이다. 세계가 하나의 국가인 셈이다. 단일한 국가는 세계 인구 전체에 대해서 절대적인 통제권을 가진다. 따라서 기존의 국가는 사라지거나 명목상으로만 존재하게 된다. 세계국가는 절대적 권한을 통해서 기존의 자국중심주의를 완벽하게 극복할 수 있는 장점이 있다. 국가의 소멸을 통해서 전쟁의 원인을 확실하게 제거할 수도 있다. 또한 경제가 세계화되고 있는 현실을 단일한 국가 권력을 통해서 완벽하게 보완할 수 있게 된다. 예를 들어 현재 개별 국가 관할 하에 있는 인터넷이나 에너지 공급망을 통일된 국가가 관리함으로써 안전성과 효율성이 크게 제고될 수 있다. 환경 재앙을 코앞에 두고 국익만 다투고 있는 현실은 단일한 국가만이 타개할 수 있을 것이다.

단일한 세계국가가 갖는 장점에도 불구하고, 아직까지는 디스토피아 소설의 주제 정도에 불과하다. 국민에 대한 완벽한 통제를 실시하는 전체주의적인 세계국가는 조지 오웰의 『1984』에서 그 면모를 엿볼 수 있다. 헉슬리는 『멋진 신세계』(*The Brave New World*)라는 소설에서 완벽한 세계국가의 모습을 그렸다. 단일한 리더십 통치하에서, 개인에 대한 철저한 통제를 실시하고, 개성을 잃은 인간들이 국가의 의도에 따라서 만들어진다. 언론 통제, 인간의 감정 제거, 거짓 행복감 조성 등이 자행된다. 유토피아를 내세우지만 디스토피아로 귀결되고 만다. 개인의 자유가 보장되지 않는 국가는 설사 그것이 위대한 철학자나 가장 성스러운 성직자가 지배해도 결과는 마찬가지일 것이다. 외계인과 대결하는 미래나 핵전쟁 이후에 등장하는 세계에는 전체주의적인 단일 국가의 모습이 많이 등장한다. 또한 다양한 이념 내지 종교 집단들이 비정상적인 꿈을 실현하기 위해서 세계국가를 건설하기를 바란다.

세계국가는 어떤 형태를 띠더라도 공통적으로 문제는 개인에 대한 보호 수단이 약하다는 점이다. 전통적으로 개인의 권리 지킴이 역할은 국가가 주로 담당했다. 세계국가에서도 개인의 자유 보장과 다양성 인정이 필요하다고 누구나 인정하지만, 실질적인 보호 수단을 마련하는 것은 용이하지 않을 것이다. 이를 보완하기 위해서 중앙 정부의 권한을 강화할 경우, 인권 침해, 자유 침탈, 전체주의적 통제로 이어질 공산이 크다. 미국의 경우 권력 분립을 통해서 이런 우려를 잠재울 수 있었다. 그렇지만 미국에서 유효한 견제와 균형 장치가 세계적으로 가능할 수 있을지에 대해서는 의구심이 든다. 이런 의미에서 세계연방과 세계국가는 유토피아적 이상이자 디스토피아적인 현실이기도 하다.

4) 글로벌 공동체

상기의 권력 배분이나 권력 행사를 둘러싼 우려가 필요 없는 방안이 글로벌 공동체이다. 공동체의 핵심은 공동체 의식이다. 글로벌 차원에서 공통의 가치와 의식의 공유가 있어야 가능하다. 국가는 존재하지만 국경이 갖는 의미는 최소한도 의식 차원에서 사라진다. 세계는 중앙의 통제 장치가 없이도 하나의 유기체처럼 작동하게 된다. 중앙에서 명령하는 정부가 없으며, 자발적인 결정과 자발적인 이행이 중심이다. 인류가 하나의 공동체란 생각에 동의하고, 규범뿐만 아니라 내면의 도덕과 가치를 공유할 때 성립된다. 관료적 기구나 권력이 최소화된다. 신속한 문제 해결 능력이 가장 큰 장점이다.

글로벌 공동체는 국가만의 공동체는 아니다. 국가만의 공동체는 전통적인 국제사회에 더 가깝다. 공동체 내에서는 개인과 시민이 중요한 역할을 한다. 이들이 국가의 성격과 정체성을 바꾸고, 더 나아가 세계를 바꿔나간다. 세상은 대부분의 사람이 자아와 국경을 넘어서 새로운 의식을 내재화할 때 바뀐다. 인류가 지난날 '힘에 대한 사랑'(love of power)에 빠졌던 것에서 벗어나서 '사랑의 힘'(power of love)을 믿게 될 때 새로운 세상이 열리게 된다. 이것은 거대한 각성이고 위대한 의식 전환이다. 이것을 통해서 글로벌 차원의 공동체가 발전하게 된다. 인류의 대부분이 깊은 사랑으로 하나가 될 때 불가능한 협력이 가능해진다. 미움과 증오가 사라지고, 전쟁이 없어지고, 모두가 풍요를 누리는 세상이 도래할 수 있다.

글로벌 공동체는 하느님의 나라와 유사하다. 구약 이사야서에 나오는 양과 사자가 함께 노니는 세상이다. 칼과 창을 녹여서 쟁기를 만드는 세상이다. 항구적인 평화와 번영이 있는 세상이다. 모든 것은 진정한 믿음을 갖고 실천하면 된다. 마찬가지로 글로벌 공동체는 생각과 마음을 바꿔 먹으면 가능해진다. 열린 생각과 열린 마음이 필수 조건이다. 자기만 옳고 남이 틀렸다는 배타적인 생각이 아니다. 모든 존재와 생각에 귀를 열고 마음을 여는 자세가 바로 글로벌 공동체가 요구하는 소프트웨어이다.

중세 서부유럽에 존재했던 '그리스도 세계 공동체'(Christendom)가 글로벌 공동체에 가장 근사한 사례이다. 그리스도교를 공유하는 사람과 국가가 모두 참여하는 공동체이다. 정부나 국가 형태는 회피하고, 크고 작은 각종 공동체가 서로 수평적인 협력을 한다. 중요한 결정은 고위 성직자나 성서학자들이 모여서 내린다. 이런 모델은 미래에도 잠재력이 있다. 배타적인 교리 대신에 통합적인 영성과 의식을 공유하면 실현 가능하다. 국제올림픽위원회(IOC)나 국제축구연맹(FIFA) 같은 국제 NGO들은 의식이나 가치의 공유와 조직 측면에서 글로벌 공동체의 전형적인 모습을 하고 있다. 국가의 역할은 미미한 상태에서 글로벌, 지역, 국가 차원의 조직들이 유기적으로 수직적·수평적 네트워크를 형성하고 있다.

글로벌 공동체는 종교와 이념을 초극한 것이다. 그리스도교나 사회주의와 달리 혁명적 변화를 추구하지는 않는다. 글로벌 공동체는 자연스럽게 진화해 나간다. 별다른 노력으로 급작스레 새로운 세상이 열리는 것은 아니다. 인간 의식의 진전과 함께 점진적으로 진화해 나간다. 사람들의 마음이 점차 하나가 되고, 다양한 문화와 국가들이 점차 하나로 통합되어 가는 과정이다. 글로벌 공동체는 대다수의 사람이 글로벌 관점에서 생각하고, 글로벌 공간을 생활 터전으로 삼아 살아가며, 글로벌 이익을 우선시하며 행동할 때 생겨나는 것이다. 글로벌 공동체는 지구 전체를 중시하면서도 구성원이나 다양한 구성요소들이 자발적이고 능동적으로 전체를 만들어 간다. 개인이나 개별 국가가 글로벌 관점을 내재하면서 상향식으로 만들어 가는 것이 글로벌 공동체이다. 세계는 이미 민주국가들 사이에서 훨씬 더 평화로워졌으며, 자유롭게 교역하는 나라들 사이에서 훨씬 더 풍요로워졌다. 인권은 세계적으로 보편적인 윤리와 도덕으로 자리 잡아 가고 있다.

글로벌 공동체는 고대 그리스 철학자들이 중시했던 국내적 차원의 폴리스(polis)를 글로벌 차원으로까지 확대하는 셈이다. 아리스토텔레스(Aristotle, BC 384~322)는 대화와 설득 및 자유와 평등의 추구를 통해서 좋은 삶을 모두에게 보장하는 것을 정치 공동체의 책무로 보았다. 이와 마찬가지로 글로벌 공동체는 구성원 모두에게 좋은 삶을 보장해야 하는 규범적인 의무를 짊어진다. 코스모폴리타니즘이 바로 소프트웨어이다. 국가를 근간으로 하면서도 세계시민 의식을 공유할 수 있다. 각종 정치 및 사회 공동체의 다원성을 인정하는 바탕 위에서 코스모폴리타니즘은 정치가 아니라 윤리가 된다. 그리고 특수한 공동체들 사이에 대화와 소통을 통해서 공통의 윤리를 찾을 수 있다. 실제로 중요한 것은 법적, 제도적 통합이 아니라 의식과 생각 그리고 정신을 공유하는 것이다. 공통의 윤리를 찾아내서 공통의 행동 준칙으로 삼아 자발적으로 따르게 되면 글로벌 공동체가 실현된 셈이다.

국제체제는 세계정부가 없다는 의미에서 무정부상태이지만, 많은 숫자의 안보공동체와 경제공동체로 구성되어 있다. 제1차 세계대전 이후에 설립된 국제연맹이나 제2차 세계대전 이후 설립된 국제연합은 집단적인 안보공동체를 지향했다. 냉전 기간 동안에는 '북대서양조약기구'(NATO)와 '바르샤바조약기구'(Warsaw Pact)를 필두로 해서 다양한 안보 협력체가 서방세계는 물론이고 공산권에서도 생겨났다. 안보공동체는 개별 회원국에 대한 외부로부터의 공격을 전체에 대한 공격으로 간주하면서 공동으로 힘을 합쳐 격퇴시키는 것을 기본 원칙으로 하는 전형적인 운명공동체였다. 그러나 각자도생이 기본 원칙인 국제체제 내에서 다른 나라의 생존과 존립을 위해 국가들이 무조건적인 희생을 감내하리라 기대하는 것은 애당초 무리였다. 국제연맹의 이상만으로는 제2차 세계대전을 막기에 역부족이었으며, 전후에 생겨난 국제연합은 안보적 역할이 제한적이었다. 현재 국가들은 자체적으로 군사력이나 동맹 형성을 통해 생존을 담보하는 것이 일반적이다.

전후 세계에서 안보공동체의 발전은 상대적으로 정체된 반면, 경제공동체는 비약적으로 확산되었다. 브레턴우즈 체제는 자본주의 국가들 사이의 경제공동체를 지향하는 것이었으며, 세계화는 세계적 차원에서 경제적 이익을 공유하는 이익공동체의 형성 과정이었다. 1980년대 후반부터 지역 경제공동체 설립 시도가 활성화되었던 것은 우루과이라운드 협상의 지지부진이 주된 원인이었으며, WTO 출범 이후 지역 무역 협정의 급속한 증가는 WTO가 주도하는 자유화의 한계를 보여 주는 것이었다. 브레턴우즈 체제의 위기와 세계화에 대한 반발은 공동의 이익 추구만으로는 공동체를 유지·발전시키기 어렵다는 것을 보여 줬다.

살기 위해서 어쩔 수 없이 협력하는 것이 운명공동체이고, 자신에게 이익이 되기 때문에 협력하는 것이 이익공동체이다. 협력이 관행으로 뿌리를 내리거나 사회적 평판 때문에 협력하는 것이 문화공동체이다. 생각과 인식을 공유하기 때문에 자연스럽게 협력으로 이어지는 것이 의식공동체이다. 현대 세계의 위기는 세계화를 안정시켜 줄 문화와 규범이 취약했고, 세계시민 의식이 충분히 발달하지 못했기 때문에 초래된 것으로 볼 수 있다. 인류 공동체는 기본적으로 이익공동체였다. 이것이 인권, 민주주의, 환경보호 등과 같은 인류 공동의 문화와 가치를 공유하는 단계로 점차 발전하였다. 종국에는 의식의 통일을 통해서 모두가 하나가 되고, 하나 속에서 각자가 자아실현을 하고, 자기 스스로는 물론이고 인류 전체를 구원하는 단계에 도달하는 것이 최종적인 지향점이다.

글로벌 공동체의 형성은 어떤 이상적인 상태를 목표로 설정하고 온갖 수단을 통해서 달성하려는 부자연스럽고 고통스런 과정이 아니다. 공적인 목적을 위해서 자신이 가진 것들을 자발적으로 기꺼이 나누는 것을 의미한다. 글로벌 공동체는 구체적인 수치, 목표, 형태 등이 있는 정형화된 세상이 아니다. 세계정부와 같은 새로운 권력기관을 만드는 것이 목표는 더욱 아니다. 구성원들 사이에 의식이 공유되는 자연스러운 균형 상태이다. 그 속에서는 건전한 경쟁이 이루어지고, 점차적으로 평등이 구현되는 세상이다. 또한 구성원들 사이에 유기적인 협력이 가능할 수 있기 때문에 위기 극복 및 예방 능력도 뛰어날 수 있다.

3. 공동체 의식과 글로벌 공동체

1) 공동체 의식

모든 공동체의 바탕에는 공동체 의식이 존재한다. 의식은 파동이나 에너지의 성격을 갖기 때문에 상호 반응하며 응집하는 경향이 있다. 서로 거부감을 느낄 수도 있고, 친화감을 느끼고 통하면 서로 합쳐질 수도 있다. 의식에는 표피적인 감정이나 원초적인 생존 본능부터 배려와 보편적 사랑 같은 고도의 정서까지 존재한다. 사람의 마음에는 다양한 의식이 존재하며, 마음속 깊은 곳에는 배려, 자비, 사랑, 헌신, 책임, 의무, 사명 등과 같은 소중한 감정들이 자리한다. 공동체의 구성원들이 의식을 공유하게 되면 집단 내 협력이 용이해지고, 하나의 단위로 행동할 수 있다. 공동체가 높은 수준의 의식을 공유할 경우 사회적 관용이 가능하고, 서로 상이한 의견을 존중할 수 있다. 환경 문제나 빈부 격차 등의 사회 문제도 공동체의 의식 수준이 높아져야 해결될 가능성이 크다. 반면에 의식 수준이 낮으면 갈등과 충돌이 많아진다.

개인이나 국가로 구성되는 공동체는 개체 의식이 너무 강하면 무너지고, 공동체 의식이 지나치면 억압적이고 폭력적으로 변할 수 있다. 그러므로 개체성과 집단성이 잘 조화를 이루어야 하고, 가능한 한 자발성이 최대한으로 존중되어야 한다. 개인들이 자발적인 상호 소통과 학습 그리고 실천을 통해서 공동체 의식을 만들어 가는 것이다. 따라서 개성을 존중하는 공동체가 공동체의 규범을 억지로 강요하는 공동체보다 역동적이고 지속 가능성이 크다. 또한 공동체는 특수하고 높은 벽으로 둘러싸인 고립된 공간이 아니라, 보편적이고 열린 공간으로 확장되고 승화되어야 한다. 공동체에 속하지 않은 이방인들에 대해 개방적이면서 이들을 도덕적으로 대할 수 있는 초국가적 공동체가 바람직하다.

인터넷과 AI 기술 발달로 인해 인류가 생각과 의식을 공유하는 일이 용이해졌다. 현재 인류가 하나의 의식 세계로 연결되어 있다고 해도 과언이 아니다. 따라서 인류 모두 하나의 의식 세계 속에서 살아가고 있다는 점을 깨닫고, 조화롭고 협력적인 삶을 영위해 나가면 인류 공동체가 실현되는 셈이다. 공동체 의식은 공동체가 중요한 경험을 같이 하거나 새로운 깨달음을 함께 얻으면서 확산되어 왔다. 의식 통합이 이루어짐에 따라서 인류가 하나란 인식과 모두의 행복과 복지를 위해서 노력할 의무감이 점차 생겨나게 된다. 공동체 의식이 충만해지면 글로벌 차원에서 정의를 구현하고, 동포애를 실천하며, 자발적으로 가진 것을 나누게 될 것이다.

공동체 의식을 갖게 되면 공동체 관점에서 세상을 바라본다. 표피적인 감각을 통해서 자기중심적으로 물질적 이익만을 추구하는 것과 대조적으로, 인간 내면에는 상호 연계된 깊은 의식이 존재한다. 현대 과학은 객관과 사실만을 강조한다. 인간의 주관은 가능하면 배제하고, 영혼과 의식의 중요성을 폄훼한다. 그러나 합리적 마음과 물리적 감각만을 통해서 세상을 보면 현실 혹은 실체를 정확하게 파악할 수 없다. 인간의 주관이나 내면도 고도로 객관적이고 통찰력이 있을 수 있다. 마음의 눈으로 봐야 세계가 하나이고 인류가 하나라는 것을 꿰뚫어 볼 수 있다. 그래야 도덕, 양심, 윤리가 갖는 의미와 중요성을 깨닫게 된다. 우주의 본질을 파악하기 위해서 필요한 통찰력, 직관력, 상상력, 영감 등은 인간 내면에서 나온다. 이런 의식 작용이 바로 공동체 의식의 원천이다. 현재 가장 부족한 것은 마음과 의식이다. 과도하게 분열되어 있으며, 국가의 이익이나 사적 이익을 지나치게 우선시한다. 좋은 마음으로 무지와 편견 그리고 나쁜 의도와 사적인 이익 추구를 극복해 내야 한다. 그래야 국제관계가 근본적으로 변하고, 글로벌 공동체에 보다 가까이 다가갈 수 있다.

2) 의식 공유와 진화

공동체 의식의 주요 원천은 구성원 사이의 대화와 소통이다.

국제적으로 다양한 인식공동체가 존재한다. 구성주의는 지식과 생각을 공유하는 인식공동체를 중시한다. 주요 기능은 지식과 아이디어를 교환한다. 대화가 단순한 의견 교환이라면 소통은 막힌 것을 뚫어서 적극적인 변화를 꾀하려는 시도이다. 생각을 공유하게 되면 의식이 깨어나서, 행동할 이유가 생겨나고, 공동의 목표를 위해 실천을 하게 된다. 이런 과정은 의식공동체를 형성하는 과정에 있어서도 중요하다. 공동체는 자발성과 수평적 관계가 특성이기 때문에 구성원 간의 대등한 대화 참여가 필수적이다. 모두가 의견 개진의 기회를 부여받으면 평등한 공동체가 만들어질 수 있다. 끊임없는 상호작용을 통해서 서로를 만들어 나간다. 따라서 세계정부가 없는 무정부상태 내에서도 공동체는 존재할 수 있으며, 그 성격은 국가들이 상호작용 하기에 따라 달라진다.

소통은 문화 상대주의를 극복하기 위한 중요한 수단이다. 글로벌 차원의 의식공동체가 가능하기 위해서 넘어야 할 장벽이 많지만, 중국이 서양과 대립하고 있는 현 상황을 고려하면 동서양 간의 소통과 통합이 반드시 필요하다. 동양은 공동체적 인식과 정체성이 강하고, 서양은 개인주의적인 속성이 강하다. 그러므로 동양은 개인을 자유롭게 해야 하고, 서양은 공동체 정신을 좀 더 체화함으로써 양자 간의 통합을 이루어 나갈 필요가 있다. 종교갈등이나 선진국과 개도국 사이의 갈등을 해소하는 데 있어서도 단순한 대화를 뛰어넘는 소통이 필요하다.

소통을 촉진하기 위한 공통의 가치와 제도적 장치를 마련하는 과정에서 다양한 기성종교들이 기여할 수 있다. 저명한 신학자인 큉(Küng, 1928~2021) 신부에 따르면, 세계의 모든 종교는 상대방의 입장을 배려하는 "황금률"(golden rule)과 타인에 대한 인도적 대우 등과 같은 윤리, 그리고 비폭력, 정의, 진실성, 동반자 정신 등과 같은 가치를 공유한다. 따라서 종교 간 대화와 소통을 통해 윤리적인 공통 분모를 찾아서 "글로벌 윤리"(global ethic)를 도출할 경우, 글로벌 의식공동체의 형성은 물론이고 세계평화에도 크게 기여할 수 있을 것이다.

공동체 의식의 진화와 확산 과정에서 학습이 중요한 역할을 수행한다. 개인이 자발적인 노력을 통해 스스로 배우기도 하지만, 집단적인 학습을 통해 새로운 지식, 담론, 정체성이 형성되기도 한다. 외교 관행, 전쟁 관행, 글로벌 금융 관행, 초국가적 인권 보호 관행 등은 모두 이러한 학습 과정의 산물이다. 가장 일반적으로 정태적 측면에서 보면 학습은 사람들의 지식과 기술을 마음에 담아 가는 과정이다. 행태적 관점에서 보면 학습은 외부 자극이나 환경의 변화에 대응해서 행동이 변화하고 유익한 행동이 선택적으로 강화되는 과정이다. 시행착오는 학습의 중요한 일부로서, 근본적인 변화는 아닐지라도 행동을 개선해 나가는 데 유용하다.

사회적 학습은 개인들의 사회심리학적인 변화를 의미한다. 사회화 과정은 정체성이 형성되는 사회적 학습의 중요한 일부이다. 사람이 사회화된다는 것은 인적 교류를 통해서 규범에 설득되는 것이다. 이 과정에서 생각이 사람들의 마음 사이에서 폭넓게 교류된다. 학습은 인간의 두뇌와 마음에서 벌어지는 활동이지만, 사회적 배경지식이나 집단의식 차원에서 생겨나기도 한다. 인간의 사회화나 정체성 형성은 배경지식을 습득하는 진정한 사회적, 집단적인 학습 과정이다. 개인적 차원의 학습이 축적되고 확산되면 사회적 차원의 학습이 이루어지게 된다. 이런 심층에 있는 배경지식의 진화를 통해 사회적 관행이 변하게 된다.

의식은 사회적 학습을 통해서 변하고 발전한다. 학습이론은 인간 의식의 단계적 발전을 상정한다. 개인만이 아니라, 정치 지도자, 집단, 정치 공동체, 국가, 국제사회나 글로벌 공동체 등도 학습의 주체가 될 수 있다. 상호작용을 통해서 새로운 인식이 생겨나고, 이것이 반복된 실천을 통해서 관행으로 정착되면, 새로운 규범이나 제도가 만들어진다. 인간의 의식은 '단순 의식'에서 '자아의식' 그리고 '집단의식'을 거쳐서 '우주 의식'으로 발전한다. 자아의식 단계에서 가장 큰 문제는 탐욕과 이기심이다. 이것이 집단적 차원으로 전이될 때 국내적 갈등과 국제적 분쟁과 전쟁이 발생한다. 자아와 집단을 뛰어넘는 노력이 필요하다. 우주 의식은 모두가 하나라는 공동체 의식과 동일하다. 이런 의식의 발전 과정을 통해서 인류는 사랑을 알고 실천하는 존재로 변모해 나간다.

인식의 진화는 의식의 진화로부터 생겨난다. 과거에 알지 못했던 것을 새롭게 알게 되는 것은 의식이 변했기 때문이다. 진화는 생각과 의식의 영역에서도 일어난다. 물질세계의 진화는 이미 완성 단계에 도달하였다. 따라서 바깥세상이 변하는 것은 기대하기 어렵다. 그렇지만 의식은 일상적으로 진화한다. 발상의 전환은 놀라운 기술 변화를 가져온다. 마음만 바꿔 먹어도 세상이 다르게 보인다. 우리의 의식은 비약적으로 발전하기도 한다. 이것이 불교 선 수행에서 이야기하는 '돈오'이고 그리스도교의 '대각성'이다. 인류는 신을 만나는 누미노제 경험을 통해서 고도의 의식 수준에 도달하였다. 그 결과 인간들의 인식과 사고가 달라지고 행동이 변한다. 이런 변화가 대다수 사람의 마음에 각인될 때 세상이 변하게 된다. 이것이 의식 변화가 세상의 변화를 가져오는 메커니즘이다.

인식공동체는 인식의 새로운 혁신이 생겨나고, 이것이 확산되면서 정치적으로 선택되고, 최종적으로 제도화되는 사회적 변화의 과정을 통해서 형성된다. 인식공동체는 발전하고 제도화될 수 있으며, 개인은 인식공동체의 일원으로 존재한다. 그리고 어떤 관행이 국제적으로 받아들여지거나 국가 내에서 국익의 일부로 수용되기 위해서는 사회적 정당화 과정이 필요하다. 개별 국가 내에서 수용되고, 국제사회에서 정당성을 얻게 되면 국제적으로 인정받게 된다. 이 과정에서 많은 인식공동체의 공헌이 있었다. 이와 동일한 방식으로 세계는 점진적으로 새로운 규범을 실천하는 하나의 의식공동체가 되어 간다.

3) 공동체적 실천

의식공동체 형성 과정은 실천을 통해서 마무리된다. 생각과 마음을 공유하는 인식공동체의 구성원들이 이익이나 생존보다는 높은 수준의 가치와 의식을 관행으로 정착시킬 수 있어야 한다. 국제관계 속에는 실천을 위한 공동체들이 다양하게 존재한다. 예를 들어 외교관, 무역업자, 환경운동가, 인권운동가 등의 공동체가 초국경적으로 형성되어 있으며, 다양한 차원의 활동을 통해 사람들에게 새로운 인식을 불어넣고, 주요 국가의 정책에 의미 있는 변화를 가져오고, 궁극적으로 국제사회의 관행과 규칙을 새롭게 형성해 나간다.

이 과정 속에서 새로운 집단적 의미가 생겨나고, 담론이 정착되며, 정체성이 공고해지고, 학습도 이루어진다. 새로운 정치적 의제도 생겨나고, 제도와 관행이 글로벌 거버넌스 내에서 증가하게 된다. 이와 같은 실천을 통해서 안보공동체나 인식공동체가 생겨나고, 궁극적으로 하나의 거대한 글로벌 공동체가 형성된다. 실천을 통해 집단적인 의식과 관심이 생겨나고, 이것이 초국가적으로 확산된다. 그리고 새로운 관행이 제도화되고 재생산될 경우, 세상이 바뀌고 보다 많은 사람들이 의식을 공유하게 된다.

다양한 분야의 인식공동체와 '초국가적 옹호 네트워크'(transnational advocacy networks, TAN)가 실천 주체들이다. 인식공동체를 통해 몇몇 사람들의 지식과 생각이 보다 넓게 확산되고, 이를 매개로 삼아 글로벌 차원의 의식과 실천에 이르게 된다. 새로운 지식과 인식의 변화가 정치적 행동을 변화시키는 촉매가 되거나, 정책 공조를 만들어 내는 수단이 된다. 경우에 따라서는 인식 자체의 진화를 가져올 수 있으며, 새로운 관행이 현재는 물론이고 후세에까지 받아들여지게 된다. 이로 인해 완전히 새로운 정체성이 생겨날 수 있다.

새로운 의식을 공고화하는 데 있어서 초국가적 시민사회가 기여한 바는 실로 막대하다. 환경에 위해가 큰 댐 건설을 막고, 민주화를 촉진시키고, 여성의 권익을 신장하는 데 헌신적으로 기여하였다. 양심수들의 인권 보호와 재소자 처우개선을 위해 '국제사면위원회'(Amnesty International)는 중요한 역할을 수행했다. 초국가적 과학자 집단이 미사일 방어, 핵실험, 전통 무기 등 군비 통제를 위한 평화운동을 전개함으로써 냉전이 평화롭게 종식되는 기반을 닦았다. 장기적인 교육 프로젝트를 통해서 미국과 소련 사이의 핵전쟁을 막는 데 기여했다. 시민사회의 민간인들이 국경을 초월해서 협력함으로써 세계의 운명을 바꾼 사례가 적지 않다. '대인지뢰금지협약'(Mine Ban Treaty 혹은 Ottawa Treaty)이 대표적이다. 대안적 지식으로 무장한 활동가들로 구성된 비판적 공동체 또한 정치적 행동과 투쟁을 통해 새롭게 정당성을 획득하고 의미 있는 사회적 변화를 가져올 수 있다.

개신교와 가톨릭교회 그리고 사회주의자들에 의한 평화운동이 부전 조약(不戰條約), 만국평화회의, 국제연맹, 국제연합을 탄생시키는 데 기여했다. 향후에도 영향력이 확대될 것으로 기대된다. 영국의 지성을 대표하던 소설가 버트런드 러셀(Russell, 1872~1970)은 제1차 세계대전의 참상을 보고 나서 평화적 수단에 의해 분쟁을 해결할 것을 호소하면서, "결국은 전쟁이 부질없고 손해라는 것을 사람들이 알고, 국가들이 이를 존중함으로써, 다시는 어리석음에 빠지지 않도록 해야 한다. 그리하여 분쟁을 평화적으로 해결하는 협력적인 세계를 만들어야 한다"라고 주장했다. 그러나 인류는 다시 똑같은 어리석음의 희생양이 되고 말았다. 이런 현실을 목도한 후 유네스코 헌장 전문은 "전쟁은 인간의 마음에서 시작되기 때문에 평화의 방패 또한 인간의 마음에 세워져야 한다"고 기술하고 있다.

그 후 냉전의 개시와 핵무기 경쟁을 바라보면서, 러셀과 아인슈타인은 국적을 떠나 인류의 일원으로서 과학자들이 핵무기와 수소폭탄을 활용한 전쟁을 막기 위해 공동 행동에 나설 것을 요구하는 선언서를 발표하였다. 이와 같이 인류의 지성은 전쟁을 막기 위한 실효성 있는 노력을 지속하였다. 이후 과학자들은 핵확산 금지와 핵의 평화적 사용 그리고 핵무기 감축 등에 적극 나서서 상당한 성과를 이뤄 냈다. 종교 간 대화와 소통에 적극 나서고, 상대방의 입장을 배려하는 황금률의 실천은 인류가 평화가 항구적으로 정착된 의식공동체로 나아가게 할 것이다.

오백 년 전에만 해도 가난한 사람을 돕는다는 생각이 존재하지 않았다. 더구나 다른 나라 사람을 돕는다는 개념은 상상조차 할 수 없었다. 그러나 지금 인간의 의식은 사회보장을 보편화시켰다. 이미 많은 선진국에서는 정치 공동체 구성원 모두에게 기본소득을 보장하자는 논의를 시작한 상태이다. 국제적으로도 가난한 나라를 돕는 것은 부동의 관행이 되었다. 네덜란드의 저명한 저널리스트 브레흐만(Bregman)은 기본소득에 더해서 주 15시간 근무와 전 세계적인 자유 이동권 보장 등과 같은 급진적인 주장으로 크게 주목을 받았다. 이런 제안이 실현될 가능성은 사람들의 의식변화 속도에 의해 결정될 것이다.

마찬가지로 역사적으로 노예제 폐지, 인권, 전쟁 관련 규범, 항구적 평화 등의 영역에서 일어난 진보는 모두 수용 불가능하다고 간주되는 것을 보편적으로 수용한 의식 변화의 산물이었다. 특히 하나의 인류라는 개념이 뿌리내리고 확산되면서 생겨난 결과이다. 근래에는 국내적 인권과 국제적 인권 사이의 격차가 현저하게 줄어드는 추세이다. 다양한 국제정치 이론이 다양한 설명을 제시하지만, 근본적으로는 공동체 의식의 확산 결과이다. 수많은 NGO의 등장은 의식 발전의 산물이다. 이와 같은 세계사회의 확장은 글로벌 공동체의 형성을 촉진하는 원동력이 될 것이다.

국내적으로나 국제적으로나 이기적 계산을 강조하는 과거 패러다임이 정치적 갈등과 분열을 조장하고 있다. 그 결과 나라마다 분쟁 해결 비용이 급증하고 있다. 과거에는 모르지만 이제 국가는 식량 부족이나 인구 감소로 망하지 않는다. 맬서스(Malthus,

1766~1834)의 '인구론'이나 마르크스의 '노동가치설'은 노동력의 중요성을 현실에 맞지 않게 강조한다. 현재 식량 부족은 기술보다는 유통 문제이다. 그리고 노동이 가치를 창출하는 세상이 더 이상 아니다. 노동력은 부가가치의 원천이 아니라 비용 요소이다. 노동력의 경제적 가치가 현격하게 떨어졌다. 인구를 증가시키기 위한 정부의 노력은 비용 대비 효과는 상당히 낮다. 부모에게 자식은 과거 노동력과 효도의 원천에서 현재는 평생 짊어져야 할 부채이고 보전 불가능한 비용이다. 따라서 어느 나라나 인구증가 정책은 실패가 예정되어 있다.

사랑을 실천하지 않는 나라는 내부적으로나 대외적으로 갈등이 극심해진다. 간단하게 대화로 해결될 수 있는 일들이 커다란 분쟁으로 비화되어, 작업장이 멈추고, 국가 물류 시스템이 마비되기도 한다. 정치적 갈등은 진영 대결로 비화되어 정치 시스템 자체가 작동하지 않게 되는 경우가 비일비재하다. 이에 따라 갈등 해소 비용 또한 급격하게 증가하고 있다. 현재 나라마다 극단적인 대립과 증오에 바탕을 둔 정치가 벌어진다. 이로 인해 경제적 낭비가 극심하다. 향후 분쟁 해결 비용 상승으로 인해 국가 경쟁력이 약화되고, 국제 경쟁에서 뒤처지는 사례가 많아질 것이다. 머지않은 미래에 국가는 인구 부족이 아니라 사랑 부족으로 인해 망할 가능성이 크다. 서로 사랑할 줄 모르는 나라가 협력의 어려움 때문에 국제 경쟁에서 뒤처지고, 종국에는 나라가 망하는 일이 현실이 될 수 있다.

단국대학교 분쟁해결연구센터(DCDR)의 연구에 의하면 우리나라 사회적 갈등 비용은 2013년부터 2022년까지 10년간 2,326조 원에 달한다고 한다. 이는 2023년 우리나라 명목 GDP인

2,401조 원에 맞먹는 수준이다. 시간 흐름에 따라 1990년대 10년간(1990~1999년)과 최근 12년간(2011~2022년)을 비교하면 갈등 비용이 31조 원에서 2,352조 원으로 무려 76배나 늘어났다. 한 마디로 사회적 갈등이 우리 경제에 엄청나게 큰 부담을 주고 있으며, 날이 갈수록 그 정도가 가속적으로 커지고 있다. 특히 이념 갈등이 전체 비용의 75.4%를 차지하였다. 국제 비교를 해도 한국의 갈등 지수는 OECD 27개 회원국 중 4위이다. 정체성의 정치, 감정의 정치가 확산되고 있다. 대립적 이념 간극은 봉합이 불가능할 정도로 크다.

국내적 갈등은 국제적으로도 파장을 일으킨다. 갈등과 증오는 손쉽게 국경을 뛰어넘는다. 실패한 국가가 많아질수록 국제적 분쟁도 증가한다. 미국이나 유럽에서 극단적인 정치적 대립은 국제적으로 부정적인 영향을 많이 초래한다. 미국의 국내정치적 갈등은 개방적이고 자유로운 국제통상 질서의 근간을 흔들고 있다. 유럽 주요국들의 국내적 갈등이 난민과 개발 원조를 비롯한 국제 인권 체제를 위협하고 있다. 많은 나라들이 갈등을 적절히 관리하는 데 실패함에 따라서, 내전과 국제적 분쟁이 줄을 잇고 있다. 글로벌 차원에서 갈등 관리 시스템을 강화해야 할 필요성이 커지고 있다. 보다 근본적인 대책은 서로 존중하고 사랑하는 법을 배우는 것이다. 나라마다 사랑에 근거한 평화적 분쟁 해결의 중요성을 재인식해야 될 것이다. 그래야 자연스럽게 세상은 사랑이 넘쳐나는 곳으로 변모할 것이다.

4. 글로벌 공동체로 가는 길

1) 글로벌 사회 계약

인류 공동체는 상향식으로 구성되나 아니면 하향식으로 위로부터 주어지나? 개인이나 결사체들이 합의를 통해서 자발적으로 만들어 갈 수도 있고, 위로부터 패권국이나 신의 뜻에 의거해서 만들 수도 있다. 그러나 진정으로 민주적인 글로벌 공동체는 아래로부터 형성되는 것이다. 공동체 의식이 형성됨에 따라서 자연스럽게 생겨나게 된다. 그러나 실제로는 시간이 많이 걸리고, 불가능할 수도 있다. 따라서 패권국 내지 G7과 같은 선진국 연합체가 형성을 주도하는 것이 현실적일 수 있다.

역사적으로도 제국이 코스모폴리타니즘을 실현한 사례가 적지 않았다. 주지하듯이 코스모폴리타니즘의 원조는 알렉산더 대왕이었다. 몽골 제국도 폭력성이 과도하게 부각된 측면이 있지만, 문화적으로는 개방성과 관용성으로 잘 알려져 있다. 식민주의도 비록 강제적이었지만 선진 문화에의 동화나 계몽과 같은 긍정적인 효과도 내포되어 있었다. '패권안정이론'에 따르면 세계정부를 포함해서 어떤 국제 질서도 현실적으로 선의를 가진 강력한 패권국이 주도해야 성립될 가능성이 크다. 이를 뒷받침하는 가장 강력한 근거는 주권국가의 반대를 극복할 수 있는 가장 현실적인 방법이 바로 강제력이라는 사실이다.

그러나 역사적으로 보면 제국주의나 약탈적 거대 제국의 그림자가 짙게 드리워진다. 자발적인 형성이 바람직하지만 현실적으로 난제 중의 난제이다. 어떤 국제적 권위체가 주도하는 것보다는 민주적으로 형성되는 것이 바람직하다. 이런 점에서 국가의 역할이 중요하다. 개별 정치 공동체가 민주적이고, 이것이 합쳐져서 글로벌 민주주의 공동체가 구성되는 것이 이상적이다. 이것이 가능하기 위해서는 우선적으로 글로벌 민주시민이 먼저 형성되어야 한다. 어떤 경우에도 국가마다 어떤 형태로든 민주적 정체가 먼저 들어서야 할 것이다. 그러면 국가 간 합의를 통해서 국내정치에서와 마찬가지로 글로벌 사회 계약의 체결이 가능해질 수 있다.

현재 다양한 차원에서 국제적 혹은 초국가적 공동체가 형성되고 있다. 소규모 단위의 지역 협력에서 시작해서 거대 지역을 형성하고, 이제는 글로벌 차원의 공동체가 형성되는 과정 중에 있다. 국가들은 필요에 따라서 다양한 목적의 공동체를 형성하였다. 유럽연합은 초기에 안보 목적의 공동체로 시작해서, 경제공동체 단계를 거치고, 현재는 문화공동체를 지향하고 있다. 향후에는 의식을 공유하는 단계로 발전할 것으로 예상된다. 지구 전체가 하나의 단위로서 생각과 의식을 공유하는 것이 글로벌 의식 공동체이다.

지역통합 혹은 지역공동체에 대한 연구는 공동체 형성의 동인을 다양하게 제시한다. 현실주의는 공통의 안보 위기, 자유주의는 경제적 이익의 공유, 구성주의는 공통의 정체성 형성을 지역공동체 형성을 가져오는 주요 요인으로 든다. 국제사회론은 문화와 규범의 공유를 중요시한다. 이런 다양한 요인들이 공동체 의식을 만들어 내면서 공동체가 생겨난다. 공동체 의식은 정도 문제이나 어느 집단에나 존재한다. 이것이 지역 차원을 넘어서 글로벌 차원으로 확산될 경우 글로벌 공동체가 형성된다. 현재 국제체제나 국제사회 모두 공동체 성격이 점차 강화되고 있다. 인류가 직면하고 있는 글로벌 위기는 공동체 의식의 강화를 통해서 극복할 수 있으며, 역으로 위기를 함께 경험하면서 공동체 의식이 강화될 수도 있다. 이 경우 글로벌 공동체의 초석이 되는 사회 계약이 체결될 수 있다.

세계평화와 글로벌 문제 해결을 위한 초국가적 공동체가 설사 만들어진다 하더라도 여기에는 세부적으로 난제들이 많다. 우선적으로 들 수 있는 것이 개인, 집단, 국가, 국제기구, NGO들 사이의 역할 분담과 협력을 이끌어 내는 일이다. 국가가 배제된 상태에서 초국가적 시민사회의 노력만으로는 성공 가능성이 떨어진다. 자발성을 강조하더라도 과연 글로벌 차원의 사회 계약에 합의할 수 있을지 여부도 관심거리이다. 기본적인 인권의 범위를 둘러싸고 공산권과 자유세계, 개도국과 선진국이 치열한 다툼을 벌여 왔음은 주지의 사실이다. 그리고 과연 개인들이 글로벌 세금을 내고, 인류를 위해서 목숨을 희생할 의무를 질 것인지도 논란거리이다. 이처럼 인도주의적 개입을 둘러싸고 글로벌 공동체와 국가 사이에는 지속적으로 갈등이 있었다.

여기서 대안으로 제시하는 의식공동체는 물리적인 국경을 없애는 통합을 상정하지 않는다. 또한 의식 차원의 통합을 강조한다는 점에서 물리적으로 하나의 세계정부를 만들자는 주장과도 궤를 달리한다. 의식공동체는 여타 공동체와 달리 공동체가 구성원을 억누를 필요가 없다. 국가의 주권이 존중될 수 있고, 국가마다 개성을 발휘할 수 있다. 의식은 기본적으로 네트워크와 같이 연결되어 있다. 물리적 경계가 없기 때문에 의식공동체는 글로벌 차원에서도 성립 가능하다. 하지만 전통적 국제정치 이론은 의식의 발전을 통한 공동체의 진화 가능성에 대해 인색한 평가를 내린다. 예외적으로 구성주의 접근법은 인간들의 상호작용을 통해 정체성이 만들어지고 국가 간 관계도 다양하게 구성될 수 있다고 보기 때문에 공동체의 진화 가능성에 대해서 열린 입장이다. 인간의 의식이 바뀌고 공동체가 바뀌면 세상이 바뀔 수 있는 여지가 있다.

2) 글로벌 누미노제

글로벌 공동체는 기존 국제 관계의 근본적인 변혁을 지향한다. 따라서 그에 상응하는 새로운 사고나 의식이 필요하다. 전쟁, 평화, 핵무기, 환경, 개발 등과 같은 국제정치의 주요 이슈는 장기적으로 국제사회에서의 의식 변화를 반영해서 변화해 왔다. 공동체 개념이 글로벌 차원에서 수용되기 위해서는 기존의 점진적인 변화를 뛰어넘는 새로운 의식 각성이 필요하다. 누미노제는 루돌프 오토(Rudolf Otto, 1869~1937)가 신을 직접 만나는 체험을 하는 순간에 인간이 느끼는 '비합리적'(non-rational)이고 초월적인 감정의 특징을 묘사하기 위해 만들어 낸 개념이다. 누미노제는 라틴어 'numen'(누멘) 즉 영혼을 뜻하는 단어에서 파생된 것으로서, 영성의 폭발적인 발현을 의미한다. 인간이 신적 체험을 하는 찰나의 순간에 생겨나는 '신비스런 공포와 경외'가 승화되어 '숭고함'으로 전이될 때 인간이 느낄 수 있는 가장 거룩한 감정이 된다. 이것을 통해 인간이 신이나 신적인 대상에 공감을 느끼고 하나가 되는 '엑스터시'에 도달하게 된다. 이런 극적인 경험이 글로벌 차원의 공동체 의식의 형성을 가져올 수 있다.

이미 제2차 세계대전 이전부터 인류는 항구적인 평화와 세계가 하나가 되는 꿈을 꾸었다. 민주주의가 주요한 국가에서 자리를 잡으면서, 민주 정부가 수행하는 긍정적 역할에 눈길이 갔다. 그 결과 국가를 구성원으로 하는 민주적인 국제 정부를 만들자는 생각이 태동하였다. 이것은 국제정치에서 새로운 각성이고 누미노제였다. 이런 열정과 감동을 현실로 구체화시킨 것이 국제연맹이었다. 그러나 제2차 세계대전의 발발을 막지 못했다는 비판 때문에 잠정적인 침체를 겪었다. 전후 다시 새롭게 열정이 타올라서 보다 강력한 버전인 국제연합으로 재탄생되었다. 유엔은 권력정치가 지배하는 국제관계에서 하나의 위대한 비전이고 꿈이고 혁명이었다.

제2차 세계대전 이후 미국의 구상한 '자유주의 국제질서'에서 자유는 하나의 누미노제와도 같았다. 자유와 민주주의는 열정적인 믿음과 추종의 대상이었다. 많은 나라가 독립을 쟁취하였으며, 자유와 자발적 동의에 기초한 국제질서가 사상 최초로 수립되었다. 주권 존중이 기본이었으며, 어느 나라나 노력만 하면 풍요와 번영의 사다리를 오를 수 있는 기회가 부여되었다. 자유주의 국제질서 속에서 세계는 전례 없는 평화와 번영을 누릴 수 있었다. 이것이 공산주의와의 체제 대결에서 승리를 가져다 준 원동력이었다. 냉전을 종식 이후에 세계는 또다시 새로운 도약의 기회를 맞이하게 되었다.

베를린 장벽이 무너지면서 세계는 새로운 통합과 개방의 시대가 열렸다. 이 과정에서 자유에 대한 각성은 누미노제와 같은 효과를 가졌다. 동독 사람들은 자유의 소중함을 공유하고 국가의 해산 명령을 거부하였다. 7만 명 이상이 '우리가 인민이다!'(We are the people; Wir sind das Volk!)라는 구호를 외쳤다. 그들은 '인민의 공화국'을 표방하지만 정작 인민의 목소리를 묵살해 온 정치 체제에 대해 주체적으로 저항하였다. 베를린 장벽이 무너지고, 이것은 전 동유럽으로 확산되었다. 동독 사람들은 자신들만의 독자적인 정부보다는 통일된 공동체를 선택하였다. 그 결과 확대된 민주국가의 일원으로서 동유럽 전역으로 민주주의를 확산시키는 데 크게 기여하였다.

당시 세계는 '새로운 세계질서' 형성에 대해서 공통적인 열망을 갖고 있었다. 이념이 아닌 보편적인 규범과 규칙에 근거한 세계질서를 꿈꿨다. 미래에 대한 희망과 낙관은 세계화의 급속한 진전이란 형태로 구체화되었다. 지구촌이나 글로벌 공동체란 말이 인구에 회자될 정도였다. 그러나 세계화가 물질세계의 번영과 통합에 버금가는 의식 세계의 통합을 가져오는 데 실패하면서, 세계는 많은 심각한 분열과 대립을 경험하고 말았다. 문명의 충돌과 종교적 갈등이 확산되었다. 선진국과 개도국 사이는 물론이고 모든 국가에서 빈부 격차가 심해졌다. 아울러 환경오염과 인종 갈등 그리고 전쟁도 끊임없이 벌어졌다. 현재는 선진국이 인권과 민주주의의 보편성을 강요하면서, 권위주의 국가들이 집단적으로 반발하고 있는 양상이 벌어지고 있다.

코로나 사태를 계기로 자국 우선주의가 발흥하면서 세계화의 위기가 본격화되었다. 국가의 중요성이 새롭게 부각되면서 나라마다 국익을 앞세우고, 마음에 맞는 나라들끼리 연대하면서, 국제적 협력 분위기가 약화되고 있다. 나라마다 집단주의와 국가주의 경향이 강화되고 있으며, 권위주의 국가들이 국제적으로 약진하면서 서로 단결하는 움직임도 나타나고 있다. 자유로운 국제체제를 악용하는 권위주의 국가들이 변화를 거부하고, 국제질서에 도전하고 있다. 분열적인 체제 경쟁과 대량살상의 전쟁이 벌어지고 있다. 이런 글로벌 위기의 심화는 글로벌 공동체가 발전할 수 있는 기회가 될 수 있다. 자유와 인권의 소중함이 재인식되고 보편성이 두루 인정받을 경우 누멘적인 효과를 가질 수 있을 것이다.

민주주의와 마찬가지로 자유와 인권은 부정하려고 해도 부정할 수가 없다. 신을 만나는 것과 마찬가지로 민주주의는 일단 접촉하게 되면 거부할 수 없는 꿈과 현실이 되어 버린다. 개인들의 근본적인 의식 변화를 가져오기 때문에 강제로 억누른다고 잊히는 것이 아니다. 따라서 자유와 민주주의의 확산은 장기적으로 개별 국가 공동체는 물론이고 글로벌 공동체 차원의 변화를 가져올 수 있다. 칸트에 따르면, 민주주의 확산으로 인해 평화지대가 형성되고 궁극적으로는 세계정부가 신의 역할을 대신해서 갈등을 중재하고 국가에 책임을 물을 수 있게 된다. 이런 현실이 매우 가깝게 다가왔다. 교통 통신 기술의 발달로 인해 글로벌 차원의 직접 민주주의도 가능한 상황이 되었다.

글로벌 공동체는 상위의 정부가 국가들을 강압적으로 통치하는 위계적인 형태가 될 수 없다. 함께 공통의 규범과 규칙 내지 표준을 만들어서 자발적으로 따르도록 하는 것이 바람직할 것이다. 현재 유엔 중심의 글로벌 거버넌스 체제는 미래형 공동체의 원형으로서 가치가 있다. 실천이 문제이고 완성에 더 시간이 필요할 뿐이다. 사람들의 생각과 행동이 글로벌 기준에 부합되도록 하는 노력이 필요하다. 이기심으로 가득 찬 강대국과 자국 우선주의자들이 글로벌 공동체의 완성을 막고 있다. 공동체 의식의 획기적인 발현이 필요하다. 유엔은 인류의 집단적 노력이 맺은 결실이었다. 유엔을 무력화시키는 대안적인 제도를 양산할 것이 아니라, 유엔의 실효성을 제고시키는 방안을 모색하는 것이 현명할 것이다.

3) 글로벌 사랑 나누기

현재 글로벌 차원에서 공동체적 속성이 가장 강한 영역이 경제이다. 세계화로 인해 경제적 상호 의존도가 높아짐에 따라 세계는 하나의 경제공동체로 변모하였다. 물질적 이익의 공유가 공동체 의식의 기반인 셈이다. 규범적 가치를 다루는 인권, 개발, 환경 등과 관련해서도 물질적 이익의 관점에서 접근하고 있다. 협력의 동인은 협력하지 않으면 모두가 다 손해를 보거나 공멸할 수 있다는 두려움이다. 가능하면 적은 비용으로 협력의 효과를 극대화하려고 노력한다. 비용 분담을 둘러싼 갈등과 협상이 그간 국제협력의 가장 중요한 내용이었다. 그러나 이익과 두려움이 추동하는 협력은 진정성이나 지속 가능성이 떨어진다. 주고받는 거래 형식의 국제협력은 약한 외부 충격에 의해서도 인센티브 구조가 바뀌면서 쉽사리 좌초되고 만다.

글로벌 공동체는 협력의 패러다임을 국익 추구에서 사랑 나누기로 근본적으로 전환시켜야 가능해진다. 글로벌 공동체는 이익이나 두려운 감정이 아니라 사랑에 바탕을 둔 공동체가 되어야 한다. 이를 위해서는 글로벌 공동체 차원의 사랑 나누기 활동이 활성화되어야 한다. 앞에서 제시한 글로벌 계약이나 글로벌 누미노제만이 아니라, 구체적인 실천 또한 중요하다. 계약은 이행할 의지가 있어야 하고, 누미노제는 흥분이 가라앉은 이후에 깨달음을 내면화하고 실천하는 노력이 수반되어야 한다. 이미 국제적으로 국가들은 충분히 많은 약속을 했다. 또한 깨달음의 양도 그다지 적지 않다. 그러나 실천 노력이 부족했기 때문에 글로벌 공동체가 아직도 요원하다. 세계는 순조롭게 글로벌 공동체를 향해서 순항하다가 코로나 사태로 인해 세계화가 역전되고, 기후변화 협력의 우선순위가 뒷전으로 밀리는 상황을 맞이하였다. 인간의 의식이 바뀌지 않는 한 지속 가능한 협력은 물론이고 글로벌 공동체 형성 또한 어려울 전망이다.

글로벌 공동체가 지향하는 주요 가치인 평화와 정의는 이익이나 당위뿐만 아니라 마음의 문제이기도 하다. 평화가 소중하고 전쟁이 혐오스럽다는 생각이 공유되어야만 진정한 평화가 가능하다. 마찬가지로 서로를 사랑하는 마음이 견고하게 자리해야 빈곤 탈피나 환경 협력이 가능해질 수 있다. 사람은 이익 때문에 사랑하기도 하고, 감정 때문에 사랑하기도 한다. 그러나 사랑은 인간의 기본적 자질이고 품성이다. 표피적인 사랑은 변덕이 심하지만, 본질적인 사랑은 지속 가능성이 있다. 수양 여하에 따라서는 무한정으로 깊어지고 넓어진다. 이것이 바로 글로벌 공동체의 기반이 되는 사랑이다. 깊고 폭넓은 사랑을 할 줄 아는 마음은 계산을 너그럽게 하고, 상대방을 신뢰하며, 상대방의 입장을 관대하게 배려할 수 있다.

이런 사랑이 충만해야 지속 가능성이 있는 국제협력이 가능해진다. 단순히 법을 제정하거나 세계정부를 만든다고 해서 협력이 가능해지는 것은 아니다. 사랑하는 마음의 공유가 있어야 진지한 대화와 소통이 가능해진다. 서로 차이를 인정하면서 보편성을 증진해 나갈 수 있다. 사랑이 있어야 다양성이 극한으로 흐르지 않도록 인내심을 갖고 대화와 설득을 해 나갈 수 있다. 사랑하는 마음이 있어야 서로 간의 경계가 사라지고 글로벌 관점을 채택할 수도 있게 된다. 이런 의미에서 세계정부의 강제력이 국제협력에 필수적인 것은 아니다. 국가가 사라지고 개별 문화가 세계 문화에 합쳐져야만 협력적 행동이 가능한 것도 아니다. 사랑을 통해서 의식을 공유할 경우 다양한 정부 형태를 갖는 국가들이 공존할 수 있으며, 서로 다른 문화가 유연하게 하나의 공동체를 형성할 수 있다. 사랑하는 마음이 인간을 바꾸고, 국가를 바꾸고, 국가 간 관계도 바꿀 수 있다.

지금까지 글로벌 차원의 협력을 가로막은 가장 큰 장애물은 국가였다. 국가는 안보와 정의 실현이란 문제의 해결책으로 고안되었지만, 안전과 평화와 정의에 대한 가장 큰 위협으로 변하였다. 국가는 관성이 강하기 때문에 사라지기를 강력하게 거부하고 있다. 국가는 정체성의 원천으로서 구성원들의 의식을 울타리 안에 철통같이 가둬놓는다. 국가는 아직도 목숨을 걸고 지켜야 하는 성스러운 존재이다. 국가 의식이란 것을 인위적으로 없앨 수 없다면, 차선책으로 국가 의식이나 국민적 유대를 절대시하거나 혹은 차별의 근거로 삼지 않는 것이 중요하다. 국가 간 상호 다름을 인정한 바탕 위에서 공동체 의식을 가꾸어 나가는 것이 바람직할 것이다. 국가와 글로벌 공동체는 상호 배타적인 개념이 아니다. 공동체 의식이 활성화되면 국가는 하나로 연결된 글로벌 공동체 속에 자연스럽게 존재하게 된다.

유엔은 세계를 하나의 단위로 운영하려는 노력의 본격적인 시작이었다. 글로벌 차원의 공동체 의식의 발현이었다. 그러나 씨앗은 뿌려졌지만, 아직 꽃이 만개하지 못한 상태이다. 물과 자양분의 공급이 더 필요한 상황이다. 시간이 많은 문제를 해결해 줄 것이다. 그렇지만 국가 간 공동체적 협력이 더욱 증진되어야 할 것이다. 현재 유엔은 200여 개 이상의 회원국으로 구성된 글로벌 공동체로서, 국가와 글로벌 공동체 사이의 공존 가능성을 보여 주고 있다. 지금까지 유엔의 역사는 인류의 영혼이란 순수한 잠재적인 모습과 현실 속의 속된 자아와 같은 모습 간의 대립과 투쟁 무대였다. 회원국 정부는 대체로 자신의 이기적 이익에 따라서 행동하지만, 때로는 인간의 고통을 덜어 주기 위한 숭고한 목표를 달성하기 위해 앞장섰다. 기아를 구제하고 채무를 탕감해주며, 여성과 어린이들의 권리를 보장하고, 인종청소와 기후변화에 대처하기 위해 공동 행동에 나섰다. 충분치는 않더라도 인류의 영혼으로서 나름대로 역할을 하였다.

이런 점에서 볼 때 국가 공동체와 글로벌 공동체가 본질적으로 달라야 할 논리적 필연성은 없다. 자발적이고 민주적인 절차에 따라서 공공선을 구현해야 한다는 점에서 모든 공동체는 동일하다. 그리고 유엔과 같은 글로벌 공동체의 원형은 국가의 적극적인 공헌이 있어야 현실에서 구현될 수 있다. 이를 위해서는 국가의 전통적인 역할이 새롭게 변해야 할 것이다.

근대적인 국제관계는 국가 중심적이었다. 개별 국가가 주도해서 '산업혁명 → 국력 향상 → 국제 협력 → 세계화와 세계평화'에 이르는 경로를 밟아 발전해 왔다. 이것은 자유주의나 신자유주의 모델이 상정한 세계 통합과 세계평화를 성취하는 방식이었다. 그렇지만 배타적인 국익 추구로 인해 국제적으로 갈등이 고조되고, 국내·외적으로 분쟁 해결 비용이 기하급수적으로 증가

하였다. 향후 국가는 자신의 생존을 위해서라도 배타적인 경쟁이나 국익 추구보다는, 사랑 나누기에 보다 적극적으로 나서야 한다. 가까운 장래에 사랑의 결핍이 가져올 부정적 효과는 엄청나게 커질 것이다. 이 경우 국가는 사랑의 전파자로서 새롭게 자리매김을 할 수 있을 것이다. 그러면 '갈등 고조→국가적 위기→사랑의 전파→글로벌 공동체'라는 새로운 길이 열릴 수 있다. 지금까지 국가는 글로벌 공동체로 가는 길에 있어서 장애물이었지만, 향후 국가는 평화적인 분쟁 해결과 사랑에 바탕을 둔 글로벌 공동체 형성에 크게 기여할 것으로 예상된다. 사랑은 국가의 무형 자산으로서 국력의 중요한 원천이 될 것이다.

글로벌 공동체는 글로벌 문제에 대한 공동체적 해결책을 모색하는 과정에서 현실화될 것이다. 구성원 모두가 글로벌 관점에서 총체적으로 지구가 처한 상황을 인식하고, 자발적으로 공동체적 사랑을 실천하고 나서야 가능할 것이다. 글로벌 공동체는 단일한 하나의 공룡같이 거대한 조직이 아니다. 취미나 사명감을 공유하는 수없이 많은 작은 공동체들의 조밀한 연합과 연대로 이루어진다. 그 속에서 수많은 개인과 집단들이 소중한 역할을 수행한다. 의식은 글로벌 차원에서 공유하고, 실천은 개인이 로컬 차원에서 수행하는 것이 글로벌 공동체이다. 개인과 비정부기구(NGO)가 글로벌 사랑 나누기를 주도하고, 국가나 국제기구가 후원하는 형태가 될 것이다. 선량한 시민이 중심이 되어, 대화와 소통을 통해서 의식을 공유하고, 자발적인 참여와 실천을 통해서 점진적으로 세상을 바꿔나가는 것이 공동체적 접근법이다.

초기 그리스도교 저명한 신학자이자 철학자인 아우구스티누스(Augustine, 354~430)는 "인간을 가장 아름답게 만드는 것이 사랑이다"라고 언급한 바 있다. 그에게 사랑은 단순한 감정이나 정서적 정향을 넘어서는, 인간의 본성이자 자연스러운 상태이다. 사랑은 인간의 영혼에서 진수를 발견할 수 있다. 사랑은 바로 진선미를 추구하는 영혼의 기본 속성이다. 사랑으로 인해 인간은 아름다운 욕구를 갖고, 강인한 의지로서, 선한 목표를 추구할 수 있다. 사랑은 기본적으로 신과 자아에 대한 것이지만, 자아를 내려놓으면 신뿐만 아니라 인류 모두를 사랑할 수 있게 된다. 공동체적 사랑이 실현되기 위해서는 열린 마음과 열린 의식이 필수적이다. 진정한 공동체적 사랑이 가능하기 위해서는 정치적·문화적 차이를 인정하고, 서로를 포용하고 수용하는 자세가 요구된다. 빈국과 부국이 서로 사랑하고, 좌우가 서로 존중하고, 하늘과 인간이 서로 존재를 인정하고, 배움과 실천이 적절하게 균형 잡혀야 바람직한 공동체적 협력이다.

사람이 깨달음을 얻고 참회해서 새롭게 태어나면, 종교적이지 않고 영성적으로 변한다. 마음이 열리고 겸손해지고 사랑이 충만해지게 된다. 종교적인 사람은 특단의 노력을 하지 않으면, 대개는 마음이 닫히고 고집이 세지며 오히려 미움이 커진다. 이념도 마찬가지로 마음을 닫게 만들고 자기만이 옳다는 아집을 만들어 낸다. 잘못된 관행을 고치려 하지 않고, 그저 핑계와 변명만 찾으려 한다. 우리가 진정한 사랑을 실천하기 위해서는 자아를 낮추고, 의식과 영혼을 자유롭게 해야 한다.

글로벌 공동체 내에서는 모두가 사랑을 적극적으로 실천해야 한다. 부자 나라가 사랑을 시혜적으로 제공하고 가난한 나라는 당연하게 사랑을 받기만 해서는 빈곤, 개발, 환경, 인권 등 제반 난제들이 해결될 수 없다. 빈곤은 기본적으로 사랑이 빈곤해서 생기는 문제이다. 돈만으로 해결책이 찾아질 수는 없음은 지금까지 국제 원조나 개발 협력의 역사가 잘 보여 준다. 수혜자도 스스로를 사랑하고, 자기 이웃을 사랑하며, 사랑으로 세계에 기여하려는 마음을 자발적으로 내야 한다. 원조의 공여자와 수혜자가 사랑에 바탕을 두고 서로 긴밀하게 협력해야 의미 있는 결과가 도출될 수 있다. 이런 의미에서 마음이 빈곤하고 사랑이 빈곤하면, 물질적 빈곤으로부터 탈피할 수 없다.

환경 문제 또한 지금까지 이익 관점에서만 접근하였다. 돈으로 문제를 해결하려고만 했으며, 책임 소재 규명과 비용 분담 문제가 국제적 환경 협력의 중심이었다. 당연한 귀결로 국가마다 책임 회피와 비용 분담 줄이기에 혈안이었고, 협력은 난항을 겪었다. 이 과정에서 선진국의 인색함과 개도국의 뻔뻔함이 적나라하게 노출되었다. 원만한 문제 해결을 위해서는 선진국의 통 큰 양보만이 아니라 쌍방향적 사랑이 필요하다. 선진국에 대해서 분노와 불만을 표출하고, 원조 수혜를 당연한 권리로 취급하면서, 사랑과 신뢰에 바탕을 둔 공조 노력을 적극적으로 하지 않으면 해결이 요원해질 수밖에 없다. 현재 환경 관련 국제 원조마저 정치적 이해관계나 전략적 고려가 중요하게 작용한다. 그 결과 부패한 정권이 이득을 보고 협력의 실효성이 떨어지는 사태가 벌어졌다.

국제관계를 근본적으로 변화시키고 글로벌 공동체를 앞당겨서 실현하기 위해서는 마음속 깊은 곳으로부터 사랑이란 미덕을 캐내서 적극적으로 활용해야 한다. 이익은 물질이고, 두려움은 감정이지만, 사랑은 인간에게 내재된 좋은 품성이다. 이런 품성이 일상적인 관계 속에서 최대한 발휘될 수 있어야, 상호 신뢰에 바탕을 둔 공동체적 삶이 가능해진다. 사랑은 영혼의 기본 속성이며, 영성이 바로 사랑이다. 사랑이 있어야 영혼을 느낄 수 있으며, 영혼을 느껴야 사랑이 샘솟게 된다. 사랑의 부족이 불신과 두려움을 가져오고, 이에 따라 갈등이 증폭되고 협력은 더욱 어려워진다. 반대로 사랑이 넘치면 상대에 대한 이해의 폭이 넓어지고, 관대해지고, 서로 신뢰할 수 있게 된다. 이런 논리에 따르면 글로벌 공동체는 사랑과 영성이 충만해야만 가능해질 수 있다.

VII

영성과 글로벌 공동체

1. 영혼에 대한 심화 탐구

1) 영혼의 구성요소

눈에 보이지 않는 '형이상학적' 세계에 관한 지존은 플라톤이다. 저명한 수학자이자 철학자인 화이트헤드(Whitehead, 1861~1947)는 "서양 철학은 플라톤의 각주에 불과하다"는 유명한 문구를 남긴 적이 있다. 영혼에 대한 학문적 업적 또한 예외가 아니다. 그만큼 플라톤의 영혼에 대한 연구는 탁월하다. 플라톤의 『대화』 편에 나오는 영혼에 대한 언급이 자주 등장한다. 소크라테스가 주요 등장인물이기 때문에 누구의 말인지 구분 불가능한 측면이 있다. 그렇지만 양자의 견해가 거의 유사하다고 봐도 무방할 것이다. 플라톤은 일반 사람들이 믿고 있는 영혼에 대해서 철학적인 탐구를 하였다. 그리스 철학에서 영혼은 숨 혹은 프시케(psyche)이며, 생명을 의미한다. 플라톤은 사람은 죽지만 영혼은 계속 살고 육체 속으로 계속 다시 부활한다고 보았다. 영혼이 주인이고, 영혼이 육체를 조정한다. 영혼이 육체의 노예가 되면, 쾌락만을 추구하게 된다. 영혼이 육신을 잘 인도해야 한다.

플라톤에게 인간 행동의 근원은 영혼이다. 영혼은 독립된 실체이다. 영혼은 하나의 같은 신성에서 도출된 진(truth), 선(goodness), 미(beauty)를 추구하면서 스스로를 정화해 나가며, 신성과의 합일을 통해 완성에 이른다. 이런 목적은 육체로부터 영혼을 해방시키는 죽음을 통해서 달성한다. 플라톤은 인간의 영혼이란 육체와는 달리 스스로 움직이는 것으로, 육체는 죽음이 있지만 영혼은 시작도 끝도 없다고 말한다. 영과 육은 일시적인 결합이며, 결국 영혼은 육체와 분리되어, 진리와 이데아의 세계인 천상에까지 도달한다. 이 영혼을 세 부분으로 나누는데, 이성(reason), 기개(spirit) 그리고 욕망(desire)이다.

이를 현대적으로 해석하면 이성은 지성과 대동소이하고, 기개에서 의지와 용기가 나오는 것으로 볼 수 있으며, 욕망은 마음에서 나오기 때문에 잘 절제하고 다스려서 좋은 마음 상태를 유지해야 한다. 이들 세 부분이 균형을 이루는 것이 바람직하다. 그러나 한 부분이 특별히 뛰어난 사람도 있다. 그것이 전공이 되고 직업을 결정한다. 현재 세상에서 세 요소 중 가장 뒤처지는 것이 마음이다. 아름다운 성품이나 사랑의 부족이 가장 심각한 문제이다. 개별적으로 차이는 있지만, 지력과 의지는 대개의 인간이 전반적으로 충분히 갖고 있다. 그러나 마음은 더 많은 진화와 발전이 필요하다. 영혼의 성숙이 개인이나 세상의 평화와 안정 그리고 질서가 유지되기 위해 중요한 관건이다.

진선미가 완성된 상태가 바로 신적인 경지이다. 전지·전능·전재한 경지에 이를 수 있다. 마음을 닦고, 의지를 갈고, 지력을 갖추게 됨에 따라 자아는 점차 완성되어 간다. 내재된 영혼을 충분하게 잘 쓰면 서로 조화롭게 살 수 있다. 전체와 하나가 될 수가 있기도 하고, 세상 이치를 잘 깨닫고 실천하는 삶을 살 수도 있다. 영혼의 세 요소가 갖는 각각의 속성을 정리하면 <표 2>와 같다.

〈표 2〉 영혼의 세 구성요소

	의지(will)	정서(emotion)	지력/지성(intellect)
지향점	목적(purpose)	사랑(love)	빛(light)
속성	세기(강약) 방향(선악)	깊이, 균형, 조화	총명함, 지혜, 지력
활동 장소	심장(heart)	가슴(mind)	두뇌(brain)
능력	에너지, 기운, 내공	사랑, 배려, 개방성	사고력, 이해력, 통찰력, 직관력
직업	정치가, 주창자, 군인	예술가, 종교인, 치유자, 교육자	과학자, 철학자, 학자
궁극적 상태	선(goodness)	미(beauty)	진(truth)
최고 단계	omnipotent(전능)	omnipresent(전재)	omniscient(전지)

앞서 살펴본 바와 같이 인간의 영혼은 개별화된 의식이다. 인간의 의식과 영혼이 소프트웨어라면 몸은 하드웨어이다. 인간들 사이에는 하드웨어적 차이는 별로 없다. 머리가 좋니 나쁘니 이야기하지만 호모사피엔스 사이의 지능 차이는 크지 않다. 인간 사이의 능력 차이는 대체로 장착된 영혼의 자질이나 성숙 정도의 차이에서 기인한다. 영혼의 능력 차이는 수행 정도에 따라서 엄청나게 클 수 있다. 따라서 수준 높은 사고와 행동을 위해서는 충동이나 말초적인 감정보다는 깊숙한 곳에서 작용하는 영혼을 가급적 많이 활용할 필요가 있다. 영혼은 수양을 통해서 끊임없이 성숙하고 진화한다.

영혼은 육신에 들어오면 대개 육신의 모습을 한다. 육신을 떠나서도 오랫동안 육체의 모습을 띤다. 그러다가 점차 윤곽이 희미해지고, 빛으로 남게 된다. 수행 정도에 따라서 빛의 색깔과 강도가 다르다. 영혼을 정화시키고 성숙시켜야 빛이 환하게 난다. 육신의 감각과 두뇌는 표피적인 의식을 만들어 낸다. 깊은 의식은 영혼이 만든다. 진선미 중에서 진이 수준이 가장 높다. 모든 것은 진리를 지향한다. 진리보다 상위에는 완전한 하나의 세계, 절대적 고요의 세계, 절대적 지성의 세계가 존재한다. 위계가 있다고 해서 위계적이지는 않다. 모든 내면의 가치가 다 소중하고 또 조화를 이뤄야 한다.

영혼은 또한 기 혹은 에너지의 결집체로 볼 수 있다. 대체적으로 에너지나 기운의 강도와 안정감으로 등급을 측정할 수 있다. 기운이 무조건 강하다고 높은 등급인 것은 아니다. 기운을 잘 다스려야 성숙한 영혼이다. 따라서 기운이 세면서 안정적인 것이 등급이 높은 영혼이다. 바위 돌로 비유하면, 크고 단단한 바윗돌과 같은 영혼이 등급이 높다. 기체조를 통해서 기운만 키운다고 영혼의 등급이 높아지는 것은 아니다. 안정적으로 다스리는 능력이 있어야 한다. 이것은 육체미를 많이 해서 근육만 키운다고 건강한 몸이 아닌 것과 같다. 여기에 건강한 마음은 물론이고 다양한 요소가 작용해서 건강을 증진시킨다.

사람들의 육체와 영혼에는 사이클이 있다. 육신이 급속히 성숙하는 사춘기를 겪고, 정신이 성숙하는 힘겨운 젊은 시절을 지나서, 멋진 중년으로서 사회생활을 하다가, 점차 육신은 노쇠하지만 영성은 강해지는 단계에 접어든다. 자아 내에서 육신의 논리가 강해지면 자아의식이 강해진다. 자신의 욕구만 생각하고 감각적인 즐거움을 찾게 된다. 감각에 과도하게 의존해서 판단을 내린다. 그럴 경우 양심의 소리가 잘 들리지 않고, 영혼의 존재도 잘 느끼지 못하게 된다. 그렇지만 때로는 자아가 사라지고 무한한 사랑이 느껴지면서 주위와 일체감을 느끼는 순간을 경험하기도 한다. 어느 순간에는 빨간 불에도 길을 건너다가, 어느 순간에는 아무것도 없어도 파란불이 켜질 때까지 기다리는 자신을 본다.

자신 속에 두 개의 상이한 존재가 함께 살고 있는 것을 느낀다. 어느 한쪽을 부정하기보다는 양자 간의 조화를 잘 이루는 것이 중요하다. 이처럼 자아에는 육신과 영혼의 균형이란 난제가 주어져 있다. 성숙한 영혼은 육신과의 균형을 잘 잡는다. 성숙한 영혼일수록 육신과의 조화가 뛰어나다. 육신을 억누르기만 하는 것이 아니라 능수능란하게 잘 운전한다. 영혼이 너무 자아를 휘두르려고 하면, 현실 생활이 어려워진다. 육신의 논리가 너무 강하면 감각적이고 물질의 노예가 될 수 있다. 성숙한 영혼은 자신의 기운만 내세우질 않고 육신과의 조화를 이룬다. 요리를 하되 원재료의 맛을 가장 잘 살리면서 하는 요리사와 같다.

육신의 감각이나 자아의식에 너무 의존하면 영혼이 성숙할 기회가 적다. 감각과 육신의 소리를 낮추고, 영혼의 소리를 자주 들으려 노력해야 한다. 육신에 갇혀서 고통을 받을 영혼에 대한 배려를 할 줄 알아야 한다. 양심의 소리에 항상 귀를 기울여야 한다. 사랑과 협동을 통해서 영혼에게 만족하고 성장할 수 있는 기회를 충분히 제공해야 한다. 배움은 누구에게나 얻을 수 있다. 영혼은 배움을 통해 진리에 다가가려는 내재적인 성향을 갖는다. 오만함이나 배움을 거부하는 마음은 자아의 소산이다. 배울 게 있으면 흔쾌히 배우고, 보다 나은 사람은 기꺼이 인정하라는 것이 영혼의 소리이다. 게으름 피우고 꾀를 부리면 육신의 소리를, 궂은 일이나 힘든 일을 자청하고 나서면 영혼의 소리를 듣는 것이다.

2) 자동차와 운전자의 비유

이원론(mind-body)에 따르면 인간은 육신과 영혼으로 구성되어 있다. 양자 사이의 결합 관계는 자아에 달려 있다. 자아가 양자 사이의 관계를 잘 조정할 경우 유기적인 결합도가 높아질 것이다. 그렇지 못한 경우에는 양자 사이의 관계가 상호 억압적이 될 것이다. 육신이 영혼을 자유롭게 하고, 영혼이 육신을 멋대로 지배하지 않는 관계가 바람직하다. 도구를 사용하는 아이스하키, 야구, 테니스 같은 운동에 비유할 수 있다. 진정한 고수는 스틱이나 방망이 혹은 라켓을 몸의 일부처럼 자연스럽게 활용한다. 서로 별개로 존재이지만 하나인 것처럼 유기적으로 움직이는 것이

고도로 발전된 육신과 영혼 사이의 관계이다.

우리는 자아를 한 대의 움직이는 자동차로 볼 수 있다. 영혼과 육신은 각각 운전자와 자동차이다. 자아처럼 길거리에는 많은 차들이 있고, 모두 다 개성이 있다. 속도나 움직이는 모양이 다 다르다. 사용하는 목적도 다르고 목적지도 다르다. 운전자와 자동차는 인연이 되어 서로 만나서 수명이 다할 때까지 함께 한다. 그리고 필요하면 다시 새로운 자동차를 구입한다. 자동차의 발전 수준이 낮을 때는 운전자의 역할이 중요했지만, 자동차가 발달함에 따라 운전자의 역할이 줄어든다. 최근에는 자동차의 성능이 좋아져서 운전자 없이도 움직이는 자동차까지 등장하고 있다. 로봇과 인공지능이 인간을 대체하는 시대가 오고 있다. 영혼에는 위기의 시대이다. 그렇지만 고도로 진화한 비행기나 고속철도에도 운전자가 필요한 것을 보면 괜한 기우일 수도 있다. 오히려 자신의 존재 가치를 보여 줄 수 있는 운전자가 능력을 인정받는 세상이 도래할 수도 있다.

자동차를 버거워하는 운전자도 있고, 능수능란하게 조종하는 운전자도 있다. 자동차를 함부로 대하는 운전자도 있지만, 거꾸로 신주 받들 듯이 하면서 상처라도 하나 날까 봐 안달복달하는 사람도 있다. 자동차는 움직이기만 하면 된다는 사람이 있지만, 색깔이며 디자인이며 성능이며 별나게 까다로운 사람들이 있다. 그렇지만 자동차는 자동차일 뿐이다. 성능이 아무리 좋아도 하늘을 날지는 못한다. 운전 시 남을 배려하고, 미리 사고를 방지하기 위해서 주의를 기울이고, 신호도 잘 넣고, 새치기하지 않는 운전자가 있다. 반면에 정반대의 엉터리 운전자들도 있다. 운전 문화나 수준도 나라마다 다르다. 질서와 규범을 잘 지키고 남을 배려하는 나라가 있는 반면에 자기만 생각하고 질서나 규범을 안 지키는 나라도 있다. 운전 문화가 높은 수준인 곳에서 운전을 하면 즐겁지만 운전 자체가 지옥인 나라도 있다. 인간 세상도 별반 다르지 않다.

자동차 운이란 것도 있다. 멀쩡한 새 차를 샀는데 고장이 자주 경우가 있다. 영혼과 육체의 만남은 시승하지 않고 만나기에 운이 더 많이 작용할 수 있다. 그래서 불만인 사람도 많다. 사고 가능성이나 수명 등과 같은 차량의 운명은 자동차 제조사나 운전자의 과거 기록을 보면 대충은 알 수 있다. 어느 회사에서 어느 해에 만든 어떤 모델의 자동차가 어느 정도의 성능이나 수명을 갖는지 데이터 분석을 할 수 있다. 운전자의 기질이나 과거를 보면 운전 스타일이나 사고 가능성을 예측할 수 있다. 이것이 인간의 운명을 보는 역술에 해당한다. 그러나 원체 불확실성이 크고 변수도 많기 때문에 너무 과신할 일은 아니다. 아무리 엄밀하게 분석해도 매일매일 도로상에서 일어날 일을 예측할 수는 없다. 그렇지만 운전자가 운전 연습을 잘하고 남을 배려하는 자세로 조심스럽게 운전하면 큰 탈이 없다.

가장 중요한 일은 다른 차들과 좋은 관계를 맺는 것이다. 항상 질서와 규범을 잘 지키고, 다른 차를 우선적으로 배려하면서, 좋은 목적을 위해서 차를 잘 활용해야 한다. 인간이 육신을 잘 활용해서 삶의 목적을 달성하고, 즐거움과 보람을 느껴야 하는 것과 마찬가지다. 운전을 통해서 욕을 배우기도 하지만, 인생을 배우고 마음 수양을 할 수도 있다. 운전 규칙을 잘 지키고, 주의 의무를 다해서 사고를 예방하고, 다른 운전자를 배려해서 좋은 교통문화를 만들어 내는 것이 바람직하다. 최고의 단계는 모든 운전자가 운전을 행복하게 느끼는 것이다. 마찬가지로 인간들도 함께 노력하면 성숙한 공동체를 만들어 나갈 수 있다.

3) 영혼과 윤회

플라톤은 영혼이 여러 번 태어나고, 인간뿐 아니라 동물로도 변신하며, 전생에서 현생, 내세로 연결된다고 보았다. 서양에서는 환생에 대한 믿음이 존재하였다. 피타고라스는 물론이고, 「아이네이스」(Aenes)란 위대한 로마 서사시를 쓴 버질(Virgil, BC 70~19)도 윤회를 언급하였다. 플라톤에 따르면 인간의 육체가 죽으면, 영혼은 육체와 분리되어 하늘에 오른다. 가장 고상하고 완전한 영혼들은 이데아의 세계에 머물고, 타락한 영혼은 육체에 깃들어 환생한다. 얼마나 영원한 진리와 이데아를 많이 경험했는지 여하에 따라 다른 육체에 다시 자리 잡게 될 때 지위나 신분이 결정된다. 사람들의 삶을 다람쥐가 쳇바퀴 돌리듯 하다는 표현을 많이 쓴다. 열심히 발버둥 치지만 그 자리에서 계속 바퀴를 돌리는데 불과하다는 의미이다. 과연 우리들의 삶의 목적이 무엇이기에 윤회를 하면서까지 삶을 반복하는 것일까?

상기의 자동차 비유에 따르면, 윤회는 낡은 차를 버리고 새 차를 마련하는 것과 다르지 않다. 자동차가 수명이 다하면 새로운 차를 사면 될 일이다. 옛날 차가 좋다고 영원히 타겠다고 우기는 것은 집착일 뿐이다. 자동차를 운전하면서 매일 아침 미스터 '포드'에게 자동차를 발명해 줘서 고맙다고 감사 인사를 하는 것은 너무 고지식하다. 그저 자동차를 잘 관리하고 조심스럽게 운전을 잘하면 될 일이다. 명심할 것은 자동차는 자동차일 뿐이란 점이다. 차가 주인인지 내가 주인인지 모를 정도가 되면 곤란하다. 차가 오래되면 당연히 상태가 나빠진다. 덜거덕 소리가 난다고 곧 멈추는 것은 아니다. 차가 수명을 다하면 저축한 돈에 맞게 새로운 차를 구입하면 된다.

영계를 연구하는 사람들은 보통 영계의 시간과 지구상의 시간이 다르다고 한다. 영계의 시간은 시간을 느낄 수 없을 정도로 천천히 흐르는 반면, 지구상의 시간은 촌각을 다투면서 살아야 할 정도로 빠르게 흐른다. 마치 팽이를 돌리면 팽이 입장에서 보면 시간이 매우 빠르게 흐르는 것처럼. 그런 팽이 위에서 떨어지지 않으려고 버둥대면서 사는 것이 우리들의 인생이다. 이렇게 시간이 압축된 공간에서 사는 것은 특별한 의미가 있다. 변화가 많기 때문에 경험과 배움도 많을 수 있다. 새로운 깨달음을 즉각 실천할 수도 있으며, 효과도 신속하게 나타난다. '끌림의 법칙'(law of attraction)에 따라서 즉각적인 반응이 온다. 좋은 마음을 내면, 좋은 마음으로 돌아온다. 배워야 할 동기부여가 잘 된다. 반면에 영계는 변화가 없는 세상이다. 시간의 흐름을 느낄 수가 없는 세상이다. 따라서 새로운 경험이나 학습을 하는 데 제약이 클 수밖에 없다.

지구상의 삶은 물질적 희소성 때문에 갈등도 많고 머리를 짜내야 생존이 가능하다. 따라서 배울 것이 많다. 그러나 영혼 세계는 물질적 제약이 없는 세계이기 때문에 원리만 있으면 모든 것을 만들 수 있다. 지구상에서는 적절한 소재(material)를 개발하는 것이 물질문명의 발달에 관건으로 작용한다. 그렇지만 영계에는 오래전부터 3D 프린터가 존재했던 셈이다. 소재 제약이 없이 아이디어만 있으면 어떤 것도 만들어 낼 수 있다. 플라톤은 이미 오래전에 '이데아' 세계의 전모를 파악한 바 있다. 관념이 물질을 만들어 내는 것이다. 성경에 나오는 "하늘 아래 새로운 것이 없다"는 구절은 바로 이런 사실을 잘 보여 준다. 물질의 제약을 받지 않기 때문에 영계에서는 물질과 관련된 새로운 지식이나 경험이 생겨날 수가 없고, 의미 있는 변화나 기술 진보가 거의 불가능하다. 반면에 세속 세계는 변화가 빠르고 물질적 제약이 크기 때문에 영혼의 입장에서 배울 것이 많다.

따라서 영혼들은 지구로의 여정을 반복할 인센티브가 있다. 지구는 영혼들에게 배움을 통해서 성숙할 수 있는 훌륭한 전지훈련장이다. 전지훈련이라고 하면 엘리트 운동선수들이 무슨 금메달 따기 위해 평소 훈련하던 곳을 떠나 새로운 장소에서 집중적으로 훈련하는 모습이 떠오를 것이다. 많은 사람들은 유격 훈련을 통해서 보다 군인다워지듯이 인생을 유격 훈련처럼 산다. 고생을 통해서 영혼이 배우고 성숙한다. 우린 고생 중에도 인생을 담담하게 관조하면서, 남에게 도움을 주고, 유유자적 살아가는 사람들을 본다. 진정한 인생의 우등생이다. 이런 관점에서 보면, 인생이 너무 쉬우면 배울 게 없다. 인간들이 좋은 세상 만들겠다고 노력하는 것은 어찌 보면 유격훈련장을 놀이공원으로 만들려고 시도하는 셈이다. 세상이 항상 말세였던 것은 바로 기능이 유격훈련장이었기 때문일 지도 모른다.

그렇지만 사는 재미도 중요하기 때문에 유격 훈련보다는 수학여행이 더 좋을 듯하다. 놀면서 배우는 개념이다. 수학여행이 너무 짧다면 비교적 시간이 많이 걸리는 외국 유학이 더 적절할 수 있다. 필자가 직업이 교수인지라 교육 측면을 지나치게 강조하는 감이 있지만, 관광 여행도 나쁘지 않은 비유가 될 수 있다.

인생을 여행처럼 잘 즐기면서도 많이 배우는 사람들도 있을 터이다. 만일 수학여행이나 유학을 떠난 것이라면 열심히 배우고 공부해서 새로운 지식을 습득하고 인생 경험도 많이 하는 것이 바람직할 것이다. 그러나 자신이 왜 이 땅에 왔는지 모르는 듯 인생을 사는 사람도 많다. 그냥 게으름 피우고 세월을 낭비한다. 죽을 때가 다 되어서야 사태의 심각성을 깨닫고, 이 세상에 다시 오고 싶다고 애걸복걸한다. 그러나 세월이 하도 빨리 흐르기 때문에 틈틈이 공부하지 않으면 배우기 힘든 것이 인생이다.

자식에게 많이 배워오라고 유학을 보냈는데 매일 전화통에 매달려 부모님만 찾는 것도 문제이다. 부모 입장에서 처음에는 안부 전화도 하고 아주 기특하다는 생각이 들 것이다. 그러나 하루 이틀도 아니고 허구한 날 부모만 찾아대면 부아가 치밀 수 있다. 사람 되라고 유학을 보냈는데 언제 사람이 될까 걱정이 오히려 클 수 있다. 외국 유학이 당연히 힘들고 어려운 것인데, 허구한 날 잘 되게 해달라고 애원할 경우, 매를 벌게 될 수가 있다. 유학 중에는 차분하게 부모님을 잊고 공부에 매진하는 것이 좋다. 효도는 나중에 돌아가서 해도 늦지 않다. 공부만 열심히 한다면 설사 전화를 자주 하지 않았더라도 괜찮을 것이다. 자주 전화 안 하면 부모님이 삐질 것이라고 생각하는 것은 부모님을 정말로 하찮게 만드는 것이다. 부모님께 전화를 자주 해야 유산 상속받는 데 유리하다고 생각하는 것은 정말로 나쁜 마음이다. 신의 마음은 이런 부모의 마음과 크게 다르지 않을 것이다.

영혼이 윤회한다고 해서 내가 영원히 사는 것은 아니다. 육신은 죽음과 함께 사라지기 때문에 윤회를 통해 나의 연속성이 유지되는 것은 아니다. 그러나 영혼의 관점에서 보면 연속성이 없지는 않을 것이다. 영혼은 모든 경험을 기억 속에 담아 저장해서 돌아갔기 때문이다. 따라서 영혼이 새로운 몸속으로 환생될 경우 어느 정도 연속성은 존재할 수도 있다. 그렇지만 사후 영혼의 교육 과정 속에서 감정과 생각이 정화되어 사라지기 때문에 연속성은 크게 떨어진다. 영혼은 기억이 아니라 의지, 정서 그리고 지적 능력의 형태로 전승된다. 이런 의미에서 영혼은 공공재와 같다. 나의 전유물이 아니라, 새로운 육신들이 다시 사용해야 할 공공재인 셈이다. 잘 쓰고 좋게 가다듬어서 내려올 때보다 성숙된 상태로 돌려보내는 것이 바람직하다.

윤회와 관련해서 가장 심각한 병리적 현상이 바로 전생의 한풀이가 목적인 경우이다. 새롭게 인생을 사는 영혼은 겸허하게 배우려는 자세를 갖는 것이 바람직하다. 그러나 경우에 따라서는 한을 쉽게 품고 한을 애써 풀려고 사는 사람들을 본다. 인생은 배우고 경험하고 즐기면서 살기에도 시간이 모자란다. 복수가 복수를 불러일으키듯, 한풀이는 새로운 한을 만들고 끝나기 마련이다. 어떤 영혼이 과거에 못 생겨서 엄청 구박받고 살았기 때문에 한이 맺혔다고 치자. 간청 끝에 미모를 잘 다스릴 능력도 없이 빼어난 미모를 타고난 경우 비극적 결말이 기다릴 가능성이 크다. 미모로 세상을 아름답게 만들어야 하는데도, 미모를 비윤리적 방식으로 활용하다가, 스캔들로 인해 세상만 시끄럽게 하다가 생이 끝날 수 있다. '미인박명'(美人薄命)은 바로 이런 경우를 두고 하는 말이다. 돈이나 감투 또한 마찬가지다. 두루 세상을 이롭게 하는 목적으로 쓰지 않을 경우, 재앙으로 끝나고 마는 것이 일반적이다.

다른 경우는 영혼의 자연스러운 순환을 거부하는 현상이다. 죽어서 영계로 당연히 귀환해야 함에도 계속 남아서 현실에 관여하려는 것이다. 본질은 억울하고 마음이 상해서 못 떠나겠다고 고집 부리는 것이다. 이 경우 중간에서 누군가가 소통을 도와주면 해결될 수 있다. 그러나 이 과정에서 큰돈을 요구하기 때문에 문제가 된다. 실제로는 그렇게 많은 돈이 개입될 만한 사안이 아니다. 당사자가 직접 진정성을 보이면 간단하게 풀릴 수 있다. 진심을 담아서 참회하면, 영가는 귀신(?) 같이 쉽게 알아먹는다. 참회하는 맘도 없이 영매를 사서 재를 한번 지낸다고 한이 풀릴 리는 없다. 근본도 모를 영매가 떠나라 한다고 떠날 일도 아니다. 인간이 마음을 열지 않기 때문에 소통이 안 되지, 영혼들이 소통 능력이 없어서 문제는 아니다. 한풀이 문제가 많이 발생하는 것은 사람들이 죽음에 대해 적절한 학습을 하지 않고 죽기 때문이다. 윤회의 이치를 이해하면, 현생에 대해서 한을 가질 일이 별로 없다. 윤회 과정 속에서 선업을 쌓으면 간단하게 해결될 일이다.

또 다른 경우는 인연을 너무 특별하게 취급하는 일이다. 불교적 사고방식에 따르면 세계에 존재하는 일체의 사물은 각각의 인연이 합해져 만들어지는 것으로, 윤회 과정 속에서 원인이 제공되었기에 생겨난다고 본다. 사람들은 전생의 인연 하면 아주 대단한 것으로 취급한다. 따라서 인연이 좀 닿는 것 같으면 유별나게 잘해 주려고 한다. 반면에 인연이 닿지 않는 상대는 막 대해도 괜찮다고 생각한다. 그러나 우연히 발생한 많은 일들을 인연의 결과물로 지나치게 중시하는 것은 문제이다. 대학교에 있으면서 매년 보는 것이 대학 동기생이란 인연이다. 다들 무엇인가 대단한 것처럼 생각한다. 그렇지만 동기가 아닌 친구들도 동기처럼 대하는 것이 바람직하다. 혈연, 학연, 지연 등은 차별을 낳기 때문에 세상 보는 눈이 곱지 않다. 영혼의 순환 과정을 보면 모든 영혼이나 사람들의 마음이 하나로 연결되어 있다는 것을 알 수 있다. 이런 관점에서 보면 인연이란 그렇게 대단한 것이 아니다. 인연이 닿지 않은 사람들도 인연 닿는 사람과 마찬가지로 소중히 여기는 것이 바로 윤회의 진정한 의미를 아는 마음이다.

윤회에는 훨씬 고차원적인 목적이 있을 수 있다. 그것은 바로 마스터(master) 영혼이 되어 신의 대리인으로서 소임을 다하는 것이다. 이 경우 인간 세상은 신을 양성하는 사관학교로서 의미가 있다. 의식 세계를 주관하는 신으로서는 지구상의 많은 생명체를 의식 세계로 인도하고, 생명이 없는 존재조차도 생명체로 변환시키려는 의지를 갖는다. 의식 세계는 확장될수록 유용성이 커진다. 인터넷과 같은 네트워크와 유사하다. 현재 지구상에서 고차원의 의식 세계는 인간에게만 국한된다. 인간의 영혼은 애완동물이나 가까이서 교감하는 소수의 가축과도 소통한다. 영혼은 인간의 몸뿐만 아니라 가축 등의 몸에 들어가서도 새로운 경험을 하고 많은 것을 깨우칠 수도 있다. 개의 생활이 부러워서 개 속으로 들어가는 수준 낮은 영혼도 있지만, 인간의 외로움을 이해하고 개의 몸속에서 부자연스러움을 느끼면서 성숙하려는 수준 높은 영혼도 있을 수 있다. 성숙한 영혼들이 의식 세계의 확산을 위해서 해야 할 역할이 꽤나 많다. 그러나 과거 신들이 인간 세상에 내려와서 제국주의자들처럼 인간 세상에서 군림했던 오류를 반복할 이유는 없다. 모든 생물 및 무생물과 더불어 사는 것을 배워야 할 것이다.

조용한 사색을 원하는 영혼은 식물 속으로 들어가 보는 것도 흥미 있을 것이다. 식물이 되어 지나가는 바람, 소리, 그리고 등산객들의 이야기를 들으면서 사색하는 것도 괜찮아 보인다. 가축은 물론이고 새로운 동물 세계에 들어가서 의식 작용을 일으켜보는 것도 나쁘지 않은 도전이 될 것이다. 영혼이 의도적으로 불구의 몸에 들어가는 것과 유사하지만, 난이도는 훨씬 더 높을 것이다. 식물, 곤충, 동물 등이 의식 작용을 할 수 있다고 상상해 보라. 지구상의 삶 자체가 근본적으로 변할 것이다. 이것이 바로 신이 내심 품고 있는 궁극적인 디자인일지도 모른다. 인간의 의식 세계를 통일시키고, 모든 생명체에게 의식 작용을 가능하게 해서, 전 지구는 물론이고 우주 전체를 하나의 의식공동체로 만들어 가는 것이 신의 궁극적인 목표일 수 있다. 이를 위해 영혼이 끊임없이 윤회하는지도 모른다.

2. 영혼과 인간 세상

1) 영혼의 도래와 진화

영혼은 과연 언제부터 인간들의 몸속에 내재하게 되었을까? 영혼이 인간이 죽은 후에 육체로부터 분리되어 존재를 이어가는 것으로 이해할 경우, 영계가 인간계보다 이전부터 존재했음은 쉽게 추론할 수 있다. 영계에서는 지구상에 생명체가 생겨나서 진화를 해 나가는 과정을 관심을 갖고 살펴보았을 것이다. 영혼이 성숙할 수 있는 기회를 찾다가 인간의 진화가 일정 단계에 이른 시점에, 좋은 자동차를 타듯이 인간의 몸을 부리기 위해 내려오기 시작했을 수가 있다. 영혼들이 내려와서 성능 좋은 자동차를 타고 의미 있는 경험을 할 수 있다는 사실이 알려지면서 경쟁적으로 내려왔을 가능성이 있다.

반대의 경우도 생각해 볼 수 있다. 인간이 두뇌의 진화가 일정 수준에 도달하면서 자연스럽게 거대한 의식 세계에 연결(hook up)되었을 가능성이 있다. 그 결과 인간 몸속으로 의식이 흘러들어와 개체화가 진행되면서 영혼이 생겨났을 수 있다. 이것이 영혼 '창발설'(emergentism)의 핵심 주장이다. 이에 따르면 인간의 영혼은 신이 창조하는 것이 아니라, 잉태 후 일정 시점에 의식 세계와 연결되면서 저절로 생겨나는 것이다. 역사적으로 영혼의 등장과 함께 인간의 의식 수준이 급격하게 향상되었을 것으로 추정된다. 호모사피엔스가 여러 인류와의 경쟁에서 승리할 수 있었던 가장 큰 요인은 바로 영혼의 창발에서 찾을 수 있을 것이다.

인류의 조상에 대한 추적은 아직도 끝나지 않은 상태이다. 50만 년 전 인류의 흔적을 보여 주는 북경원인이 발견된 바 있고, 이것을 대충 인간의 조상이라고 본다면, 이 무렵 인간의 모습을 한 동물들이 지구상에 살기 시작했다. 모습도 달랐지만 두뇌 속 구조나 내용물도 현대인과는 비교도 안 될 정도였을 것이다. 영혼이 내재되기 이전의 인류는 동물과 거의 같은 수준이었을 가능성이 있다. 그저 신체 구조의 발달 측면에서 볼 때, 여타 동물보다는 사냥이나 채취에 우월한 능력이 있었을 정도였을 것이다. 어느 시점부터 영혼이 내재하면서, 감정과 감각에만 반응하던 동물 같은 인간들이 사고하고 합리적으로 판단하는 존재로 발전하게 되었을 것이다. 현생 인류의 조상인 '호모사피엔스'(homo sapience)는 이전의 인류와 차원이 확실하게 다른 운영체계나 소프트웨어를 가졌던 것으로 보인다.

호모사피엔스는 이전의 인류와 달리 협동이 가능하고, 감정적으로 교감할 수 있으며, 공동생활과 문명을 창조할 능력을 갖춘 새로운 유형의 인류였다. 인간의 몸에 들어오는 영혼의 속성이 이런 결과를 가져왔을 것으로 볼 수 있다. 플라톤이 상정한 세 가지 영적 능력이 호모사피엔스에게 탑재되었다면, 높은 연대감과 안정적인 질서를 유지할 수 있었을 것이다. 이런 영혼들이 영계의 문명과 제도를 점차 현실 세계에 도입해서 구현해 냈을 가능성이 있다. 주지하듯이 호모사피엔스는 협동 능력 면에서 다른 여타 인류보다 우위에 있었기 때문에 생존 경쟁에서 이길 수 있었다. 호모사피엔스의 우위가 확연해졌을 무렵 인류의 역사가 본격적으로 시작되었을 것이며, 시기는 대략 1만 년 전 정도로 추정된다.

인류학적 연구들에 따르면 약 5000년 전인 신석기 시대에 이르게 되면 인류가 사물의 배후 원리에 대한 탐구를 하고 현실을 추상화하는 능력을 갖추게 된다. 이것은 부분적으로 두뇌의 발달이 가져온 결과이겠지만, 인간의 영적 능력과도 연관성이 있어 보인다. 이 무렵에는 보이지 않는 존재에 대한 숭배 비슷한 종교적 의식이 보편적으로 발달했다. 영혼들의 공동체와 비슷하게 인간 세상에서도 사람들이 마을 광장에 모여 함께 속사를 의논하며 제사도 같이 지냈다. 초기 인류가 요즘보다 훨씬 더 영적 속성이 강했음은 이런 종교의식 속에서 잘 드러난다. 따라서 영계와 속계 사이에는 긴밀한 교감이 있었으며, 인간에 내재한 영혼이 영계와 속계 사이에 가교 역할을 했던 것으로 볼 수 있다. 물질이 점차 우위를 점해감에 따라서 인간의 영적인 속성은 점차 약화되었을 것이다.

인류 사회 초기부터 권력의 원천이 변화한 과정을 살펴보면,

초기 수렵 채취 단계에서는 사냥 능력과 같은 육체적인 능력이 중요하였다. 그리고 정착적인 농촌공동체를 이루고 살면서부터는 영적인 능력(제사장)이 중시되었다. 신과의 소통 능력이 권력이었기에, 권력자들은 신과의 소통능력을 과시하기 위해서 애를 썼다. 일례로 중국 역사 초기 상나라(BC 2000년 정도) 시대에는 왕에 의한 강력한 제정일치의 신권정치가 행해졌다. 권력자인 왕은 자신만이 하늘과 소통할 능력을 가졌다고 주장하면서, 장엄한 제사의식을 통해 이를 증명하려고 했다. 지배 목적에서 제단을 만들고, 신을 찬양하며 복을 기원하는 제사장 역할을 했다. 거의 모든 나라의 건국 신화에는 신이 등장한다. 신계에서 신의 아들을 세상에 보내 통치토록 하는 것은 아주 흔한 스토리이다. 신과의 소통 능력을 자랑하는 제사장이 권력을 갖게 되고, 이것에 바탕을 둔 계급사회가 등장했다는 사실에서 속계와 신계의 밀접한 연관성을 추정해 볼 수 있다.

그리스 신화를 보면 우주의 생성, 신들의 탄생과 신계의 질서 확립, 인류의 출현과 신과의 관계 등에 관한 이야기가 있다. 이에 따르면 초기에는 신계와 속계 사이의 구분이 분명치 않았고, 상호 간에 거의 직접적인 교신 관계가 존재하였다. 인간이 보고 들을 수 있는 능력 범위가 매우 제한적임을 고려할 때, 소통의 주도권은 신계에서 가지고 있었을 것이다. 신이 주도적으로 다가와야 소통이 가능하지, 인간의 능력으로 신을 부르는 것에는 한계가 있었다. 따라서 소통 능력을 갖는 신들이 주도해서 속계와 거리낌 없이 접촉했었을 것이다.

많은 신화는 신계에서 문물이 직접 인간계로 전달된 것으로 묘사한다. 불이 내려오고, 물이 내려오고, 문명 자체가 하늘로부터 내려왔다. 신들의 '보이는 손'이 직접적으로 작용했음을 시사한다. 특기가 있는 신들이 경쟁적으로 자신의 전공 능력을 발휘해서 해당 문물을 전해줬다. 대표적으로 그리스 신화는 신들이 올림포스산 꼭대기 자신들의 처소에 머물며 인간의 삶의 전반을 관장하였음을 보여 준다. 그 중심에 있는 열두 신들은 올림포스 최고의 신으로 하늘과 기후, 법과 질서를 다스리는 제우스(Zeus), 제우스의 누이이자 아내로 신들의 여왕이며 일과 결혼을 주관하는 헤라(Hera), 바다와 강의 신으로 가뭄과 홍수, 폭풍, 지진을 주관하는 포세이돈(Poseidon), 땅의 풍요를 관장하는 대지의 여신 데메테르(Demeter), 지혜와 전쟁의 여신 아테나(Athena), 전쟁의 남신 아레스(Ares), 음악과 예언을 주관하는 광명의 신 아폴론(Apollon), 사냥의 여신 아르테미스(Artemis), 미와 사랑의 여신 아프로디테(Aphrodite), 여행과 전령의 여신 헤르메스(Hermes), 불과 대장장이의 신 헤파이스토스(Hephaestos), 술과 연회를 주관하는 광기의 신 디오니소스(Dionysos) 등이 있었다.

신계와 인간계 사이의 긴밀한 연계성은 어느 순간 갑자기 차단된 것으로 보인다. 주요 원인은 영혼의 등장과 같이 인간에게 독자적으로 사고할 수 있는 능력이 생겨났기 때문일 것으로 추정된다. 이후 신과 인간 사이의 의견 충돌이 생겨나고, 신들 사이의 갈등도 증폭되었을 수가 있다. 그리스 신화를 보면 신이 세속사에 깊숙이 개입하고, 심지어는 자기들끼리 싸움을 벌이는 모습이 자주 등장한다. 세속에서 권력 장악을 위해서 신들과 인간이 함께 어우러져 복잡한 권력 투쟁이 벌어졌을 가능성이 있다. 그리고 어느 시점에 신들이 더 이상의 혼란과 피해를 막기 위해서 세속 일에 직접적으로 개입하는 것을 금지하는 "불간섭 원칙"에 합의했을 수가 있다. 신계가 인간계의 주권(sovereignty)을 인정한 셈이다. 신들 입장에서는 세속에서의 권력 다툼이 신계의 내분으로까지 비화되는 것을 막기 위한 불가피한 선택이었을 것이다. 그때부터 인간이 온전한 역사의 주인이 되었고, 세속의 권력자들은 신의 대리인을 자처하면서 군림하기 시작했을 수 있다.

신화의 스토리 전개 과정을 살펴보면 인간이 신의 개입을 요청했다기보다는 신이 자발적으로 가져다준 것이었다. 아마도 자신의 능력을 과시하거나 존경받고 싶은 마음이 없지 않았을 것이다. 신계에서 모든 것을 알려주었기에 인간들이 사물이나 세상의 이치에 대해서 연구할 필요가 없거나, 그럴 능력 자체가 없었을 수 있다. 그러나 신계와 인간세계 사이에 직접적인 교류가 차단되면서부터 지식과 정보 부족 문제가 생겨난 것으로 볼 수 있다. 인간이 자신들의 지적 능력을 활용해서 본격적으로 우주와 신계에 대한 연구를 시작했을 것이다. 초기 인류 문명을 선도했던 그리스인들은 신과 인간, 하늘과 땅, 우주의 원리에 대해 깊이 사색하였다. 세상과 사물에 대해 신화가 아닌 과학적 접근을 시도하였다. 그리고 사고의 대상이 점차 윤리, 종교, 철학 등 형이상학으로 범위가 확대되었다. 소크라테스, 플라톤, 아리스토텔레스로 대표되는 철학은 육체, 물질, 자연, 영혼, 의식은 물론이고 인간 자체에 대해서도 적극적이고 능동적인 의미를 부여하였다.

이들은 공히 영혼의 존재를 인정했으며, 스스로도 상당 정도의 영적인 소통 능력을 보유하고 있었다. 당시 영혼에 대한 연구가 활발하게 진행되었다. 일례로 현대 과학의 기초를 놓은 피타고라스는 뛰어난 영적인 능력의 소유자였던 것으로 잘 알려져 있다. 이런 전통은 신플라톤주의로 이어져 신과 영혼의 존재에 대해서 보다 체계적인 연구가 이루어졌다. 인간에게 영혼이 존재함을 보편적으로 인정했던 시기에 인류의 모든 철학적 발전이 이루어진 것은 우연이 아닌 것으로 보인다. 영혼의 능력을 통해서 단절되었던 속계와 신계 사이의 연결이 어느 정도 복원된 셈이다. 위대한 철학자들은 공히 신과 신계의 존재를 인정하고 심도 있게 탐구하였다. 부처와 공자 그리고 예수가 비슷한 시기에 인생을 살면서 인간계와 하늘 사이의 연계성에 대해서 지금까지 권위가 있는 이론을 설파한 것은 흥미가 있다.

세속사에 관심이 컸던 공자마저도 실제로는 종교적이었다. 공자는 어려서부터 제사 놀이를 즐겼다. 유가의 유(儒)자는 '비를 내리는 사람'이란 의미로서, 그들이 하늘을 움직일 수 있는 능력이 있었음을 암시한다. 공자가 제사를 지내고, 천명을 이야기하고, 수양을 이야기하는 것은 분명 하늘의 존재를 알고 있다는 증거였다. 공자의 어머니가 무당이었다는 기록이 있다. 이 모든 정황은 공자가 귀신이나 하늘에 대해 어떤 형태로든 경험한 바가 있었을 것이란 점을 시사한다. 그렇지만 공자가 세속의 질서에 관심이 컸기 때문에 의도적으로 무시했을 가능성이 크다. 그가 최대한으로 양보한 것이 제사의 유용성을 인정한 것이었다. 국정 전문가가 귀신의 존재를 이야기하기란 예나 지금이나 어려웠을 것이며, 더구나 공자는 어머니가 무당이라는 태생적인 한계를 갖고 있었기 때문에 어느 정도 자기부정이 필요했을 가능성도 있다. 여하튼 공자가 말하는 '인'(仁)은 예수의 사랑과 다르지 않았으며, 공자가 말하는 '하늘'이나 '천명'이 신계와 다른 어떤 것이란 증거는 없다.

신계에서는 인간계에 대한 직접적인 개입보다는 영혼을 통해서 간접적으로 관여하는 방식을 성실하게 유지하였다. 이에 의거해서 예수를 포함한 많은 선지자가 인간계로 내려왔다. 위대한 과학자나 철학자들도 자신들의 업적을 하늘의 뜻이나 가르침의 결과로 돌리는 데 주저하지 않았다. 피타고라스는 유명한 '피타고라스 정리'를 발견한 후에 제단에 소 3,000마리를 받쳤다는 기록이 있을 정도이다. 예수, 부처, 공자는 물론이고 소크라테스, 플라톤, 아리스토텔레스와 같은 인물이 비슷한 시기에 그것도 매우 짧은 기간 내에 철학과 종교를 폭발적으로 발전시키고, 홀연히 사라진 것은 후대의 지적 호기심을 유발하기에 충분하다. 아마도 전해줄 새로운 진리가 바닥이 났을 가능성이 있다. 인간계는 변화무쌍하지만, 신계는 평화롭고 안정적일 것으로 추정되기 때문이다. 이후 인간계에는 하늘 아래 새로운 것이 없다는 말을 반박하기 어려울 정도의 어두운 세월이 오래토록 지속되었다.

2) 종교의 시대

종교는 철학을 단순화한 교리를 내세워 사회적 제도로서 정착하였다. 사회적 안정에 기여하기 위해 만들어진 제도적 장치였다. 그러나 종교는 점차 권력의 쟁취와 유지를 위한 도구로서 활용되기 시작하였다. 특히 로마 제국 내에서 정치와 종교가 손을 잡으면서 철학의 시대가 종교의 시대로 대체되었다. 그리고 종교가 영혼과 신에 대한 지식이나 연구를 독점하면서부터 역설적으로 영계에 대한 철학적 연구가 침체되었다. 교회는 번창하였고, 종교 교리 또한 발전하였다. 그러나 영혼은 박제화되어 골방에 처박히고 말았다. 영혼을 갖는 인간은 믿음을 강요당하고, 종교 교리를 무조건 따라야만 하였다. 인간과 영혼의 다양성은 무시당했다. 종교는 인간을 신에게 범접할 수 없는 미천한 존재로 취급하였다. 인간의 영혼은 무한한 잠재력을 갖는 윤회의 주체가 아니라, 그저 무기력하게 신의 구원을 기다려야 하는 존재가 되고 말았다.

당연한 귀결로서 높은 정신적 능력이나 예지력을 갖춘 존재가 세상으로부터 사라지고 말았다. 철학뿐만 아니라 종교적으로도 새로운 각성이 희귀해졌다. 기존 종교를 위협할 수 있는 영향력 있는 종교도 새롭게 출현하지 못했다. 그리스도교가 유럽에서 패권을 장악했던 중세 시대에 그리스·로마 신화가 금기시되었던 것은 우연이 아니었다. 고대에 소크라테스, 부처, 공자와 같은 대철학자들이 비슷한 시기에 등장해서 커다란 철학적, 종교적 발전을 가져왔지만, 종교의 시대가 오면서 르네상스 시기까지 장기적으로 침체하게 되었다. 보이지 않는 세계를 주관하는 종교가 개인의 자유로운 영혼 탐구를 제약하면서 생겨난 결과였다. 영혼 문제가 대두될 수밖에 없는 철학이나 윤리학이 교육 과정에서 무시되었다. 그나마 존속되던 철학과 종교에서도 인간의 영혼에 대한 연구는 뒷전으로 밀려났다.

서양의 중세는 종교와 정치가 일치된 시기였다. 종교의 확산을 위해서는 정치권력의 도움이 필요했고, 정치는 종교를 정치적 안정을 위해 활용하였다. 통치자들 입장에서는 보잘것없는 지배의 대상인 일반 백성들이 자신들과 대등하게 독립적인 영혼을 가진 존재란 점을 도저히 인정할 수 없었다. 마찬가지로 영혼 세계에 대한 지식과 구원을 독점한 종교 권력자들도 하늘과 직접 소통이 가능한 영혼을 보유하는 인간의 존재를 용납하기란 어려웠다. 종교가 모든 영적인 문제에 대해 공식적인 답을 제공하는 역할을 자임하였다.

종교 권력으로서는 정신세계를 블랙박스(black box)로 취급하고 자신들이 열쇠를 전유하게 되면 인간의 정신에 대한 지배를 완성하는 셈이었다. 종교가 제도화됨에 따라 이단에 대한 탄압이 발생하고, 교리와 맞지 않는 영혼과 정신세계에 대한 연구 성과물들이 분서갱유를 당하는 일도 종종 발생하였다. 인간 모두의 보편적인 부활 가능성을 인정하는 영혼에 대한 연구나 주장들은 예수의 배타적인 부활에 기초한 그리스도교의 정통성을 훼손시키는 것이었다.

불교의 정치화는 동아시아 불교의 전형을 이룬 중국에서 잘 드러난다. 불교는 외래 종교였기 때문에 발전하려면 중국화 되어야 하였다. 이런 연유로 불교는 도교와 결합된 형태로 전파되었다. 불교의 교리는 인과응보를 내세우고, 육신은 죽어도 영혼은 불멸하여 내세에서 반드시 그 보답을 받는다는 내세관을 폈기 때문에 중국 내에서 많은 사람들에게 쉽게 접근할 수 있었다. 중국에서 최초로 정권 차원에서 불교를 번창시킨 것이 북위 왕조(386~534년)였다. 국가 불교로 재해석된 불교의 윤회설은 민중의 반발을 억누르기 위한 정치적 기능을 담당하였다. 민중들의 고난에 찬 삶은 지배층의 억압에서 비롯된 것이 아니라 전생에서 자신의 잘못된 행위(업, 業)의 결과, 즉 인과응보이므로 누구를 탓할 것이 못 된다. 이로써 민중의 저항은 부당한 것이 되었고, 현실에서의 불평등한 사회질서는 정당화될 수 있었다.

주요 종교가 영혼을 홀대한 이유로 국가 운영의 현실적인 필요가 일정 정도 작용하였다. 만일 영혼을 가진 인간들이 직접 하늘나라와 소통을 하려고 시도할 경우, 소는 누가 키울 것인가 하는 문제가 생겨날 소지가 있었다. 일반인들의 무분별한 영성 추구가 정권과 교회의 물질적 기반을 약화시킬 위험이 있었다. 따라서 영적인 욕구는 교회에 맡기고, 인간들은 현실 생활에 집중하도록 하는 일종의 분업이 시행되었다. 더구나 인간들이 스스로의 노력으로 종교와 배치되는 사실을 발견할 경우, 자신들의 권위에 대한 손상은 물론이고 커다란 정치적 혼란이 야기될 우려가 있었다. 결과적으로 '교황-통치자-성직자-평민-노예'라는 위계적인 사회질서가 중세 시대에 견고하게 유지될 수 있었다. 인간은 현실 생활 속에서 자아실현이란 영적인 욕구와는 괴리된 삶을 살면서, 물질 생산의 수단으로 전락하고 말았다. 이런 의미에서 중세 암흑시대는 인간에게 암흑기였지만, 영혼에도 암흑기였다.

3) 르네상스와 계몽주의

르네상스는 중세 시대 신과 종교에 억눌렸던 인간의 가치에 대한 새로운 발견이었다. 신과 종교를 부정한 것이 아니라 다양성에 대한 인정이었다. 신과 인간, 영성과 이성이 다양한 양식으로 공존하는 시기였다. 자유와 존엄성을 상실했던 개체로서의 인간에 대한 복권이 이루어졌다. 중세에 '인간'은 하나의 보편적 '추상어'로서 존재 위상을 가졌다. 인간의 정체성이나 개별적 실존은 고려 대상이 아니었다. 신의 피조물로서 인간은 그리스도교 공동체가 부여하는 의무와 미덕을 인류 보편적으로 실천해야 할 의무를 지닌 추상화된 존재였다.

이런 추상적이고 보편적인 인간상은 점차 정당성을 상실하였다. 르네상스 시기에 이르면 많은 학문적 연구나 문학 작품에서 개별 인간이 중심적 위치로 부상하게 된다. 중세 말 단테의 『신곡』은 개별 인간들의 죄업 심판이 주된 내용이었다. 셰익스피어(Shakespeare, 1514~1616)에 이르러서는 개별적 인물들이 종교나 전통 인습이 그들에게 부여한 집단적인 인간성을 거부하고 실존적 개별자로서 사물 대상들을 인식하고 독자적으로 행동하기 시작했다. 사랑은 인류에 대한 사랑이나 신에 대한 사랑이 아니라, 개별 인간들이 인습과 전통에 반해서라도 주체적이고 열정적으로 하는 행위가 되었다. 개인에 대한 관심의 고조는 고전의 부활을 가져왔다. 그리스도교에 의해 억압되었던 그리스, 헬레니즘, 이집트, 페르시아 등의 고전에 대한 관심을 불러일으켰다.

또한 전통적인 교회 체제가 강요하는 종교적 윤리가 아닌 개인의 자유와 책임에 근거한 근대적인 삶의 태도가 형성되기 시작하였다. 개별 인간의 개성을 존중하는 르네상스는 백가쟁명이었고, 다양성이 만발했던 시기였다. 어느 정도 사상의 자유가 생겨나자 억압되었던 영혼에 대한 논의가 재차 활발해졌다. 정통 그리스도교에 의해 박해를 받던 신비주의(Mysticism)도 복권되었다. 영지주의(Gnosticism), 헤르메스주의(Hermeticism), 여타 신비주의 운동에 대한 관심도 고조되었다. 이들은 육체로부터 영혼을 해방시키라고 공통적으로 주장하였다. 그렇지만 정통 종교의 영향력은 여전히 컸다. 종교개혁은 교리보다는 사제들의 부정부패에 초점이 맞춰져 있었다. 루터는 로마 교황 주위 부패한 사제들과 그들을 옹호하는 봉건제후 등 구체제 집단에 대한 비판에 초점을 맞추었으며, 신의 말씀을 일반 사람들에게 올바르게 전달하기 위한 개혁안을 제시하였다.

이후 이성을 강조하는 계몽주의가 뿌리를 내렸다. 르네상스가 백가쟁명이었다면, 계몽주의는 교조적이었다. 이성이 영성을 대체하고, 세속이 종교를 대체하였다. 이성과 과학의 시대가 왔다. 그렇지만 신은 여전히 신성한 존재였다. 초기 계몽주의 사상가들에게 이성이란 위험한 것이었다. 자칫 오용하면 인간의 오만과 결부되어 신의 눈 밖에 나게 되고, 결국 내세의 복된 삶을 망쳐버릴 수도 있었다. 대표적인 계몽사상가 몽테뉴(Montaigne, 1533~1592)도 어지러운 세상에서 만사를 이성이란 투명한 잣대로 판단하고 싶어 했지만, 신에 관한 부분은 예외였다. 중세 토마스 아퀴나스가 강조했던 영성과 이성의 조화가 기본적인 정서를 구성하고 있었다. 인간의 주권과 이성의 존재를 인정하면서도, 이성은 신과 독립해서 존재하는 것이 아니었다. 신과 영성은 인간의 내면에 존재하고, 이성의 원천이었다. 인간은 스스로의 영혼과 영성을 갖고 운명을 개척해 나가는 존재였다.

그러나 개별 인간의 영성에 대한 관심의 고조에도 불구하고 영성적 진리는 객관적 타당성을 획득하지 못했다. 계몽주의가 무르익어 갈수록 영성의 영역이 협소화되고, 이성 특히 과학적 이성의 정통성이 점차 확고하게 자리 잡아갔다. 신의 섭리도 자연에 대한 과학적이고 이성적 연구에 의해 규명될 수 있다고 믿었다. 인간은 이성이 있기에 합리적으로 사고할 수 있고, 양심적으로 행동할 수 있는 존재로 만들어졌다. 인간이 신의 의지를 이해하고 따를 수 있도록 하는 매개체로서 영혼의 역할은 인정받지 못했다. 예를 들어 칸트의 합리주의적 관념론에서는 영혼이 초월적인 이성인 '나'(I)로서 역할이 대체되고, 영적인 존재란 개념은 자리가 없어졌다. 영혼을 인정하지 않고서도 인간은 합리적 사고가 가능한 존재가 된 것이었다.

과학성과 합리성에 대한 강조는 미신이나 영적 현상에 대한 비판과 부인을 가져왔다. 그러나 인간의 이성에 대한 새로운 강조가 영혼의 존재를 완전히 부정한 것은 아니었다. 많은 철학자의 이성에 대한 연구는 인간 외부에 모종의 신, 영혼, 정신 등과 같은 존재를 이성의 원천으로 불가피하게 인정하였다. 계몽주의 철학자들은 본질적으로 이성을 하늘이 인간에게 내려준 축복이라고 믿었다. 점차 인간의 두뇌, 인간 자체의 존엄성을 이성의 출신지로 내세웠지만 여전히 의구심을 불식시키지 못했다.

4) 물질문명 속의 영성

점차 이성보다는 경험을 중시하는 경향이 주류가 되었다. 이에 따라 철학 자체가 권위를 잃어갔고, 눈에 보이는 것만이 대세가 되었다. 물질만을 중시하는 물질주의(physicalism)나 물질이 관념에 우선한다는 유물론(materialism)이 철학의 주류가 되었다. 개신교도 과학을 점차 수용함으로써 공존을 모색하였다. 신이나 교리 해석에서도 점차 이성과 합리성을 중시하게 되었다. 종교는 세속과 분리되었고, 개신교와 과학이 분업을 통해서 서구 문명을 만들어 나갔다. 영혼의 독자적 역할은 상실되었으며, 신의 피조물이란 증거 정도로 아주 제한적인 의미밖에 갖지 못하였다. 사랑의 원천이나 윤회의 주체란 의미는 사라져 버렸다.

일반 사람들은 종교는 믿었지만, 영혼의 의미를 알려고 하지 않았다. 영혼과 구원 문제는 전적으로 개신교의 손에 달려 있었지만, 이 문제를 제대로 다루지 않고 방기하였다. 구원 역시 일종의 거래 관계로 치환되었다. 물질적 성공은 신의 축복이고, 십일조는 그에 대한 보답이자 구원의 조건이 되고 말았다. 이로 인해 개신교가 융성해졌지만, 동시에 영성의 약화로 인해 훗날 개신교의 영향력이 쇠락하는 하나의 원인을 제공하였다. 영성, 신, 우주에 대한 복잡한 공부 없이도 그냥 믿기만 하면 구원받을 수 있다는 단순한 논리가 지배적이 되었다.

이후 인간의 이성은 합리성과 합리적 계산 능력 등으로 더욱 구체화되어 자본주의 및 서양 문명의 발전에 있어서 핵심적인 전제조건이 되었다. 반면에 영혼을 이성으로 대체한 근세의 관념 철학은 본질을 빼고 설명해야 했기에 보통 사람들에게 상당히 난해한 학문이 되고 말았다. 모든 사람이 보유하고 느낄 수 있는 영혼의 존재를 가지고 쉽게 설명할 수 있는 많은 현상을 이성이란 추상적인 개념으로 대체해서 설명하려니 어려울 수밖에 없었다. 일례로서 모든 사람이 느끼고 고민하는 양심을 이성만 가지고 설명하기에는 어려움이 컸다. 이것이 관념 철학의 고민이었다. 신과 영혼을 적절하게 다루는 일은 이성에게 벅찬 과제였다.

물질문명의 만개와 더불어 과학적 이성이 신과 영성을 완전하게 대체하였다. 자연과 우주는 거대한 이성 자체인 동시에 신의 섭리였다. 창조론은 진화론으로 대체되었다. 다윈(Darwin, 1809~1882)의 『종의 기원』은 과학적 이성이 종교적 영성을 세상으로부터 쫓아내는 계기가 되었다. 그 결과 서구 유럽 사회는 과학적 진리 추구에 기반을 둔 유물론이 득세하게 되었다. 이것은 영성에 기초한 종교 현상을 주변부로 몰아내고, 하나의 확고한 정치경제 이데올로기로 정착하게 되었다. 유물론은 지속적인 발전을 거듭해서, 인간 육체의 모든 의식 현상을 두뇌와 신경이란 생물학적 요인으로 설명하는 '물질론'의 등장으로 이어졌다. 이후 인간 의식이나 인지 능력에 관한 과학적인 연구가 비약적으로 발전하였다.

그리스도교, 산업혁명, 자본주의, 과학 등을 강조하는 서양 문명은 인간의 이성과 합리성을 중심에 놓으면서 인간의 영혼 존재는 부인하는 형태로 발전하게 되었다. 이런 서양 문명에 대한 도전은 합리성의 종합체인 자본주의가 자기 멸망의 씨앗을 내포하고 있다는 마르크스와 합리적 인간의 어두운 측면을 밝혀낸 프로이트에 의해 본격적으로 제기되었다. 젊은 마르크스는 자본주의하에서 인간들의 합리적인 물질적 욕구의 추구가 어떻게 인간의 소외로 이어지는지에 대해서 깊은 성찰을 하였다. 본질이 사회적인 인간이 자본주의 체제하에서 소외를 겪게 된다는 분석은 인간을 그저 개체적이고, 합리적이며, 이성적인 존재로만 가정한 서양 문명에 대한 심각한 도전이었다. 혁명가로서 마르크스의 인간에 대한 이해는 점차 도구적으로 변했지만, 소외를 극복하기 위해서 자본주의 체제를 뛰어넘어 인간 본연에 내재하는 사회성을 회복해야 한다는 주장은 인간 영혼의 자아실현 의지를 인정한 것과 진배없었다.

현대 심리학의 기초를 놓은 프로이트의 정신세계에 대한 분석은 인간의 비합리성을 폭로했지만, 이 또한 영혼에 대한 본격적인 연구로 이어지지 않았다. 그의 자아와 의식에 대한 이론은 난해하였다. 만약 영혼의 존재를 인정하고, 영혼과 육체의 상호작용이 바로 인간의 마음이고 의식이란 식으로 설명했더라면 훨씬 이해하기 쉬웠을지도 모른다. 육체의 감각에 의존하는 지각과 의식의 세계는 육체의 논리로 어느 정도 설명이 될 수 있었지만, 무의식의 세계란 영혼의 존재를 인정하지 않고서는 설명하기 어려운 개념이었다. 근대 심리학은 본질적으로 마음이란 무엇이고, 육신과 마음의 관계란 어떤 것인가에 대한 이론이나 설명이 없이 마음의 움직임에 대한 이론을 개발하고 연구를 했다고 볼 수 있다.

3. 영성 회복과 인류의 미래

1) 영성 회복이 답이다

인간 세상의 선악 문제를 놓고 많은 논쟁이 있었다. 악의 존재 이유에 대해서 '영지주의'에서는 사탄이 세상을 만들었기 때문이라고 주장한다. 그리스도교에서는 인간의 원죄에 대해서 이야기한다. 인간은 예수가 십자가에 못이 박혀 죽어야 할 정도로 타고난 죄가 크다. 그러나 인간 세상은 원초적인 선악 문제를 떠나서 물질의 희소성 때문에 다툼이 생긴다. 부족함은 선악의 문제가 아니라 삶의 조건이다. 인류가 살아가야만 하는 환경이다. 따라서 중립적이다.

인류는 희소성이란 제약 조건을 뛰어넘으려 노력했다. 정착생활을 시작하면서 기술 혁신에 매진해서, 농업 기술에 지속적인 향상이 있었다. 산업혁명을 통해서 생활 수준의 획기적인 향상이 있었다. 그러나 많은 노력에도 불구하고 희소성은 항상 존재하는 높은 벽이었다. 희소성이 제약요인으로 작용하면 갈등이 생겨난다. 동일한 재화를 놓고 많은 사람이 경합을 벌이는 상황이 갈등이다. 누가, 무엇을, 얼마나 가질 것인가를 놓고 다툼이 항상 벌어졌다. 이 과정에서 욕심. 시기, 질투, 집착, 폭력 행사, 권력 추구 등과 같은 인간의 부정적 측면이 부각되었다.

이렇게 자원이 희소한 세상은 신의 탓으로 돌릴 수 있다. 우주가 우연한 폭발로 인해 생겨난 것이라면 신이 미처 준비를 충분히 하지 못했다는 반증이다. 그렇기 때문에 많은 이치가 어둠 속에 가려져 있다. 지속적으로 팽창하면서 크고 작은 폭발도 끊임없이 일어난다. 그러나 일견 무질서하게 보이지만, 행성들의 움직임에는 정교한 질서가 보인다. 무질서 속에 질서가 있고, 어둠 속에는 빛이 있다. 신은 희소성 있는 세계를 창조하면서 해법도 함께 주었다. 사랑이 바로 답이다.

사랑은 모든 종교의 핵심 요구 사항이다. 사랑의 종교인 그리스도교는 이웃사랑을 가장 강조했다. 동시에 사랑받고 싶으면 먼저 사랑하라는 황금률을 가르쳤다. 또한 사랑하고 교만하게 자랑하지 말라고, 왼손이 하는 일을 오른손이 모르게 하라고 요구하였다. 부처는 한술 더 떠서 조건 없이 대가 없이 사랑을 베풀라고 가르쳤다. 『금강경』에 나오는 '무주상보시'(無住相報施)이다. 공자는 사랑을 뜻하는 어진 마음〔仁〕을 인간의 으뜸 덕목으로 강조한다. 사랑만 있으면 부족해도 충분히 나눠 먹을 수 있다. 문제는 사랑 또한 '희소재'라는 점이었다.

희소성을 해결하는 또 다른 방법은 기술 혁신이다. 과학이 우주를 창조한 신의 영역이라면, 기술은 인간의 영역이다. 기술 혁신은 부족함을 극복하려는 인간의 두뇌와 노력의 산물이다. 신의 입장에서는 과학은 전혀 새로울 것이 없다. 자신이 만든 비밀을 인간이 조금씩 알아가는 것이 기특하지만, 너무 느리기 때문에 안타깝기도 하다. 그러나 인간의 필요를 충족시키는 기술 혁신은 다르다. 물질로 이루어진 인간 세상은 물질의 제약을 받지 않는 신계와는 전혀 다르다. 인간 세상은 기본 단위인 인간의 육신이 물질이다. 인간은 물질을 직접 향유하면서 생존하고 만족과 효용을 느낀다. 관념적 아이디어를 물질적 제품으로 만들어 내는 데 있어서는 기술적 장벽이 항상 존재한다. 인간이 만들어 내는 기술 혁신은 신계에서 미처 모르는 일들이 제법 많다. 그래서 인간이 하는 짓은 커다란 호기심의 대상이다. 외계의 다른 생명체들에게 선물로 주고 싶은 물건들도 있을 수 있다. 외계인이 보낸 것으로 추정되는 UFO의 출몰 또한 이런 호기심의 발로일 가능성이 있다.

인간이 만든 기술적 혁신은 인류에게 사상 유례없는 물질적 번영을 가져왔다. 그러나 기술적 고안은 인간이 제멋대로 만들다 보니 문제가 많다. 자신의 편리함과 필요 충족만을 고려하기 때문에 자원을 고갈시키고, 환경을 파괴하고, 궁극에는 인간마저도 파괴할 위험성을 내포한다. 기술이 문제를 만들어 내고, 새로운 기술로 그 문제를 풀려는 악순환이 계속되고 있다. 핵무기의 개발은 핵무기를 공중에서 방어하는 시스템의 개발을 가져오고, 또 다시 방어 시스템을 뚫을 수 있는 새로운 폭탄의 개발을 가져온다. 문제는 핵무기가 폭발할 경우 지구만이 아니라 우주 전체의 원자 배열을 요동치게 만들 가능성이 있다는 점이다. 이제 지구에 사는 인간들이 하는 짓은 우주적인 관심사이자 신계의 관심사가 되었다.

또 다른 문제는 기술 개발을 통한 욕구 충족이 끊임없이 새로운 욕구를 창출한다는 점이다. 새로운 것을 소비하려는 인간의 욕구는 끊임없이 재생산된다. 모든 가치는 돈으로 환산되고, 돈을 신처럼 받드는 관행이 인간 사회에 뿌리를 내리게 되었다. 눈에 보이지 않는 소중한 가치는 사라지고, 돈으로 환산 가능한 물건들만 소중하게 여겨지게 된다. 눈에 보이지 않는 자연환경에 대한 교란은 당연히 무시하고, 눈에 보이는 환경오염 및 훼손마저도 방치하는 현상이 생겨난다. 기술이 인간을 꼭두각시로 만들어 가는 현상에 대해서도 환호하면서 박수를 치는 상황도 전개되고 있다. 기술 발전을 관장할 수 있는 정신적·도덕적·윤리적 가치 규범을 만들어 낼 필요가 커지고 있다.

날로 커져 가는 인간의 욕심은 사랑의 부족이란 조건과 결합되어 많은 사회적 문제를 일으킨다. 인간의 욕심에는 한도가 없다. 무조건 더 많이 누리려고 한다. 절약은 미덕이 아니고, 소비가 미덕인 세상이 되었다. 이전보다 더 많이 갖고 상대보다 더 많이 갖기 위해서 치열하게 경쟁하고 투쟁한다. 동료 인간에 대한 배려와 사랑은 점차 실종되어 간다. 나라마다 물질과 가치의 배분을 둘러싼 갈등이 날로 치열해진다. 대화와 타협보다는 진영을 나눠 사생결단식으로 다툼을 벌인다. 이것이 주요 나라의 정치 현실이다.

국내적 갈등은 국제적으로 비화된다. 미국 내에서 사랑 결핍이 원인이 되어 벌어진 트럼프의 재등장은 세계 경제 질서 자체를 와해시킬 정도로 혼란을 야기하고 있다. 전후 자유주의와 세계화를 통해서 하나의 세계를 구축해 왔기 때문에 국가 간 상호 의존도가 높다. 이로 인해 한 나라의 정책이 다른 나라에 미치는 영향은 매우 크다. 문제가 빠르게 확산하기 때문에 문제이다. 그러나 해법도 빨리 찾아질 수 있다는 점에서 다행이다. 사랑의 결핍과 욕심의 과다라는 문제는 영성과 신성의 소중함을 새삼 느끼게 한다.

글로벌 문제에 대한 글로벌 해법은 인류가 공통적으로 갖고 있는 영성을 부활시키고 회복시켜야 찾을 수 있을 것이다. 부활은 죽은 것 살리는 것이고, 회복은 약화된 것을 다시 강화시키는 것이다. 앞서 살펴본 바와 같이 종교는 영혼을 죽이는 데 큰 공헌을 했다. 물질주의적 근대 문명은 영성을 약화시키는 데 크게 기여했다. 이제 영혼에 다시 활력을 줘야 할 시점이다. 영혼은 성숙을 지향한다. 영혼이 성숙할 수 있도록 자유를 줘야 한다. 영혼이 육신의 노예가 되어서도 안 되고, 자아가 영혼을 무시하거나 억누르기만 해서도 안 된다. 인공지능의 발달로 인해 머지않아 인간은 기계보다 못한 존재로 전락할 수 있다. 영성이 중심으로 복권되지 않으면 인류는 그런 운명을 피할 수 없을 것이다. 물질에 의한 인간 파괴는 영성의 회복으로 막을 수 있고, 지구 환경의 보존 또한 영성에 바탕을 둔 공동체의 소임이 되어야 할 것이다.

영성에 대한 태도도 사회마다 다르다. 영성을 알려고 하지 않고, 무조건 신비화하는 미신적인 사회가 있다. 반면에 영성을 무시하고 과학만을 신봉하는 사회가 있다. 영적 실체에 대해 사실 여부를 밝히는 것은 용이하지 않다. 그러나 영성에 대해서 열린 마음이나 태도를 갖는 것은 누구나 어느 사회나 가능하다. 영성은 우리 모두가 갖고 있는 친구이다. 소중하게 여기고 잘 활용해야 한다. 인간은 생각에 따라 현실을 창조하고, 영적 진보를 이루고, 궁극적으로 신과 합일을 이룰 수 있는 존재이다. 지금까지의 인간 이해는 이런 진화론적 인간관이 배제되어 있었다. 인간은 과학의 이름으로 분해되고 해체되었고, 천부인권이란 이름으로 지나치게 높은 지위를 부여받았다. 그러나 인간은 영성을 지닌 존재로서 끊임없는 노력을 통해서 발전하고 진화하고 성숙해야 한다. 이것을 통해 인류 사회의 제반 난제들을 해결해 나가야 한다.

물질만능의 세상에서 인간은 물질적이고 육체적인 욕망들에 이끌린 나머지, 자신의 영적인 본성뿐만 아니라 존재의 궁극적 근원인 신마저 잊어버렸다. 이런 사실조차 망각한 사람들이 많다. 영성과 신성의 회복이 인류의 미래를 여는 관건이 될 것이다. 현재 통신 기술의 발달은 인간의 영적 본성을 현현할 수 있는 기반을 다졌다. 그 결과 전 세계가 기술적 차원에서 함께 공감할 수 있는 세상이 되었다. 인간 사회의 기술 수준은 고차원의 영적 공동체를 지구상에 실현시킬 수 있는 정도까지 발전을 이루었다. 영혼을 원래의 위치로 복권시키고, 인간 및 사회 연구에 있어서 중요하고 정당한 하나의 요소로서 인정해야 할 것이다. 현재 인간 몸의 진화는 거의 끝났다. 향후 인간 내면에 있는 의식의 진화가 변화의 원동력이 될 것이다. 이런 원동력의 활성화가 바로 지금부터 살펴볼 영성 찾기이다.

2) 종교에서 영성 찾기

신성함에 대해 목말라 있는 인류이다. 첨단 기술문명과 세속화 시대에서 종교나 영성에 대한 관심은 줄어들지 않고 있다. 정기적으로 종교적 행사에 참석하는 신도들의 숫자는 모든 종교에서 공통적으로 감소세를 보이고 있다. 인구 증가에도 불구하고 신도 수가 줄기 때문에 신자 비율의 감소는 더욱 두드러진다. 특히 젊은 층의 이탈이 확연하다. 교회, 절, 성당은 노년층으로 넘쳐난다. 그렇다고 신성이나 영성에 대한 관심이 줄어드는 것은 아니다. 다양한 방식으로 새롭게 영성을 추구하는 추세이다. 기성종교가 인간이 인간의 종교적 본능을 일깨우지 못하고 있다는 반증이다. 종교에서 영성이 메말라 가면서, 세상도 인간성과 사랑이 메말라 간다.

명상, 요가, 참선 등이 선진국에서 인기를 끌고 있다. 불교는 미국을 비롯한 선진국에서 신도 수 증가가 두드러진다. 이슬람교는 중동은 물론이고 동남아에서 크게 번창하고 있다. 이란, 사우디아라비아, 이집트, 말레이시아, 인도네시아 등 상대적으로 세속적인 나라에서 흥하고 있다. 전통적으로 가톨릭의 영향권이었던 남미에서 복음주의 크리스천, 해방 신학, 오순절 교회가 급성장하고 있다. 유대교는 전 세계적으로 부흥하고 있다. 인도에서는 힌두교 및 시크교 운동 세력들이 활발하게 활동하고 있다. 물질과 자본주의의 본산인 미국과 유럽에서 대안적 종교에 대한 관심이 고조되고 있다.

그러나 종교에 대한 관심의 고조가 세상에 영성이 흘러넘치도록 만들어서, 사랑과 조화 그리고 협력 가능성을 제고시키지 못하고 있다. 종교는 '정체성의 정치'의 강화를 가져와서 오히려 사회적 갈등을 부추기는 원인이 되고 있다. 종교마다 높은 담을 쌓고 배타적이고 적대적인 경쟁을 벌이고 있다. 이와 동시에 종교 간 갈등이 국내적으로나 국제적으로 크게 증폭되고 있다. 나라마다 종교적 다원성을 인정하라는 목소리가 커지고 있다. 그렇지만 현실은 배타적인 성스러움 추구로 인해 봉합할 수 없는 갈등의 골이 파이고, 전쟁 위험성마저 커져 가고 있다. 종교 내부에서 개인의 인권과 영혼을 존중하지 않는 관행이 계속되고 있다. 종교 권력자들의 도덕적 타락이나 범죄 행위가 끊이지를 않고 있다.

종교는 영성의 보물창고이다. 영혼을 보살피는 것이 원래 목적이다. 그러나 어느 때부터인가 영성은 실종되고 상품화된 구원을 사고파는 장터로 변질되었다. 신을 알아가는 감격과 영성이 활성화되는 감동은 실종되었다. 대신에 생소한 동네의 낡은 역사와 윤리 규범을 억지로 배우고, 맥락이 전혀 다른 새로운 세상에 무리해서 적용하려는 어색함과 부자연스러움이 팽만해졌다. 사람의 문양이 다 다르듯이, 사람의 영성 또한 신의 섬세한 손길로 다 다르게 만들어졌다. 이런 개성을 잘 살려야 종교가 영성이 넘쳐나는 활력 있는 공동체로 승화될 것이다. 그러나 현실은 영성을 억누르고, 교리를 강제로 주입시키고, 충성과 복종을 강요하는 곳이 되고 말았다. 포교나 선교에 실패해서가 아니라, 인간의 영성이 감응하지 못하기 때문에 종교가 위기에 빠진 것이다.

영성은 본질이 살아서 숨 쉬는 것이다. 따라서 경전에서 나와서 신과 직접적인 소통이 이루어져야 활성화될 수 있다. 본보기는 바로 목회자나 성직자들의 담당이다. 높은 연단에서 신의 형상을 등에 지고 권위적으로 설교하고 가르쳐서는 감동이 없다. 두려움과 공포밖에 조성할 것이 없다. 오히려 신을 마주하고, 신과 진솔하게 대화하고 소통하는 모습을 보여 줌으로써 스스로 배우도록 하는 것이 바람직할 것이다. 소규모 영성 공동체가 점차 사라지고 거대한 관료조직이 운영하는 대기업이 주도권을 장악하고 있는 종교적 현실은 우려스러운 측면이 있다. 대등한 영적 구도자로서 수평적인 대화를 통해서 영성적 경험을 나누기가 어렵기 때문이다. 진정한 영성을 찾는 이들에게 기성종교가 만족할 만한 답을 주지 못하고 있다. 이런 정신적 공백을 메우려는 대체

종교들이 세계적으로 세를 불려 가고 있다. 종교 내부의 영적 아노미 현상을 극복하기 위해서 기성종교들도 보다 적극적으로 내부 개혁에 나서야 할 것이다.

신은 모든 인간에게 영성이라는 신성의 씨앗을 심어 줬다. 종교의 책무는 각자 나름대로의 방식으로 이 씨앗에 물과 자양분을 줘서 잘 키우는 것이다. 스스로 선택할 수 있는 자유와 스스로 영적 성숙을 꾀할 수 있는 자유로운 환경을 제공해야 할 책무가 있다. 영성 계발에 있어서 최적의 조건은 자발성과 자유이다. 교리만을 강요하면 복종심은 생길지 모르나 영성은 자라기 힘들다. 제한된 사료만 주지 말고 취향에 따라 맘대로 먹을 수 있는 방목이 필요하다. 판에 박힌 대중교육을 평생 반복하는 것이 아니라, 엘리트 교육과 창의성 교육도 함께 병행해야 한다. 공기와 햇볕이 잘 통하도록 자유롭고 개방적인 환경을 만들어줘야 한다. 그래야 싹이 잘 트고 꽃도 활짝 핀다. 목회자는 신의 대리인이 아니라 매개자로서 본연의 역할에 충실해야 한다. 일방적인 주입식 교육을 지양하고, 쌍방향적인 대화와 소통을 중시하면서 영혼의 소리에 귀를 더 기울여야 한다. 종교가 영혼을 자유롭게 해야 영성은 물론이고 종교가 다시 부흥할 수 있다. 그래야 교회는 자유롭고 자발적인 영혼의 결사체로서 본연의 활력을 되찾고, 세상에다가 활력을 불어넣을 수 있게 된다.

종교는 엄존하는 인간 욕구의 반영이라는 측면이 강하다. 인간이 우주와 자연에 대해 무지하던 시대에 피할 수 없는 불안과 공포를 해소하기 위해서 종교를 만들었다. 믿음과 헌신을 대가로 해서 구원과 안정을 제공받았다. 종교가 상정하는 신은 인간의 모습을 하고서 일상적으로 인간을 보호하고, 처분하고, 보상하고,

징벌할 뿐만 아니라, 사후 영혼 세계까지 보장해 주는 역할을 맡았다. 많은 신앙인이 의인화된 신성의 보살핌 속에서 행복을 누렸다. 그러나 이것은 진정한 의미에서 행복이 아니라 인위적으로 가공된 행복이었다. 진정한 행복은 현실의 부조리와 위험을 있는 그대로 직시하고, 용기 있게 극복함으로써 얻을 수 있다. 이 과정에서 의식이 고양되고 영성이 고도로 발현됨으로써 삶의 보람과 의미를 깨닫게 되는 것이다.

종교의 진정한 목적은 인간의 영성 회복이다. 복음 전파나 전례는 신을 위한 것이 아니다. 태곳적 신이 직접 개입하고 선물을 가져다주던 시절에는 신이 인간들로부터 인정이나 융숭한 대접을 바랐을 수 있다. 권위를 세우고 위세를 떨면서 만족을 느꼈을 수 있다. 간접 개입이 관행으로 굳어진 이후에는 제사나 제물 공여는 더 이상 의미를 상실하였다. 신계에도 일종의 '김영란법'이 실시되고 있다. 이제 신들은 영성이 뛰어난 제자를 잘 키우는 것이 경쟁력의 원천이다. 그래야 자신이 원하는 세상을 만들고, 또한 세상에 대한 영향력을 행사할 수 있다. 신도들도 신에게 귀여움을 받기 위해서는 스스로 능력을 키워서 신에게 필요한 존재가 되어야 한다. 갖춘 능력도 없이 종으로 써달라고 강권하다시피 매달려서 될 일은 아니다.

일반 신도들도 영혼을 종교 권력에 맡기고 수동적으로 구원받기를 기다려서는 안 될 일이다. 신을 만나려면 자신이 올라가야 한다. 영혼이 성숙하고 영성을 쌓아야 가능해진다. 부와 지위로 세상에 자신의 탑을 높게 쌓아야 영성이 있는 것이 아니다. 반대로 내면 깊숙이 들어가야 영성을 캐낼 수 있다. 예수도 부처도 마음 속 깊은 곳에 있기 때문이다. 성경이나 교회의 가르침은 마음으로 들어가는 출입구 열쇠와 같은 것이다. 문을 열고 들어간 후에는 알아서 경험하고 느끼면서 찾아야 발견할 수 있다. 잠자코 기다리면 수년천의 세월이 흘러도 답이 없다. 스스로 주체적으로 영성을 키워나가야 한다. 자칫하면 무리 속에서 안주하면서 독자적인 노력을 멈추고 만다. 자신들의 영혼을 기성의 종교 권력으로부터 해방해야 영성의 해방이 가능해진다. 영혼의 민주화와 영성의 부활을 위한 쇄신 운동이 필요한 시점이다.

종교의 진정한 의미는 인류의 통합을 이루어 내는 데 있다. 신을 제대로 알면, 모두가 형제이다. 신의 숫자는 의미가 없다. 모두가 하나로 통해 있기 때문이다. 절대적인 신은 수많은 분신으로 현현할 수 있다. 영혼도 마찬가지로 수많은 분신의 형태로 다양한 장소에 동시적으로 존재할 수 있다. 중요한 것은 숫자가 아니라 속성이다. 진선미로 현현하는 영성이 풍부하게 드러나는 인생이 멋진 인생이다. 영성을 소중하게 여기고 육성한다면 어느 종교나 종파에 속하는지는 별로 중요하지 않다. 종교는 자신들이 쌓은 높은 담장을 헐어 내야 한다. 마음의 벽을 부수고, 분별하는 마음을 내려놓아야 한다. 인류의 꿈을 실현하기 위해서는 특수한 언어보다는 보편적인 언어와 사고 틀을 활용해야 한다. 종교 간 우월성 경쟁이나 살육적인 전쟁은 의미가 없다. 상대방의 언어로 대화할 수 있는 아량과 능력이 필요하다. 상대의 생각을 바꾸려면 상대방의 언어로 대화하는 것만큼 확실한 방법이 없다.

종교 간 비교는 무의미하다. 의식 세계에는 온갖 존재가 있을 수 있다. 현실 세계의 입장에서 보면 의식 세계의 어느 존재나 다 인간보다 대단하게 보일 수 있다. 따라서 자기가 보고 경험한 신적 존재들을 다 절대자로 믿으려는 경향을 보인다. 그러나 의식 세계에 절대자가 있다고 믿는 것은 현실 세계에 절대자가 있다고 주장하는 것과 마찬가지로 설득력이 떨어진다. 미국의 트럼프 대통령을 인간계의 절대자라고 주장하는 셈이다. 정말로 어리석은 것은 누가 절대자인지 논쟁을 하는 것이다. 예수와 마호메트를 놓고 누가 더 위력이 센지 논쟁을 벌이는 것과 비슷하다. 현실에서 미국과 중국이 싸우면 누가 이길까 논쟁을 벌인다. 그러나 대립적인 경쟁이 치열했던 냉전 기간 중에도 미국과 소련은 싸움을 피하기 위해서 물밑에서 애써 노력하였다.

영성이 넘치는 세상을 만들기 위해서는 종교간 대화가 필요하다. 전제조건은 종교마다 마음의 문을 여는 것이다. 스스로 개방적이어야 서로에게 진정성이 있는 소통을 할 수 있다. 현재 종교간 대화에는 가톨릭교회가 주도적인 노력을 펼치고 있다. 더욱 활성화되어야 한다. 열린 종교라야 영성 회복의 첨병이 될 수 있다. 내부의 결속력만 다지려 하지 말고 보편적인 사랑을 세상에 쏟아내야 한다. 자기가 우월하고 옳다는 것을 입증하기 위해 경쟁만 해서는 안 된다. 각자의 특수성 속에서 보편성을 찾는 노력이 강화되어야 한다. 이를 통해서 종교 간 갈등과 경쟁의 시대를 넘어서 영성적 통합의 시대로 옮겨가야 한다. 보편적 윤리가 중요하다. 그래야 하나의 윤리적 공동체가 가능해진다. 그렇지 않으면 윤리적 특수주의나 윤리적 제국주의가 횡행하게 된다.

종교적 인간은 파당적·배타적·복종적·교조적이다. 반면에 영성적 인간은 자발적·관용적·개방적인 속성을 가진다. 신을 알고, 보편적 사랑을 실천하며, 지구적·우주적 차원의 일체성을 안다. 종교적 인간은 고대부터 존재했지만, 영성적 인간은 물질주의에 대한 회의에서 새롭게 등장해서 숫자가 빠르게 증가하고 있다. 그리스도인이 신을 만나기가 오히려 더 어렵다는 주장이 흥미롭다. 신에 대한 고정관념이 너무 확실하게 박혀 있기 때문이란다. 따라서 이런 고정관념을 해체하는 힘든 과정이 있어야 신을 만나고 사랑도 느낄 수 있단다. 이 어려운 과정을 신비주의자들은 "Dark Night of the Soul"(영혼의 어두운 밤)이라고 비유한다. 믿음이나 신념은 삶의 의미를 찾는 데 유용하지만 지나치면 안 된다. 예수 그리스도를, 타인을 배제하는 기준으로 삼을 것이 아니라 자신의 삶을 변화시키는 스승으로 삼아야 할 것이다. 자기식대로 신을 상상하고 맹목적으로 추종하다 보면, 종교 갈등과 종교 전쟁이 불가피해진다. 종교에 이념까지 가세하면 갈등이 최악의 상태가 될 수 있다. 따라서 우리는 종교적이기보다는 영성적이어야 한다.

영성은 종교 영역 밖에서도 존재한다. 종교와 세속을 엄밀하게 구분할 실익이 없다. 자연과 신에 대해서 거부감을 가질 필요가 없다. 내면의 영성을 찾아서 발현시켜야 한다. 의식의 흐름이 자유로워야 한다. 개인의 영혼과 의식은 신의 매우 섬세한 손이 각자의 자유 의지를 존중해서 조심스럽게 그려 나가는 그림과 같다. 따라서 모든 그림은 독특하고 개성이 있으며 찬란하게 빛이 난다. 의식 면에서 인간은 스스로 성장한다. 사랑하면서 배우고, 사랑받으며 성숙하고, 사랑 속에서 모두가 하나가 된다. 스스로 알아 가고 깨우쳐서 성숙하는 것이 자연스럽다.

3) 자연에서 영성 찾기

영성은 종교 속에만 있는 것이 아니다. 자연 자체가 신의 섭리이자 기적과 놀람의 현장이다. 자연 속에서 신을 느끼고 영성이 샘솟는 것을 느낀다. 이것이 자연적 영성이다. 자연 속에서 영성과 신을 발견하고, 온 세상이 영성으로 충만해지고, 신과 인간이 근접해 간다. 과학 속에도 영성이 내포되어 있다. 과학은 우주의 이치와 자연의 이치를 발견하는 것이다. 신의 섭리와 관점을 알 수 있고, 아울러 영성이 충만해지는 것을 느낀다. 자연과 우주의 근본 원리는 신이 전해 준다. 실제로 과학적 근본 원리는 우연에 의해 발견된 것이 많거나, 철학자를 겸업하는 사람들이 많이 발견하였다. 기술 혁신에는 좋은 머리가 필요하지만, 위대한 과학적 발견에는 영성의 발현이 요구된다. 근본 원리를 발견하고 더 알아갈수록 신과 자연에 대한 존중심이나 신성함을 느끼게 된다. 그 결과 사람들은 더욱 영성적이 된다.

18세기 초기 계몽주의자들은 자연 속에서 신의 섭리를 발견하고자 했다. 기본적으로 창조설에 근거한 이신론 입장이었다. 신이 창조한 자연은 완벽하게 이성의 산물이며 가장 이성적인 것이 가장 신적이고, 가장 신적인 것이 가장 이성적이라는 생각에 대체로 동의하였다. 신은 원리이고 이치였고, 우주와 자연 속에서 신을 발견하였다. 그렇지만 점차 이성과 과학에 매몰된 나머지, 신과 영성의 존재를 망각하고 말았다. 인간도 과학적이고 이성적이기만 한 존재가 되어 버렸다. 자연은 신성과 영성이 깃든 곳이 아니라, 단순한 정복 대상이 되었다. 자연 상태는 미개하기 때문에 계몽되고 개발되어야만 했다. 이런 물질주의적 자연관이 전 세계적으로 확산되면서, 자연은 더 이상 신의 섭리이자 영성이 샘솟는 공간이 아니게 되었다. 당연한 귀결로 자연은 인공으로 대체되어 버렸고, 자연적인 상태가 바로 인공적인 것이 되고 말았다.

영성적 자연관은 자연을 미개하다거나 정복 대상으로 보지 않는다. 자연은 생명의 원천이자 조화로운 삶에 대한 로망을 구현하는 곳이다. 자연 속 모든 존재에는 영성이 내재되어 있다. 자연 속에는 신의 손길이 깃들어 있다. 인간은 자연 속에서 신비 체험을 할 수 있다. 자연의 아름다움과 경이로움에서 신을 느낀다. 자연의 상호연결성과 조화 속에서 모든 것이 상호 연결되어 있고, 모두가 하나라는 사실을 깨닫게 된다. 자연은 또한 물질문명에 녹초가 된 인간들의 영혼을 치유하는 능력을 갖는 신성한 곳이다. 자연과 합일하면서 인간은 신을 만나고 치유를 받는다. 자연의 이치가 인간의 도덕률과 일치하며, 인간은 자연 속에서 윤리적 미덕을 배운다. 인간은 자연 현상에서 자연적 질서, 자연 상태의 윤리, 자연적 정의, 자연의 아름다움을 깨쳐서 행복을 느끼고 현명해질 수 있기도 하다.

그러나 자연 속 모든 것에 신성이 내재되어 있고, 모든 것이 신의 뜻이란 점을 인정한다고 해서 우리가 종교적일 필요는 없다. 자연 속의 신은 경전이나 교리 속에 박제된 신과는 다르다. 자연적 신관에 따르면 신은 자연 속 만물에 존재한다. 인간의 모습을 한 '인격신'이 없다는 이야기이다. 그렇지만 신성은 어디서나 느낄 수 있다. 종교적 무신론으로 부를 수 있다. 영성적이지만 종교적이지 않다. 이런 감정을 아인슈타인은 "우주적 종교 감정"으로 표현하였다. 루마니아 출신의 종교사학자 엘리아데(Eliade, 1907~1986)에 따르면, 인간에게는 신성함을 추구하는 선험적인 본능이 내재되어 있다. 따라서 개별 인간은 하찮은 욕망과 세속적 목표를 추구하지만, 자연의 세계에서 현현되는 경이로운 질서와 숭고함을 느낀다. 이런 감정은 개인에게 선험적으로 존재하는 것으로서 스스로의 노력으로 내면 깊은 곳으로부터 불러내면 된다. 그러나 인간의 종교성이 내재적 본성이라고 치더라도, 종교가 자연스런 귀착점은 아니다.

종교의 폐해에 대해서 공감하는 사람들은 비종교적 영성주의에 관심을 갖는다. 그리고 이성을 믿지만 도를 넘어선 이성주의, 과학주의, 실증주의 등의 폐해를 느끼는 사람들도 많다. 이들이 이성과 영성의 통합 가능성에 관심을 가졌다. 영성에 대해서 열린 마음으로 접근한다. 영성을 느끼고 찾으려 하지만 종교적이지는 않다. 이것이 '비종교적 영성주의'이다. 이들은 종교와 비종교의 경계를 자유롭게 넘나든다. 영성을 자기를 초월하는 능력으로 이해하면서, 영성의 발견을 통해서 자아와 개성을 발달시키려고 한다. 영성은 다양한 방면에서 진·선·미를 구현하는 능력이다. 서구 사회에서는 동양 종교에 관한 관심 혹은 환경이나 생태에 대한 관심으로 표현되기도 한다. 영성은 영혼의 속성이란 본래의 의미와 달리, 생명의 기운을 뜻하는 비종교적 개념으로도 사용되기도 한다. 종교나 물질 어느 쪽에 속하지 않는 정신세계를 바로 비종교적 영성(SBNR: Spiritual But Not Religious)이라고 부른다.

물질세계의 빈곤함은 자체적으로 윤리와 규범을 만들어 낼 수 없다는 점에서 극명하게 드러난다. 물질이 세상을 지배하면 인간과 영성이 죽는다. 종교와 같이 신을 절대적인 존재로 높이면, 신과 인간 사이의 단절이 불가피하게 발생한다. 물질주의에 의한 공동체의 타락을 되돌리기 위해서는 영성과 신성의 회복이 필요하다. 신비주의는 초월적인 신과 합일하는 신비 체험을 추구한다. 이것을 통해서 신과 인간 사이의 단절된 관계를 극복하고 화해를 이룬다. 인간의 진정한 행복은 신과 합일하는 신비 체험에서 나온다. 그러나 인간은 물질세계 속에서 자기 이득만 챙기면서, 생존을 위해서는 악행까지도 저지르는 보잘것없는 존재이다, 영성 회복을 통해서 자아를 초월하고 극복할 수 있어야, 자아를 실현하고 세상을 바꿀 수 있다. 이를 위해서는 종교와 영성에 대해서 열린 태도가 필요하다.

신을 의인화하면 어느 곳에서도 신을 만날 수 없다. 신을 사칭하는 거짓 메시아는 만날 수 있을지 모른다. 기성종교에 실망을 느낀 사람들이 새로운 종교를 찾아 나선다. 인간의 영혼에 내재하는 마음과 의지 그리고 지성은 완전함을 추구한다. 지속적으로 배우려 하고, 끊임없이 진리를 탐구한다. 인간 본연의 모습이고 품성이다. 종교에 귀의하지 않고서 혼자서도 갈 수 있는 길이다. 최근 홀로 수행하는 것이 점차 대세가 되어 가고 있다. 이런 노력은 모든 흐르는 물이 바다에서 만나듯이 궁극적으로 합쳐질 것이다. 개인 중심적인 종교가 무수히 생겨나는 중이다. '유튜브 교회'는 새로운 형태의 교회이다. 일반 교회와 마찬가지로 가르침을 받고, 수양도 하고, 실천도 한다. 실제 만남을 통해서는 봉사와 사랑을 실천한다. 친교는 취미를 같이 하는 소규모 그룹으로 나눠서 가능하다. 이제는 기성종교나 교회 바깥에서 다양한 형태로 영성 추구가 가능해지고 있다.

영성은 저절로 발현된다. 특별한 노력이 필요 없다. 인간에게 내재하며, 이것의 발현을 막는 자아를 통제하면 가능해진다. 반드시 신이나 종교가 필요한 것이 아니다. 우리가 모르는 것을 전부 알려고 애쓸 필요도 없다. 모르는 일을 전부 신이 하는 일이라고 믿을 이유도 없다. 그렇다고 신을 부정할 일도 아니다. 모른다는 사실을 인정하는 열린 마음만은 필요하다. 좋은 의도로 행위를 하면 영성이 자연스럽게 발현되게 된다. 영성이 충만한 새로운 세상이 열리고 있음에도 현대인들은 희망을 포기하고 좌절하고 취약하며 보잘것없는 삶에 집착하고 있다. 물론 영성이 만병통치약인 것은 아니다. 영혼에 대한 믿음이 영원히 살겠다는 욕망의 산물이어서는 곤란하다. 영성은 사랑의 발로여야만 한다. 지옥은 먼 곳에 있지 않다. 측은지심, 자비심, 공감이 없는 삶이 바로 지옥이다.

열린 마음만 있으면 가능하다. 오류 가능성을 항상 열어 두어야 한다. 신성이라고 자동적으로 절대적인 것은 아니다. 신성이나 신의 섭리 등을 해석하는 것 또한 매우 주관적이고 자의적이다. 객관적 사실을 알 수가 없다. 그냥 안다고 주장하는 자들만 있을 뿐이다. 그래서 불교에서는 모든 것이 다 공하다고 했다. 영성이 계발되면 복잡한 현실을 파악할 수 있는 능력을 제고시켜 준다. 영적 노력과 의도가 두뇌와 신체 영향을 미치고, 개인의 현실 인식 능력을 고양시킨다. 그 결과 의식 수준 또한 향상된다. 삶의 목적이란 것도 결국은 의식수준에 따라 다르다. 영성 계발을 통해서 개인, 사회, 전체의 행동이 변할 수 있다.

4. 결론: 우리가 모두 하나이다

결론적으로 신이 종교와 일체화되지는 않는다(신≠종교). 인간이 자연을 품고 우주를 품으면, 결국은 '신=자연=우주=인간'이란 등식이 성립된다, 인간 개성의 궁극적인 단계는 신성의 구현이다. 그리고 신성은 영성과 본질적으로 다르지 않다. 따라서 '신성=영성=개성'이란 등식 또한 성립한다. 인간 개체는 지속적으로 진화 발전한다. 배아세포 하나하나가 전체가 될 수 있는 존재이다. 종국에는 전체와 개체가 하나인 단계까지 발전해 나갈 것이다. 인간 자체가 하나의 소우주이다. 인간은 개개인이 우주의 관리자이다. 이들이 다시 서로 연결되어 전체의 하나를 이룬다. 그래서 인류 공동체는 모두가 하나로 연결된 것이다. 그것을 깨달아 가는 과정이 바로 신이 되는 과정이다. 인생은 신이 되는 과정이고, 세속 세계는 신을 양성하는 학교와 같다. 여기서 우등으로 졸업하면 신이 되어 어떤 행성이나 위성으로 파견 나갈 것이란 발칙한 상상도 해봄 직하다.

불교 화엄경의 핵심 교리를 잘 담아내고 있는 의상대사의 법성계에는, "一中一切多中一, 一卽一切多卽一"(일중일체 다중일, 일즉일체 다즉일)이라는 구절이 있다. "하나 속에 일체가 있으며 일체 속에 하나가 있으니, 하나가 곧 일체요 일체가 곧 하나이다"라는 의미이다. 『금강경』에는 "若見諸相非相 卽見如來"(약견제상비상 즉견여래)라는 구절이 있다, 즉 "상이 상이 아님을 보는 것이 곧 여래를 보는 것이다"라고 말한다. 겉으로 보이는 '상'(相) 너머에 존재하는 본질적인 '성'(性)을 본다는 말이다. 본래 성품을 보는 것을 견성(見性)이라고 부르며, 이런 깨달음이 갑작스럽게 생겨날 경우 돈오라고 한다. 개인을 넘어서 공동체를 깨닫고 인식하는 것이 바로 견성이고 돈오인 셈이다. 이것이 바로 공동체 의식이다. 개인이 공동체 속에 있고, 개인 속에 공동체가 있다. 개인이 우주 속에 있고, 우주가 개인 속에 있다. 개인이 신 속에 있고, 신이 개인 속에 있다. 결국에는 개인이 공동체와 동일해지는 상태가 바로 글로벌 공동체의 완성을 의미한다.

그리스도교에서는 모두가 하느님의 자식이며, 예수와 하느님은 우리 마음속에 있다. 전체는 하나이고, 하나는 전체이다. 예수의 마음속에 아버지가 있고, 예수의 마음속에 우리가 있다는 성경 말씀은 우리 모두가 의식 면에서 하나라는 것을 의미한다. 예수만 이런 진리를 깨달을 수 있는 것이 아니다. 우리 모두가 의식 혹은 관점의 전환만 이루면 가능한 일이다. 우리도 마음, 생각, 관점을 전환하면 예수가 되고 하느님이 될 수 있다. 그리스도교에서는 인간의 영성이 갖는 성격을 두고 많은 논쟁이 있었다. 대세는 하느님의 영혼과 예수의 영혼은 동격이지만, 인간들의 영혼은 질적으로 다르다고 차별하는 입장이다. 그러나 샘에서 흘러나온 물이 원래 샘물과 본질 상 다르다고 인식할 논리적 근거는 약하다. 영성과 신성은 근원이 같고, 모든 영혼은 본질이 동일하다. 이런 본질을 깨닫고 실천하면 모두가 하느님이고 예수가 된다.

마태 복음 6장 3절은 자선을 베풀 때에는 오른손이 한 일을 왼손이 모르게 하라고 가르친다. 자기를 내세우지 말거나 아예 자아는 없다고 생각하라는 말이다. 이것은 '무아'이고, '자아의식'이 소멸된 상태이며, 바로 '공동체 의식'이다. 공동체 안에서는 "마음이 가난한 사람은 행복하다." '나라는 마음'이 가난한 것이지, 정말로 가진 것이 아무것도 없는 빈한한 상태를 의미하는 것은 아니다. 욕심이 없고 나라는 생각이 없는 자를 의미한다. 그런 사람이 진정으로 행복을 느끼게 된다. "하늘나라가 그들의 것이다"라는 구절은 바로 글로벌 공동체가 완성된 상태를 지칭한다. 너와 나 구분이 없는 상태가 궁극적으로 행복한 상태이다.

신플라톤주의에 따르면 인간의 영혼은 '일자'라는 전체 즉 신으로부터 흘러넘쳐 나온다. 본질 상 전체가 하나이다. 요한 복음 16절 28절은 이런 진리를 다시 언급하고 있다. "나는 아버지께로부터 나와서 세상에 왔다가 이제 세상을 떠나 다시 아버지께 돌아간다." 예수와 하느님은 의식 차원에서 본디 하나이다. 그리고 예수와 진리를 깨달은 제자들은 의식이 하나이다. 우리도 하느님으로부터 나와서 이 세상에서 살다가 다시 하느님께 돌아가는 존재이다. 생명의 원천인 우리의 의식이 분리되었다가 다시 하나로 되는 것이다. 실제로 의식은 분리된 바가 없다. 자아가 분리되었다고 생각했을 뿐이다. 인간은 소우주인 동시에 우주의 일부이다. 신의 일부가 인간에게 존재하고, 인간은 신의 구성원이다. 자아를 내려놓고, 내면에 침잠하면 자연스럽게 하나임을 느낀다. 그런 느낌으로 서로 사랑하고 사는 것이 글로벌 공동체이다.

일본 저널리스트 다치바나 다카시(立花隆, 1940~2021)는 미국 우주인 12명에 대한 인터뷰를 정리한 『우주로부터의 귀환』이란 책을 펴냈다. 관점 전환의 중요성을 다음과 같이 생동감 있게 보여 준다. "지구를 떠나 보지 않으면, 우리가 지구에서 가지고 있는 것이 진정 무엇인지 깨닫지 못한다. (…) 우주에서 이 아름다운 지구를 바라보고 있으면 그 위에서 지구인 동료들이 서로 싸우고 서로 전쟁하고 있다는 사실이 정말 슬프게 생각된다." 이처럼 보는 시선을 바꾸는 것만으로도 내면에 큰 변화가 생긴다. 이후의 행보는 환경운동가가 되거나, 종교에 귀의하거나, 정신과 치료를 받거나 양상이 다양하다. 그러나 공통점은 우주라는 공간에서 새로운 관점으로 지구를 바라보면서, 지구와 자기 자신을 새롭게 알게 됐다는 사실이다.

많은 SF 공상과학 소설이나 영화는 막강한 외계인의 침공을 다룬다. 막강함에는 동의하지만 대립하고 대결하는 상황은 선뜻 동의하기 어렵다. 지구를 침공할 만한 기술력이 있다면, 왜 이제야 공격에 나섰는지 설명이 필요할 것이다. 외계인들이 잠재적으로 적대적이라면 사달이 났어도 이미 충분히 났어야 마땅했을 것이다. 인간들은 세계 대전이란 대규모의 살육전을 벌였고, 우주 전체를 위협할 수 있는 핵폭탄 투하를 두 차례가 벌였다. 핵무기 개발을 위한 핵폭발 실험도 전 세계적으로 1,500회 정도 있었다. 문제는 외계인이 아니라 지구상에 사는 인간들에게 있을 가능성이 더 크다. 외부에 적을 상정한 상태에서 내부 단결을 꾀하려고 글로벌 공동체가 시도될 가능성이 있다. 이런 공동체는 외계에 대해서 닫힌 마음으로 닫힌 사고를 하게 될 것이다. 따라서 외부에 대해서 의도적으로 적대적인 행위를 가할 가능성이 있다.

그러나 글로벌 공동체는 내부에만 열리고 외부에 대해서는 적대적인 폐쇄적인 공동체가 아니다. 미지의 적을 상정하는 배타적인 공동체는 내부 단결을 도모하기 위해서 불가피하게 강제적인 수단을 쓸 수밖에 없다. 우리끼리만 잘 살자고 출범한 가정이 불행하고 비극적인 결말을 맞이하는 경우가 많다. 우리끼리만은 많은 행동의 세약을 포함한다. 가족끼리 별다르게 할 일도 없으면서 많은 시간을 함께 보내려고 한다. 불가피하게 내부 갈등이 심화되고 가장의 독재로 귀결될 가능성이 크다. 자녀와 아내의 반발이 거세지면 외부와 인위적으로 적대적으로 대립하게 되고, 결국에는 가족 구성원 모두가 불행해지는 결과가 초래될 것이다. 자유롭게 밖에 나가서 열심히 창의적으로 활동하다가 저녁에 모이거나 주말에 함께 시간을 보내는 가족이 더 행복할 것이다. 전체가 하나처럼 일사불란하게 움직이는 것은 북한 매스게임을 보는 것처럼 전율이 느껴지나 아름답지는 않다. 분리된 개인들이 화음을 통해서 하나가 되는 오케스트라가 훨씬 멋이 있다.

이처럼 열린 공동체만이 보편적 사랑을 할 수 있고 민주적이 될 수 있다. 나라마다 마음을 열고 사랑의 마음을 내면, 사랑이 퍼져 나가서 세계가 진정으로 하나가 될 수 있다. 같은 논리로 인류는 열린 마음 자세로 외계의 새로운 친구들을 맞이할 준비를 해야 할 것이다. 공동체 의식은 모두 하나가 되는 느낌이다. 가장 사랑하는 사람과 결혼식을 올린 후 흥분이 가시고 마음이 안정되면 느껴지는 잔잔한 만족감과 희열에 가깝다. 마음이 녹아 나와서 상대방 속으로 들어가고 상대방 마음이 녹아 나와서 내 속으로 들어오고, 그 과정에서 가장 잔잔하고 깊고 짙은 희열이 느껴진다. 이런 것이 바로 신과 합일될 때 느끼는 사랑이다. 이런 마음은 우리 모두가 서로에게 느낄 수 있는 감정이다. 집착 없는 잔잔한 마음이고 대상이 없는 열린 사랑이다. 이런 감정을 상대를 가리지 않고 잔잔하게 지속적으로 느끼면 바로 열린 공동체 의식을 갖는 상태이다. 누군가에 대해서 적대적일 이유가 없다. 가슴에 파동이 일지만 대상은 없는 잔잔한 황홀경이다.

세계는 원래 하나였고, 지금도 하나를 향해 움직이고 있다. 궁극적인 통일은 모든 종교가 상정하는 미래이다. 종교는 닫힌 미래를 상정하지만, 영성은 열린 미래를 그린다. 영성은 모든 종교의 공통 분모로서, 세속 윤리에도 긴밀하게 맞닿아 있다. 영성을 통해 인류 보편의 윤리 형성도 가능하다. 영성은 어떤 사후 세계와도 조화를 잘 이룬다. 좋은 마음과 뜻 그리고 진리를 겸허하게 탐구하는 지성은 어떤 세상이나 어느 경우에도 통한다. 좋은 마음은 보편적 자질이다. 서로 사랑하며 살아야 하는 이유이다. 이것이 인류가 만들어 갈 공동체이다. 이런 상태는 인간의 집단적 노력을 통해서 자연스럽게 도달하게 될 것이다. 인간의 욕구 수준이 고도화되고, 집단적인 극적 경험을 통해서 빠르게 의식의 진화가 이루어질 것이다. 세계는 원래 하나였고, 이제 하나가 될 것이다.

미래 인류 공동체는 정치적 차이를 확대하는 물리적인 통합보다는 의식적인 통합을 중시해야 한다. 마음으로 문제를 해결하고 마음으로 필요를 충족시킬 수 있는 공동체이다. 마음이 하나이면 개별적으로 집을 짓고 살아도 하나인 셈이다. 이것은 집단생활을 강제했던 공산주의가 지향했던 공동체와 완전히 다르다. 바다 위에 많은 배들이 목적지가 다 다르더라도 관제탑만 제대로 작동하면 사고 없이 자유롭게 항해할 수 있다. 모두가 구태여 한 배를 타고 움직일 필요가 없다. 이것이 글로벌 공동체가 지향하는 미래 세계이다. 개인 모두에게 자유를 부여하고, 국가에 주권을 부여하면서도, 서로 간에 충돌을 방지하고, 필요를 충분하게 충족시키며, 자아실현 또한 가능하게 만들 수 있다. 인류가 높은 의식과 영성의 고양을 통해 우주 공동체의 일원으로 당당하게 참여할 수도 있다.

개인과 전체의 유기적 연계성을 강조하는 것이 공동체주의이다. 이것은 개체화와 통합 사이의 진자운동을 원활하게 해 주는 개념이다. 개인주의가 전체와 분리되지 않도록 해주고, 개인화가 전체의 파괴를 가져오지 않도록 유연하게 연계성을 유지시켜 주는 개념이다. 이런 공동체의 기본 틀을 유지하면 구체적인 내용은 향후 점진적으로 채워질 것이다. 심지어는 유토피아를 꿈꿨던 마르크스조차도 공산사회의 모습을 구체적으로 그리지 않았다. 소외가 극복되고 의식이 자유로운 인간들이 만들 글로벌 공동체의 미래 모습을 구체적으로 그리는 것은 용이하지 않다. 신의 모습을 그리거나 신들이 모여서 사는 세상을 그리는 것이 어려운 것과 마찬가지다. 그냥 열린 상태로 내버려두는 것이 맞을 것이다. 공동체 의식이 만들어 갈 미래 글로벌 공동체의 모습도 마찬가지일 것이다.